청소년 사회 정서발달 핸드북

LEVEL 3

Daniel T. L. Shek 등 공저
박예린 · 김소의 · 김혜민 · 장상원 · 문현 · 박선웅 공역

P.A.T.H.S. to Adulthood:
A Jockey Club Youth Enhancement
Scheme Activity Handbook 3

학지사

P.A.T.H.S. to Adulthood: A Jockey Club Youth Enhancement Scheme
Activity Handbook 5 · 6
by Daniel T. L. Shek and Hing Keung Ma

Published by Centre for Innovative Programmes for Adolescents and Families,
The Hong Kong Polytechnic University,
Hung Hom, Kowloon, Hong Kong.

역자 서문

청소년기는 흔히 질풍노도의 시기로 일컬어진다. 독일어 'Strum and Drang'에서 유래한 이 표현은 청소년기의 빠르고 격렬한 변화와 혼란을 상징한다. 청소년기에 겪는 감정적 · 심리적 격동은 성인으로 성장하는 과정에서 발생하는 자연스러운 경험이다. 하지만 청소년기를 질풍노도의 시기로 규정하는 관점은 그들의 감정적 불안정성과 문제 행동들을 과도하게 부각하고, 자연스러운 변화를 통제 불능의 문제로 낙인 찍는 등 부정적인 인식을 강화한다.

한국에서는 '중2병'이라는 표현이 유행하면서 이러한 사회적 낙인이 더욱 심화되고 있다. 중2병은 중학교 2학년 정도의 나이에 있는 청소년을 자의식이 과도하고 반항적이며 감정적으로 미숙한 부정적인 모습으로 묘사한다. 언론은 하루가 멀다 하고 학생들의 비행, 폭력, 따돌림 등을 사건으로 전달하는 동시에 세계 순위권을 다투는 청소년 자살률을 다루고 있다. 처음에는 풍자적으로 쓰이던 중2병이라는 표현은 이제 중학생을 폄하하고 두려워할 존재로 규정하는 표현이 되었다.

청소년기의 여러 문제 행동이나 심리적 어려움들은 자연스러운 성장 과정으로 이해되어야 하고, 사회는 청소년이 이러한 어려움을 슬기롭게 극복할 수 있도록 도와야 한다. 그러나 문제를 해결하는 것만이 청소년 발달의 전부는 아니다. 청소년기는 많은 사회적 · 신체적 · 심리적 변화에 적응하며 조화로운 사회 구성원이 되기 위해 준비하는 중요한 발달 시기이다. 특히 중학생 시기에 해당하는 청소년 초기는 아동기에 비해 성숙해진 인지적 능력과 확장된 사회적 행동범위를 바탕으로 자신의 주변 환경에 대한 이해가 넓고 깊어지는 시기이다. 또한 점점 가까워지는 어른으로서의 삶을 준비하며 자신의 현재 모습과 앞으로의 모습에 대한 고민이 많아지는 시기이다. 저명한 심리학자인 에릭 에릭슨은 생애 주기별로 중요한 발달 과업들을 이론화하면서, 청소년기의 핵심 과업은 자신이 어떤 사람인지에 대해 이해하는 정체성 발달이며, 이는 개인적인 특성만이 아니라, 주변 사람들과 환경과의 관계, 사회에서의 역할과 위치 등 스스로에 대한 다면적이고 종합적인 이해라고 설명했다.

따라서 청소년기 발달의 핵심은 단순히 문제를 예방하고 해결하는 것에 있지 않고, 이후 한 사회의 일원으로서 사회에 긍정적으로 기여할 수 있는 능력을 기르는 데 있다. 청소년들의 문제가 아닌 강점과 능력에 집중해 이들을 긍정적 사회 구성원으로 키우기 위한 방법들을 제시하는 이론이 바로 본 교육과정의 기반이 되는 긍정적 청소년 발달(Positive Youth Development) 이론이다. 긍정적 청소년 발달 이론은 청소년들이 사회에 긍정적으로 기여하는 성인으로 성장하기 위해서는 자신감, 효능감, 도덕성, 타인과의 연결감 등을 키우는 것이 중요하다고 설명하며, 이러한 측면들을 발달시키기 위해 제공되어야 할 경험과 환경을 제시한다. 청소년 연구의 대가인 미국 Tufts University의 Richard M. Lerner와 Boston College의 Jacqueline V. Lerner가 대표적으로 주창한 이 이론은 현재까지 4-H, Boy Scouts, YMCA 등 미 전역의 여러 청소년 대상 교육 프로그램에 적용되었으며, UNICEF, USAID, World Bank 및 어린이 후원단체 Compassion International 등에서도 채택되어 전 세계 수많은 청소년들의 발달 환경에 긍정적인 영향을 미치고 있다. 하지만 대부분의 긍정적 청소년 발달 이론과 프로그램들이 미국으로 대표되는 서양 국가 환경에 맞춰 개발되었다. 문화마다 청소년의 발달 환경이 천차만별이기 때문에, 서양을 중심으로 개발된 프로그램들을 한국을 비롯한 동양 국가에 소개하고 적용하는 데에는 많은 한계가 있어 왔다.

동양권에서 최초로, 또 유일하게 개발된 긍정적 청소년 발달 프로그램은 홍콩 이공대학(Hong Kong Polytechnic University)의 Daniel Shek 교수의 주도로 개발된 PATHS Program (Positive Adolescent Training through Holistic Social Program)이다. Shek 교수는 『The Lancet』과 같은 세계 최고 학술지에 논문을 게재한 청소년 심리 및 교육 전문가로, 지금까지 집필한 학술논문은 1천 편이 넘는다. PATHS 프로그램은 2005년부터 2017년까지 4억 홍콩달러(한화로 약 700억 원)의 대규모 투자로 개발되었고, 성공적인 성과로 3억 5천만 홍콩달러(약 600억 원)의 추가적인 사업비까지 확보했다. 홍콩 교육부 및 사회복지부와의 협력으로 진행된 PAHTS 프로그램은 2019년까지 홍콩 내 총 230개가 넘는 학교에서 약 29만 명의 학생들을 대상으로 진행되어 엄청난 성공을 거두었는데, 이는 홍콩 전체 학교의 절반이 넘는 규모였다.

여러 효과성 연구에서 PATHS 프로그램을 경험한 청소년들은 배움 의욕이 증가하고, 가족 및 친구와의 긍정적인 관계를 형성하는 등의 긍정적 효과를 보였으며, 약물 중독, 인터넷 중독, 비행 등의 문제 행동도 감소한 것으로 나타났다. 최근 한국 청소년들의 심리적, 사회적 문제가 급증하고 있어, 한국에서도 청소년들의 긍정적 발달을 위한 프로그램이 절실한 상황이다. 이에 우리는 이미 학문적으로 효과가 검증된 PATHS 교육과정을 한국 실정에 맞게 번안하였다.

이 프로그램은 긍정적 청소년 발달에 핵심이 되는 역량들을 기르기 위한 14개의 대단원 아래 40개의 소단원으로 구성되어 있다. 각 소단원은 30분 분량의 교육 프로그램에 대한 교수법 및 교수 자료가 포함되어 있다(총 20시간 분량). 이 프로그램을 통해 우리는 청소년들이 다음과 같은 여러 효과를 누릴 것으로 기대한다.

(1) 능력 향상: 정서 조절, 인지적·행동적·도덕적 능력을 향상
(2) 관계 형성: 좋은 어른들, 좋은 친구들과 유대감 향상
(3) 자신감 향상: 스스로의 자기결정성, 자기효능감, 회복탄력성에 대한 자신감 향상
(4) 인성 개발: 명확한 정체성을 형성하고 도덕적 인성을 함양
(5) 배려: 다른 사람을 돌보는 방법 배우기

PATHS 프로그램을 통해 청소년들이 행복하고 조화롭게 사회에 기여하는 어른으로 성장할 수 있기를 기대한다. 나아가, 청소년기를 많은 문제로 골치 아픈 시기가 아니라 천진난만한 아이에서 성숙한 어른으로 발돋움하기 위한 변화의 시기로 인식하는 문화가 조성되기를 바란다.

– 역자들을 대표하여 박예린, 박선웅

추천사

부모, 교육자, 연구자, 정책 입안자뿐만 아니라 시민 사회의 구성원이라면 누구나 청소년들이 긍정적으로 성장하기를 바랄 것이다. 이러한 바람은 시대를 초월한 인류의 공통적인 소망이지만, 긍정적인 청소년 발달이 무엇을 의미하는지는 시대와 장소에 따라 다양하게 정의되어 왔다.

1970년대 미국에서 청소년 발달에 대한 연구가 시작되었을 당시, 청소년기는 흔히 '질풍노도의 시기'로 여겨졌다. 사춘기에 일어나는 다양한 변화는 청소년 본인뿐만 아니라 부모, 교육자 그리고 지역사회 구성원들에게까지 정서적 · 행동적 · 사회적 문제를 야기한다고 인식되었다. 당시의 청소년 문제는 가정과 사회의 안정을 위협하는 행동적 · 사회적 결함으로 간주되었고, 부모와 교사, 보건 종사자, 나아가 청소년을 연구하는 대부분의 과학자들조차 청소년기에 대한 지배적인 견해를 공유했다. 그 견해는 바로 '청소년들을 위해 할 수 있는 최선의 방법은 그들을 덜 나쁜 사람으로 만드는 것'이라는 생각이었다.

간단히 말해, 청소년은 관리해야 할 문제로 여겨졌으며, 어른들이 할 수 있는 유일한 일은 청소년과 사회에 대한 위험을 줄이는 것뿐이라고 여겨졌다. 결핍 모델이 지배적이던 시기에는 긍정적인 청소년 발달의 의미를 묻는다면, 청소년이 하지 말아야 할 행동들에 대한 설명이 답변으로 돌아왔을 것이다. 즉, 긍정적으로 발달한 청소년은 담배를 피우지 않고, 술을 마시지 않으며, 위험한 성관계를 하지 않고, 다른 사람을 괴롭히지 않는 것으로 정의되었다.

그러나 이러한 메시지는 청소년이 좋은 사람으로 여겨지는 기준이 오직 그들이 하지 않은 일로만 결정된다는 인식을 전달한다. 청소년이 가진 강점이나 이를 긍정적으로 활용해 할 수 있는 좋은 일들은 전혀 언급되지 않았다. 결핍 모델을 주장하는 사람들은 청소년의 강점을 인정하지 않았던 것이다.

그러나 모든 청소년은 상당한 강점을 지니고 있다. 결핍 관점에서는 유아기를 제외하고 청소년기가 인간의 전 생애에 걸쳐 신체적 · 생리적 · 정서적 · 인지적 · 행동적 · 사회적 기능에서 체계적이고 의미 있는 비교적 영구적인 변화를 가져오는 가소성의 잠재력이 가장 큰 시기라는 사실이 충분히 고려되지 않았다.

또한 청소년은 유아보다 더 큰 주체성을 지니고 있어 변화의 방향을 스스로 더 잘 통제할 수 있다. 즉, 청소년은 자기주도적으로 변화할 수 있는 능력을 갖추고 있다는 것이다. 이러한 역량은 발달된 인지 및 행동 능력과 사회적 기회에서 비롯된다. 청소년의 주체성은 그들이 유아보다 자신의 발달 내용과 방향을 더욱 잘 통제할 수 있도록 한다. 가소성과 주체성은 청소년기의 주요 강점이라 할 수 있다.

20세기 말부터 시작된 움직임은 가소성과 주체성을 포함한 청소년기의 강점에 대한 관심을 불러일으켰다. 한편으로는 청소년 발달 프로그램 실무자들이 청소년이 단순히 결핍 중심의 문제로만 가득 차 있지 않다는 사실을 발견했다. 대신 그들은 함께 일한 청소년들에게서 삶의 기술, 목적 그리고 성취를 목격했다. 다른 한편에서는 생물학자와 발달 과학자들이 인간의 생리적 시스템(예: 유전 및 신경계)과 인지적 · 사회정서적 · 행동적 특성과 관련된 인간의 엄청난 가소성을 밝혀냈다.

실무자들과 과학자들이 청소년에 대해 가진 지식이 결합되면서 청소년기에 대한 개념이 급격히 변화하기 시작했다. 2000년대 말부터 이 글이 쓰이는 현재까지, 청소년의 강점에 기반한 긍정적 청소년 발달(Positive Youth Development: PYD) 관점은 미국뿐 아니라 국제적으로도 급부상하며 발전을 거듭했다. 이러한 과정에서 여러 가지 긍정적 청소년 발달의 이론적 모델들이 등장했다.

이 모델들은 긍정적 청소년 발달을 정의하는 데 사용하는 관찰 가능한 요인들에서 차이를 보였다. 예를 들어, Damon은 긍정적 청소년 발달을 “긍정적이고 고귀한 목적, 즉 자아를 넘어 세상에 긍정적으로 관여하고 기여하기 위한 삶의 경로를 개발하는 것”으로 정의했다. 반면, 우리가 사용하는 ‘긍정적 청소년 발달의 5C 모델’은 C로 시작하는 다섯 가지 요인[역량(Competence), 자신감(Confidence), 관계(Connection), 인성(Character), 배려(Caring)]이 잘 발달하면, 여섯 번째 C인 ‘기여(Contribution)’가 가족, 학교, 지역사회 그리고 궁극적으로 시민사회에 대한 기여로 나타난다고 정의한다. 한편, Benson은 긍정적 청소년 발달과 번영이 청소년의 20가지 내재적 발달 자산과 20가지 환경적 자산이 일치할 때 이루어진다고 보았다.

각 모델이 강조하는 부분은 다소 다르지만, 긍정적 청소년 발달 모델의 공통적인 핵심은 청소년의 강점이 그들의 삶 속 다양한 발달 자원과 통합될 때 긍정적 발달이 이루어진다는 아이디어를 공유한다는 점이다. 긍정적 발달이 이루어지기 위해서는 물리적 · 심리적 · 사회적으로 안정적인 환경에서 청소년의 강점과 환경이 세 가지 측면에서 통합되어야 한다. 첫째, 부모, 멘토, 교육자, 코치, 종교 지도자, 청소년 프로그램 실무자 등 유능하고 배려심 있으며 지속적으로 신뢰할 수 있는 성인이 제공하는 멘토링과 지원이 필요하다. 둘째, 이러한 관계를 통해 청소년이 삶의 기술을 개발할 기회가 제공되어야 한다. 셋째, 가정, 학교, 지역사회 활동에 참여하거나 주도함으로써 이러한 삶의 기술을 실질적으로 활용할 기회가 제공되어야 한다.

요약하자면, 강점 기반 긍정적 청소년 발달 관점의 등장과 발전은 결핍 모델의 비관적이고 패배주의적인 관점을 넘어, 다학제적이고 과학적 증거에 기반한 낙관적 접근으로 전 세계 청소년들에게 적용되었다. 국제적인 긍정적 청소년 발달 연구는 다양한 청소년의 강점을 활용하며, 그들의 번영과 시민사회에의 기여를 촉진하기 위한 창의적인 방법들을 계속 창출해 내고 있다.

이 책은 청소년을 참여시키고 그들의 삶을 향상시키기 위해 시의적이고 중요한, 검증된 커리큘럼을 제시한다. 이를 통해 모든 청소년이 건강하고 의미 있는 삶을 만들어 나가는 동시에 세상과 다양한 사람들과 기관에 기여할 수 있도록 돕는다. 이 커리큘럼을 통해 청소년들이 자신의 미래와 타인의 복지, 지역사회 그리고 지구에 어떻게 기여할지 매우 기대된다.

– Richard M. Lerner와 Jacqueline V. Lerner

저자 서문

서구와는 달리 아시아에서는 학문적으로 검증된 긍정적 청소년 발달(Positive Youth Development) 프로그램이 거의 없다. 우리가 개발한 PATHS 프로젝트는 긍정적 교육과정을 통해 중학생들의 행복과 삶의 목적성을 향상시키기 위한 대응적이고 혁신적인 프로그램이다. PATHS 프로젝트는 여러 면에서 혁신적이다.

첫째, PATHS 프로젝트는 중·고등학생의 정신 건강을 다룬 홍콩 최초의 대규모 긍정적 청소년 발달 프로그램이다. 홍콩에서 청소년의 정신 건강 문제가 증가하는 상황을 고려할 때, 이는 필수적이고 시의적절한 대응이다.

둘째, PATHS 프로젝트는 긍정적 청소년 발달 접근 방식을 기반으로 청소년의 잠재력과 강점을 강조한다. PATHS의 교육 프로그램들은 청소년의 강점을 보고 모든 청소년이 빛나고 번성할 것이라는 믿음을 갖는 패러다임 전환의 산물이다.

셋째, PATHS 프로젝트는 체험적 교육 방식을 활용한 긍정적 교육의 중요성을 강조한다. 체험적 교육 방식을 채택한 것은 교사 중심 교육과 강의식 교육이 주를 이루는 아시아 국가들에서 새로운 시도이다. PATHS의 교육 프로그램들은 성찰적이고 협력적인 학습, 학생 중심의 교수 및 학습, 체계적인 교사 교육 및 e-러닝 자료 개발에 중점을 둔 새롭고 창의적 교육 접근 방식을 보여 준다.

넷째, PATHS 프로젝트의 비전은 학생의 행복과 전인적 발달을 향상시키는 것이다. 청소년들의 비인지적 역량과 21세기 역량에 대한 초점은 학업 성적을 청소년 번성의 유일한 기준으로 여기는 많은 아시아 국가의 사고방식을 흔드는 것이다. PATHS의 교육 프로그램은 청소년들이 사회를 더 나은 방향으로 이끄는 데 필요한 심리사회적 역량, 지식, 성찰을 개발하도록 돕는다. 나아가 청소년의 문제 행동에만 초점을 맞추는 대신 유대감, 회복탄력성, 사회적 역량과 같은 14가지 긍정적 청소년 발달 구성 요소를 통해 전인적 청소년 발달을 촉진하는 전체론적인 관점을 유지한다. 따라서 PATHS 프로그램은 21세기 역량 개발에 중점을 둠으로써 학생들이 'VUCA(Volatile, Uncertain, Complex, Ambiguous)'한 세계, 즉 변화하고, 불확실하며, 복잡하고, 모호한 세계에 나아갈 준비를 돕는다. 또한 이 프로그램은 교사의 지식과 기술을 향상시키고 반성적 실천을 촉진하여 교육의 발전에 기여한다.

다섯째, 우리는 혼합 연구 평가에 기초한 증거 기반 긍정적 청소년 발달 프로그램에 중점을 두고, 논문 출판을 통해 교수학습에 대한 연구를 시행한다. 프로그램의 효과성 분석 연구가 없는 많은 프로그램과 달리, 우리는 체계적인 평가 전략(예: 정량적 및 정성적 평가, 포커스 그룹 인터뷰)을 사용하여 효과를 평가하고 후속 실행을 개선했다. 우리는 또한 교수 및 학습 연구(Scholarship of Teaching and Learning: SoTL) 접근 방식을 채택했으며, 이 프로젝트를 통해 총 1,164편의 출판물을 발행했다. 출판물들은 445편의 학술지 논문, 182권의 책 및 특별호, 384편의 장, 153편의 학술 대회 논문 등 다양한 범주로 나뉜다. 또한 우리 프로젝트의 작업과 효과는 신문 및 잡지 기사, 정부 공식 문서, 다른 학자의 리뷰 논문에도 발표된 바 있다. 홍콩의 PATHS 프로그램은 증거 기반 프로그램으로 세계적인 학술지인 『The Lancet』에서 다뤄지기도 하였다.

여섯째, PATHS 프로그램은 시간이 지나도 지속 가능하며 다양한 맥락에서 적용될 수 있다. 우리는 홍콩 프로그램을 다른 환경에도 맞게 수정하여 Tin Ka Ping PATHS 프로그램과 농촌 버전의 PATHS 프로그램을 개발했다. 또한 대학생의 행복을 증진하기 위해 긍정적 청소년 발달 구성 요소를 활용한 리더십 교육 과목을 학점 인정 과목으로 개발했다. 현재는 초등학생들도 우리 프로그램의 혜택을 받을 수 있도록 초등학교 버전의 PATHS 프로그램을 개발 중이다.

마지막으로, PATHS 프로그램의 도달 범위는 광범위해서, 홍콩 및 기타 지역에서 각각 674,637시간 및 1,035,042시간의 수업 시간에 활용되었다. 11,000명이 넘는 교사, 사회복지사 및 관련 전문가가 교육을 받아 다른 교육 프로그램들의 약점을 해결하고 높은 영향력과 지속 가능성을 촉진했다. 홍콩에서는 2005년부터 현재까지 320개 이상의 학교와 284,400명의 학생(601,198시간)의 참여가 있었다. 또한 홍콩의 사회적 사건과 팬데믹에도 불구하고 2019년 9월부터 현재까지, PATHS 프로그램은 많은 학생(온라인 216,671명, 오프라인 89,732명)과 3,921명의 교사에게 혜택을 주었다. 나아가 연구팀은 2019~2020학년도부터 약 14,600명의 학생과 85명의 교사로부터 평가 데이터를 수집했다. 팬데믹 이후, 프로그램의 도달 범위는 더욱 엄청나다(306,403명의 학생 및 3,921명의 교사). PATHS 프로젝트는 큰 지정 기부금(홍콩 PATHS 프로젝트 미화 약 9700만 달러, Tin Ka Ping PATHS 프로그램 미화 약 80만 달러)을 유치하며 기부자들로부터 사회적 영향력을 인정받았다.

PATHS 프로젝트는 여러 면에서 사회에 큰 영향력을 끼친다. 첫째, 이 프로젝트는 홍콩 청소년의 행복을 증진시킬 도구 상자를 풍부하게 제공한다. 홍콩 외에도 스리랑카에서 유니세프가 PATHS의 스리랑카 버전을 개발하여 시행한 바 있다. 현재 우리는 아르헨티나에서 스페인어 버전과 말레이시아에서 말레이시아 버전을 개발 중이다. 또한 PATHS 프로그램의 농촌, 대학 및 초등학교 버전들은 교사 및 관련 전문가들이 어린이, 청소년, 성인의 정신 건강을 증진시키기 위해 사용할 수 있다.

둘째, PATHS 프로그램은 100만 명이 넘는 학생들에게 심리사회적 역량과 행복을 향상시킨다. PATHS 프로그램의 효과를 뒷받침하는 여러 증거가 있다. 첫째, 학생들이 프로그램에 참여한 후 객관적 평가에서 회복탄력성, 정서적 역량, 자기 효능감 및 긍정적 정체성 등 더 나은 심리사회적 역량을 보였다. 둘째, 주관적 평가에서 대부분의 교사와 학생들이 PATHS 프로그램을 통해 학생들의 심리사회적 역량을 향상시킬 수 있다고 인식했다. 셋째, 인터뷰와 포커스 그룹을 통한 정성적 평가에서 학생들이 프로그램에 참여를 통해 소프트 스킬(소통능력, 리더십 등)을 습득하고 심리사회적 역량이 향상되었다고 말했다. 넷째, 학생들은 일기에 그들이 심리사회적 역량, 자기 이해 및 대인 관계 기술을 얻었다고 적었다. 노동 시장에서 고용주들은 소프트 스킬이 뛰어난 직원들을 찾기 때문에 심리사회적 역량 향상은 고용 가능성 향상과 연결된다. 따라서 대학 버전 프로그램('내일의 리더' 프로그램)은 학습 결과와 고용 가능성도 향상시킨다.

셋째, PATHS 프로그램은 11,000명 이상의 교사에게 교육 및 프로그램 실행을 통해 전문적 역량과 심리사회적 역량을 향상시켰다. 아시아 사회에서의 교육은 일반적으로 강의식으로 이루어지며 교사들은 긍정적 청소년 발달 프로그램을 가르칠 긍정적인 태도와 기술이 부족한 경우가 많기 때문에 교사들에게 매우 유익하다. 체험적 학습은 아시아에서 일반적인 교육 방법이 아니다. 교사 교육을 통해 본 프로그램은 교사의 역량과 웰빙을 향상시킨다.

마지막으로, 우리는 긍정적 교육 및 체험적 교육 방법을 채택하고 촉진하여 고등학교 정신 건강 교육을 변혁하고 있다. 이 프로그램은 보다 학생 중심적이고 상호작용적인 대안적 정신 건강 프로그램을 소개하고 제공한다. 우리는 PATHS 프로젝트가 많은 청소년의 생명을 구할 수 있다고 믿는다.

홍콩 이공대학교와 고려대학교가 참여하는 이번 공동 연구 프로젝트를 수행하게 되어 매우 기쁘다. 박선웅 교수의 리더십 아래 교육 자료를 번역하고 한국 실정에 맞게 수정하였다. 한국 버전의 PATHS 프로그램이 한국에서 증가하는 청소년 정신 건강 문제에 대한 시의적이고 건설적인 대응이 되기를 진심으로 바란다.

저자들을 대표하여

Daniel T. L. Shek

차례

대단원 5 행동 역량

대단원 6 도덕적 역량

대단원 7 자기효능감

대단원 8 친사회적 규범

대단원 9 회복탄력성

대단원 1

유대감

들어가며

유대감이란 개인이 부모, 형제자매, 또래, 친구, 교사 등의 대상에게 느끼는 정서적 애착과 헌신을 의미한다. 애착 연구의 대가인 메리 에인스워스는 “애착 행동은 요람에서 무덤까지 인간을 특징짓는 요소로 작용한다.”라고 하였다. 선행 연구에 따르면 청년들이 주변 사람들과 안정적으로 애착을 형성할 경우, 자존감, 자신감, 문제 해결 능력, 대인관계 기술이 향상된다.

Level 1 · 2 과정은 청소년이 중요한 타인과 긍정적인 관계를 구축하는 데 중점을 둔다.

Level 1 과정에서는 교사 및 급우와 신뢰할 수 있는 관계를 형성하고 바람직한 친구와 바람직하지 않은 친구를 구분하는 것을 목표로 한다. Level 2 과정에서는 가족과의 관계에 초점을 맞추어 가족관계를 개선하기 위한 기술을 소개한다.

정보의 홍수 시대에 살고 있는 청소년들은 TV 프로그램, 인터넷 등을 통해 사랑, 성, 연애에 관한 정보를 쉽게 접할 수 있다. 그러나 일부 정보는 부정확하거나 오해의 소지가 있어 청소년의 성 인식에 부정적인 영향을 미칠 수 있다. 따라서 교육과정에 건강한 연애관계 발전이라는 핵심 주제를 포함시킬 필요가 있다. 학생들은 이전 수업에서 배운 긍정적 관계 구축을 위한 기술과 원칙을 연애관계에 적용하고 통합할 수 있는 기회를 얻는다.

Level 3 과정은 두 개의 소단원으로 구성되었다. 소단원 1은 연애관계의 필수 요소를 파악하고 소단원 2는 연애관계에서의 올바른 태도를 형성하는 것을 목표로 한다. 연애관계와 관련하여 ‘행동 역량’과 ‘도덕적 역량’ 대단원을 함께 참조할 수 있다.

개관

소단원	소단원 목적	학습 목표
요즘 사랑 이야기 (30분)	건강한 연애관계에 필요한 요소를 이해한다.	1. 연애관계에 대한 자신의 태도를 점검한다. 2. 사랑의 필수 요소를 파악한다.
사랑의 자유는 무엇인가요 (30분)	연애관계에 대한 올바른 태도를 형성한다.	1. 연애관계 초기에 나타나는 적절한 태도와 부적절한 태도를 구분한다. 2. 데이트할 때 필요한 행동 원칙을 배운다.

이 대단원에 포함된 모든 활동지 및 파워포인트 슬라이드와 영상 자료 등은 학지사 홈페이지(www.hakjisa.co.kr)에서 내려받을 수 있습니다.

소단원 1

요즘 사랑 이야기

1. 소단원 목적

건강한 연애관계에 필요한 요소를 이해한다.

2. 학습 목표

① 연애관계에 대한 자신의 태도를 점검한다.

② 사랑의 필수 요소를 파악한다.

3. 수업 내용

활동	절차
1. 준비 활동(2분)	학생들에게 "가장 좋아하는 역사나 문학 속 사랑 이야기는 무엇인가요? 그 이야기를 좋아하는 이유는 무엇인가요?"라고 질문하며 단원을 시작한다.
2. 학급 게임: 요즘 사랑 이야기**(12분)** ▷ **교수자료** - [부록 1-1] 토론 자료: 요즘 사랑 이야기 - A5 용지	**목표: 연애관계에 대한 자신의 태도를 점검한다.** 1. 학급에 A5 용지를 배포한다. 학생들에게 "나에게 있어 연애관계란……."이라는 문장을 완성하도록 한다. 2. '요즘 사랑 이야기'([부록 1-1])를 무작위로 배포한다. 각 학생은 특정한 사랑 이야기가 담긴 카드를 받는다. 3. 학생들에게 카드 속 이야기를 읽고 자신이 적은 사랑에 관한 태도와 일치하는지 확인하도록 한다. 4. 불일치하는 경우 학생은 3분 동안 다른 학생들과의 상의를 통해 자신과 가장 일치하는 이야기를 찾을 수 있다. 학생들이 서로 동의하는 경우 카드를 교환할 수 있다. 5. 마지막으로 같은 카드를 가진 학생끼리 한 모둠으로 묶는다. 6. 학생들에게 다음 사항을 모둠 내에서 공유하도록 요청한다. • 연애관계를 어떻게 생각하나요? • 이 카드를 선택한 이유는 무엇인가요?

3. 짧은 교안과 자기 성찰: 사랑의 공식(**8분**) ▷ **교수자료** - [부록 1-2] 파워포인트 슬라이드: 사랑의 공식 - [부록 1-3] 교수자용 참고 자료: 요즘 사랑 이야기 - [부록 1-4] 교수자용 참고 자료: 사랑 관련 단어	**목표: 사랑의 필수 요소를 파악한다.** 1. 파워포인트 슬라이드 '사랑의 공식'([부록 1-2])의 첫 슬라이드를 재생하여 친밀감, 헌신, 열정이 건강하고 안정적인 연애관계의 중요 요소임을 보여준다. 2. 학생들이 앞선 활동 2에서 선택한 본인의 이야기를 되새기도록 요청한다. • 이야기 속 사랑의 삼각형은 어떤 모양일까요? • 파워포인트에서 제안하는 삼각형과 어떻게 비교할 수 있을까요? 3. 파워포인트 슬라이드를 계속 진행한다. 슬라이드는 활동 2에서 언급한 8가지 사랑 이야기의 공식을 다룬다. 학생들에게 내용에 대해 유심히 생각하고 스스로를 평가하도록 한다.
4. 결론(3분)	1. 사람들은 사랑이 오래 지속되기를 원한다. 학생들은 사랑에 대한 자신의 태도가 관계를 오래 지속시킬 수 있는지 생각해 보아야 한다. 2. 건강한 관계를 위해서는 사랑의 공식의 세 가지 요소인 친밀감, 헌신, 열정이 균형 있게 발달해야 한다. 특정한 한두 가지 요소로만 관계가 구성되어서는 안 된다.
5. 마무리 활동(5분) ▷ **교수자료** - [부록 1-5] 성장 확인 질문	1. 성장 확인 질문을 배포하고 학생들이 수업 내용과 스스로를 돌아볼 수 있도록 지도한다. 2. 수업 중 학생들의 참여도를 칭찬한다.

4. 세부 지도 사항

1) 준비 활동

• 학생들이 말하는 사랑 이야기는 연예인과 관련된 것이거나 혹은 단순히 인물의 외모나 가정 배경을 기준으로 선택할 수 있다. 학생들이 자신의 견해를 자유롭게 표현하도록 지도한다.

• 준비 활동에서 '로미오와 줄리엣'과 같은 예시를 활용할 수 있다. 제시되는 예가 반드시 긍정적일 필요는 없고 예시는 학생들의 흥미와 토론을 이끌어 내기 위한 것이다.

• 시범 운영에서 학생이 본 단원 내용이 동성애 관계에도 적용될 수 있는지에 관한 질문을 제기하였다. 학생이 이러한 질문을 하는 경우, 본 단원은 남녀 간의 사랑에 대한 연구를 기반으로 구성되었지만, 친밀감, 헌신, 열정의 가치는 동성 간의 사랑에서도 중요

하다고 설명한다. 수업이 끝난 후 교수자는 해당 학생에게 후속 지도가 필요한지 판단할 수 있다.

2) 요즘 사랑 이야기

- 학생들이 사랑에 대한 인식을 표현하는 데 어려움을 겪는 경우, 교수자는 준비 활동에서 학생들이 인상적인 사랑 이야기의 이유로 꼽은 '영원한 사랑' '완벽한 짝' '상호 이해' 등과 같은 요소들을 요약하여 제시할 수 있다.
- 8가지 사랑 이야기는 [부록 1-3]에 제시된 사랑의 요소를 다양하게 포함하고 있다. 교수자는 학생의 필요에 따라 더 많은 이야기를 추가할 수 있지만 '친밀감' '열정' '헌신'의 개념을 포함하는 이야기여야 한다.
- 원활한 수업 진행을 위해 교수자는 학생들을 몇 개의 작은 모둠으로 나눌 수 있다. 그런 다음, 학생들에게 모둠 내에서 자신과 가장 어울리는 카드를 찾도록 요청한다. 모둠원끼리 카드를 고른 이유와 연애관계에 대한 자신의 견해를 교환하고 공유한다. 그러나 이 방법은 공유 경험을 제한하고 학생들을 당황시킬 수 있기 때문에 필요한 경우에만 사용하는 것이 좋다.

3) 사랑의 공식

- 학생들에게 건강하고 안정적인 연애관계의 세 요소를 보여 주기 전에 질문을 던져 주제에 대한 사고와 홍미를 유발한다. 시범 운영 결과, 학생들은 '친밀감'과 '열정' 요소는 많이 언급하지만 '헌신'은 적게 언급하는 경향이 있는 것으로 나타났다. 이 단원은 청소년에게 헌신의 중요성을 알리는 역할을 할 수 있다.
- 일부 학생은 '열정'을 '성관계'와 연관시킬 수 있다. 교수자는 '열정'이 성관계뿐만 아니라 외면이나 내면에 대한 매력도 포함한다는 점을 강조할 수 있다. '친밀감'과 '헌신'이 없는 사랑은 감정적 · 지적 소통이 없는 관계에 불과하다는 점을 알린다.
- 한자 '성(性)'은 '마음'과 '몸'을 의미하는 글자로 구성되어 있는데, 이는 성이 육체뿐만 아니라 정신적 요소에서도 비롯된다는 것을 의미한다. 건강한 관계의 발전에는 정신적 · 육체적 요소가 모두 필요하다.
- '열정(passion)'이라는 단어는 고통, 인내를 뜻하는 라틴어 'patior'에서 유래했다. 이는

'열정'이 단순한 욕망을 넘어 복잡한 정신적 활동임을 의미한다.

- 연애를 시작할 때는 '열정'이 넘치는 것이 일반적이다. 하지만 시간이 지남에 따라 관계를 지속하기 위해서는 '친밀감'과 '헌신'을 필수적으로 추구해야 한다.
- 따라서 건강하고 안정적인 연애관계는 세 요소를 모두 포함해야 한다. 연구 결과에 따르면 사랑이 깊어질수록 '열정'은 줄어들고 '친밀감'과 헌신'은 깊어지는 것으로 나타났다. 사랑하는 관계에서도 말다툼과 갈등은 필연적으로 발생하지만 적절히 대처한다면 건강하고 지속적인 관계를 구축하고 상호 이해를 증진시킬 수 있다.
- 교수자는 학생들의 건강하고 안정적인 연애관계를 격려하기 위해 자신의 연애 경험을 공유할 수 있다.
- 사랑과 관련된 더 많은 어휘를 보려면 [부록 1-4]를 참조한다.
- 사랑의 의미에 대한 토론을 위해 고전을 활용할 수 있다.

4) 결론

- 이 소단원은 학생들에게 사랑하는 관계를 안정적으로 지속할 수 있도록 하는 기본 요소를 가르친다. 학생들은 활동에 참여함으로써 자신의 태도를 점검하고 '친밀감' '헌신' '열정'이라는 사랑의 필수 요소를 배울 수 있다.
- 연애는 많은 청소년이 중요하게 생각하고 고민하는 대인관계 중 하나이다. 학생들은 학습한 사랑의 요소를 바탕으로 향후 안정적이고 지속적인 연애관계를 구축할 수 있다. 또한 동일한 개념을 성인 및 또래 친구들과의 관계에도 적용할 수 있다.
- 한국 전통 문화에서는 '사랑'이라는 단어 대신 '정(情)'이라는 단어로 사랑하는 관계를 자주 묘사하였다. 정은 삶과 인간관계를 의미 있게 만들고 관계를 오래 지속할 수 있도록 한다.
- 이 소단원에서 학생들은 사랑은 다양한 요소에 기반하는 과정이기도 하다는 점을 배운다. 열정이 중요한 초기 기간이 지나면 세 요소가 모두 조화롭게 발전하지만 그럼에도 불구하고 연인들은 친밀해지면서 말다툼, 오해, 실망, 슬픔, 갈등을 필연적으로 겪는다. 각자의 가치관을 바탕으로 솔직한 대화를 나누고 서로의 습관과 단점을 고쳐 나가면 서로를 온전히 받아들일 수 있다. 갈등을 통해 상대방을 더 깊이 이해하며 안정적인 관계를 구축할 수 있다.

5. 보충 활동(선택 사항)

활동	내용	권장 사항
사랑 이야기	**목표: 사랑의 필수 요소를 발견하고 가족과의 유대감을 강화한다.** 학생들에게 일주일 동안 부모님의 사랑 이야기를 인터뷰하도록 요청한다. 인터뷰 질문에는 다음이 포함될 수 있다. • 두 사람은 어떻게 만났나요? • 서로의 매력은 무엇인가요? • 어떤 어려움이 있었고 이를 어떻게 해결했나요? • 두 사람의 관계를 단계별로 설명해 주세요. 학생들은 인터뷰를 마친 후 자신의 느낌을 일기 형식으로 기록한다.	

부록 1-1 토론 자료: 요즘 사랑 이야기

첫눈에 반한 사랑

저는 첫눈에 반하는 사랑을 믿습니다. 서로가 매력을 느끼고 잘 맞는다면 걱정할 이유가 없겠죠?

과정을 밟아 나가는 사랑

저는 상대방의 외모에 중점을 둡니다. 처음에는 관계의 발전을 위해 서로 이해하고 받아들이는 것이 필요합니다. 그런 다음 우리의 미래에 대해 생각해 볼 것입니다.

낭만주의자

미모가 뛰어난 애인이 있는 것이 가장 좋습니다. 낭만적 사랑을 원하고 서로 함께하길 원해요! 우리는 아마 매일 만날 거예요.

영원한 사랑

그/그녀가 나를 사랑하든 사랑하지 않든, 서로를 잘 알든 모르든 상관없어요. 그/그녀가 내 연인인 이상, 나는 최선을 다할 것이고 절대 헤어지지 않을 것이라고 맹세합니다!

제왕적 사랑

가장 중요한 점은 상대방이 항상 제 말을 들어야 한다는 거예요! 우리가 잘 지낼 수 있는지 확인해 보고 그렇지 않다면 헤어져야죠.

신중한 사랑

우리는 사이가 좋고 많은 것을 공유합니다. 하지만 그 사람이 제 짝이라고 말하기에는 너무 이르죠. 나중에 더 좋은 사람이 나타날 수도 있겠죠? 물론 저는 그 시간 동안 다른 사람들과도 계속 어울릴 거예요.

가장 친한 친구

행복과 슬픔을 함께 나눌 수 있는 사람이었으면 좋겠어요. 매일 만날 필요는 없고 전화 통화만 해도 괜찮습니다. 외모는 그다지 중요하지 않아요!

숭배하는 사랑

학교에서 가장 인기 있는 남학생/여학생과 사귀고 싶어요! 그/그녀에 대해 잘 몰라도 상관없어요.

(8장의 카드로 잘라 주세요.)

부록 1-3 교수자용 참고 자료: 요즘 사랑 이야기

건강하고 오래 지속되는 연애관계는 다음의 그림처럼 구성되어야 합니다.

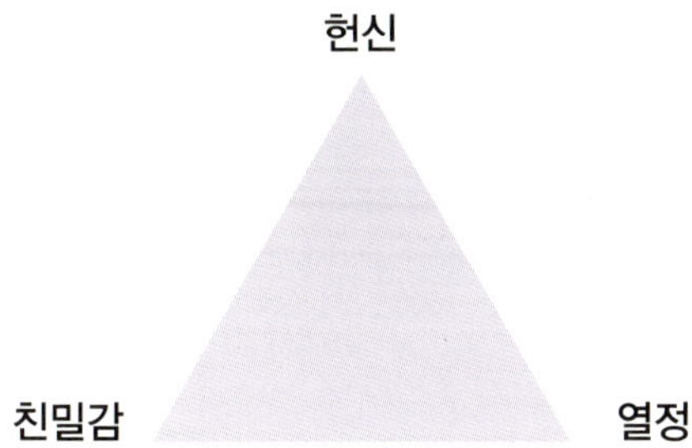

친밀감	연애관계에서 느끼는 친밀감, 유대감, 결속
열정	연애관계에서의 낭만, 육체적 매력, 성적 행위
헌신	단기: 특정 대상을 사랑하겠다는 결심 장기: 그 사랑을 유지하기 위한 노력

출처: Sternberg, R. J. (1986). A triangular theory of love. *Psychological Review, 93*, 119-135.

각 이야기에서 발견할 수 있는 사랑의 요소는 다음과 같습니다.

첫눈에 반한 사랑	열정, 헌신	**과정을 밟아 나가는 사랑**	열정, 친밀감, 헌신
낭만주의자	열정	**영원한 사랑**	헌신
제왕적 사랑	세 가지 요소가 모두 약합니다.	**신중한 사랑**	친밀감
가장 친한 친구	친밀감	**숭배하는 사랑**	열정

부록 1-4 교수자용 참고 자료: 사랑 관련 단어

애정	• 애정이란 모든 감정과 느낌을 일컫는 용어입니다. • 대상에 대한 관심과 애정을 표현하고 외부 자극으로 인한 감정적 반응을 포함하기도 합니다. (예: 행복, 분노, 슬픔)
강렬한 감정	• 사람들은 강렬한 감정을 열정으로 착각할 수 있지만 열정만큼 오래 지속되지는 않습니다. • 강하고 충동적이지만 짧게 지속되는 내면의 상태입니다. • 강렬한 감정은 흥분과 충동성이 특징입니다. 지속 시간이 짧고 흥분과 함께 사라집니다. • 강렬한 감정은 긍정적일 수도 있고 부정적일 수도 있습니다. 긍정적인 감정(예: 황홀경에 빠지는 것)은 엄청난 에너지를 만들어 낼 수 있는 반면, 부정적인 감정(예: 슬픔)은 바람직하지 않은 결과를 초래할 수 있습니다.
열정	• 열정은 생각과 행동으로 이어지는 감정 상태입니다. • 감정인 동시에 느낌입니다. 열정은 강렬한 감정보다 오래 지속됩니다. • 열정은 사람들이 염원하는 것을 이룰 수 있게 합니다.
친밀감	• 친밀감은 부모와 자식, 형제자매, 우정, 낭만적인 사랑, 고향이나 국가에 대한 사랑 등 다양한 관계에 존재합니다. • 친밀감을 통해 사람들은 위로와 어려움을 공유하고 서로를 배려하게 됩니다. 또한 사람들은 서로에 대한 책임감을 가집니다. • 친구나 연인 사이에 친밀감이 형성되지 않으면 무관심이나 회피로 이어질 수 있습니다.

부록 1–5 성장 확인 질문

이름: ____________________ 반: ____________________ 날짜: ____________________

1. 수업 과제

1) 건강하고 안정적인 연애관계를 위해 '열정' '친밀감' '헌신'의 균형 있는 발달이 필요하다고 생각하나요? 그 이유는 무엇인가요?

2) 앞서 언급된 세 요소 중에 중요성이 가장 평가절하된 요소가 무엇이라고 생각하나요? 그 이유는 무엇인가요?

2. 숙제

1) '요즘 사랑 이야기' 활동에서 가장 인상 깊었던 관계는 어떤 것이었나요? 그 이유는 무엇인가요?

2) 수업을 통해 연애관계에 대해 무엇을 새로 배웠나요?

소단원 2

사랑의 자유는 무엇인가요

1. 소단원 목적

연애관계에 대한 올바른 태도를 형성한다.

2. 학습 목표

① 연애관계 초기에 나타나는 적절한 태도와 부적절한 태도를 구분한다.

② 데이트할 때 필요한 행동 원칙을 배운다.

3. 수업 내용

활동	절차
1. 준비 활동(2분)	1. 학생들에게 "사랑의 기쁨과 슬픔은 무엇이라고 생각하나요?"라고 질문하며 단원을 시작한다. 학생들이 자신의 견해를 공유하도록 유도한다. 2. 다음으로 "왜 사랑을 하면 그러한 기쁨과 슬픔을 느낄까요?"라고 질문한다.
2. 모둠 토론: 사랑의 자유는 무엇인가요**(10분)** ▷ **교수자료** - [부록 1-6] 영상 자료: 사랑의 자유는 무엇인가요	**목표: 연애관계 초기 단계에서 나타나는 적절한 태도와 부적절한 태도를 구분한다.** 1. 학급을 작은 모둠으로 나누어 영상 자료([부록 1-6])를 재생한다. 이 영상 자료는 중학생들이 연애 중에 겪는 문제에 대응하는 방식에 대한 내용이다. 2. 영상 자료에는 세 명의 주인공이 등장한다. 성진, 성진의 여자친구인 예린, 최근 성진과 친하게 지내는 소원. 2~3명씩 짝을 지어 각 등장인물의 관점에 몰입하면서 영상을 시청하도록 지도한다. 3. 모둠별로 3분간 토론할 시간을 부여한다. • 주의를 기울인 등장인물에 대해 어떻게 생각하나요? • 연애에 대한 그들의 태도는 어떤가요? 4. 일부 모둠에게 토론 내용을 발표하도록 한다. 5. 요약하고 결론을 내린다. • 연애관계 초기에 연애를 단순히 '누구나 다하는 것'으로 받아들여서 쉬울 것으로 생각하거나 충동적으로 행동해서는 안 됩니다. 나와 친구의 감정을 모두 소중하게 생각해야 합니다. 거짓말을 하는 것은 용납될 수 없고 효과적인 의사소통이 필요합니다. 그렇지 않으면 영상 자료에서처럼 서로의 성장에 해로울 수 있습니다.

3. 모둠 토론: 데이트 중 해야 할 일과 하지 말아야 할 일**(10분)** ▷ **교수자료** - [부록 1-7] 파워포인트 슬라이드: 데이트 중 해야 할 일과 하지 말아야 할 일 20가지 - [부록 1-8] 교수자용 참고 자료: 데이트 중 해야 할 일과 하지 말아야 할 일 20가지 - A5 용지, 사인펜	**목표: 데이트 시 필요한 행동 원칙을 배운다.** 1. 적절한 태도와 대처로 즐거운 연애관계를 형성할 수 있다. 2. 각 모둠에게 데이트할 때 '해야 할 일'과 '하지 말아야 할 일'에 대해 토론하도록 한다. 3. 5분 동안 모둠별로 토론 내용을 10개의 '데이트 행동 원칙'으로 요약하여 A5 용지에 작성하도록 한다. 4. 일부 모둠에게 발표하도록 요청한다. 5. 파워포인트 슬라이드([부록 1-7])를 재생한다. 6. 시간적 여유가 있다면 학생들이 20개의 '해야 할 일'과 '하지 말아야 할 일' 중에서 가장 인상 깊은 것이 무엇인지 선택하도록 한다.
4. 결론(3분)	1. 연애관계는 세심한 배려가 필요하다. '누구나 다하는 것'으로 취급하지 말고 적절한 태도를 보여야 한다. 2. 좋은 시작은 절반의 성공이므로 연애 초기에 '해야 할 일'과 '하지 말아야 할 일'을 준수하는 것은 건강하고 안정적인 관계를 유지하는 데 도움이 된다.
5. 마무리 활동(5분) ▷ **교수자료** - [부록 1-9] 성장 확인 질문	1. 성장 확인 질문을 배포하고 학생들이 수업 내용과 스스로를 돌아볼 수 있도록 지도한다. 2. 수업 중 학생들의 참여도를 칭찬한다.

4. 세부 지도 사항

1) 준비 활동

- 준비 활동은 학생들의 관심을 유도하는 역할이므로 짧고 간단하게 의견을 공유한다. 교수자는 학생들이 상대에 따라 허용될 수 있는 것과 이성을 대할 때 실제로 적절한 방법에 대해 이야기하도록 좋은 질문을 던져야 한다.
- 해당 소단원에서는 사랑을 이성적으로 분석하는 대신 정서적으로 접근하는 방식을 사용하여 학생들이 건강한 연애관계를 발전시키도록 한다. 오래 지속되는 사랑에 대한 욕구는 보편적인 것이며 외부적 요인으로 인해 간과되어 왔을 뿐이라는 점을 강조한다. 교수자는 개인적인 경험, 전래동화 등을 활용하여 적절한 사랑의 태도가 가진 장기

적인 이점을 설명할 수 있다.

2) 사랑의 자유는 무엇인가요

- 필요한 경우, 토론 촉진을 위해 학생들에게 종이에 요점을 적으라고 요청할 수 있다.
- 소원은 사랑을 '누구나 다하는 것'으로 연애관계를 가볍게 대한다. 소원은 자신의 감정에만 의존하고 상호 이해의 중요성을 간과한다. 소원과 성진은 서로에 대해 더 알고자 하는 의지가 없고 피상적인 대화와 거짓말만 나눈다.
- 소단원 1에서 논의한 것처럼 소원과 성진의 열정적인 관계는 처음에는 재밌을 수 있지만 시간이 지날수록 열정이 줄어들고 '친밀감'과 '헌신'이 없기 때문에 관계를 지속하기 어렵다.
- 적절한 태도가 없다면 다른 사람을 신뢰하지 못하고 부정적인 감정만 누적되는 예린과 비슷한 경험을 할 수 있다.
- '누구나 다하는 것'이라는 태도와 충동적인 태도는 미성숙한 성격을 보여 준다. 성숙해짐에 따라 타인을 배려하고 사려 깊게 대할 수 있으며, 이는 사랑하는 사람들에게 불필요한 해를 끼치는 것을 막는 데 도움이 된다.
- 학생들에게 자신이 등장인물들과 닮은 점이 있는지 생각해 보고 그 이유를 설명하도록 한다.

3) 데이트 중 해야 할 일과 하지 말아야 할 일

- 이 부분은 이성과의 데이트에 초점을 맞추기 때문에 좋아하는 친구나 연애 초기의 연인에게 적용될 수 있다.
- [부록 1-7](데이트 중 해야 할 일과 하지 말아야 할 일 20가지)은 또래 청소년들이 만든 것이기 때문에 학습에 도움이 될 수 있다.

4) 결론

- 이 단원에서는 학생들이 특히 연애 초기 단계에 가져야 할 올바른 태도와 데이트할 때 해야 할 일과 하지 말아야 할 일을 파악하여 앞으로 만족스러운 관계를 구축할 수 있도

록 돕는다. 친밀한 연인을 위한 내용은 도덕적 역량 대단원에서 확인할 수 있다.

- 사랑에 대한 태도는 이성 친구와 그들의 가치관을 대하는 개인의 방식을 반영한다. 또한 이는 부모, 형제자매와 같은 중요한 타인과의 관계에도 영향을 미친다. 따라서 이 단원에서 배운 내용을 다른 관계에도 적용하도록 권장한다.
- 학생들은 자신의 연애 태도에 영향을 미치는 요인(예: 가족, 친구, 대중매체, 사회 전반, 개인적 경험)을 추가적으로 검토하여 부정적인 요인이 태도에 영향을 미치는 것을 방지할 수 있다. 올바른 연애관계를 만들어 나가기 위해서는 가족 구성원이나 건강한 가치관을 가진 성인 및 또래의 의견을 경청하는 것이 필수적이다.

5. 보충 활동(선택 사항)

활동	내용	권장 사항
사랑이란	**목표: 사랑에 대한 적절한 태도와 부적절한 태도를 자세히 알아본다.** 소단원 1과 소단원 2를 통해 이미 사랑의 필수 요소와 적절한 태도를 학습하였다. 나아가 학생들에게 적절한 사랑의 태도를 가장 잘 반영하는 이야기를 책, 영화, 드라마 등 다양한 매체에서 찾아보도록 지시한다. 그다음, 학생들은 수업 시간에 자신이 찾은 이야기를 공유하고, 이야기를 고른 이유와 그 이야기에서 배울 수 있는 점을 설명해야 한다.	이야기는 올바른 사랑의 태도에 관한 것이어야 하며, 가상의 이야기일 수도 있고 실제 이야기일 수도 있다.

부록 1-8

교수자용 참고 자료: 데이트 중 해야 할 일과 하지 말아야 할 일 20가지

해야 할 일	하지 말아야 할 일
1. 매너 발휘하기 늦은 저녁 시간에는 여자 친구를 집에 데려다주세요.	**1. 무의미한 말하기** 진심이 아닌 말(예: "너 예쁘다.")은 관계에 도움이 되지 않습니다.
2. 안전한 장소 선택하기 너무 외진 곳이나 한적한 곳에서 데이트하지 마세요.	**2. 변화 강요하기** 다른 사람의 외모나 성격을 바꾸도록 강요하지 마세요.
3. 비용을 같이 부담하기 데이트는 두 사람이 함께하는 것이므로 비용은 두 사람이 균형을 맞춰 부담합니다.	**3. 통제력 잃기** 예를 들어, 충동적인 지출, 돈 낭비 등이 있습니다.
4. 단체 활동에 참석하기 단체 활동을 통해 좋아하는 사람의 장점과 단점을 확인할 수 있습니다.	**4. 버럭 화내기** 예를 들어, 영화 티켓을 구하지 못했다고 연인을 탓하면 안 됩니다.
5. 많은 대화를 나누기 더 많은 대화를 나눌 수 있는 주제와 관심사를 찾아보세요.	**5. 두 사람 사이에서 고민하기** 두 명 이상의 다른 상대와 동시에 데이트하지 마세요.
6. 기쁨을 선사하기 예를 들어, 작고 의미 있는 선물을 주는 것이 있습니다.	**6. 성적 욕망** 부적절한 성적 요청을 하거나 성적 친밀감에 대한 압력을 행사하지 마세요.
7. 정직한 태도 보이기 다른 사람을 정직하게 대하고 억지로 꾸며 내지 마세요.	**7. 거짓으로 대하기** 자신의 진짜 모습을 숨기지 말고, 보여 주고 싶은 '나'만의 모습을 드러내세요.
8. 상대의 필요에 집중하기 활발한 의사소통을 통해 상대의 필요를 파악하세요.	**8. 고집 부리기** 자신의 견해가 항상 최고라고 생각하지 마세요.
9. 배려하기 자신의 감정에만 집중하지 마세요.	**9. 공부 포기하기** 장기적으로는 얻는 것보다 잃는 것이 더 많습니다.
10. 상대의 마음을 존중하기 상대방의 선호를 존중하세요. 다른 사람에게 자신의 애정을 강요하지 마세요.	**10. 지각하기** 시간 약속을 지키지 않는 것은 여러분이 상대방을 존중하지 않는다는 것을 의미합니다.

부록 1-9 성장 확인 질문

이름: ____________________ 반: ____________________ 날짜: ____________________

1. 수업 과제

1) 수업 시간에 소개된 데이트 중 해야 할 일 10가지 중에서 가장 중요하다고 생각하는 것은 무엇인가요?

2) 수업 시간에 소개된 데이트 중 하지 말아야 할 일 10가지 중에서 가장 중요하다고 생각하는 것은 무엇인가요?

2. 숙제

1) 연애관계에서 발생할 수 있는 기쁨과 슬픔에는 어떤 것들이 있나요?

2) 수업 시간에 배운 것을 토대로 연애관계에 대한 자신의 태도를 평가해 보세요.

대단원 2

사회적 역량

들어가며

좋은 대인관계를 맺는 것은 아동과 청소년이 사회에 적응하는 데 중요하다. 한 연구진에 따르면 좋은 부모-청소년 관계가 친사회적 행동과 긍정적인 관련이 있고, 반사회적 행동과 부정적인 관련이 있는 것으로 나타났다.

Level 3 과정에서는 크게 두 가지의 사회적 역량을 다룬다. 소단원 1과 소단원 2에서는 다문화 사회에서 필요한 교양을 익히고, 인종적 편견을 줄이는 활동을 한다. 소단원 1에서는 우리나라 역사에 등장하는 외국인들이 우리 문화와 역사에 끼친 영향을 살펴본다. 한국사에 다문화적 요소가 있음을 이해하고, 문화적 다양성이 우리 사회에 미칠 수 있는 긍정적인 영향을 생각해 본다.

소단원 2에서는 다문화 사회에서 이주자에 대한 편견을 줄이고, 사려 깊은 태도를 함양하는 교육을 진행한다. 특히 우리나라에서 문화적 다양성이 증가하고 있다는 것을 이해하고, 차별해서는 안 된다는 것을 배운다.

소단원 3과 소단원 4에서는 가족 및 친구와의 관계를 강화하고, 유대감에 대한 내용을 보완하고 심화시킨다. 소단원 3에서는 형제자매 간 갈등의 원인을 분석하고 해결책을 제시한다. 학생들은 시뮬레이션 라디오 프로그램을 통해 서로 다른 형제자매 역할을 맡아 갈등 후의 감정을 시뮬레이션한다. 그리고 갈등에 직면하고 피하는 방법에 대해 토론하며, 갈등이 가족 화합에 미치는 영향에 대해 생각해 본다. 이 활동의 목표는 학생들이 서로를 더 이해하고, 이기심과 갈등을 줄이고, 응집력과 조화로운 가족관계를 구축하도록 장려하는 것이다.

소단원 4는 또래 간 갈등의 원인과 해결책을 이해하고, 학생들이 좋은 동료와 나쁜 동료를 구별할 수 있도록 도와주는 내용으로 구성된다. 친구들과의 불쾌한 사건을 기록한 한 청소년의 온라인 다이어리를 활용한다. 이 인물의 눈을 통해 학생들은 양보하거나, 타협하거나, 자신의 생각을 고집할 수 있는 상황에 대해 생각해 봄으로써 또래 간 갈등에 대처할 수 있을 것이다. 이 소단원의 목표는 학생들이 적절한 사회적 기술을 사용하도록 장려하는 것이다.

개관

소단원	소단원 목적	학습 목표
우리 역사 속 외국인 (30분)	과거 우리나라에 정착했던 외국인들이 영향을 끼친 우리 문화와 역사를 통해 한국사의 다문화적 측면을 이해한다.	1. 우리나라에 온 외국인들이 우리의 역사와 문화에 끼친 영향을 배운다. 2. 외국인이 우리 사회에 긍정적인 영향을 줄 수 있다는 점을 이해한다.
피부색이 달라도 우리는 한국인 (30분)	이주배경 청소년에 대한 편견을 줄이고, 다문화 감수성을 기른다.	1. 이주배경 청소년들이 겪는 인종차별을 공감해 본다. 2. 이주배경 청소년도 우리와 같은 대한민국 사람이며, 차별해서는 안 된다는 것을 배운다.
누가 맞고, 누가 틀렸나요 (30분)	형제자매 간 갈등의 원인을 분석하고 해결책을 제시한다.	1. 형제자매 간 갈등의 원인을 이해한다. 2. 형제자매와 잘 지내기 위한 올바른 태도를 배운다.
블로그 다이어리 (30분)	친구들 사이의 갈등의 이유와 갈등을 처리하는 방법을 이해하고 좋은 친구와 나쁜 친구를 구별하는 방법을 배운다.	1. 친구들 사이의 갈등의 원인을 이해한다. 2. 친구와의 갈등에 직면하고 대처하는 방법을 배운다.

이 대단원에 포함된 모든 활동지 및 파워포인트 슬라이드와 영상 자료 등은 학지사 홈페이지(www.hakjisa.co.kr)에서 내려받을 수 있습니다.

소단원 1

우리 역사 속 외국인

1. 소단원 목적

과거 우리나라에 정착했던 외국인들이 영향을 끼친 우리 문화와 역사를 통해 한국사의 다문화적 측면을 이해한다.

2. 학습 목표

① 우리나라에 온 외국인들이 우리의 역사와 문화에 끼친 영향을 배운다.
② 외국인이 우리 사회에 긍정적인 영향을 줄 수 있다는 점을 이해한다.

3. 수업 내용

활동	절차
1. 준비 활동(5분)	1. 학생들에게 해외에서 활약하고 있는 한국인들을 알고 있는지 묻는다. • 현재 해외에서 활약하고 있는 한국인들과 어떤 분야에서 두각을 드러내고 있는지 알고 있나요? • 스포츠, 외교, 경제, 문화 등 다양한 영역에서 여러분이 알고 있는 사람들을 말해 보세요. 2. 학생들에게 해외에서 활동하고 있는 한국인들이 그 나라 문화와 경제에 어떤 영향을 주고 있는지 생각해 보도록 한다. • 지금 말해 준 사람들이 활동하고 있는 그 나라에 어떤 영향을 주었을까요? 문화 · 경제적 부분에서 어떤 긍정적인 영향을 주었을지 이야기해 보세요. 3. 해외에서 한국인들이 활약하듯이, 한국에서도 외국인들이 활약하고 있음을 환기시킨다. • 해외에서 한국인들이 그 나라에 영향을 주고 있듯이, 한국 내에서도 외국인들이 활동하며 우리나라에 긍정적인 영향을 주고 있을 것입니다. 4. 우리나라에도 외국인들이 오랫동안 살아왔으며, 과거에도 외국인들이 한국에 긍정적인 영향을 준 사례들이 있다는 것을 이야기하며, 본 소단원의 주제를 알려 준다.

2. 수업: 우리 역사 속 외국인**(20분)** ▷ **교수자료** - [부록 2-1] 파워포인트 슬라이드: 우리 역사 속 외국인	**목표: 우리나라에 온 외국인들이 우리의 역사와 문화에 끼친 영향을 배운다.** 1. 파워포인트 슬라이드를 재생한다([부록 2-1]). 2. 우리나라 역사에 영향을 미친 쌍기, 이용상, 김충선의 역사를 강의한다. 3. 강의 마지막에 과거뿐 아니라 현재에도 우리나라에 사는 외국인들이 한국 사회에 어떤 긍정적인 역할을 하고 있는지 생각해 본다. • 외국인이 우리나라 역사에 긍정적인 영향을 주었듯이, 오늘날 대한민국에 거주하는 외국인 중 우리 사회에 긍정적인 영향을 주는 사람은 누가 있을까요?
3. 결론(3분)	다음과 같은 내용을 전달한다. • 우리 역사를 되짚어 보면 많은 외국인이 등장하고, 이들이 한국 땅에 어울려 살며 여러 긍정적인 영향을 끼쳤습니다. • 과거에도 이들이 활약한 것처럼 오늘날에도 우리나라에 있는 외국인들이 한국 사회에 끼치는 좋은 영향력이 있을 것입니다. • 외국인처럼 보인다고 해서 사람들을 차별해서는 안 되며, 이들과 함께 이루어 온 대한민국의 역사를 기억하며 열린 마음의 태도를 가져야 하겠습니다.
4. 마무리 활동(2분) ▷ **교수자료** - [부록 2-2] 성장 확인 질문	1. 성장 확인 질문을 공유하고 학생들이 소단원 활동을 돌아볼 수 있도록 유도한다. 2. 소단원 활동에 대한 학생들의 참여도를 칭찬한다.

4. 세부 지도 사항

1) 준비 활동

• 교수자는 외국에서 활약하는 인물들을 통해 학생들의 주의를 집중시키고, 우리나라에도 외국인들이 활약하고 있다는 점으로 자연스럽게 이어 나간다.

2) 우리 역사 속 외국인

• 교수자는 쌍기, 이용상, 김충선의 일대기를 미리 습득하여 자연스럽게 강의할 수 있도록 한다.

• 우리나라 역사에 외국인들이 등장하여 긍정적인 영향을 끼쳤음을 알려 주고, 이들의 자손도 지금까지 우리나라에 살고 있으므로 자연스럽게 우리 사회가 다문화적 특성을

가지고 있음을 언급한다.

• PPT 자료는 김용만의 『우리 역사를 바꾼 세계인들 다문화 한국사』의 내용과 온라인 자료를 참고하여 제작하였다.

3) 결론

• 우리나라 역사에 외국인들의 활약이 있었듯이, 현재에도 우리 주변의 외국인들이 한국 사회에 긍정적인 영향을 어떻게 주고 있는지 생각해 보도록 한다. 만약 학생들이 떠올리지 못한다면 스포츠, 문화, 예능, 예술 등 다양한 영역에서 활약 중인 외국인들을 미리 숙지해 두었다가 언급한다.

5. 보충 활동(선택 사항)

활동	내용	권장 사항
우리 역사에 등장하는 외국인들	**목표: 우리나라 역사에 외국인이 미친 영향이 있고, 그 후손들이 지금도 우리와 함께 살고 있다는 것을 이해한다.** 학생들에게 우리나라 역사에서 활약한 외국인들에 관한 정보를 찾아보도록 한다. 가능하다면 그들의 후손이 어디에 모여 살고 있는지도 확인해 보도록 한다.	

부록 2-2 성장 확인 질문

이름: ______________________ 반: ______________________ 날짜: ______________________

1. 수업 과제

1) 우리나라 역사에 기록된 외국인들의 활약에는 어떤 것들이 있나요?

2) 현재 우리나라에 거주 중인 외국인들은 우리 사회에 어떤 긍정적인 영향을 끼치고 있나요?

2. 숙제

1) 오늘 수업에서 다루지 않은 우리나라 역사에 기록된 외국인의 활약이 있다면 어떤 인물들이 있을까요?

소단원 2

피부색이 달라도 우리는 한국인

1. 소단원 목적

이주배경 청소년에 대한 편견을 줄이고, 다문화 감수성을 기른다.

2. 학습 목표

① 이주배경 청소년들이 겪는 인종차별을 공감해 본다.

② 이주배경 청소년도 우리와 같은 대한민국 사람이며, 차별해서는 안 된다는 것을 배운다.

3. 수업 내용

활동	절차
1. 준비 활동(5분)	1. 학생들에게 대중문화에서 알려진 이주배경 청소년이나 이주배경 청년 중에 알고 있는 사람들이 있는지 물어본다. • 이주배경 청소년이란 「청소년복지지원법」 제18조에 따라 다문화가족의 청소년과 그 밖에 국내로 이주하여 사회적응 및 학업 수행에 어려움을 겪는 청소년을 의미합니다. 다문화 가족이란 서로 다른 국적 또는 문화의 사람이 만나 구성된 가정을 의미합니다. 여러분이 알고 있는 사람들 가운데 이주배경 청소년이나 이주배경 청년인 사람이 있다면 손을 들고 말해 보세요. 2. 이주배경 청소년들이 대한민국에서 자라면서 어떤 상황들을 마주했을지 생각해 보도록 한다. • 다문화 가족에서 태어나거나 해외에서 태어나 한국에서 자란 사람들은 늘 환영받거나 부러움을 받지만은 않았을 것입니다. 만약 이들이 차별의 경험을 했다면, 왜 그런 일들을 당해야 했을까요? 3. 우리나라에 많은 외국인이 살고 있으며 이주배경 청소년들이 늘어나고 있지만, 이들에 대한 차별이 사라지지 않고 있다는 점을 알려 주며 본 소단원의 주제를 알려 준다.

2. 수업: 내가 만약 이런 일을 겪는다면**(20분)** ▷ **교수자료** - [부록 2-3] 파워포인트 슬라이드: 내가 만약 이런 일을 겪는다면 - [부록 2-4] 영상 자료: 다문화 인식 개선 캠페인	**목표: 이주배경 청소년들이 겪는 차별을 간접적으로 체험하고, 공감 능력을 키운다.** 1. 파워포인트 슬라이드를 재생한다([부록 2-3]). 2. 이주배경을 가진 것으로 유명한 연예인들이 청소년 시절에 인종차별적 태도와 발언에 상처받았음을 알려 준다. 인순이, 한현민, 전소미의 인물 소개를 간략하게 한 후, 이들이 기억하고 있는 인종차별적 발언과 경험을 교수자가 읽어 준다. • 인순이는 〈밤이면 밤마다〉 〈거위의 꿈〉 등으로 유명한 가수입니다. 그녀는 흑인 미국인 아버지와 한국인 어머니 사이에서 태어나 성장과정에서 많은 인종차별을 경험했습니다. • 한현민은 2017년 『타임지』에서 뽑은 가장 영향력 있는 10대 30명 중에 뽑힌 모델입니다. 그는 나이지리아 국적의 아버지와 한국인 어머니 사이에서 태어났습니다. • 전소미는 오디션 프로그램을 통해 데뷔한 유명 가수입니다. 그녀는 캐나다 출신의 아버지와 한국인 어머니 사이에서 태어났으며, 어린 시절부터 한국에서 자랐습니다. 3. 소개된 인물들이 외모가 다르다는 이유로 차별적 발언과 대우를 받는 것은 옳지 않은 일이란 점을 가르친다. • 대한민국에는 다양한 출신의 사람들이 살고 있는데, 이들이 꼽은 가장 큰 문제는 학교에서 놀림을 받고 따돌림을 당하는 것이라고 합니다. • 만약 여러분이 이런 일을 겪는다면 어떤 기분이 들고, 쉽게 잊을 수 있을까요? • 모든 이주배경 청소년들이 유명해지거나 연예인이 되는 것은 아닙니다. 이주배경 청소년에 대한 차별로 인해 많은 사람이 심리적인 문제를 가지거나 장차 취업과 사회생활에서 불리한 일을 겪기도 합니다. 4. 모욕적인 말로 차별하는 것도 문제이지만, 편견을 가지고 한국 사람들과 다르게 대하는 것도 다문화 자녀들에게는 차별의 경험이 될 수 있음을 알려 준다. 영상 자료를 보여 준다([부록 2-4]). 5. 영상 자료를 본 뒤, 모둠별로 자신들이 편견을 가지고 외국인이나 이주배경 청소년들을 대했던 경험은 없는지 나누어 보도록 한다. 이주배경 청소년들에게 어떤 태도를 가져야 할지 발표해 보도록 한다.
3. 결론(3분)	다음과 같은 내용을 전달한다. • 우리나라에는 많은 외국인이 살고 있고, 당연히 다문화 가족도 많이 살고 있습니다. • 많은 이주배경 청소년이 인종차별적인 말이나 태도를 경험하였고, 괴로워한다는 것을 공감해야 합니다. • 이주배경 청소년들에게 모욕적인 말을 하지 않는 것은 당연한 것이며, 나아가 편견을 가지고 한국 사람과 다르게 대하는 것도 일종의 차별적 경험이 될 수 있다는 것을 기억해야 합니다.
4. 마무리 활동(2분) ▷ **교수자료** - [부록 2-5] 성장 확인 질문	1. 성장 확인 질문을 공유하고 학생들이 소단원 활동을 돌아볼 수 있도록 유도한다. 2. 소단원 활동에 대한 학생들의 참여도를 칭찬한다.

4. 세부 지도 사항

1) 준비 활동

- 교수자는 우리나라에 많은 다문화 가족과 이주배경 청소년이 살고 있다는 것을 환기시킨다.

2) 내가 만약 이런 일을 겪는다면

- 교수자는 파워포인트 슬라이드의 인물들에 대해 미리 이해하고 수업에 들어간다.
- 유명한 이주배경 청소년들이 겪은 차별을 통해 학생들이 자신의 언행과 생각을 돌아보게 하고, 그들의 아픔에 공감하도록 한다.
- 차별적 언행을 하지 않는 것뿐만 아니라 편견을 가지고 한국인과 다르게 대하는 것 역시 차별이 될 수 있다는 것을 알려 준다. 이는 학생들에게 차별에 대한 새로운 관점을 가지도록 할 것이다.

3) 결론

교수자는 학생들에게 대한민국이 다문화 사회임을 알리고, 많은 이주배경 구성원의 삶에 공감하는 것은 우리 모두에게 좋은 일임을 알려 준다.

5. 보충 활동(선택 사항)

활동	내용	권장 사항
다문화 행사에 참여하기	**목표: 내가 살고 있는 지역의 다문화 행사 참여를 통해 지역 내 외국인과 다문화 가족에 대한 이해도를 높인다.** 지자체에 문의하여 다문화 관련 행사를 알아본 뒤, 학생들이 참여하고 새롭게 알게 된 점을 나누도록 한다.	

부록 2-5 성장 확인 질문

이름: ______________ 반: ______________ 날짜: ______________

1. 수업 과제

1) 이주배경 청소년으로 자라면서 겪는 인종차별적 언행에 대해 어떤 점이 잘못되었다고 생각하나요?

2) 한국에서 자란 이주배경 청소년에게 한국 사람과 다르게 대하는 것 역시 차별이 될 수 있다는 것에 대해 어떻게 생각하나요?

2. 숙제

1) 이주배경 청소년에 대해 차별적인 발언을 하거나 놀리는 친구를 만나면 어떤 이야기를 해 줄 수 있을까요?

2) 인종적인 편견을 줄이기 위해서는 어떤 마음가짐을 가져야 할지 생각해 보세요.

소단원 3

누가 맞고, 누가 틀렸나요

1. 소단원 목적

형제자매 간 갈등의 원인을 분석하고 해결책을 제시한다.

2. 학습 목표

① 형제자매 간 갈등의 원인을 이해한다.

② 형제자매와 잘 지내기 위한 올바른 태도를 배운다.

3. 수업 내용

활동	절차
1. 준비 활동(3분)	1. 학생들에게 형제자매가 있는지와 출생 순서는 어떻게 되는지 물어본다. 학생들이 손을 들어 대답할 수 있도록 한다. 2. 다음과 같은 질문을 하고, 학생들이 자신의 경험을 공유하도록 한다. • 형제자매와 어울릴 때 주로 무엇을 하나요? • 형제자매와 주로 다투는 이유는 무엇인가요? • 다투고 나서 서로 어떻게 화해하나요? • 선택의 여지가 있다면 언니, 오빠, 형, 누나, 동생 중 어떤 역할을 맡고 싶은가요? 현재와 같은 역할을 그대로 하고 싶나요? 아니면 바꾸고 싶나요? 3. 학생들에게 형제자매 간의 갈등에 대한 의견을 나누게 하고, 이번 소단원의 주제가 형제자매라는 것을 알려 준다.

	목표: 형제자매 간 갈등의 원인을 이해하고, 갈등을 직면하거나 피하는 방법을 배운다.
2. 수업: 홈 스위트 홈 (20분) ▷ **교수자료** - [부록 2-6] 파워포인트 슬라이드: 홈 스위트 홈 - [부록 2-7] 홈 스위트 홈 대본 - [부록 2-8] 역할 카드 - [부록 2-9] 토론 자료 - [부록 2-10] 교수자용 참고 자료: 홈 스위트 홈 토론 속 다양한 견해	1. 학생들을 모둠으로 나눈다. 사운드트랙이 포함된 파워포인트 슬라이드를 재생한다([부록 2-6]). 2. 학생들에게 '나이 많은 형제자매에게 양보하기'와 '나이가 어린 형제자매에게 양보하기'에 대한 의견을 그룹 안에서 이야기해 보도록 한다. 3. 역할 카드([부록 2-8])와 토론 자료([부록 2-9])를 각 그룹에 나누어 준다. 학생들에게 각자 역할의 관점에서 자신의 생각을 표현하도록 요청한다. 4. 절반의 그룹은 상황 1(영수)에 대해 토론하고, 나머지 그룹은 상황 2(수진)에 대해 토론한다. 5. 토론이 끝나면, 역할이 다른 학생들이 돌아가면서 생각을 발표하게 한다. 교수자는 다른 모둠원에게 질문하거나, 추가적인 정보를 더 제공할 수 있다. 6. 나중에 결론을 내릴 수 있도록 칠판에 다양한 견해의 핵심 사항을 적어 둔다([부록 2-10]). 7. 마지막으로 학생들에게 질문한다. • 만약에 영수와 수진이가 형제자매와 항상 다투면, 화목한 가정생활을 할 수 있을까요?
3. 결론(2분)	다음과 같은 내용을 전달한다. • 형제자매 간의 갈등은 흔히 발생하며, 대개 서로에 대한 이해 부족으로 인해 발생합니다. • 형제자매는 각기 다르게 대우받지만, 그렇다고 부모님이 불공평하다는 것은 아닙니다. • 형제자매와 소통하는 법을 배웁시다. 서로 진지하게 대화하고 문제 때문에 다투지 않도록 노력하세요. • 서로의 입장에서 생각하고, 서로 이해하고, 양보하려고 노력하세요. 이렇게 하면 갈등을 줄일 수 있습니다. • 형제자매 간의 다툼을 줄이거나 피할 수 있다면 화목한 가족관계를 만들 수 있습니다.
4. 마무리 활동(5분) ▷ **교수자료** - [부록 2-11] 성장 확인 질문	1. 성장 확인 질문을 공유하고 학생들이 소단원 활동을 돌아볼 수 있도록 유도한다. 2. 소단원 활동에 대한 학생들의 참여도를 칭찬한다.

4. 세부 지도 사항

1) 준비 활동

• 교수자에게 형제자매가 있는 경우, 형제자매와 어떻게 지내는지 공유하고 학생에게 답

변을 요청할 수 있다. 학생들의 관심을 불러일으키는 데 도움이 된다.

- 학생이 가족 중 외동인 경우, 활동에 관심이 없을 수 있다. 교수자는 학생들에게 제3자의 입장에서 주어진 상황에 대한 의견과 다른 친구들의 견해에 대한 생각을 표현하도록 요청할 수 있다. 또한 교수자는 학생들이 형제자매와의 갈등을 다루는 방법을 배우면 친구나 친척과의 관계에 동일한 태도와 기술을 적용할 수 있다고 지적할 수 있다.
- 준비 활동의 많은 질문은 형제자매가 있는 학생에게 해당된다. 외동 학생의 경우, 다음과 같은 방법을 사용하여 학생의 흥미를 유발할 수 있다.
  - 학생에게 자신을 그들의 사촌이라고 상상해 보라고 한다.
  - 학생에게 형제를 갖고 싶은지 여부와 그 이유를 물어본다.
  - 형제자매에 대한 다른 반 친구들의 견해에 대해 의견을 말하도록 요청한다.
  - 제3자의 관점에서 의견을 표현하도록 요청한다.
- 외동 학생의 경험과 의견을 통해 형제자매 관계의 문제점을 새로운 관점으로 볼 수 있도록 도움을 준다.
- 학생들의 관심을 불러일으키는 또 다른 방법은 학생들에게 자신의 상황에 대해 생각해 보도록 요청하는 것이다.
  - 학생들에게 형제자매가 있는지, 출생 순서는 어떻게 되는지 물어본다.
  - 각 학생에게 빈 종이를 한 장씩 나누어 준다. 학생에게 다음의 내용에 대한 자신의 생각을 종이에 적으라고 요청한다. 출생 순서, 이에 대한 느낌, 본인이 원하는 출생 순서, 형제자매와의 불쾌했던 경험 등이다.
  - 이에 대해 생각해 본 후 학생들에게 "형제자매 중 어떤 역할을 맡고 싶나요? 지금 맡고 있는 역할과 같은 역할인가요? 왜 그런가요?"라고 질문하고 답하게 한다.
  - 모둠 토론을 마친 후, 학생들에게 여전히 현재의 출생 순서를 선택하고 싶은지 그리고 (다시 할 수 있다면) 형제자매와의 불쾌한 경험을 어떻게 해결해 볼지 생각해 보도록 한다.

2) 홈 스위트 홈

- 역할 카드에는 3가지 종류가 있다. 각 상황에 첫째, 막내, 중간 자녀가 포함되도록 카드를 골고루 분배한다.
- 어떤 학생들은 중간에 태어나서 나이가 많은 형제자매와 나이가 어린 형제자매를 다

가지고 있을 수 있다. 그들은 출생 순서에 불만을 가지고 있을 수 있다. 그들은 다른 사람들은 가지지 못한 독특한 경험을 가지고 있을 수 있으며, 이는 풍성한 토론을 가능하게 할 수 있다.

- 학생들이 자신의 형제자매와의 관계에서 겪은 경험을 돌아보게 하고, 제시된 상황과 유사한 일을 겪었다면 소개할 수 있게 한다.
- 어떤 학생들은 토론하는 동안 주어진 상황에 공감하기 어려워할 수 있다. 가능하면 학생들에게 자신의 경험을 공유하도록 격려해 주는 것이 좋다.
- 영수와 수진의 상황에 형제자매의 갈등을 처리하는 부모의 역할이 포함되며, 학생들은 이 부모의 불공평함에 불만을 제기할 수 있다. 교수자는 이러한 불만 사항에 신중하게 대응하고, 너무 많은 시간을 소비하지 않도록 해야 한다. 참고 자료를 사용하여 소개하는 것으로 충분하다([부록 2-10]). 학생들이 부모의 어려움을 이해하고, 부모에게 자신의 마음을 진솔하게 표현하는 방법을 이해하도록 도와야 한다.
- 모든 활동을 반드시 완료할 필요는 없으며, 시간이 허락하는 범위에서 진행해도 좋다.

3) 결론

형제자매는 사고방식과 습관, 행동 측면에서 서로 다르다. 일상적인 가정생활에서 발생하는 갈등을 처리하는 방법을 배우는 것은 학생들에게 필요한 교육이다. 그러나 학생들이 형제자매 관계에서 가지는 자신의 기대를 스스로 성찰해 보도록 하는 것이 중요하다. 학생들과 함께 형제자매와 사이좋게 지내는 방법에 대해 더 자세히 알아보도록 한다.

5. 보충 활동(선택 사항)

활동	내용	권장 사항
우애에 관한 시 찾기	**목표: 형제자매 간 갈등의 원인을 이해하고, 갈등을 완화하거나 피할 수 있는 방법을 배운다.** 학생들에게 형제애와 관련된 과거 또는 현재의 시를 찾아보고, 시에서 제시하는 형제자매와 사이좋게 지내는 방법을 분석해 보라고 한다. 그런 다음, 학생들에게 이러한 방법을 형제자매 간 갈등을 해결하는 데 적용해 보도록 요청한다.	

부록 2-7 홈 스위트 홈 대본

라디오 진행자: 안녕하세요, 〈홈 스위트 홈〉이 돌아왔습니다. 나누고 싶은 이야기가 있나요? 저희에게 전화 주세요. 이 프로그램에 대해서 설명해 드릴게요. 우선 전화 주시는 분의 이야기를 청취자들과 함께 듣겠습니다. 이야기가 끝나면 청취자들께서 자신의 생각과 느낌 또는 제안할 점을 전화로 알려 주세요.

〈상황 1〉

라디오 진행자: 안녕하세요.

영수: 제 차례인가요?

라디오 진행자: 네, 맞습니다. 말씀해 주세요.

영수: 제 이름은 최영수입니다. 음, 저는 내일 시험을 봐야 해요. 하지만 지금은 너무 화가 나서 공부를 할 수 없어요.

라디오 진행자: 무슨 일 때문에 화가 난 거죠?

영수: 제 남동생 때문예요. 제 남동생은 언제나 이렇게 말해요. "형이 나이가 더 많으니까 더 많이 집안일을 해야 돼." 오늘 아버지 지인분께서 저희 집에 저녁을 드시러 오셨어요. 제가 학교에서 돌아왔을 때, 어머니께서 제게 집 청소를 부탁하셨어요. 손님이 오시기 전에 집이 깨끗하게 준비되기를 바라셨거든요. 제가 한참을 일하고 난 뒤에야 동생이 집에 왔어요. 저는 아직 청소를 다 못 끝냈어요. 그래서 동생에게 남은 청소를 도와 달라고 했어요. 저는 내일 시험을 봐야 하니 공부를 해야 했거든요. 그런데 동생이 저를 너무 짜증 나게 했어요.

라디오 진행자: 동생이 뭐라고 했는데요?

영수: 동생은 제 이야기를 무시하고, 게임만 했어요. 동생이 "형이니까 당연히 집안일을 더 해야지, 엄마도 형한테 하라고 했잖아. 원래 형이 동생을 돌보는 거야."라고 하여 저는 너무 화가 났어요. 우리는 결국 싸우고 말았어요. 어머니는 우리가 너무 시끄럽다며, 저보고 동생을 돌봐야지 싸우면 어쩌냐고 말씀하셨어요. 다 제 잘못인 것처럼 되었어요.

라디오 진행자: 아, 무슨 상황인지 알겠어요. 어머니가 혼을 내셔서 그것 때문에 기분이 좋지 않았군요?

영수: 어머니가 이번에 너무 불공평하셨다고 생각해요. 어머니는 동생 편만 드실 때가 많은 것 같아요. 저는 왜 항상 형이 동생에게 양보하고, 동생을 돌봐야 하는지 모르겠어요. 저와 같은 형들은 늘 동생들보다 더 많이 일하나요? 늘 동생한테 양보하는 것은 쉬운 일이 아니에요. 아시잖아요?

라디오 진행자: 화가 많이 나신 것 같아요. 청취자 여러분? 여러분은 어떻게 생각하시나요? 저희에게 전화 주셔서 여러분의 생각을 알려 주시고, 최영수 군에게 좋은 방안을 제시해 주셨으면 좋겠어요.

〈상황 2〉

라디오 진행자: 자, 다음 사연자를 만나 볼게요.

수진: 안녕하세요, 저는 이수진입니다.

라디오 진행자: 안녕하세요, 수진 양.

수진: 저는 제 못된 언니에 대해 말하고 싶어요.

라디오 진행자: 오, 어떤 일이 있었나요?

수진: 언니는 정말이지 아침 내내 샤워실에서 나오지를 않아요. 제가 오늘 학교에서 중요한 할 일이 있어 평소보다 20분이나 일찍 일어났어요. 그런데 언니가 먼저 샤워를 하고 있었어요. 15분이나 기다렸는데 언니가 나오질 않는 거예요.

라디오 진행자: 흠, 그래서 어떻게 되었나요?

수진: 네, 정말 화가 났어요. 정말이지 참을 수가 없었어요. 그래서 샤워실 문을 쾅쾅 두드렸어요. 언니한테 이제 나오라고 소리쳤어요. 그런데 이 일로 아버지가 저한테 예의가 없다고 나무라셨어요. 언니가 나와서 하는 말이, "너는 언니한테 왜 이렇게 예의가 없어? 동생은 조용히 기다리는 거야!"라는 거예요.

라디오 진행자: 그런 일이 있었군요. 아침에 소리를 질러서 오늘 기분이 별로 좋지 않군요.

수진: 제가 평소에 불평을 잘 안 한다고 해서 언니의 모든 행동을 받아 주겠다는 것은 아니에요. 언니와 저는 가까운 사이이지만, 그렇다고 해서 언니가 저를 무시해도 좋다는 것은 아니에요. 동생은 늘 언니에게 양보하고, 언니의 말을 잘 들어야 하나요? 왜 언니는 저한테 양보하지 않죠?

라디오 진행자: 청취자 여러분, 수진 양의 이야기를 어떻게 들으셨나요? 지금 전화 주셔서 여러분의 생각을 들려주세요.

부록 2-8 역할 카드

저는 우리 집에서 가장 나이가 많은 자녀입니다.

저는 우리 집에서 가장 나이가 어린 자녀입니다.

저는 우리 집에서 나이가 중간인 자녀입니다.

부록 2-9 토론 자료

각 모둠은 배정된 상황에 대해 토론하고,
결과를 기록하도록 합니다.

상황 1

역할 카드에 표시된 역할의 관점에서 다음 질문에 대해 토론하세요.

- 영수와 남동생 사이의 다툼에 대해 어떻게 생각하나요?
- 갈등의 원인은 무엇이라고 생각하나요?
- 영수는 부모님이 불공평하다고 생각했어요. 여러분은 어떻게 생각하나요?

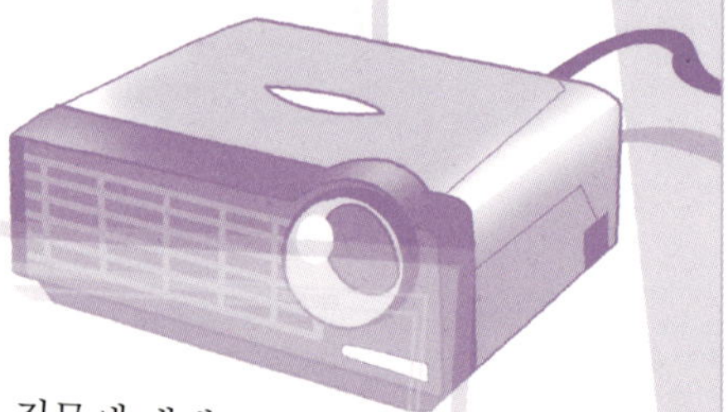

상황 2

역할 카드에 표시된 역할의 관점에서 다음 질문에 대해 토론하세요.

- 수진과 언니 사이의 다툼에 대해 어떻게 생각하나요?
- 갈등의 원인은 무엇이라고 생각하나요?
- 수진은 언니가 둘이 친하기 때문에 무엇이든 할 수 있다고 믿는 것이 불만스러웠습니다. 여러분은 어떻게 생각하나요?

부록 2-10 교수자용 참고 자료: 홈 스위트 홈 토론 속 다양한 견해

교수자는 학생의 의견에 반응해 주고, 각 상황에 대해 결론을 내릴 수 있습니다.

상황 1: 영수

[토론을 위한 질문]

1. 영수와 남동생 사이의 다툼에 대해 어떻게 생각하나요?
   (학생들에게 카드에 표시된 역할의 관점에서 자신의 의견을 표현하도록 요청합니다.)
2. 갈등의 원인은 무엇이라고 생각하나요?
3. 영수는 부모님이 불공평하다고 생각했어요. 여러분은 어떻게 생각하나요?

[주요 견해]

1. 집안일과 관련된 분쟁은 모든 가정에서 발생하는데, 이는 모두가 자신을 위해 더 많은 시간을 확보하고 싶어 하기 때문입니다.
2. 형들은 항상 자신이 불공평한 대우를 받는다고 느낍니다. 그들은 부모가 동생을 더 사랑하기 때문에 집안일을 면제해 준다고 생각합니다. 반면에 동생들은 자신에게는 능력이 없기 때문에 집안일은 형의 책임이라고 생각합니다.
3. 집안일은 가족 전체의 책임이며 모든 구성원이 분담해야 합니다. 가족 구성원은 서로를 이해하고 도와야 합니다.
4. 영수의 상황에서 동생이 형을 더 존중하는 모습을 보였어야 했습니다. 형이 다음 날 시험이 있는 만큼 동생이 먼저 나서서 도와주었어야 합니다. 동생은 형이 많은 집안일을 하는 것을 당연하게 여기지 말고 형에게 감사하는 마음을 갖고 필요할 때 도움을 주어야 합니다. 영수는 부모님께 자신의 어려움을 진솔하게 이야기하고 부모님께 동생이 집안일을 돕도록 요청할 수 있습니다.
5. 반면에 영수는 다음과 같은 이유로 부모님이 자신을 부당하게 대하거나 남동생만 옹호한다고 생각해서는 안 됩니다.
   ① 부모님은 그의 능력을 믿기 때문에 집안일을 시키고 동생을 돌보기 위해 더 많은 일을 하게 합니다. 자신이 일을 완수할 수 없다고 생각되면 부모님에게 성실하고 정중하게 말하고 형제자매에게 도움을 요청해야 합니다.
   ② 부모가 형제자매 간의 분쟁을 처리하는 방법을 모를 수도 있다는 점을 이해해야 합니다. 때로는 부모님의 방식 때문에 부당한 대우를 받는다고 느낄 수도 있지만, 그렇다고 해서 부모님이 여러분을 사랑하지 않거나 미워한다는 뜻은 아닙니다. 우리는 필요할 때 부모님에게 우리의 감정을 표현할 수 있습니다.
6. 간단히 말해, 영수와 그의 남동생이 서로를 이해하려고 노력했다면 분쟁을 피할 수 있었을 것입니다.

7. 분쟁이나 갈등이 발생하면 먼저 감정을 조절해야 합니다. 진정된 후에 형제자매와 문제를 해결하세요. 다툼을 유발하거나 관계에 해를 끼칠 수 있는 부적절한 감정과 말의 표현은 피하세요.

상황 2 : 수진

[토론을 위한 질문]

1. 수진과 언니의 다툼에 대해 어떻게 생각하시나요?
(학생들에게 카드에 표시된 역할의 관점에서 자신의 의견을 표현하도록 요청합니다.)
2. 갈등의 원인은 무엇이라고 생각하시나요?
3. 수진은 언니가 둘이 친하기 때문에 무엇이든 할 수 있다고 믿는 것이 불만스러웠습니다. 여러분은 어떻게 생각하시나요?

[주요 견해]

1. 수진과 언니 사이의 갈등의 원인은 이해 부족이었습니다. 언니는 동생인 수진의 필요를 이해하고 먼저 화장실을 사용할 수 있도록 해야 합니다.
2. 때때로 우리는 가족 구성원이 서로 가깝다고 생각하기 때문에 예의와 존중의 중요성을 소홀히 할 수 있습니다. 예를 들어, 언니는 수진과 어울릴 때 예의를 지키는 것을 잊었습니다.
3. 우리는 친구들과 어울릴 때는 예의를 지키지만 형제자매를 대할 때는 이를 잊어버릴 수 있습니다. 이는 우리가 반성할 가치가 있는 문제입니다.
4. 형제자매는 우리와 가장 가깝기 때문에 더 존중하고 친절하게 대해야 합니다.
5. 출생 순서에 상관없이 형제자매와 어울릴 때 더 나은 대우를 받기 위해 경쟁할 수 있습니다. 누가 양보해야 하는지에 대한 명시적인 규칙은 없지만 형제자매는 서로를 존중해야 합니다.
6. 수진은 더 이상 참을 수 없어 문을 두드렸습니다. 이는 상황을 악화시킬 수 있습니다. 분쟁이나 갈등이 발생하면 먼저 감정을 조절해야 합니다. 마음이 진정되면 형제자매와 문제를 논의하세요. 다툼을 일으키거나 관계에 해를 끼칠 수 있는 부적절한 감정과 말의 표현은 피하세요.

부록 2-11 성장 확인 질문

이름: ____________________ 반: ____________________ 날짜: ____________________

1. 수업 과제

1) 만약 형제자매와 갈등을 겪는다면 어떻게 해결할 것인가요?

2) 앞선 질문의 답변과 관련하여 왜 그렇게 해결하려고 하나요?

3) 형제자매와의 갈등을 해소하였다면, 어떻게 다시 어울리며 지낼 수 있을까요? 만약 당신에게 형제자매가 없다면 어떻게 하면 좋을지 생각해 보세요.

2. 숙제

1) 여러분의 형제자매와 앞으로 어떻게 지내기를 바라나요?

2) "형제자매의 협력은 어떤 어려움도 이겨 낼 수 있다."라는 말에 동의하나요? 왜 그런가요?

3) 형제자매와 잘 지내는 방법이 친구들과 어울리는 데에도 도움이 된다고 생각하나요?

소단원 4

블로그 다이어리

1. 소단원 목적

친구들 사이의 갈등의 이유와 갈등을 처리하는 방법을 이해하고, 좋은 친구와 나쁜 친구를 구별하는 방법을 배운다.

2. 학습 목표

① 친구들 사이의 갈등의 원인을 이해한다.

② 친구와의 갈등에 직면하고 대처하는 방법을 배운다.

3. 수업 내용

활동	절차
1. 준비 활동(2분)	1. 학생들에게 블로그 다이어리를 작성하는 습관이 있는지 물어본다. 그런 다음, 자신의 블로그 다이어리와 관련된 경험을 공유하도록 요청한다. 예를 들어, 블로그를 작성하는 이유가 무엇인지, 어떤 내용을 작성하는지, 다른 사람이 작성한 블로그 다이어리를 읽을 때 어떤 느낌이 드는지 등을 말하게 한다. 2. 학생들에게 블로그에 친구들과의 즐거운 경험이나 불편한 경험 등을 다이어리로 작성할 것인지 물어본다. 3. 이 질문에 이어 이번 소단원의 주제를 소개한다.
2. 모둠 토론: 블로그 다이어리**(20분)** ▷ **교수자료** - [부록 2-12] 파워포인트 슬라이드: 블로그 다이어리	**목표: 친구들 사이에서 갈등이 발생하는 이유를 이해하고, 그러한 갈등에 대처하는 방법을 배운다.** 1. 학급을 몇 개의 작은 모둠으로 나누고, 사운드트랙이 포함된 파워포인트 슬라이드를 재생한다([부록 2-12]). 2. 7일간의 블로그 게시물과 토론을 위한 몇 가지 질문이 포함되어 있다. 학생들에게 주인공의 입장에 서서 주인공의 일상적인 생각과 관련 장면을 주의 깊게 듣도록 한다. 그런 다음 교수자의 지시에 따라 블로그 게시물에 대해 토론하도록 한다.

- [부록 2-13] 블로그 다이어리 - [부록 2-14] 토론 자료: 블로그 다이어리 - [부록 2-15] 교수자용 참고 자료	3. 각 파트의 토론 자료([부록 2-14])를 나누어 주고, 해당 파트의 파워포인트 슬라이드(사운드트랙 포함)를 재생한다. 4. 토론을 마친 후, 학생들에게 다음과 같은 질문을 한다. • 친구 A, B와 계속 어울리고 싶나요? • 왜 그렇게 생각하나요? 5. 블로그 게시물을 바탕으로 친구들 사이의 갈등을 해결하는 방법에는 상황에 따라 여러 가지가 있음을 알려 준다. 6. 마지막으로, 학생들에게 다음 질문에 대해 생각해 보도록 하고, 결론을 내린다([부록 2-15]). • 친구와의 갈등에서 어떤 태도를 가져야 하나요? • 친구와 어울릴 때 어떤 원칙이나 넘지 말아야 할 경계선이 있나요? • 양보를 통해 해결할 수 있는 갈등의 유형은 무엇인가요? 친구와의 갈등 중 어떤 상황에서 좀 더 강력한 경고가 필요한가요? 어떤 경우에 단호하게 거절하고, 심지어 친구와의 관계도 끊어야 하나요?
3. 결론(3분)	다음과 같은 내용을 전달한다. • 친구들과 어울릴 때 성실과 헌신은 반드시 필요한 요소입니다. • 갈등이 발생하면 먼저 진정할 필요가 있습니다. 그런 다음, 갈등의 원인을 파악하고 해결책을 찾으려고 노력하세요. • 갈등을 처리할 때, 우정을 망치지 않기 위해 모든 것을 타협하지는 마세요. • 친구들과 어울릴 때, 타협하거나 양보할 수 있지만, 절대 타협해서는 안 되는 것이 있다는 점을 알아야 합니다.
4. 마무리 활동(5분) ▷ **교수자료** - [부록 2-16] 성장 확인 질문	1. 성장 확인 질문을 공유하고 학생들이 소단원 활동을 돌아볼 수 있도록 유도한다. 2. 소단원 활동에 대한 학생들의 참여도를 칭찬한다.

4. 세부 지도 사항

1) 준비 활동

• 학생들에게 블로그 다이어리를 예시로 보여 주어 관심을 불러일으킬 수 있다.

• 대부분의 사람은 개인 다이어리는 사적인 것이므로 다른 사람에게 공개해서는 안 된다고 생각한다. 일부 학생은 토론에 사용된 블로그 다이어리는 사적인 것이므로 함께 보아서는 안 된다고 말할 수 있다. 교수자는 인터넷에 공개된 온라인 블로그만 교육에 사용한다는 점을 알려 준다. 만약 인터넷에 공개된 블로그가 아니라면 함께 읽거나 토론해서는 안 된다는 점을 학생들에게 상기시킨다.

2) 블로그 다이어리

- 토론에는 다섯 가지 부분이 있다. 교수자는 각 모둠이 참여할 기회를 가질 수 있도록 돌아가면서 의견을 표현하게 한다.
- 분위기를 조성하기 위해 교수자는 학생들에게 일부 에피소드에서 주인공이 무엇을 할 것인지 추측하도록 요청할 수 있다.
- 블로그 게시물에 대해 토론할 때 교수자가 관련된 개인적인 경험이 있는 경우, 자신의 감정과 갈등을 해결한 방법을 공유할 수 있다.
- 학생들은 '친구와의 의리'에 대해 토론할 수 있으며, 교수자는 '의리' '양심' '개인의 원칙'에 대해서도 학생들과 토론할 수 있다. 학생끼리 의견 충돌이 있을 때, 우정을 망치지 않기 위해 모든 것을 타협해서는 안 된다는 점을 이해하도록 도와주어야 한다.
- 학생들은 성격과 행동이 변화하는 친구와 잘 지내는 방법을 스스로 잘 알고 있다고 생각할 수 있다. 이것은 잘못된 생각은 아니다. 교수자는 블로그 게시물에 여러 가지 변화가 나타나고 있음을 지적한다. 블로그 게시물을 자세히 읽어 본다면, 주인공이 친구들과 겪는 갈등의 수준이 각기 다르다는 것을 알 수 있다. 갈등의 수준이 다른 문제들은 다른 방식들로 해결되어야 한다.
- 토론이 끝난 후 시간이 남는다면, 교수자는 학생들에게 갈등을 유발하는 가장 일반적인 요인이 무엇인지 물어볼 수 있다. 학생들에게 친구들과의 관계에서 세운 개인적인 원칙이나 넘지 말아야 할 경계선이 무엇인지 물어보고, 경계를 넘을 때 생기는 갈등을 어떻게 처리할 것인지 생각해 보도록 한다.
- '좋은 친구'와 '나쁜 친구'를 구별하는 결정 요인과 Level 1 과정 대단원 1에서 배운 거절의 원칙과 방법을 활용하여 학생들이 '좋은 친구'와 '나쁜 친구'를 구별해야 한다는 것과 '나쁜 친구'와 함께 있기를 거부해야 한다는 것을 이해하도록 돕는다. 이를 통해 학생들은 3년 동안 우정이라는 주제에 대해 배운 내용을 통합할 수 있다.
- 이 부분의 시간은 촉박할 것이다. 더 이상 답변이 없으면 다음 토론으로 넘어간다.

3) 결론

- 우리는 서로 다른 환경에서 살며 서로 다른 특성, 사고방식, 성격을 가지고 있기 때문에 나와 똑같은 친구를 찾을 수 없으며, 따라서 의견 충돌과 갈등은 불가피하다. 이 소단원

의 주요 목적은 학생들이 갈등의 일반적인 이유와 갈등을 처리하는 방법을 이해하도록 돕는 것이다. 또한 학생들은 '좋은 친구'와 '나쁜 친구'를 구분하는 법을 다시 한번 고려해 볼 것이다.

- 다양한 수준의 갈등은 다르게 해결되어야 한다. 어떤 것은 '성격 차이'를, 어떤 것은 '삶의 원칙의 차이'를, 어떤 것은 '도덕적 기준의 차이'를 포함한다. 이 세 가지 측면은 선호와 옳고 그름에 관한 것이다. 교수자는 고학년 학생들에게 '의리' '양심' '개인적 원칙'에 대해 더 자세히 토론하도록 제안하여 깊이 생각해 볼 수 있도록 도울 수 있다.
- 학생들은 '의리'와 '우정' 때문에 어떤 생각이나 행동을 받아들이거나 동의할 수 있다. 그래서 '의리'와 '우정' 때문에 법을 어길 수도 있다. '의리'와 '우정'이 친구의 잘못된 행동을 무시하고 방관하는 것을 의미하는지 생각해 보도록 한다.
- 이 소단원에서 교수자는 학생들에게 나쁜 친구를 만났을 때, 그 친구와 어울리지 않는 것을 고려해야 한다고 가르쳐야 한다. 그러나 학생들이 그 친구와 멀어지기로 결정했을 때 상황에 어떻게 대처해야 하는지도 고려해야 한다. 다른 사람에게 상처를 주지 않고 적절하게 대처하여 향후 관계에 영향을 미치지 않도록 해야 한다. 이러한 상황을 어떻게 대처해 나갈지 질문하면서 우정이라는 주제에 대해 더 자세히 살펴볼 수 있다.
- 성격의 차이로 오는 친구와의 갈등과 오해를 어떻게 풀어 나갈지도 함께 고려해야 한다. 갈등을 해결하고자 대화 등으로 노력했음에도 갈등이 심화된다면, 어떻게 하는 것이 좋을지 함께 나누어 보도록 한다. 학생들에게 어떤 순간에는 거절할 수 있어야 한다는 것을 가르친다.

5. 보충 활동 (선택 사항)

활동	내용	권장 사항
드라마 만들기	**목표: 드라마 제작을 통해 친구와의 갈등에 대처하는 방법을 배운다.** 블로그 다이어리에 나오는 상황을 드라마로 만든다. 학생들에게 드라마를 통해 갈등을 어떻게 처리할지 시연해 보라고 한다. 연기를 하는 동안 그 순간의 감정과 생각을 표현하도록 요청한다. 학생들의 능력이 더 뛰어난 경우, 교수자는 친구 사이의 갈등과 해결이라는 주제로 새로운 드라마를 만들어 보도록 독려할 수 있다.	

부록 2-13 블로그 다이어리

1. 불쾌한 나들이(20××년 3월 16일)

오늘 친구 A와 시내에 놀러 나갔다. 친구 A와 운동화를 골라 보기로 약속했다. 그런데 갑자기 친구 A가 자기는 컴퓨터를 보고 싶다고 했다. 정말 짜증이 났다. 운동화를 보러 가자고 이미 약속했는데 친구 A는 너무 쉽게 계획을 바꿨다. 어쨌든 우리는 함께 컴퓨터를 보러 갔다. 다음에 무엇을 할지 번갈아 가며 선택할 수 있을 거라고 생각했다.

점심에 나는 쌀국수를 먹고 싶었지만 친구 A는 햄버거를 먹고 싶어 했다. 나는 우리가 번갈아 가며 선택할 것이라고 생각했지만, 친구 A는 햄버거를 먹겠다고 고집했다. 결국 이번에도 내가 친구의 결정에 따랐다.

왜 매번 내가 양보해야 할까? 번갈아 가며 선택하는 것이 맞다고 생각하는데…….

우리가 서로 맞지 않아서 그런 것일지도 모르겠다. 친구 A가 정말 나를 친구로 생각하는지도 잘 모르겠다. 항상 양보하는 것은 나니까.

2. 새치기(20××년 3월 23일)

얼마 전에 학교 매점에서 새치기하는 애들이 있었다. 그 일로 선생님이 우리를 매점 당번으로 지정하시고, 학생들이 새치기를 못하도록 지키라고 하셨다.

나는 매점 옆에 서서 학생들을 지켜보고 있었다. 친구 B가 나를 발견하고는 내게 윙크를 하더니 다가와 조용히 말했다.

"내가 지금 좀 바빠. 빨리 돌아가서 숙제를 해야 하거든. 그리고 배도 너무 고파. 제발 부탁인데 내가 새치기할 때 못 본 척해 줄래? 우리 우정에 그 정도는 해 줄 수 있잖아. 너 당번 끝나면 내가 뭐 좀 사다 줄게."

나는 너무 당황스럽고 어떻게 해야 할지 몰랐다.

3. 어떻게 해야 할지(20××년 3월 24일)

오늘 친구 한 명을 잃은 것 같다. 친구 B가 내게 진짜 크게 화가 난 것 같다. 친구 B는 이제 나를 쳐다보지도 않는다. 내가 학교 끝나고 같이 영화를 보러 가자고 했는데 친구 B가 싫다고 했다.

나는 친구 B가 새치기한 것을 어제 선생님께 알렸다. 그래서 친구 B는 경고를 받았다. 이 일로 친구 B가 나한테 화가 난 걸까? 내가 만약 선생님께 말씀드리지 않았다면, 줄을 잘 서는 다른 친구들이 손해를 볼 수밖에 없다. 그랬다면 내 의무를 저버린 셈이 되었을 것이다. 하지만 나는 이 일로 우정에는 실패한 것일까?

그래서 나는 친구 A에게 영화를 보러 가자고 했는데 친구 A는 이번에도 이기적으로 행동했다. 우리는 번갈아 가며 하고 싶은 것을 선택하기로 했는데, 친구 A는 영화를 보러 가는 대신 배드민턴을 치러 가자고 했다.

4. 자리 양보(20××년 3월 31일)

오늘 친구 A와 하교를 했다. 우리는 3번 버스를 같이 탔다. 버스에 올라타자, 우리는 운이 좋게도 편안한 좌석 2개를 찾아서 앉았다. 그 자리는 만화책을 보기에 딱 좋은 곳이었다.

몇 정거장을 지나자, 승객 숫자가 늘어나고 모든 좌석이 다 찼다. 나는 불편해 보이는 두 할머니가 버스에 올라타는 것을 발견하였다. 그래서 친구 A에게 할머니들에게 자리를 양보하자고 했다.

그런데 친구 A는 이기적이었다. 친구 A는 아직 만화책을 다 못 읽었다며 일어나기 싫다고 했다. 우리 말고도 다른 사람들이 양보해 줄 거라고 했다. 정말 이기적이다. 결국 나 혼자 자리를 양보해 드렸다.

5. 참을 수 없어(20××년 4월 3일)

오늘은 친구 B와 하교를 했다. 나는 친구 B가 내가 신고한 이유를 알고 이해하고 있을 것이라 생각했다.

길을 걷다가 지갑을 하나 발견했는데, 그 속에는 50만 원이 들어 있었다. 큰 금액이었다. 친구 B는 이 돈으로 같이 저녁을 사 먹고, 영화를 보자고 했다.

나는 생각이 달랐다. 우리 돈이 아니기 때문에 써서는 안 된다고 생각했다. 이런 돈은 주인에게 돌려주거나, 학교에 알려야 한다. 자기 소유가 아닌 것을 계속 가지고 있으면 안 된다.

나는 친구 B의 제안을 거절했고, 지갑에 돈을 다시 넣으라고 했다. 하지만 친구 B는 내가 너무 순진하다며, 같이 돈을 쓸 게 아니라면 혼자 가지겠다고 돈을 모두 가지고 도망쳐 버렸다.

6. 가려 달라고?(20××년 4월 7일)

오늘 친구 B와 패션몰에 같이 갔다. 친구 B는 마음에 드는 티셔츠를 발견하고는 갈아입으러 탈의실에 들어갔다. 그런데 갑자기 친구 B가 전화를 걸어 왔다.

친구 B는 그 옷을 훔치기 위해 나보고 자신을 가려 달라고 했다. 이걸 어쩌지…….

7. 정말 짜증 나!(20××년 4월 10일)

정말 짜증 나! 친구 A는 이기적이고, 친구 B는……. 결국 나는 그날 옷 훔치는 것을 도와주지 않았다.

우리는 오랫동안 친구였는데, 왜 최근에서야 이런 행동들이 보일까?

이 친구들은 그동안 많이 변했고, 더 이상 내가 알던 좋은 친구들이 아닌 것 같다.

그들의 가치관, 관심사, 습관과 원칙은 나와는 많이 달라 보인다. 그런데도 우리가 여전히 친구일까?

내가 이 친구들과 계속 어울려야 할까?

부록 2-14 토론 자료: 블로그 다이어리

모둠: ______________________

모둠원들과 함께 일기에 나오는 5가지 질문에 대해 토론하세요.

블로그 다이어리

〈온라인 공개 블로그〉
매일 블로그 다이어리를 작성하는 것을 목표로 한다.
블로그 다이어리를 통해
다른 사람들이 나를 더 이해할 수 있기를 바란다.

입력	날짜
불쾌한 나들이	20××년 3월 16일
새치기	20××년 3월 23일
어떻게 해야 할지	20××년 3월 24일
자리 양보	20××년 3월 31일
참을 수 없어	20××년 4월 3일
가려 달라고?	20××년 4월 7일
정말 짜증 나!	20××년 4월 10일

불쾌한 나들이

오늘 친구 A와 시내에 놀러 나갔다. 친구 A와 운동화를 고르기로 약속했다. 그런데 갑자기 친구 A가 자기는 컴퓨터를 보고 싶다고 했다. 정말 짜증이 났다. 운동화를 보러 가자고 이미 약속했는데, 친구 A는 너무 쉽게 계획을 바꿨다. 어쨌든 우리는 함께 컴퓨터를 보러 갔다. 다음에 무엇을 할지 번갈아 가며 선택할 수 있을 거라고 생각했다.

점심에 나는 쌀국수를 먹고 싶었지만 친구 A는 햄버거를 먹고 싶어 했다. 나는 우리가 번갈아 가며 선택할 것이라고 생각했지만, 친구 A는 햄버거를 먹겠다고 고집했다. 결국 이번에도 내가 친구의 결정에 따랐다.

왜 매번 내가 양보해야 할까? 번갈아 가며 선택하는 것이 맞다고 생각하는데…….

우리가 서로 맞지 않아서 그런 것일지도 모르겠다. 친구 A가 정말 나를 친구로 생각하는지도 잘 모르겠다. 항상 양보하는 것은 나니까.

질문 (1) 주인공과 친구 A는 서로 다른 관심사를 가지고 있습니다. 이럴 때 주인공은 어떻게 하는 것이 좋을까요?

새치기

얼마 전에 학교 매점에서 새치기하는 애들이 있었다. 그 일로 선생님이 우리를 매점 당번으로 지정하시고, 학생들이 새치기를 못하도록 지키라고 하셨다.

나는 매점 옆에 서서 학생들을 지켜보고 있었다. 친구 B가 나를 발견하고는 내게 윙크를 하더니 다가와 조용히 말했다.

"내가 지금 좀 바빠. 빨리 돌아가서 숙제를 해야 하거든. 그리고 배도 너무 고파. 제발 부탁인데, 내가 새치기할 때 못 본 척해 줄래? 우리 우정에 그 정도는 해 줄 수 있잖아. 너 당번 끝나면, 내가 뭐 좀 사다 줄게."

나는 너무 당황스럽고 어떻게 해야 할지 몰랐다.

질문 (2) 여러분이 주인공이라면 새치기를 한 친구 B를 신고하시겠어요?

어떻게 해야 할지

오늘 친구 한 명을 잃은 것 같다. 친구 B가 내게 진짜 크게 화가 난 것 같다. 친구 B는 이제 나를 쳐다보지도 않는다. 내가 학교 끝나고 같이 영화를 보러 가자고 했는데, 친구 B가 싫다고 했다.

나는 친구 B가 새치기한 것을 어제 선생님께 알렸다. 그래서 친구 B는 경고를 받았다. 이 일로 친구 B가 나한테 화가 난 걸까? 내가 만약 선생님께 말씀드리지 않았다면, 줄을 잘 서는 다른 친구들이 손해를 볼 수밖에 없다. 그랬다면 내 의무를 저버린 셈이 되었을 것이다. 하지만 나는 이 일로 우정에는 실패한 것일까?

그래서 나는 친구 A에게 영화를 보러 가자고 했는데, 친구 A는 이번에도 이기적으로 행동했다. 우리는 번갈아 가며 하고 싶은 것을 선택하기로 했는데, 친구 A는 영화를 보러 가는 대신 배드민턴을 치러 가자고 했다.

자리 양보

오늘 친구 A와 하교를 했다. 우리는 3번 버스를 같이 탔다. 버스에 올라타자, 우리는 운이 좋게도 편안한 좌석 2개를 찾아서 앉았다. 그 자리는 만화책을 보기에 딱 좋은 곳이었다.

몇 정거장을 지나자, 승객 숫자가 늘어나고 모든 좌석이 다 찼다. 나는 불편해 보이는 두 할머니가 버스에 올라타는 것을 발견하였다. 그래서 친구 A에게 할머니들에게 자리를 양보하자고 했다.

그런데 친구 A는 이기적이었다. 친구 A는 아직 만화책을 다 못 읽었다며 일어나기 싫다고 했다. 우리 말고도 다른 사람들이 양보해 줄 거라고 했다. 정말 이기적이다. 결국 나 혼자 자리를 양보해 드렸다.

질문 (3) 친구 A는 항상 이기적으로 행동하네요. 주인공이 계속 친구 A와 친구로 지내야 한다고 생각하시나요?

참을 수 없어

오늘은 친구 B와 하교를 했다. 나는 친구 B가 내가 신고한 이유를 알고 이해하고 있을 것이라 생각했다.

길을 걷다가 지갑을 하나 발견했는데 그 속에는 50만 원이 들어 있었다. 큰 금액이었다. 친구 B는 이 돈으로 같이 저녁을 사 먹고, 영화를 보자고 했다.

나는 생각이 달랐다. 우리 돈이 아니기 때문에 써서는 안 된다고 생각했다. 이런 돈은 주인에게 돌려주거나, 학교에 알려야 한다. 자기 소유가 아닌 것을 계속 가지고 있으면 안 된다.

나는 친구 B의 제안을 거절했고, 지갑에 돈을 다시 넣으라고 했다. 하지만 친구 B는 내가 너무 순진하다며, 같이 돈을 쓸 게 아니라면 혼자 가지겠다고 돈을 모두 가지고 도망쳐 버렸다.

가려 달라고?

오늘 친구 B와 패션몰에 같이 갔다. 친구 B는 마음에 드는 티셔츠를 발견하고는 갈아입으러 탈의실에 들어갔다. 그런데 갑자기 친구 B가 전화를 걸어 왔다.

친구 B는 그 옷을 훔치기 위해 나보고 자신을 가려 달라고 했다. 이걸 어쩌지…….

질문(4) 여러분이 친구 B의 전화를 받았다면 어떻게 하시겠어요?

정말 짜증 나!

정말 짜증 나! 친구 A는 이기적이고, 친구 B는……. 결국 나는 그날 옷 훔치는 것을 도와주지 않았다.

우리는 오랫동안 친구였는데, 왜 최근에서야 이런 행동들이 보일까?

이 친구들은 그동안 많이 변했고, 더 이상 내가 알던 좋은 친구들이 아닌 것 같다.

그들의 가치관, 관심사, 습관과 원칙은 나와는 많이 달라 보인다. 그런데도 우리가 여전히 친구일까?

내가 이 친구들과 계속 어울려야 할까?

질문(5) 주인공은 친구 A, 친구 B와 계속 친구로 지내야 할까요? 여러분이라면 어떻게 하시겠어요?

부록 2-15 교수자용 참고 자료

1. 토론과 성찰을 위한 질문

① 주인공과 친구 A는 서로 다른 관심사를 가지고 있습니다. 이럴 때 주인공은 어떻게 하는 것이 좋을까요?
② 여러분이 주인공이라면 새치기를 한 친구 B를 신고하시겠어요?
③ 친구 A는 항상 이기적으로 행동하네요. 주인공이 계속 친구 A와 친구로 지내야 한다고 생각하시나요?
④ 여러분이 친구 B의 전화를 받았다면 어떻게 하시겠어요?
⑤ 주인공은 친구 A, 친구 B와 계속 친구로 지내야 할까요? 여러분이라면 어떻게 하시겠어요?

2. 교수자는 이러한 제안에 따라 수업을 진행할 수 있다.

절차	질문	시간(분)
1. 첫날의 블로그 게시물인 "불쾌한 나들이"([부록 2-13])를 배포하고 관련 파워포인트 슬라이드([부록 2-12])를 재생한다. 그 후, 모둠에게 질문에 대해 토론하도록 한다. 그런 다음, 둘째 날의 블로그 게시물을 배포하고 보여 준다.	1	3
2. 둘째 날의 블로그 게시물을 보여 준 후, 모둠에게 질문에 대해 즉시 토론하게 하거나 주인공이 친구를 신고할지 안 할지 생각하게 해 본다.	2	4
3. 셋째 날과 넷째 날의 블로그 게시물을 배포하고 보여 준다. 그런 다음, 모둠별로 질문에 대해 토론하고 의견을 표현하도록 한다.	3	4
4. 다섯째 날과 여섯째 날의 블로그 게시물을 배포하고 보여 준다. 모둠에게 질문에 대해 토론하도록 요청한다.	4	4
5. 마지막 날의 블로그 게시물을 보여 준다. 모둠에게 질문에 대해 토론하도록 요청한다.	5	5

3. 마지막으로, 학생들에게 다음 질문에 대해 생각해 보도록 안내한다.

- 친구와의 갈등에 대처할 때 어떤 태도를 가져야 하나요?
- 친구들과 함께 있을 때 타협하거나 넘지 않는 원칙이나 경계가 있나요?
- 어떤 종류의 갈등이 양보로 해결될 수 있나요? 어떤 상황에서 권고가 필요한가요? 어떤 종류의 요청에는 단호하게 거절하거나 친구와의 관계까지 깨뜨려야 할까요?

4. 결론

– 친구 A는 주인공과 성격, 관심사, 삶의 원칙이 다르고, 친구 B는 삶의 원칙이 다르고 도덕적 기준도 다릅니다.

– 성격과 관심사의 차이는 양보를 통해 해결할 수 있으며, 이를 위해서는 다른 사람의 필요와 감정을 이해하는 법을 배워야 합니다. 이러한 차이를 해결하기 위해 서로 번갈아 가며 양보하는 등의 다른 해결책을 적용할 수도 있습니다.

– 친구가 나와 다른 원칙을 가지고 있다면, 그러한 원칙이 실제로 서로 모순되는지 확인하세요.

– 친구의 행동이 도를 넘거나 도덕적 기준(또는 법)을 위반하는 경우에는 쉽게 타협해서는 안 되며, 친구에게 그런 행동을 하지 않도록 권고해야 합니다. 사안이 심각하거나 법을 위반하는 경우에는 친구와 함께 시간을 보내지 않고 대신 신고하는 것도 고려할 수 있습니다.

교육 팁 및 비고

1. 질문(1) (첫날 블로그 게시물)

- 이 파트에서는 주로 이해관계의 차이로 인한 친구와의 갈등에 대처하는 방법을 다룬다.
- 교수자는 자신의 개인적인 경험을 공유할 수 있다.
- 학생에게 친구와 잘 지냈던 경험(또는 잘 지내지 못했던 경험)을 공유하도록 요청한다. 교수자는 이러한 예를 활용하여 토론을 진행할 수 있다.

2. 질문(2) (둘째 날 블로그 게시물)

- 이 파트에서는 가치관이 다른 친구를 대하는 방법에 대해 다룬다. 우정을 유지해야 하는지 아니면 정의롭게 행동해야 하는지 토론한다.
- 일부 학생들은 친구를 감싸는 것이 불법이 아니라고 생각할 수 있다. 학생들이 진실을 말하지 않으면 교사는 아무것도 알 수 없다. 교사는 이러한 학생을 만나면 성급하게 생각을 바로잡으려 하지 말고 질서 유지를 지지하는 학생에게 말하도록 요청할 수 있다.
- 교수자는 학생들에게 "친구가 학교의 규칙이나 사회의 법을 위반하라고 한다면 그렇게 할 가치가 있다고 생각하나요? 양심에 거리낌 없이 그렇게 할 수 있을까요? 친구를 말리지 않으면, 나중에 선생님이 알게 되었을 때 어떤 결과가 초래될까요?"라고 질문한다. 일어날 수 있는 결과를 지적하고 친구와의 우정을 지키면서 동시에 양심을 지켜야 한다는 것을 이해하도록 안내한다.
- 교수자는 학생에게 친구 B에게 "아니!"라고 말할 수 있는 몇 가지 방법을 제안하도록 요청할 수 있다.

3. 질문(3) (셋째 날, 넷째 날 블로그 게시물)

- 친구 A는 주인공과 관심사나 성격이 다르지만, 불법적인 행동을 하지 않았다는 점을 지적한다.
- 교수자는 [부록 2-15]의 '4. 결론'에 있는 "성격과 관심사의 차이는 양보를 통해 해결할 수 있으며, 이를 위해서는 다른 사람의 필요와 감정을 이해하는 법을 배워야 합니다."를 언급하여 활용할 수 있다.
- 또한 교수자는 학생들에게 친구의 부적절한 생활 습관(예: 이기적으로 행동하고 자리 양보를 거부하며, 다른 사람의 감정을 무시하는 친구 A)을 발견하면 뒤에서 험담하는 대신 진심으로 권면하고 친구가 개선할 수 있도록 도울 수 있다고 가르칠 수 있다.

4. 질문(4) (다섯째 날, 여섯째 날 블로그 게시물)

- 이 부분은 질문(2)와 유사하지만 법 위반과 관련이 있기 때문에 상황이 더 심각하다. '4. 결론'을 참조하여 가르칠 수 있다.

5. 질문(5) (일곱째 날 블로그 게시물)

- 친구 B는 주인공과 다른 원칙과 도덕적 기준을 가지고 있다. 친구 B는 심지어 법을 위반하고 주인공에게 잘못된 일을 요구했다. 친구 B는 주인공에게 나쁜 영향을 미친다.
- 교수자는 이런 종류의 친구를 대하는 방법과 그 친구와의 갈등을 처리하는 방법을 알려 주어야 한다.

부록 2-16 성장 확인 질문

이름: ______________________ 반: ______________________ 날짜: ______________________

1. 수업 과제

1) 친구들과 어울릴 때, 이런 일은 같이할 수 없다고 스스로 세운 원칙이나 규칙이 있나요?

2) 당신의 원칙이 친구의 원칙과 다르고, 이로 인해 갈등이 생길 때 어떤 태도를 가지고 상황에 대처해야 할까요?

2. 숙제

1) 친구들과 갈등이 생겼을 때, 타협하거나 상대방의 의견을 받아들일 수 있는 상황은 어떤 경우인가요?

2) 친구와 갈등이 생겼을 때, 절대로 타협하거나 받아들일 수 없는 상황은 무엇인가요?

3) 만약에 여러분이 어떤 친구와 더 이상 어울려서는 안 되겠다고 결정했다면, 어떻게 해야 할까요?

대단원 3

정서적 역량

소단원 1 내 감정은 무엇일까

소단원 2 긍정적인 사고를 통해 정서를 변화시키기

들어가며

정서적 역량은 청소년 발달에 필수적인 요소이다. 정서적 역량은 청소년이 긍정적인 가치를 형성하는 데 영향을 미칠 뿐 아니라 건강한 대인관계를 만들어 가는 데도 영향을 미친다. 다수의 연구에 근거하면, 정서적 역량이 잘 발달한 청소년은 삶에서 마주하는 역경에 더 능숙하게 대처할 수 있다. 한 연구자는 청소년의 정서적 역량을 증진시키기 위해서는 다음의 능력을 발달시키고 강화해야 한다고 제안했다.

1. 자신이 현재 경험하는 정서 파악하기
2. 다른 사람의 정서 이해하기
3. 다양한 단어와 방법을 사용해 정서 표현하기
4. 다른 사람의 정서 경험을 경청하고 공감하기
5. 내적으로 느끼는 정서와 외적으로 정서를 표현하는 방식의 차이를 인식하기
6. 부정적인 정서에 적절한 방식으로 대처하기
7. 상호 간 진솔한 정서 공유가 다른 사람과 친밀한 관계를 형성하는 하나의 방법이 될 수 있음을 이해하기
8. 정서적 자기효능감 강화하기

청소년의 정서 발달에 대한 이론들에 근거하면, 청소년은 자신의 정서를 식별할 수 있으며 스스로의 정서에 대처하는 방식이 대인관계에 영향을 미친다는 것을 이해할 수 있다. 연구에 근거하면, 문화적 배경에 따라 정서를 억제하도록 학습한 경우, 정서를 표현하는 데 서투를 수 있다. 이를 고려해, 본 교육과정은 청소년의 적절한 정서 표현을 증진하고 정서 통제에 대한 민감성을 높이는 데 도움이 되도록 고안되었다.

청소년 발달의 흐름에 근거해, Level 1 과정은 자신의 정서에 대한 학생들의 민감성과 통찰을 높이고, 정서에 대한 긍정적인 관점을 형성하는 목적으로 고안되었다. 또한 Level 2 과정은 학생들이 개인의 정서에 대한 인지를 넘어 사회적 관계의 발달로 확장해서 정서를 이해할 수 있도록 설계되었다. 따라서 Level 2 과정은 학생들로 하여금 타인의 정서에 대해 보다 잘 이해하고, 정서가 대인관계에 미치는 영향을 인식하며, 관계의 발전에 정서를 공유하는 대화가 가지는 중요성을 파악하도록 돕는 내용으로 구성되었다.

Level 3 과정에서 대단원 '정서적 역량'은 학생들이 부정 정서를 다룰 때 적응적인 대처 전략

과 건강한 정서 조절 방법을 활용할 수 있도록 돕고자 고안되었다. 소단원 1을 통해 학생들은 정서 문제의 원인과 결과 그리고 정서 문제의 본질을 배운다. 또한 학생들은 스트레스와 부정적 감정을 완화할 수 있는 이완 기법을 배움으로써, 이 방법을 적용할 때 나타나는 긍정적인 신체 변화를 체험한다. 소단원 2를 통해 학생들은 부정적인 감정을 다루는 긍정적인 관점을 발전시킨다. 더 나아가 학생들은 상황을 다른 관점으로 바라보거나 상황의 의미를 새롭게 정의하는 등의 기술을 적용함으로써 부정적인 감정과 정서를 현명하게 다루는 능력을 기른다.

개관

소단원	소단원 목적	학습 목표
내 감정은 무엇일까 (30분)	정서 문제의 원인과 결과를 이해하도록 돕는다.	1. 정서와 생리적 반응의 역동적인 상호작용을 탐구한다. 2. 이완 기법이 부정 정서와 심적 압박을 완화하는 데 미치는 영향을 체험한다.
긍정적인 사고를 통해 정서를 변화시키기 (30분)	긍정적인 사고를 적용해 부정적인 정서를 다루도록 지도한다.	합리적이고 긍정적인 사고를 활용해 부정 정서를 다룬다.

이 대단원에 포함된 모든 활동지 및 파워포인트 슬라이드와 영상 자료 등은 학지사 홈페이지(www.hakjisa.co.kr)에서 내려받을 수 있습니다.

소단원 1

내 감정은 무엇일까

1. 소단원 목적

정서 문제의 원인과 결과를 이해하도록 돕는다.

2. 학습 목표

① 정서와 생리적 반응의 역동적인 상호작용을 탐구한다.

② 이완 기법이 부정 정서와 심적 압박을 완화하는 데 미치는 영향을 체험한다.

3. 수업 내용

활동	절차
1. 준비 활동: 경품 추첨 **(8분)** ▷ **교수자료** - 안대 - 경품 추첨을 위한 물건들 - 경품 추첨용 상자	1. 경품 추첨을 위한 상자를 준비한다. 다양한 종류의 물건을 상자 안에 넣어 둔다('세부 지도 사항 1' 참조). 두세 명의 학생에게 안대로 눈을 가리고, 상자 안에서 물건 하나를 꺼내 보도록 지시한다. 다른 학생들은 이 학생들의 반응을 관찰한다. 2. 관찰하는 학생들에게 다음의 내용을 질문한다. • 상자에서 물건을 꺼내는 학생들은 어떤 감정을 느끼고 있을까요? • 생리적 반응이나 행동을 포함해 물건을 뽑는 학생들이 보이는 반응은 무엇인가요? 3. 물건을 뽑은 학생들에게 다음의 내용을 질문한다. • 게임을 하는 동안 어떤 감정을 느꼈나요? • 게임을 하는 동안 신체의 반응을 느꼈던 적이 있나요? 신체의 반응들이 여러분의 감정과 어떤 관련이 있다고 생각하나요? 4. 사람들이 불안감을 느끼거나 부정 정서를 경험할 때, 신체는 그에 맞는 반응과 변화를 일으키고 있다는 점을 언급한다. 그러나 사람들은 이와 같은 신체의 반응에 주의를 잘 기울이지 않는다고 덧붙인다.

<table>
<tr><td>

2. 학급 게임과 학급 토론: 내 감정은 무엇일까**(8분)**

▷ **교수자료**

- [부록 3-1] 학생용 참고 자료: 정서의 생리적 영향
- [부록 3-2] 교수자용 참고 자료: 내 감정은 무엇일까
- [부록 3-3] 교수자용 참고 자료: 감정과 생리적 반응 사이의 관계와 이론적 배경

</td><td>

목표: 정서와 신체의 관계를 탐구한다.

1. 다음의 상황에서 어떤 경험을 하고 어떤 감정을 느낄지에 대한 학생들의 의견을 듣는다.
   - 기말고사 준비
   - 많은 관객 앞에서 공연하기(예: 노래, 팀 단위 대회 참여, 발표 등)
   - 오랫동안 갖고 싶었던 물건 선물 받기
   - 토론 시간에 급우로부터 무시당하기
2. 학생들의 의견을 들은 이후, 자신의 의견을 학급에 공유하는 동안 느꼈던 감정을 칠판에 적어 보도록 지시한다. 이후 학생들에게 자신의 정서를 어떻게 알아챘으며, 칠판에 지금과 같은 내용을 적게 된 이유를 묻는다. 참고를 위해 학생들에게 [부록 3-1]을 배부한다.
3. 학생들의 답변을 들은 후, 다른 학생들에게 칠판에 적힌 내용과 방금 들은 내용에 대해 논의해 보도록 지시한다. 이후 학생들이 다음의 질문에 대한 답변을 생각해 보도록 유도한다.
   - 다른 정서는 다른 신체 반응을 유도할까요?
   - 다양한 정서를 경험할 때, 공통적으로 나타나는 일반적인 생리적 반응은 무엇일까요?
4. 다음의 결론을 학생들에게 전달한다.
   - 정서를 경험할 때, 사람들의 신체는 그에 맞추어 반응합니다. 예를 들어, 사람들이 두려움을 느낄 때, 호흡이 가빠지고 심장 박동이 증가합니다. 이와 같은 생리적 반응은 사람들이 자신의 정서에 주의를 기울일 수 있도록 돕습니다.
   - 실제로 사람들은 같은 정서에도 다르게 반응하고, 다양한 생리적 반응을 보입니다.
   - 한편 한 사람의 몸은 다른 정서를 경험할 때 유사한 반응을 보이기도 합니다. 따라서 사람들은 이런 반응에 주의를 기울이고, 현재 경험하는 정서가 어떤 필요를 암시하는지에 대해 생각해 볼 필요가 있습니다.

</td></tr>
<tr><td>

3. 개인 활동: 이완을 위한 호흡 훈련**(7분)**

▷ **교수자료**

- [부록 3-4] 영상 자료: 이완을 위한 호흡 훈련
- [부록 3-5] 교수자용 참고 자료: 이완을 위한 호흡 훈련 내용

</td><td>

목표: 스트레스를 해소하기 위한 호흡법을 배운다.

1. 다음의 내용을 통해 호흡법을 소개한다.
   - 심리적 압박을 경험할 때, 우리의 몸은 그에 맞는 생리적 반응을 보입니다.
   - 이때 긴장을 풀어 주면 심리적 또는 생리적으로 불안을 완화하는 데 도움이 될 수 있습니다. 차분한 상태로 생리적 반응을 통제할 수 있는 능력을 기르면, 사람들은 자신의 정서와 필요를 명확하게 파악할 수 있고 문제를 효과적으로 해결할 수 있습니다.
   - 강한 정서를 경험할 때, 사람들은 친구에게 좌절감을 표출하거나 부모님께 말하는 등 다양한 방식을 사용해 정서를 표현하거나 조절합니다. 이와 같은 방법은 현재의 상태, 개인의 관심과 습관에 따라 선택됩니다.
   - 이완 기법은 언제 어디서든 적용 가능한 간단한 방법이며, 이제부터 실습을 통해 이 방법을 경험해 볼 것입니다.

</td></tr>
</table>

	2. 영상 자료([부록 3-4])를 재생하고 학생들이 호흡법을 따라해 볼 수 있도록 지도한다. 영어 음성으로 인해 집중이 어려우면, 영상을 음소거하고 교수자가 내용을 읽어 줄 수 있다.
4. 결론(2분)	다음의 결론을 학생들에게 전달한다. • 부정 정서로 인해 발생한 압박감이나 반응을 다룰 때, 사람들은 불안을 완화하는 데 도움이 되는 이완 기법을 활용할 수 있습니다. • 스트레스는 부정 정서를 유발하는 동시에 성장의 기회가 될 수도 있습니다. 사람들이 스트레스와 정서를 다루는 방법은 그 결과가 긍정적일지 부정적일지를 결정합니다. 적절한 수준의 스트레스를 적절하게 다룬다면 성과를 높이는 데 도움이 됩니다. • 이완 기법 외에도 압박감을 다루는 데 도움이 되는 다양한 방법이 존재합니다. 예를 들어, 사람들은 삶의 균형을 유지하고 신뢰에 기반한 대인관계와 사회적 네트워크를 발전시키기 위해 시간을 효율적으로 관리하고 사건이나 관계에 대한 기대치를 조정할 수 있습니다.
5. 마무리 활동(5분) ▷ **교수자료** - [부록 3-7] 성장 확인 질문	1. 성장 확인 질문을 공유하고 학생들이 소단원 활동을 돌아볼 수 있도록 유도한다. 2. 소단원 활동에 대한 학생들의 참여도를 칭찬한다.

4. 세부 지도 사항

1) 준비 활동

- 교수자는 상자에 다양한 물건을 넣어 둘 수 있다. 상자에 들어가는 물건들은 주로 부드럽거나 푹신한 촉감을 가져야 한다. 예시로는 원형 젤리, 마시멜로, 물티슈, 화장솜, 지점토, 고무찰흙, 동물이나 곤충 모양의 고무 장난감이 있다.
- 활동의 재미를 끌어올리기 위해 교수자는 학생들에게 "상자 안에는 동물이나 곤충 같은 이상한 물건들이 들어 있어요."라고 말할 수 있다.
- 활동에 참여하는 학생들의 동기를 끌어올리기 위해 선물을 준비할 수 있다.
- 한두 명의 학생에게 경품 추첨 상자에서 물건을 뽑도록 지시한다. 다른 학생들은 물건을 뽑는 학생들의 정서와 반응을 관찰한다.
- 전체 학급과 공유할 시간을 대비해 물건을 뽑는 학생들의 신체나 목소리의 떨림, 빨라진 말투 등의 반응을 면밀하게 관찰한다.

2) 내 감정은 무엇일까

- 만약 몇몇 학생이 생리적 반응을 경험하지 못한다면, 교수자는 이 학생들로 하여금 정서적 경험을 유발할 수 있는 몇몇 사건을 떠올려 보도록 유도할 수 있다.
- 교수자는 Level 2 과정 대단원 3의 소단원 1 활동 자료인 '정서 카드'([부록 3-1])를 사용할 수 있다. 이 카드들은 학생들이 자신의 정서 반응을 떠올리는 데 도움이 될 수 있다.
- 교수자는 부정 정서를 다룰 때 나타날 수 있는 흔한 생리적 반응의 예시를 소개하며, 학생들이 [부록 3-2]를 참고해 반복적으로 나타나는 생리적 반응을 관찰해 보도록 지도할 수 있다. 예를 들어, '빨라진 말투'는 우리가 다양한 정서를 경험할 때 반복적으로 나타날 수 있다.
- 만약 교수자가 정서와 생리적 반응의 관계에 대한 이론들을 더 알고자 한다면, [부록 3-3]을 참고할 수 있다.
- 학생들이 정서를 무시할 때 나타날 수 있는 결과를 이해하도록 돕기 위해 관련된 개인적 경험을 공유할 수 있다. 예를 들어, "저는 오랫동안 어깨, 허리, 무릎의 통증을 경험했습니다. 이 고통은 직장에서 스트레스를 받을 때면 더 심해졌습니다. 저는 한참 시간이 흐르고 나서야 이 통증이 직장 내 스트레스와 관련이 있다는 점을 알아챘습니다. 따라서 저는 불편한 감정을 경험할 때 그를 해소할 수 있는 방법을 배웠습니다." 같은 경험을 공유할 수 있다.

3) 이완을 위한 호흡 훈련(1)

- 부정 정서나 긍정 정서를 경험할 때, 신체는 잠재적인 스트레스나 문제 상황에 대비하기 위한 변화를 일으킨다. 이 변화는 가빠진 호흡이나 심장박동의 상승을 포함할 수 있는데, 사람들은 이와 같은 생리적 신호에 압도당할 수 있다. 호흡을 성공적으로 통제하는 것은 정서로 인한 생리적인 반응을 완화하고, 차분한 상태로 명확하게 사고하는 데 도움을 준다. 이는 쉽고 간단한 스트레스 완화 방법이다.
- 영상 자료 '이완을 위한 호흡 훈련'([부록 3-4])을 미리 보고 친숙해지도록 준비한다. 영상을 재생한 이후, 교수자는 학생들이 영상 자료에서 소개된 호흡 방법을 실습해 보도록 지도해야 한다.
- '등을 굽혀서 하는 호흡 훈련'과 '입술을 벌려서 하는 호흡 훈련'은 서로 다른 경우에 사

용될 수 있음을 명시한다. '등을 굽혀서 하는 호흡 훈련'은 공간의 여유를 필요로 하지만, '입술을 벌려서 하는 호흡 훈련'은 앉은 채로 할 수 있음을 언급한다. 따라서 교실에서는 '입술을 벌려서 하는 호흡 훈련'을 실습해 본다.

- 교실의 공간 제약을 고려해 학생들이 앉은 채로 실습을 진행하기를 권장한다.
- 필요시 '정서 이완 기법'([부록 3-6])을 소개한다.
- 호흡 훈련과 기타 다른 이완 기법들은 압박감으로부터 일시적으로 벗어나 정서를 완화하는 데 도움을 준다. 그러나 부정 정서를 다루기에 가장 좋은 방법은 개인의 사고를 조정하고 효과적인 문제 해결 기법을 적용하는 것이다. 관련된 전략은 소단원 2에서 자세히 논의될 것이다.

4) 이완을 위한 호흡 훈련(2)

- 정서에 대한 최근의 문헌은 일반적으로 사람들이 자신의 정서를 정확하게 파악하지는 못한다고 말한다. 사람들은 생리적 반응의 변화를 감지하면서 자신의 감정을 인식한 후, 생리적 반응의 특성과 강도에 따라 정서를 분류하고 명명한다.
- 사람들이 정서를 자극할 만한 사건을 경험할 때, 생리적 증상이 자연스럽게 나타난다. 사람들은 즉각적으로 정서를 통제할 수는 없기 때문에 생리적 반응을 바로 조절할 수는 없다. 예를 들어, 사람들은 행복해지라고 주문을 거는 동시에 행복해질 수 없다.
- 정서를 효과적으로 다루기 위해서는 마음과 신체의 상호작용에 대해 이해하고, 생리적 반응과 정서의 관계에 대해 주의를 기울일 필요가 있다. 또한 사람들은 생리적 반응을 조절하기 위해 이완 기법(호흡 훈련이나 근육 이완 훈련 등)을 활용할 수 있다.
- 이완 기법은 사람들이 차분한 상태로 명확하게 사고하도록 도움으로써 심리적 자원을 문제 해결에 사용할 수 있도록 돕는다. 일반적으로 일상생활에서 이완 기법을 활용하기 위해서는 충분한 사전 연습이 전제되어야 한다.

5. 보충 활동(선택 사항)

활동	내용	권장 사항
나의 감정 일기	**목표: 일상에서 어떤 감정들을 경험하는지 이해하고, 부정 정서를 다루는 핵심적인 방법을 파악한다.** 학생들에게 지난 한 주 동안의 감정을 기록한 일기를 만들도록 지시한다. 다음 소단원 활동에서, 학생들은 일기에 적은 감정들을 다른 급우들과 논의하게 된다. 일기의 형식은 학생들의 자율에 따라 결정되지만, 반드시 다음의 내용을 포함해야만 한다. • 감정을 유발한 자극이나 상황(예: 학업, 가족관계, 기타 대인관계 등) • 감정의 강도(예: 1부터 4로 표시, 이때 1은 가장 약한 감정이고 4는 가장 강한 감정을 나타낸다.) • 감정을 해소할 때 사용한 방법(그 상황에서 활용한 행동이나 전략을 포함한다.) • 감정을 해소할 때 사용한 방법의 효과성에 대한 평가	• 학생들의 일기를 수집한다. 교수자는 일기에 적힌 감정을 숫자로 분류하고, 수치와 통계를 활용해 감정을 해소하는 다양한 방법을 학생들과 공유할 수 있다. • 교수자는 이 결과를 취합해 학생들과 함께 운영하는 웹페이지에 게시할 수 있다. 토론을 위해 블로그나 게시판을 활용할 수 있다. • 이 웹페이지는 학생들이 자신과 다른 급우들이 경험하는 감정의 범위를 이해할 수 있도록 활용됨과 동시에, 학생들이 다른 급우들이 사용하는 감정 해소 전략과 기술을 배울 수 있도록 돕는다.

부록 3-1

학생용 참고 자료: 정서의 생리적 영향

귀까지 붉어진 얼굴	안절부절못하는 느낌	과민 반응
빨라진 걸음걸이	집중하기 어려움	심박수 증가
경직된 턱	부들부들 떨리는 몸	빨라진 말투
분노로 이를 갈거나 악물기	손 떨림	식욕 저하
근육의 긴장	수면 부족	바싹 마르는 입술
복통	두통	어지럽고 정신이 혼란스러움

부록 3-2 교수자용 참고 자료: 내 감정은 무엇일까

정서	다음과 같은 생리적 반응이 일반적으로 관찰될 수 있음
흥분	이를 갈거나, 말이 빨라지거나, 집중하기 어렵다고 느낌
공황	심장박동의 증가, 말이 빨라지고 정신이 혼란스러우며, 손과 몸 전체가 떨림
분노	정신이 혼란스럽고, 식욕이 떨어지며, 분노로 이를 갈거나 악물고, 말이 빨라지며, 심장박동이 증가하고, 과민해지고, 입이 마름
긴장	안절부절못하고, 식욕이 떨어지며, 집중하기 어렵고, 말이 빨라지며, 심장박동이 증가하고, 턱이 경직되며, 몸이 떨림
황홀	집중이 어렵고, 말이 빨라짐

* 이 표는 오직 참고용으로 활용한다. 각 사람들은 자신이 경험하는 정서에 기반해서 다르게 반응하기 때문에 사람마다 서로 다른 생리적 반응을 보일 수 있다.

부록 3-3 교수자용 참고 자료: 감정과 생리적 반응 사이의 관계와 이론적 배경

1. 생리적 반응

사람들이 정서를 경험할 때, 신체는 외적 반응(예: 숨이 가빠지고 심장박동이 증가, 몸이 떨림, 얼굴이 창백해짐)이나 내적 반응(예: 혈당 수치와 혈압의 증가, 소화 속도의 감소)을 경험한다. 하지만 몇몇 생리적 변화는 직접적으로 감지하기 어렵다(예: 혈당 수치의 증가, 담즙 분비 감소). 다른 정서를 경험할지라도 유사하거나 동일한 생리적 반응을 경험할 수 있다. 물론 이 반응들은 정확하게 동일하지는 않다(예: 심장박동은 긴장하거나 흥분할 때 모두 증가하지만, 슬프거나 우울할 때는 그렇지 않다).

2. 정서와 생리적 반응에 대한 다양한 이론

(1) 제임스-랑게 이론(James-Lange theory of emotion)

신체 반응은 현재 상황에 따른 지각(예: 정서)을 직접적으로 변화시킨다. 몸의 생리적 반응은 정서를 유발하지만, 환경적 자극은 정서를 유발할 수 없다.

• 예시

뱀과 마주쳤을 때, 사람의 몸은 심장박동이 증가하거나, 몸이 떨리거나, 이마에 땀이 나는 등 다양한 생리적 반응을 보인다. 이와 같은 생리적인 반응을 지각하게 될 때, 사람들은 긴장과 불안을 경험한다.

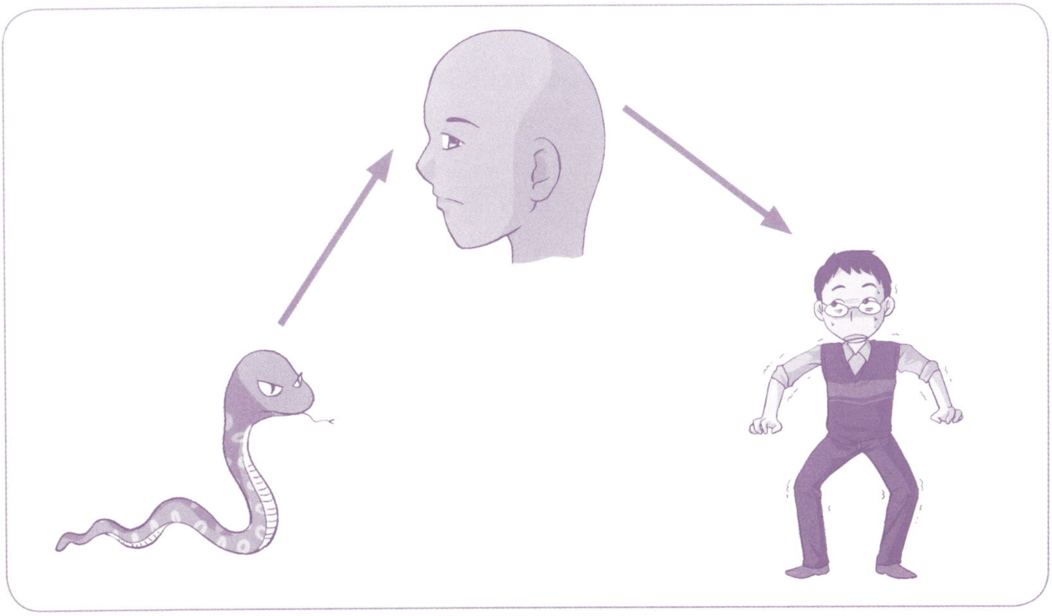

(2) 샤흐터-싱어 이론(Schachter-Singer theory of emotion)

샤흐터-싱어 이론은 '정서에 대한 귀인 이론(attribution theory of emotion)'으로도 알려져 있다. 이 이론은 '마음(mind)'과 '신체'가 정서 경험을 구성하는 두 개의 필수 요소라고 주장한다. 이 이론은 정서가 몸의 생리적 반응 이후에 나타난다고 설명한다. 구체적으로, 교감신경계(sympathetic nervous system)에 의한 신체적 변화와 반응이 개인이 정서를 경험할지 여부를 결정하며, 인지 체계(cognitive system)가 어떤 종류의 정서를 경험할지를 결정한다고 설명한다.

• 예시

뱀과 마주쳤을 때(정서를 유발할 만한 상황을 경험할 때), 심장박동이 증가하고 사람들은 현재 상황으로부터 도망치려고 한다(몸의 생리적 반응이 나타난다). 이후 사람들은 뱀은 사납고 위험하다고 인식한다(인지 체계가 자극을 판단한다). 따라서 '사람들은 심장박동이 증가하고, 뱀으로부터 도망치기 위해 달린다'를 인식할 때 두려움을 느낀다. 즉, 인지 체계를 사용해 생리적 반응에 대해 설명하게 된 후에 사람들은 정서를 경험하게 된다.

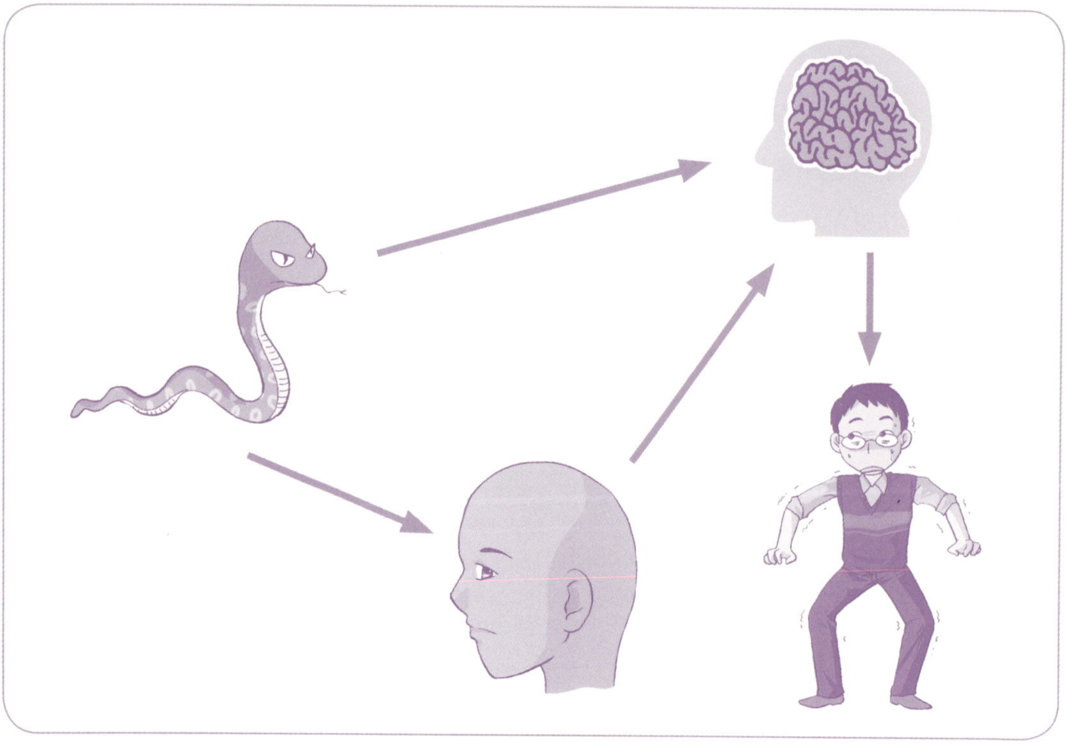

부록 3-5 교수자용 참고 자료: 이완을 위한 호흡 훈련 내용

1. 역동적인 호흡 스트레칭

[등을 굽혀서 하는 호흡 훈련]

① 앉은 상태에서 정자세를 유지한다. 숨을 들이마시면서 천천히 몸을 뒤로 젖히고 상체를 활 모양으로 만든다.

② 가슴, 복부를 스트레칭하며 신선한 공기가 가슴 속까지 채워지는 것을 느낀다.

③ 숨을 내쉬며 정자세로 돌아온다. 마지막으로, 머리를 약간 앞으로 기울인다.

2. 정적 호흡

[입술을 벌려서 하는 호흡 훈련]

① 꽃향기를 맡고 있다고 상상한다. 꽃향기가 코를 타고 부드럽게 퍼지도록 깊고 천천히 숨을 들이마신다.

② 숨을 잠시 멈춘 후, 촛불이 흔들리지만 꺼지지 않을 정도로 입술을 통해 부드럽게 숨을 내쉰다.

부록 3-6 교수자용 참고 자료: 정서 이완 기법

1. 앉아서 하는 이완 기법

[준비]

조용하고 편안한 공간에서 등받이와 머리 받침대가 있는 의자에 앉는다.

[핵심 내용]

① 호흡을 조절하고 잡생각을 비움으로써 긴장을 풀 수 있다.

② 앉아서 하는 이완 기법에 익숙하다면 어디에서든지 활용할 수 있다.

[주의할 점]

① 가장 효과적인 결과를 얻기 위해서는 기법을 한 번에 20분 정도 지속한다.

② 식사 직후에 이 기법을 사용하는 것은 추천하지 않는다.

2. 근육 이완 기법

[준비]

① 조용하며, 충분히 밝고, 환기가 잘되며, 방해되는 자극이 없는 장소에서 시작한다.

② 편안한 복장을 착용한다.

[핵심 내용]

① 근육 스트레칭을 활용해서 긴장을 푼다.

② 이 기법은 손, 얼굴, 상체 및 하체 근육을 수축하고 이완하는 연습에 중점을 둔다.

[주의할 점]

① 기법을 사용하는 중 불편함을 느낀다면 즉시 중단하고 숙련된 강사에게 문의해서 지도를 받는다.

② 가장 효과적인 결과를 얻기 위해서는 이 기법을 하루에 한두 번 실행한다.

3. 상상 이완 기법

[준비]

① 방해되는 자극이 없는 조용한 장소에서 시작한다.

② 이미지 상상을 시작하기 15~20분 전에 호흡 운동으로 스트레스를 완화한다. 이후 눈을 감고 특정한 이미지에 주의를 기울인다.

[핵심 내용]

① 편안하고 차분한 환경에 있는 자신의 모습을 상상한다. 상상 속에서 다양한 감각을 경험하며 긴장을 푼다.

② 상상의 내용과 진행 과정을 미리 계획한다. 편안하고 안정된 경험을 불러일으키는 상황이 권장되며, 상쾌하고 여유로운 장면을 꿈꿔 보는 것도 좋다.

③ 상상력을 활용해서 점진적으로 이미지 안으로 자신을 투영한다. 시각 · 청각 · 후각 · 촉각 등 감각이 편안해지는 것을 느낄 수 있다.

[주의할 점]

① 신체가 편안해지면 점진적으로 상상으로부터 자신을 분리한다. 천천히 눈을 뜨고, 주변 환경을 관찰하며, 의식을 회복한다.

② 상상 이완 기법은 숙련된 전문가의 지도하에 진행되어야 한다.

부록 3-7 성장 확인 질문

이름: ____________ 반: ____________ 날짜: ____________

1. 수업 과제

1) 정서와 생리적 반응의 관계는 무엇일까요?

2) 정서를 경험한 상황을 떠올려 보세요. 신체는 어떤 반응을 보였나요? 그때 어떤 정서를 경험했나요?

3) 이완 기법 중 하나를 정해 설명해 보세요.

2. 숙제

1) 서로 다른 생리적 반응을 일으키는 세 가지 정서를 설명해 주세요.

정서	생리적 반응
예) 불안	예) 심장박동의 증가

2) 이완을 위한 호흡 기법 중 하나를 정해 설명해 보세요.

3) 부정 정서로 인한 압박감이나 신체 반응에 대처할 때 사용할 수 있는 방법을 제안해 주세요.

소단원 2

긍정적인 사고를 통해 정서를 변화시키기

1. 소단원 목적

긍정적인 사고를 적용해 부정적인 정서를 다루도록 지도한다.

2. 학습 목표

합리적이고 긍정적인 사고를 활용해 부정 정서를 다룬다.

3. 수업 내용

활동	절차
1. 준비 활동(3분)	1. 학생들에게 다음의 내용을 질문한다. • 어떤 사건으로 인해 큰 슬픔을 느꼈지만, 결과적으로 그 사건이 사소하거나 그리 심각하지 않았던 경험이 있었나요? • 그 사실을 깨달은 이후에(그 사건이 사소한 문제에 불과하다는 것을 알아차린 이후에) 여러분의 감정은 어땠나요? 2. 교수자의 개인적 경험을 간단히 공유한 후, 학생들이 더 깊이 생각해 볼 수 있도록 유도한다.
2. 모둠 토론: 정서를 다루는 방법**(7분)** ▷ **교수자료** - [부록 3-8] 활동 참고 자료: 정서를 다루는 방법	**목표: 부정 정서를 마주할 때 방어 기제가 갖는 한계를 이해한다.** 1. [부록 3-8]을 나눠 주고, 학생들이 각 시나리오에 대해 다음을 주제로 논의해 보도록 지시한다. • 이야기 속 등장인물들의 행동 중 부적절한 행동이 있다고 생각하나요? • 그 상황에서 등장인물들이 한 행동에 동의하나요? 그 이유는 무엇인가요? • 등장인물들이 그 상황에 더 잘 대처할 수 있는 방법에 대해 제안할 점이 있나요? 2. 등장인물의 관점에 대해 몇몇 학생들로부터 의견을 듣는다. 3. 다음의 결론을 학생들에게 전달한다. • 정서에 대처할 준비가 되지 않은 채로 정서를 경험하는 경우, 사람들은 자신을 보호하고 현실에서 벗어나기 위해 현실 부인, 회피, 감정 억압 등의 방어기제를 사용합니다. 방어기제는 사람들이 부정적인 정서에 휩싸이는 것을 방지해 줍니다.

	• 방어기제는 불안으로부터 사람들을 보호하고 일시적인 안도감을 줍니다. 그러나 정서를 마주할 때 방어기제에 의존하게 되면, 사람들은 현실에서 도피하게 되고, 점점 더 방어적으로 변하며, 어려운 상황에서 문제를 해결하지 못하게 됩니다.
3. 모둠 토론 및 모둠 경험 공유: 비합리적인 신념 바꾸기**(10분)** ▷ **교수자료** - [부록 3-9] 모둠 활동지: 신념 바꾸기 - [부록 3-10] 교수자용 참고 자료: 신념 바꾸기	**목표: 부적절한 사고를 점검하고 분석하여 바로잡는다.** 1. 학생들을 작은 모둠으로 나눈다. 각 모둠에 활동지(부록 [3-9])를 배부한다. 2. "진우의 이야기"는 미완결 상태임을 알리고, 이야기의 뒷부분을 소개한다. • 며칠이 지나, 진우의 어머니는 진우에게 반려견이 세상을 떠났으며, 삶과 죽음의 문제를 마주해야 한다고 말했습니다. 진우는 결국 반려견의 죽음을 받아들였지만 "내가 죽게 만들었어." "내가 게을러서 신의 벌을 받은 거야."라고 말하는 등 지속적으로 자신을 책망했습니다. 3. 학생들이 [부록 3-8] 속 각각의 이야기에 대해 다음의 내용을 주제로 토론하도록 지도한다. • 부정 정서를 마주했을 때, 등장인물은 어떤 생각을 했나요? • 등장인물의 생각이 합리적이라고 생각하나요? 그 이유는 무엇인가요? • 등장인물은 상황에 대해 주관적으로 판단했나요? 이 판단은 증거에 의해 뒷받침되고 있나요? • 만약 여러분이 등장인물의 가장 친한 친구라면, 등장인물이 부적절한 생각을 합리적으로 바꿀 수 있도록 어떻게 설득할 수 있을까요? • 등장인물이 상황을 긍정적인 사고 전략으로 다룰 수 있도록 돕기 위해서는 어떻게 해야 할까요? 4. 학생들이 논의할 수 있도록 5분의 시간을 준다. 학생들은 결론을 활동지([부록 3-9])에 적는다. 학생들이 의견을 발표할 수 있는 시간을 갖는다. 5. 다음의 결론을 학생들에게 전달한다. • 비합리적인 사고는 정서의 강도에 영향을 미치는 주요 요인입니다. 만약 비합리적인 사고를 보다 합리적이고 긍정적인 사고로 전환한다면, 정서는 그에 맞춰 바뀔 수 있습니다.
4. 결론(5분)	1. 학생들이 삶의 변화와 위기를 겪을 때 침착하게 대처할 수 있도록 장려한다. 또한 문제를 분석하고, 자신의 방어기제나 상황 인식 또는 사고의 편향성을 검토하고, 필요할 경우 변화를 시도할 수 있도록 격려한다. 2. 다음의 결론을 학생들에게 전달한다. • 사람들은 비현실적이고, 비합리적이며, 자기방어적인 사고들을 바꿈으로써 정서를 조절할 수 있습니다. • 사람들이 비합리적인 사고를 현실적이고 합리적인 사고로 바꿀 때, 긍정적인 정서의 변화가 뒤따릅니다.
5. 마무리 활동(5분) ▷ **교수자료** - [부록 3-11] 성장 확인 질문	1. 성장 확인 질문을 공유하고 학생들이 소단원 활동을 돌아볼 수 있도록 유도한다. 2. 소단원 활동에 대한 학생들의 참여를 칭찬한다.

4. 세부 지도 사항

1) 정서를 다루는 방법

- 교수자가 '방어기제'의 심리학적 이해에 대해 더 자세히 알고 싶다면, 다음의 자료를 참고할 수 있다.
  - Cramer, P. (2006). *Protecting the self: Defense mechanisms in action*. New York: Guildford Press.

2) 비합리적인 신념 바꾸기

- 부정적이거나 비합리적인 신념을 가졌지만, 그에 대해 숙고하고 해결책을 찾아갔던 교수자의 개인적인 경험을 공유할 수 있다.
- 활동과정에서 발생할 수 있는 학생들의 부정적인 정서 경험에 민감하게 반응해야 한다. 교수자는 부정 정서를 경험하는 학생들에게 주의를 기울여야 하며, 필요시 적절한 상담 서비스에 의뢰할 수 있다.
- 학생들이 활동의 내용을 쉽게 이해하도록 돕기 위해 교수자는 Level 2 과정 중 대단원 7의 소단원 2의 자료를 활용할 수 있다.
- '신념 바꾸기'에 대한 지침은 [부록 3-10]을 참고한다.

3) 결론

- 합리적 사고는 정서 조절의 중요한 요소이다. 사람들은 합리적인 사고 전략을 활용해 삶에 대한 적절한 기대를 형성하고, 다양한 관점으로 문제를 분석하고 해결할 수 있다.
- 학생들에게 정서 조절 시 이성과 감정을 함께 활용해야 한다는 점을 명시한다. 일상생활에서 합리적인 사고에만 의존할 경우, 냉담하고 거리감이 느껴지는 사람으로 보일 수 있다. 그러나 만약 너무 감정적일 경우, 중요한 업무에서 책임을 맡기 어려운 사람으로 보일 수 있다.
- 정서 조절은 지속적인 학습을 필요로 한다. 교수자는 학생들이 지속적으로 자기 성찰을 하도록 격려할 수 있다. 이는 학생들이 자신에 대한 타인의 인식을 검토하고 평가하

는 법을 배우며, 세상에 대한 적절한 기대를 형성하고, 성공 경험을 축적하며, 자신감 있게 성취 가능한 목표를 세우고, 그 경험을 통해 자신의 잠재력을 발견하는 데 도움이 될 수 있다.

- 실제로 사람마다 매우 다른 정서 조절 전략을 사용할 수 있다. 학생들은 자신만의 독창적이고 효과적인 정서 조절 전략을 발명할 수 있다. 교수자는 학생들이 자신의 정서를 창의적인 방식으로 다루도록 장려할 수 있다. 예를 들어, 개인 사이트의 운영(블로그, SNS 등 활용)은 젊은 세대에서 사용하기 좋은 방법일 수 있다. 교수자는 학생들이 정서 경험을 적은 다이어리를 만들어 친구와 공유해 보도록 지도할 수 있다. 정서 조절은 또한 미술이나 음악 관련 활동, 춤이나 연기 같은 창의적 활동을 통해 효과적으로 이뤄질 수 있다.
- 교수자가 정서의 조절과 관리에 대해 더 심층적으로 이해하고자 하는 경우, 다음의 자료를 참고할 수 있다.
  - Goleman, D. (1996). *Emotional intelligence: Why it can matter more than IQ*. London: Bloomsbury Publishing.
  - Salovey, P., & Sluyter, D. J. (Eds.). (1997). *Emotional development and emotional intelligence*. New York: Basic Books.

5. 보충 활동(선택 사항)

활동	내용	권장 사항
문제 해결하기	**목표: 문제해결 능력을 키운다.** 학생들을 작은 모둠으로 나눈다. 각 모둠은 대인관계에서의 경험과 문제에 대해 논의한다. 모둠별로 다음의 절차에 따라 문제를 해결한다. • 문제의 성격과 원인을 명확하게 파악한다. 예를 들어, 이 문제는 왜 발생했으며, 어떤 사람에게 영향을 미치고, 문제가 해결되지 않는다면 어떤 결과가 나타날 수 있으며, 문제가 해결 가능한 범위에 있는지 생각하고, 무엇이 바뀌어야 하는지 정의한다. • 변화를 위한 단기적인 또는 장기적인 목표를 구체적으로 설정한다. • 해결 방안들을 생각해 보고 실행 가능한 해결책을 선택한다. • 해결책을 실행하기 위한 계획을 수립한다. • 계획을 실행하는 과정에서 마주할 수 있는 잠재적인 이익과 어려움, 돌발 사태 등을 검토한다.	학생들이 모둠 활동지([부록 3-9])의 지침을 따를 수 있도록 지도한다.

부록 3-8

활동 참고 자료: 정서를 다루는 방법

사례	상황	방어기제
진우의 이야기	진우는 반려견을 키우고 있는데, 반려견은 진우의 가장 친한 친구였다. 어느 날, 진우는 반려견과 산책을 나갔다가, 갑작스럽게 발생한 교통사고로 반려견이 죽게 되었다. 슬픔에 빠진 진우는 "죽지 않았어. 여전히 살아 있어. 잠시 자고 있는 것뿐이야. 곧 일어날 거야."라고 말했다.	[부정] 진우는 반려견의 죽음으로 인한 깊은 슬픔으로부터 자신을 보호하기 위해 반려견이 세상을 떠났다는 사실을 인정하지 않았다.
다영의 이야기	다영은 오랫동안 피아노 콩쿠르를 준비했지만, 입상하지 못했다. 다영은 극도로 실망하고 우울했다. 하지만 콩쿠르가 끝난 후 모임 자리에서 신나고 흥분하게 된 다영은 다른 사람들에게 콩쿠르 결과에 대해 전혀 신경 쓰지 않는다고 말했다.	[억압] 다영은 심리적 고통과 좌절감을 유발하는 문제들이 떠오르는 것을 억눌렀고, 그로 인해 자신의 감정을 인식하지 못하게 되었다. 이는 일시적으로 다영의 고통스러운 감정을 완화하는 데 도움이 되었다.
이담의 이야기	이담은 숙제와 시험공부를 마친 후, 새로 산 가장 좋아하는 만화책을 읽었다. 그때 이담을 본 아버지가 이담에게 공부를 열심히 하지 않고 만화를 너무 자주 본다고 말했다. 이담은 화가 나서 공부를 열심히 하지 않고 방을 깨끗하게 정리하지도 않는 남동생을 꾸짖으러 갔다.	[전위] 이담은 실제로 아버지에게 화가 났음에도 남동생에게 화를 표출했다.

부록 3-9

모둠 활동지: 신념 바꾸기

모둠: ____________________

	진우	다영	이담
등장인물이 경험한 어려운 상황			
그 상황에서 등장인물이 경험한 감정			
부정 정서를 마주했을 때, 등장인물은 어떤 생각을 했나요?			
등장인물의 생각이 합리적이었나요?			
등장인물의 부정적 생각을 적절하고 합리적인 사고로 바꾸기 위해서는 어떻게 해야 할까요?			
여러분이 제안한 합리적인 사고에 따르면, 등장인물은 어떤 행동을 취해야 할까요?			

부록 3-10 교수자용 참고 자료: 신념 바꾸기

부정적인 감정 경험의 밑바탕에는 종종 비합리적인 신념이 존재한다. 역경의 상황에서 합리적이고 긍정적으로 사고하는 것은 정서적 웰빙을 유지하는 데 중요하다. 비합리적인 신념에 맞서는 세 가지 단계는 다음과 같다. 첫째로, 스스로 비합리적인 신념을 가지고 있는지 파악해야 한다. 둘째로, 자신이 가진 비합리적인 신념의 허점을 찾는다. 마지막으로, 적절한 신념으로 재구성한다. 즉, 기존의 비합리적인 신념을 더 합리적이고 긍정적인 관점으로 변화시킨다.

1. 스스로 비합리적인 신념을 가지고 있는지 파악하기

★ 다음의 절차는 사람들이 비합리적인 신념을 가지고 있는지 판단하도록 돕는다.

① 자신의 사고방식이 부정 정서 또는 문제를 키우는 방식의 행동을 유도하는지 생각해 본다.

② 자신의 사고방식에 현실과 다른 내용이 포함되는지 생각해 본다. 예를 들어, 사람들은 부정적인 상황에서 현실을 부인하거나, 축소하거나 또는 과장하는 사고를 할 수 있다.

③ 자신의 사고방식에서 특정 양상이 반복되는지 파악하고, 자신의 사고를 비합리적으로 만드는 키워드가 무엇인지 파악한다. 예를 들어, 자신의 사고가 '나에게는 부정적인 일만 일어날 거야.' 또는 '내가 다 망쳤어.'와 같은 양상으로 귀결되는지 확인한다.

2. 비합리적인 신념의 허점 찾기

★ 비합리적인 신념을 발견한다면, 이 신념에 도전하여 건강한 신념으로 수정하기 위해 노력해야 한다.

1) 비합리적인 신념에 맞서는 방법

비합리적인 신념에 맞서기 위해 다음과 같은 방법을 활용할 수 있다.

① 논리적 반박

객관적이고 사실에 기반한 추론으로 비합리적인 신념의 허점을 직접적으로 반박한다. 만약 초기 가정이 잘못되었다면, 논리적인 근거에 따라 이와 같은 사고에 반박할 수 있다. 예를 들어, "그는 노래하는 걸 싫어해. 그러니까 그는 노래를 못할 거야."라는 사고가 있다고 가정해 보자. 이때 그가 노래하는 것을 싫어한다는 사실은 그가 음정이나 박자를 잘 못 맞추는 것과는 전혀 관련이 없다. 그는 단지 다른 사람들 앞에서 노래하는 것에 불안감을 느끼기 때문에 노래하는 것이 싫다고 말했을 수 있다.

② 경험적 반박

비합리적인 신념에 반박하기 위해 실제 사례를 증거로 사용한다. 예를 들어, 만약 어떤 학생이 "나는 수학 문제를 잘 못 풀어. 나는 멍청이야."라고 말할 경우, 그 학생의 주장에 반박하기 위해 담임선생님이 그 학생의 학업 성취를 칭찬한 적이 있거나, 그 학생의 영어 발음이 정확하다는 등의 사례를 제시할 수 있다.

2) 비합리적인 신념에 맞설 때 주의할 점

비합리적인 신념에 반박하고 그것을 부정하는 데 있어 필수적인 요소는 비합리적인 신념이 자신에게 존재한다는 사실을 받아들이는 것이다.

① 마음을 열고, 방어기제를 사용하지 않도록 노력하기

방어 기제가 자극되면, 스스로의 상태를 명확하게 인식하는 것이 어렵다. 방어기제가 불편한 상황을 회피하도록 만들기 때문이다. 따라서 사람들은 비합리적인 신념에 대처하는 방법을 배우고, 그것을 실천하기 위해 노력해야 한다.

② 관찰자의 관점에서 문제 바라보기

문제를 관찰자의 관점에서 바라봐야 한다. 즉, 만약 문제와 직접적으로 관련이 없는 사람이라면, 이 문제를 어떻게 바라봤을지 생각해 보아야 한다. 이 방법은 사람들이 문제에 분석적으로 접근하고, 명확하고 객관적인 판단을 내릴 수 있도록 돕는다.

3. 비합리적인 신념 바꾸기

비합리적인 신념의 허점을 찾고 반박한 다음의 중요한 절차는 증거를 활용해 상황을 분석하고 이해하는 객관적인 관점을 채택하는 것이다. 누군가가 동일한 문제를 경험했다면, 그도 동일한 신념을 가질 것인지 생각해 본다. 그리고 만약 관찰자의 입장에서 상황을 바라봤다면, 그에게 비합리적인 신념을 바꾸도록 어떻게 설득할지 고민해 본다.

부록 3-11 성장 확인 질문

이름: ______________ 반: ______________ 날짜: ______________

1. 수업 과제

1) 정서를 조절하는 자신의 능력에 대해 만족하나요? 그 이유는 무엇인가요?

2) '방어기제'란 무엇인가요?

3) 심리적 압박감을 경험할 때, 방어기제를 사용했던 경험이 있나요? 그 경험에 대해 자세히 묘사해 주세요.

2. 숙제

1) 긍정적인 사고가 부정 정서를 다루는 데 어떤 도움을 줄 수 있을까요?

2) 문제를 해결하는 과정에서 방어기제를 지나치게 자주 사용한다면 어떤 결과가 나타날 수 있을까요?

3) 친구가 기분이 좋지 않거나 부정적인 사고에 사로잡혀 있을 때, 어떤 도움을 줄 수 있을까요?

대단원 4

인지적 역량

소단원 1 진실 혹은 미신

소단원 2 광고의 진실

들어가며

인지적 역량 단원은 학생들의 창의적 사고와 비판적 사고를 계발하고 이를 통해 학생들의 문제 해결 능력과 의사 결정 능력을 증진시키는 것에 중점을 둔다.

Level 1 인지적 역량 단원에서는 학생들에게 창의적 사고와 비판적 사고의 기본 개념을 소개한다. 이 과정은 학생들이 자신의 경험, 관찰, 자기 성찰을 통해 수업 내용을 학습하도록 구성되었기 때문에 학생들에게 기본적인 자기 성찰 기술도 가르친다.

연구에 따르면, 청소년의 창의적 사고 발달은 부모에게 순종하는 가정 환경과 학생을 모범 답안 틀 안에 맞추는 획일적인 교육 환경에 의해 저해되는 것으로 나타났다. 따라서 Level 2 과정은 학생들의 창의적 사고 능력을 향상시켜 문제 해결에 다양한 사고방식을 적용하거나 다양한 쟁점을 고려하여 바람직한 결과를 도출하는 데 중점을 둔다.

또한 물질주의와 소비 지상주의가 만연한 사회에서 청소년들이 맹목적으로 유행을 좇거나 과도한 소비를 하는 등의 문제도 빈번하게 발생한다. 따라서 Level 3 과정은 학생들이 사안의 신뢰성을 평가하고 소비를 조장하는 정보를 분석하며 자신의 소비 습관을 되돌아볼 수 있도록 비판적 사고 능력을 기르는 것을 목표로 한다. 이는 긍정적인 가치관과 의사결정 능력의 든든한 토대가 될 수 있다.

Level 3 인지적 역량 단원은 두 개의 소단원으로 구성되었다. 소단원 1에서는 학생들에게 사실과 의견의 차이를 소개하고 일상적인 정보를 대상으로 비판적 사고 능력을 함양한다. 소단원 2에서는 학생들이 비판적 사고 능력을 적용하여 소비를 촉진하는 정보를 분석하고 구매 전에 고려해야 할 요소에 대해 생각해 보도록 한다.

개관

소단원	소단원 목적	학습 목표
진실 혹은 미신 (30분)	일상에서 접하는 정보를 분석하는 학생들의 비판적 사고력을 향상시킨다.	1. 사실과 의견을 구분하는 방법을 배운다. 2. 사실과 의견을 구분하여 맥락에 맞게 정보를 분석한다.
광고의 진실 (30분)	물질주의와 소비 지상주의를 조장하는 정보에 대해 비판적 사고를 적용한다.	1. 광고 메시지를 분석할 때 비판적 사고를 적용한다. 2. 구매하기 전 여러 사항을 고려한다.

이 대단원에 포함된 모든 활동지 및 파워포인트 슬라이드와 영상 자료 등은 학지사 홈페이지(www.hakjisa.co.kr)에서 내려받을 수 있습니다.

소단원 1

진실 혹은 미신

1. 소단원 목적

일상에서 접하는 정보를 분석하는 학생들의 비판적 사고력을 향상시킨다.

2. 학습 목표

① 사실과 의견을 구분하는 방법을 배운다.

② 사실과 의견을 구분하여 맥락에 맞게 정보를 분석한다.

3. 수업 내용

활동	절차
1. 준비 활동: 전형적인 광고 음악과 문구**(5분)** ▷ **교수자료** - A3 용지, 사인펜	1. 학급을 8개 모둠으로 나누고 각 모둠에게 A3 용지 한 장과 사인펜을 배부한다. 2. 2분 동안 유명한 광고 문구와 광고 음악을 적도록 한다. 가장 많은 예시를 적은 모둠이 우승한다.
2. 모둠 창작 활동 및 학급 게임: 진실 혹은 미신**(15분)** ▷ **교수자료** - [부록 4-1] 토론 자료: 광고 제품 - [부록 4-2] 교수자용 참고 자료: 광고 해석 - A3 용지, 색깔 펜, 테이프	**목표: 사실과 의견을 구분하는 방법을 배우고 이를 통해 일상 속 정보를 효과적으로 분석한다.** 1. 학생들을 8개 모둠으로 나누고 토론 자료([부록4-1]을 두 모둠씩, 동일한 제품 자료 제공)를 나누어 준다. 2. 학생들은 광고주 역할을 맡아 제품에 대한 소비자의 관심과 구매 욕구를 효과적으로 자극하는 포스터를 디자인한다. 3. 각 모둠은 A3 용지와 색깔 펜을 받는다. 모둠별로 5분 동안 포스터를 디자인한다. 4. 완성된 포스터를 칠판에 붙이고 각 모둠은 30초 동안 제품을 홍보한다. 5. 홍보 발표가 끝나면 학급에서 제품에 대한 관심을 가장 효과적으로 유발한 포스터에 투표하고 해당 포스터에 투표한 이유를 설명한다.

	6. 학생들의 의견을 종합한 후, "우리는 매일 다양한 방법으로 소비를 홍보하는 광고를 접합니다. 이런 광고 메시지는 신뢰할 수 있을까요?"라는 질문을 던진다. 학생들에게 "어떤 유형의 광고 메시지가 가장 매력적인가요? 그러한 광고 메시지를 신뢰하는 이유는 무엇인가요?"라고 물어 질문에 대해 생각해 보고, 자신의 견해를 표현하도록 유도한다. 7. 제품 홍보를 위한 메시지는 크게 두 가지 범주로 나눌 수 있다. ① 사실 • 옳고 그름을 증명할 수 있고, 과학적 · 통계적 연구를 통해 신뢰할 수 있는 증거로 뒷받침된다. • 감정적인 표현을 포함하지 않는다. ② 의견 • 주관적인 신념, 가치관 및 판단을 포함한다. • 옳고 그름을 증명할 수 없다. • 사실은 입증이 가능하기 때문에 의견에 비해 더 신뢰할 수 있다. 모둠이 만든 포스터를 활용하여 사실과 의견의 차이를 설명한다.
3. 결론(5분)	학생들과 함께 학습한 내용을 요약한다. 1. 광고 속 메시지를 분석하는 것은 중요하다. 의심스러운 점이 있다면 신뢰할 수 있는 정보를 추가적으로 검색하여 철저히 분석하고 평가해야 한다. 2. 정보를 수집하고 문제를 분석할 때는 개방적이고 객관적인 태도를 취해야 한다. 섣부른 판단을 경계한다.
4. 마무리 활동(5분) ▷ **교수자료** - [부록 4-3] 성장 확인 질문	1. 성장 확인 질문을 배포하고 학생들이 수업 내용과 스스로를 돌아볼 수 있도록 지도한다. 2. 수업 중 학생들의 참여도를 칭찬한다.

4. 세부 지도 사항

1) 준비 활동

- 수업 전에 유명한 광고 문구와 광고 음악을 알아보고 수업 중에 광고 음악을 재생함으로써 학생들의 흥미를 유발할 수 있다.
- 시범 운영 결과, 학생들은 해당 활동을 흥미를 느끼고 열심히 참여하였다. 따라서 활동 시간을 잘 조절하여 다음 활동 진행에 차질이 없도록 주의한다.

2) 진실 혹은 미신

- 학생들이 포스터를 디자인할 때 광고에서 어떤 요소가 가장 주의를 끄는지 생각해 보도록 지도한다. 예를 들어, 자주 관심이 가는 광고의 유형, 매력적으로 느끼는 광고 속 요소, 주변 사람들에게 제품을 추천하고 싶게 만드는 특징 등이 있다.
- 시범 운영 때 일부 학생들은 포스터에 너무 집중한 나머지 핵심 내용을 간과하였다. 따라서 교수자는 학생들의 주의를 적절히 환기시켜야 한다.
- 토론 자료 예시는 학생들이 포스터와 광고 문구를 고안할 때 참고할 수 있도록 구성되었다. 예시를 포스터에 직접 사용하지 않고 창의력을 발휘하여 제품을 설명하도록 장려한다.
- 학생이 만든 광고가 사실과 의견의 차이를 보여 주기에 부적합할 경우, [부록 4-2]를 활용한다.
- 대부분의 광고는 사실과 의견을 모두 포함하지만 모호함 때문에 두 범주를 혼동하는 경우가 많다. 사실과 의견을 구분함으로써 학생들은 광고 메시지를 더 정확하고 명확하게 해석할 수 있으며 비판적 사고 능력을 기르는 데 도움이 된다. 예를 들어, "교실에 6명의 학생이 있습니다. 그들은 열심히 공부 중입니다."라는 문장에서 "교실에 6명의 학생이 있습니다."라는 것은 학생 수를 셀 수 있기 때문에 사실에 해당한다. 반면, "그들은 열심히 공부 중입니다."라는 것은 의견이다. 열심히 공부하는지 여부는 주관적인 판단이며, 객관적인 측정 기준이 없기 때문이다.
- 학생의 필요 또는 관심사에 따라 광고 형식을 변경할 수 있다. 예를 들어, 포스터 외에도 TV 광고나 라디오 광고를 활용하여 학생의 흥미를 높이고 표현 난이도를 낮출 수 있다.
- 물컵, 휴지, 밧줄 등 몇 가지 물건을 준비하여 불투명한 상자에 넣고 모둠별로 한 개씩 고르도록 한다. 그다음 각 모둠은 고른 물건을 광고하는 포스터를 만들어야 한다. 예를 들어, 음료의 온도를 유지시켜 주는 컵, 향기가 오래 가는 휴지, 초보자도 쉽게 할 수 있는 줄넘기 등이 있다. 학생들이 상상력과 창의력을 최대한 발휘하도록 한다.
- 인기 있는 다이어트 건강식품을 사용하거나 다른 유형의 제품을 포스터 주제로 삼을 수 있다.
- 사실과 의견의 차이를 설명하기 위해 학생 제작 포스터를 사용하는 것 외에 일상생활과 관련된 예시를 들 수 있다. 예를 들어, 학생들이 좋아하는 노래의 경우 가수, 작사가,

장르, 박자 등은 사실이지만 노래가 귀에 잘 들어오는지, 듣는 사람의 감정을 움직이는지 여부는 의견이다. 또 다른 예로 휴대전화를 든다면, 휴대전화의 브랜드와 색상은 사실이지만 휴대전화의 디자인이 매력적인지, 기능이 사용하기 편리한지 등은 의견에 해당한다. 교수자는 준비 활동에서 사용한 광고 문구와 광고 음악을 활용하여 사실과 의견을 구분하는 방법을 학생들에게 가르칠 수 있다.

3) 결론

- 사실과 의견을 구분하는 방법을 배우는 것은 학생들의 비판적 사고 능력을 개발하는 데 중요하다. 교수자는 학생들에게 광고 메시지를 전적으로 믿어서는 안 된다는 점을 강조해야 한다. 대신 학생들은 항상 경각심을 가지고 메시지를 객관적인 시각으로 분석하여 사실과 의견의 진위를 파악해야 한다. 소단원 2에서 정보 분석에 대해 더 자세히 다룬다.
- 인지적 발달은 연령 및 인지적 과제 경험과 밀접한 관련이 있으므로 학생의 인지적 능력은 제각기 다르다. 따라서 학생의 인지 발달 수준에 따라 수업 내용을 조정해야 한다. 예를 들어, 학생의 비판적 사고 능력이 충분히 성숙하다면 소단원 2의 내용을 일부 포함시킬 수 있다.

5. 보충 활동(선택 사항)

활동	내용	권장 사항
사실과 의견	**목표: 사실과 의견을 구분하는 연습을 한다.** 학생에게 광고 한 편을 선택하여 흥미를 유발하는 요소를 고르고, 광고 내용을 분석하여 사실에 해당하는 것과 의견에 해당하는 것이 각각 무엇인지 나열하도록 한다.	학생이 TV 또는 라디오 광고를 선택한 경우 해당 광고를 녹화하여 교수자에게 제출하도록 요청한다.

부록 4-1 토론 자료: 광고 제품

제품 1: 체중 감소 및 독소 배출 컵 기능: '체중 감소 및 독소 배출 컵'에 음료를 부으면 30초 이내에 칼로리와 지방이 제거됩니다. 맛과 향은 그대로 유지될 뿐만 아니라 몸의 독소를 제거하는 데 도움이 됩니다. 어떤 음료라도 건강해질 수 있습니다!	**제품 1: 체중 감소 및 독소 배출 컵** 기능: '체중 감소 및 독소 배출 컵'에 음료를 부으면 30초 이내에 칼로리와 지방이 제거됩니다. 맛과 향은 그대로 유지될 뿐만 아니라 몸의 독소를 제거하는 데 도움이 됩니다. 어떤 음료라도 건강해질 수 있습니다!
제품 2: 마사지 깔창 기능: '마사지 깔창'은 걷거나 뛸 때 발을 마사지하기 때문에 혈액 순환을 촉진하여 건강한 다리를 만들어 줍니다.	**제품 2: 마사지 깔창** 기능: '마사지 깔창'은 걷거나 뛸 때 발을 마사지하기 때문에 혈액 순환을 촉진하여 건강한 다리를 만들어 줍니다.
제품 3: 고칼슘 곤약 기능: '고칼슘 곤약'에는 섬유질과 칼슘이 풍부하게 함유되어 있어 체중 관리에 도움이 되고 뼈를 건강하게 유지해 줍니다.	**제품 3: 고칼슘 곤약** 기능: '고칼슘 곤약'에는 섬유질과 칼슘이 풍부하게 함유되어 있어 체중 관리에 도움이 되고 뼈를 건강하게 유지해 줍니다.
제품 4: 슈퍼 버섯 알약 기능: 영지버섯은 신경증과 소화 불량을 치료하는 데 효과적입니다. 또한 혈액 순환을 촉진하고 심장을 강화하며 콜레스테롤 수치를 낮춥니다. '슈퍼 버섯 알약' 한 알에는 영지버섯의 모든 영양소가 들어 있어 편리하고 효과적입니다.	**제품 4: 슈퍼 버섯 알약** 기능: 영지버섯은 신경증과 소화 불량을 치료하는 데 효과적입니다. 또한 혈액 순환을 촉진하고 심장을 강화하며 콜레스테롤 수치를 낮춥니다. '슈퍼 버섯 알약' 한 알에는 영지버섯의 모든 영양소가 들어 있어 편리하고 효과적입니다.

(가위로 잘라 사용하세요.)

부록 4-2 교수자용 참고 자료: 광고 해석

참고용 광고 해석

사실	의견
• 50만 개 이상 판매 • 15년간의 연구 • 국제 품질 보증 어워드 수상 (광고에는 평가 기준이 명시되어 있지 않기 때문에 진위 여부는 의심스럽습니다.) • 2024년 한국 1위 베스트셀러 (광고에는 설문조사 방법과 평가 기준이 명시되어 있지 않기 때문에 진위 여부는 의심스럽습니다.)	• 전국에서 인기 • 모두를 위한 필수품! • 효과적인 체중 감소 및 독소 배출 방법

부록 4-3 성장 확인 질문

이름: ____________________ 반: ____________________ 날짜: ____________________

1. 수업 과제

1) 일상생활에서 정보를 수집하고 분석할 때 어떤 태도를 취해야 하나요?

2) 이러한 태도를 취했을 때의 이점은 무엇인가요?

2. 숙제

1) 사실과 의견의 차이를 설명하세요.

2) 정보를 분석할 때 의견도 중요하게 고려해야 할까요? 그렇게 생각한 이유는 무엇인가요?

3) 사실은 언제나 신뢰할 수 있을까요? 그렇게 생각한 이유는 무엇인가요?

소단원 2

광고의 진실

1. 소단원 목적

물질주의와 소비 지상주의를 조장하는 정보에 대해 비판적 사고를 적용한다.

2. 학습 목표

① 광고 메시지를 분석할 때 비판적 사고를 적용한다.

② 구매하기 전 여러 사항을 고려한다.

3. 수업 내용

활동	절차
1. 준비 활동(3분) ▷ **교수자료** - A3 용지, 사인펜	1. 학생들을 작은 모둠으로 나누고 각 모둠에 A3 용지 한 장과 사인펜을 배부한다. 2. 학생들에게 "일상생활에서 광고를 어디에서 접하나요?"라고 질문한다. 학생들에게 2분 동안 답을 적을 시간을 주고 가장 많이 나열한 모둠이 우승한다. 3. 이 단원의 주제는 다음과 같다. • 우리는 매일 광고에 노출되어 있습니다. 광고는 우리에게 유용한 정보를 제공하는 동시에 많은 영향을 미칩니다. 광고의 부정적인 영향을 줄이기 위해서 비판적 사고로 메시지를 분석하는 것이 필요합니다.
2. 모둠 토론: 광고의 진실은 무엇일까요**(15분)** ▷ **교수자료** - [부록 4-4] 모둠 활동지(1): 광고의 진실 - [부록 4-5] 토론 자료: 광고의 진실	**목표: 광고 메시지를 분석할 때 비판적 사고를 적용한다.** 1. 각 모둠은 [부록 4-4]와 [부록 4-5] 중 하나를 받는다. 2. 모둠별로 8분 동안 토론한다. • 광고에서 무엇이 사실이고 무엇이 의견인가요? • 광고는 소비자의 관심을 끌기 위해 어떤 메시지를 사용하나요? • 광고 메시지가 신뢰할 만하다고 생각하나요? 그렇게 생각한 이유는 무엇인가요?

- [부록 4-6] 모둠 활동지(2): 광고의 진실 평가지 - [부록 4-7] 교수자용 참고 자료: 광고의 진실 추천 답변 - [부록 4-8] 파워포인트 슬라이드: 광고의 진실	• 광고가 제품에 대한 전반적인 이해를 돕나요? 광고에 누락된 정보가 있나요? 3. 모둠은 토론 결과를 발표한다([부록 4-7]). 파워포인트 슬라이드([부록 4-8])를 재생하여 모둠이 발표하는 광고를 학급 전체가 볼 수 있도록 한다.
3. 학급 토론: 소비 성찰 **(5분)**	**목표: 구매하기 전에 여러 사항을 고려한다.** 1. 학생들에게 "광고 속에는 제품을 구매하도록 유도하는 메시지가 많습니다. 단지 광고가 마음에 들어서 물건을 산 적이 있나요?"라고 질문하고 학생들이 자신의 경험을 공유하도록 유도한다. 2. 학생들에게 "우리는 때때로 광고가 전달하는 메시지를 분석하지 못하거나 광고에 영향을 받기도 합니다. 충동적인 구매를 줄이려면 모든 장단점을 이성적으로 고려해야 합니다. 제품을 구매하기 전에 무엇을 고려해야 한다고 생각하나요?"라고 묻고 학생들이 자신의 의견을 표현하도록 한다. 3. 학생들의 의견을 종합하고 결론을 도출한다. 소비하기 전에 다음 사항을 고려해야 한다는 점을 강조한다. • 제품을 구매함으로써 얻을 수 있는 이점은 무엇입니까? • 정말 필요한가요? • 이미 비슷한 것을 가지고 있지 않나요? • 비슷하지만 더 저렴한 제품이 있나요? • 구매할 여유가 충분한가요?
4. 결론(2분)	학생들과 함께 학습 내용을 정리한다. • 우리는 광고의 홍수 속에서 살아갑니다. 구매를 결정하기 전에 정보를 비판적으로 분석해야 합니다. • 광고는 물질주의와 소비 지상주의를 조장합니다. 자신의 원칙, 우선순위, 제약 조건을 명확히 해야 합니다.
5. 마무리 활동(5분) ▷ **교수자료** - [부록 4-9] 성장 확인 질문	1. 성장 확인 질문을 배포하고 학생들이 수업 내용과 스스로를 돌아볼 수 있도록 지도한다. 2. 수업 중 학생들의 참여도를 칭찬한다.

4. 세부 지도 사항

1) 준비 활동

- 일상 속에서 우리는 신문, TV, 인터넷, 건물 외벽, 지하철과 버스 정류장, 문자 메시지 등을 통해 광고를 접한다.
- 시간적 여유가 있다면 학생들이 광고를 걸 수 있는 다양한 장소를 생각해 보도록 할 수 있다. 예를 들어, 일부 서구 국가에서는 사람들이 광고주에게 자신의 이마나 배를 빌려 주기도 한다.

2) 광고의 진실은 무엇일까요

- 필요한 경우, 교수자는 소단원 1을 참조하여 사실과 의견을 구분하는 방법을 학생들과 복습할 수 있다.
- 필요한 경우, 교수자는 [부록 4-6]를 각 모둠에 배포하고, 학생들이 메시지의 진위를 분석하도록 지도할 수 있다.
- 광고주는 소비자의 관심을 끌기 위해 다양한 메시지를 활용한다. 예를 들어, 소비자의 친밀감을 높이고 구매 욕구를 불러일으키기 위해 소비자의 감정을 이용하기도 한다. 광고주는 단순한 물건을 넘어 생각이나 신념을 홍보할 수 있다. 소비자가 이러한 생각을 수용한 후에는 제품의 필요성을 느끼고 구매 욕구로까지 이어진다. 예를 들면, 다음과 같다.
  - 다이어트 식품: "짜잔! 저 정말 날씬하고 매력적이지 않나요? 자신감을 되찾았어요!"와 같은 광고 메시지는 자신감 있고 매력적으로 보이고 싶은 소비자의 욕구를 부추기며, 날씬한 몸매는 매력적이고 자신감 있어 보이게 만든다는 생각을 조장한다. 소비자가 이러한 생각을 받아들이면 자신도 날씬한 몸매를 가져야 한다고 믿게 된다. 나아가 다이어트 식품에 더 많은 관심을 기울이고 제품을 구매하고자 하는 욕구를 가지게 된다.
  - 건강식품: "건강과 활력을 얻고 모든 병이 사라져요! 이제 뭐든지 할 수 있습니다!"와 같은 광고 메시지는 질병에 대한 두려움과 건강 및 성공에 대한 열망에 호소하는 것이다. 소비자에게 건강과 활력만 있으면 무엇이든 할 수 있다는 생각을 전달한다.

이러한 예를 활용하여 학생들과 해당 광고는 소비자의 관심을 끌기 위해 어떤 생각이나 메시지를 사용했는지에 관해 토론할 수 있다.

- 교수자는 학생의 필요에 따라 몇 가지 토론 주제를 소개할 수 있다. 예를 들어, 학생들이 특정 브랜드에 열광하는 경우 이를 주제로 사용한다. 교수자는 "[브랜드 A] 제품을 가지고 있을 때 기분이 어떤가요?" "[브랜드 A] 제품을 사용하는 사람을 보면 그 사람에 대한 인상은 어떤가요?"라고 질문하여 토론을 심화하고 학생들이 브랜드에 대한 자신의 인식을 돌이켜 보게 할 수 있다. 그런 다음 학생들에게 특정 브랜드가 '성공' '행복' '똑똑함' '품위'를 상징하는지 등을 물어서 개인과 사회가 올바른 인식을 가지고 있는지 고찰하도록 한다.
- 한 연구에 따르면, 인터뷰에 응답한 대부분의 청년들은 유명 브랜드의 제품을 구매하길 희망하지만 유행하는 값비싼 브랜드 제품을 많이 가진 사람의 사진을 보고 해당 인물을 거만하고 과시적이고 허영심이 많으며 자기중심적일 것이라고 평가했다.
- 시간적 여유가 있다면 학생들에게 소단원 1에서 언급된 광고 음악과 광고 문구가 어떤 메시지를 전달하고 있는지, 광고가 소비자들의 관심을 유발하기 위해 어떤 생각을 설득하려 했는지 토론하도록 한다.

3) 소비 성찰

- 학생들이 광고의 영향을 받는 사람들을 나약하고 우유부단하다고 생각할 수 있다. 그러나 현대사회에서 광고의 영향을 받는 것은 보편적인 현상임을 강조한다. 정보를 분석하고 정보에 대한 반응을 성찰하는 비판적 사고력을 적용하면 광고가 판단에 미치는 영향을 줄일 수 있다. 또한 이러한 사고력을 연습하면 분석적 사고력을 키우고 공부의 효율성을 높이는 데 도움이 된다.

4) 결론

- 인지적 역량 단원은 학생들에게 사고력을 가르치는 것을 초점에 두고 구성되었다. 이는 학생들의 비판적 사고력, 즉 비판적 평가와 개방적인 태도, 정보 분석, 추론과 의사결정 등을 포함한다.
- 비판적 사고 기술은 여러 단원에 걸쳐 적용되며 교수자는 학생들이 비판적 사고 기술

을 학습하는 것을 넘어 통합하고 내면화하도록 지도한다. 한 사회의 법, 규범, 가치와 관련된 다양한 현대적 쟁점은 비판적 사고를 적용하여 분석할 대상이다. 나아가 교수자는 학생들이 자신의 가치와 신념에 의문을 제기하고 자신의 사고에 편향된 부분을 간파하여 스스로 개선하고 상황과 맥락을 파악하는 방법을 배우도록 지도할 수 있다.

- 창의적 사고와 비판적 사고는 서로 연관된다. 예를 들어, 창의적 사고의 요소 중 하나인 성찰적 사고는 자신의 아이디어에 대해 비판적으로 생각하고 혁신을 추구하는 것을 의미한다. 이는 비판적 사고와도 밀접한 관련이 있다. 교수자는 학생들이 추론하거나 새로운 창작물을 비판적으로 평가할 때 창의적 사고를 함께 적용하는 것처럼 두 가지 사고 기술을 통합하여 사용하도록 지도할 수 있다.

5. 보충 활동(선택 사항)

활동	내용	권장 사항
현명한 소비자 되기	**목표: 소비하기 전 신중하게 생각하는 연습을 한다.** 학생들을 모둠으로 나눈다. 각 학생은 모둠원에게 자신이 사고 싶은 물건 한 가지와 사고 싶은 이유를 소개한다. 모둠원들은 물건을 구매하기 전 고려해야 할 사항을 함께 분석한다.	

부록 4-4 모둠 활동지(1): 광고의 진실

모둠: ______________________

광고를 보고 다음 질문에 대해 토론해 주세요.

1. 광고에서 어떤 것이 사실이고 어떤 것이 의견에 해당하나요? 예를 들어 설명해 주세요.

2. 광고는 소비자의 관심을 끌기 위해 어떤 메시지를 사용하나요?

3. 광고의 메시지가 신뢰할 만하다고 생각하나요? 그렇게 생각한 이유는 무엇인가요?

4. 광고가 제품에 대한 전반적인 이해를 돕나요?

부록 4-5 토론 자료: 광고의 진실

모둠: ____________________

컬러 콘®을 껴보세요!

밝고 건강한 눈, 하루 종일!

컬러 콘®을 끼면 하루 종일 건강하고 밝은 눈빛을 가질 수 있습니다! 국내 안구 건강 연구에 따르면, **컬러 콘®**의 렌즈는 안전한 것으로 밝혀졌습니다. 산소 투과율이 높은 렌즈는 여러분의 눈을 12시간 동안 촉촉하고 편안하게 유지시켜 줍니다. 다양한 모양과 색깔의 렌즈로 여러분을 건강하고 아름답게 꾸며 보세요. 아주 편리하고 간단하죠. 놓치지 마세요!

컬러 콘®이 가장 현명한 선택입니다!

컬러 콘® 렌즈와 타사 렌즈 비교:

	타사 렌즈	컬러 콘® (승리)
산소 투과율	평균	매우 우수
모양 종류	3~4	10
색상 종류	5~6	12

독보적인 교육!
훌륭한 선생님들과 함께
시험의 승자가 되어보세요!
일타강사!
국어 김선희
수학 김재필
영어 조지영
사회 이지한
역사 고민용
5성급 교사진과 함께라면
1등급은 따놓은 당상!
환영 혜택 2인 동반 등록 시 1인 가격으로 할인
추가 혜택 학원을 옮길 시에 50% 할인
무료 답안
작성 지도!
다른 학원에서 옮기거나 저희 학원에 최초로 등록하는 경우 파격적인 혜택을 받을 수 있습니다.
모범 답안 예시와 답안 트렌드 분석을 무료로 제공합니다.
문의전화: 2111 1111
www.outstandingedu.com
본사: 서울 강남구
분점: 대치동 · 목동 등 서울 6개 지점

부록 4-6 모둠 활동지(2): 광고의 진실 평가지

모둠: ______________________

광고 메시지	의심이 드는 부분	의심이 드는 이유	진실 여부(O/X)

부록 4-7 교수자용 참고 자료: 광고의 진실 추천 답변

광고 1: 일회용 컬러 콘택트 렌즈

1. 의견/사실 구분

사실: "국내 안구 건강 연구에 따르면"(참고: 연구 결과를 확인할 수 있으므로 이 문구는 사실로 간주할 수 있습니다. 그러나 이것이 해당 연구 결과를 신뢰할 수 있다는 것을 의미하지는 않습니다.)

"모양 종류: 10" "색상 종류: 12"

의견: "하루 종일 건강하고 밝은 눈빛!"

"여러분을 건강하고 아름답게 꾸며 보세요." "눈을 12시간 동안 촉촉하고 편안하게 유지시켜 줍니다."

"아주 편리하고 간단하죠."

2. 광고는 소비자의 관심을 끌기 위해 어떤 메시지를 사용하나요?

이 제품은 안전하고 신뢰할 수 있으며 편리합니다. 렌즈를 착용하면 건강하고 편안하며 아름다운 눈빛을 가질 수 있습니다.

3. 광고의 메시지가 신뢰할 만하다고 생각하나요? 그렇게 생각한 이유는 무엇인가요?

(학생들이 자유롭게 답하게 합니다. 자신의 견해를 뒷받침할 이유를 제시하는 것이 중요합니다.)

4. 광고가 제품에 대한 전반적인 이해를 돕나요? 광고에 누락된 정보가 있나요?

해당 광고는 콘택트 렌즈 착용의 부작용을 알려 주지 않습니다. 예를 들어, 해당 콘택트 렌즈가 모든 사람에게 적합성이 해당되는지를 알려 주지 않고 '건강'과 '편의성' 측면에서 해당 콘택트 렌즈와 안경의 차이를 비교하지 않으며, 산소 투과성이 '우수'하다는 구체적인 근거나 국제 안전 기준 준수에 대한 정보도 제공하지 않습니다.

광고 2: 종합 학원

1. 의견/사실 구분

사실: "2인 동반 등록 시 1인 가격으로 할인" "50% 할인"

"모범 답안 예시와 답안 트렌드 분석을 무료로 제공합니다."

의견: "독보적인 교육!" "훌륭한 선생님들" "시험의 승자가 되어 보세요."

"5성급 교사진과 함께라면 1등급은 따 놓은 당상!"

2. 광고는 소비자의 관심을 끌기 위해 어떤 메시지를 사용하나요?

"훌륭한 스승이 훌륭한 제자를 만든다."라는 메시지를 암시하여 학원에 등록하면 무조건 좋은 성적을 얻을 수 있다고 믿게 만듭니다. 또한 좋은 스승을 강조하고, 뛰어난 결과를 보장한다는 메시지를 전달합니다.

3. 광고의 메시지가 신뢰할 만하다고 생각하나요? 그렇게 생각한 이유는 무엇인가요?

(학생들이 자유롭게 대답하게 합니다. 자신의 견해를 뒷받침할 이유를 제시하는 것이 중요합니다.)

4. 광고가 제품에 대한 전반적인 이해를 돕나요? 광고에 누락된 정보가 있나요?

"1인 가격으로 할인" 및 "50% 할인" 혜택에 어떤 조건이 붙어 있는지 알 수 없습니다. 예를 들어, 수강생이 해당 혜택을 받으려면 1년 이상 강좌를 등록해야 할 수도 있습니다. 또한 교사진의 강의 경력 및 자격에 대한 구체적인 설명도 없습니다.

부록 4-9 성장 확인 질문

이름: ______________ 반: ______________ 날짜: ______________

1. 수업 과제

1) 여러분에게 광고가 미치는 긍정적인 영향과 부정적인 영향은 무엇입니까?

2) 광고의 부정적인 영향을 줄일 수 있는 방법에 어떤 것들이 있을까요?

3) 광고 메시지를 볼 때 어떤 태도를 취해야 하나요? 그 이유는 무엇입니까?

2. 숙제

1) 최근에 가장 인상 깊었던 광고는 무엇인가요? 간단히 묘사해 주세요.

2) 왜 그 광고가 인상 깊었나요?

3) 그 광고는 소비자들의 관심을 끌기 위해 어떤 메시지를 사용했나요?

4) 이러한 메시지에 대해 여러분은 어떻게 생각하나요?

대단원 5

행동 역량

들어가며

행동 역량이란 비언어적 전략과 언어적 전략을 사용하여 사회적으로 수용되고 규범적인 행동을 수행할 수 있는 능력을 말한다. 행동 역량이 높은 사람은 언어적 · 비언어적으로 자신의 감정을 명확하게 표현할 수 있으며, 다른 사람과의 상호작용에서 효과적으로 행동할 수 있다.

Level 1과 Level 2 과정의 행동 역량 단원은 비판과 사과라는 두 가지 주요 주제로 구성되었다. Level 1 구성은 다른 사람을 존중하면서 건설적인 방향으로 비판하고 실수를 했을 때 사과의 중요성을 이해함으로써 학생들이 규범에 맞는 사회적 행동을 습득하는 데 중점을 두었다. Level 2 구성은 비판과 사과라는 주제를 심화시켜 비판을 받을 때 다른 사람의 동기를 이해하는 방법과 건설적인 비판, 그렇지 않은 비판을 구분하는 방법을 가르친다. 또한 다른 사람이 사과를 하지 않을 경우 대처하는 방법과 사과하는 적절한 태도를 배우게 된다.

Level 3 과정에서는 칭찬을 주제로 하여 긍정적이고 깊이 있는 내용을 다룬다. 행동 역량의 발달은 인지, 도덕적 판단, 조망 수용 및 친사회적 행동의 발달과 밀접한 관련이 있다. 아동이 성장함에 따라 인지와 논리적 사고가 발달하며 복잡해지고, 이에 따라 행동 역량도 향상되어야 한다. 따라서 Level 3 행동 역량 구성은 학생들의 행동 역량을 심화시키기 위해 칭찬과 용서에 대한 주제를 다룬다.

소단원 1에서는 다른 사람을 칭찬하고 다른 사람의 칭찬에 적절하게 반응하는 방법을 가르친다. 실제처럼 연습하면서 학생들은 다른 사람의 강점을 칭찬하는 기회를 얻게 되며, 다른 사람을 칭찬하고 칭찬받는 기쁨을 경험할 수 있다. 이를 통해 학생들은 칭찬받는 것의 기쁨을 아는 것을 넘어 이해하는 단계로 나아갈 수 있으며, 주변 사람과 상황에 대해 더 잘 인식하고 감사한 마음으로 칭찬할 수 있다.

소단원 2에서는 Level 2 과정에서 배운 내용을 바탕으로 사과라는 주제를 다루며 용서의 의미를 깊이 탐구한다. 이야기는 또래 친구들과의 갈등과 오해를 중심으로 진행되는데, 기분을 상하게 한 타인을 용서할 수 있는지 심도 깊게 토론하고 분석할 수 있도록 구성되었다. 모둠 토론을 통해 학생들은 서로의 의견을 공유하고 다양한 관점을 배운 다음 자신의 견해와 융합하여 '용서'와 '복수'를 새로운 의미로 이해할 수 있다. 교수자는 학생들의 학습을 촉진하기 위해 학생들이 진심으로 용서하는 것의 중요성을 이해하고 너그러운 태도로 다른 사람을 대하도록 격려한다. 이를 통해 학생들은 Level 1과 Level 2 과정에서 배운 용서의 의미를 더욱 깊이 이해할 수 있을 것이다. 남을 탓하고 복수하는 것은 문제를 해결하는 것이 아니라 오히려 더 큰 상처를 남긴다는 것을 학생들이 이해할 수 있을 것이다.

개관

소단원	소단원 목적	학습 목표
행복의 열쇠 **(30분)**	칭찬을 표현하고 받아들이는 방법을 배운다.	1. 칭찬이 자신과 타인에게 기쁨을 가져다준다는 것을 이해한다. 2. 주변의 사람과 상황을 관찰하고 진심을 담아 칭찬하는 방법을 배운다. 3. 칭찬에 적절하게 대응하는 방법을 배운다.
복수할 것인가, **용서할 것인가** **(30분)**	불쾌감을 준 사람을 용서하는 법을 배운다.	1. 진심 어린 용서의 중요성을 이해한다. 2. 불쾌감을 준 사람에게 복수하는 것의 부정적인 영향을 이해한다.

이 대단원에 포함된 모든 활동지 및 파워포인트 슬라이드와 영상 자료 등은 학지사 홈페이지(www.hakjisa.co.kr)에서 내려받을 수 있습니다.

소단원 1

행복의 열쇠

1. 소단원 목적

칭찬을 표현하고 받아들이는 방법을 배운다.

2. 학습 목표

① 칭찬이 자신과 타인에게 기쁨을 가져다준다는 것을 이해한다.

② 주변의 사람과 상황을 관찰하고 진심을 담아 칭찬하는 방법을 배운다.

③ 칭찬에 적절하게 대응하는 방법을 배운다.

3. 수업 내용

활동	절차
1. 준비 활동(2분)	1. 수업 시간에 학생들과 토론할 상황을 하나 선택한다. 2. 학생들이 일상에서 접하는 상황이나 대상을 선정해 해당 상황이나 대상이 자신에게 선사한 즐겁고 잊을 수 없는 시간에 대해 토론하게 한다. 학생들이 토론을 어려워하면, 각자 지난 일주일 동안 감사했던 기억을 떠올려 보도록 지도할 수 있다. 학생들은 감사한 마음을 구체적으로 자세하게 표현해야 한다. 3. 이 활동은 학생들이 긍정적이고 감사하는 태도로 수업에 참여하도록 유도하기 위함이다. 4. 토론 후에 학생들에게 질문한다. • 다른 사람들과 공유하고, 감사를 표현하고 싶은 사람이나 상황이 있나요? • 반에서 칭찬하고 싶은 사람이 있나요?

2. 학급 게임: 칭찬의 기쁨**(6분)** ▷ **교수자료** - [부록 5-1] 준비할 자료: 칭찬의 기쁨 표현 카드	**목표: 칭찬이 자신과 타인에게 기쁨을 가져다준다는 것을 이해한다.** 1. 학생들에게 표현 카드([부록 5-1])를 배포한다. 2. 학생들에게 카드에 적힌 특징을 가진 반 친구를 찾고 관련 예시를 들어 해당 친구를 칭찬하도록 한다. 3. 또한 각 학생들에게 빈 카드를 나눠 주고 학생들에게 카드에 칭찬하고 싶은 반 친구와 사건을 적도록 한다. 4. 학생들이 3분 동안 활동을 완료하면 제비뽑기로 한 학생을 뽑아 자신이 적은 반 친구의 이름과 사건을 낭독하게 한다. 5. 칭찬을 받은 학생은 칭찬에 대해 응답하고 자신이 카드에 적은 반 친구의 이름을 낭독하는 식으로 진행한다. 6. 여러 학생이 공유한 후에는 해당 반 친구에게 카드를 전달하도록 한다. 7. 마지막으로 칭찬을 표현한 학생들을 인터뷰한다. 공개적으로 칭찬을 받아들이고 표현했을 때 어떤 기분이 들었는지 물어본다. 8. 또한 학생들에게 카드를 받았을 때 기분이 어땠는지 물어본다. 9. 세부 지도 사항 질문을 활용하여 감사한 마음으로 다른 사람을 칭찬하는 것이 사람들을 행복하게 만들 수 있고, 오해를 피하기 위해서는 말과 행동에 진심을 담아 표현해야 한다는 점을 강조한다.
3. 모둠 토론 및 역할 놀이: 진심 어린 칭찬과 진심 어린 반응**(15분)** ▷ **교수자료** - [부록 5-2] 파워포인트 슬라이드: 진심 어린 칭찬과 진심 어린 반응 - [부록 5-3] 교수자용 참고 자료: 진심 어린 칭찬과 진심 어린 반응 그림 내용 및 설명 - [부록 5-4] 역할놀이를 위한 정보: 진심 어린 칭찬과 진심 어린 반응 토론 자료	**목표: 우리 주변에 주의를 기울이는 법과 칭찬을 주고받는 방법을 배운다.** 1. 파워포인트 슬라이드([부록 5-2])를 재생한다. 학생들에게 자신을 그림 속 주인공으로 상상하고 그림 속 상황에서 칭찬할 점을 찾아보라고 요청한다. 2. 학생들에게 "다른 사람들이 칭찬에 어떻게 반응하는지 본 적이 있나요?"라고 질문한다. 3. 학급을 작은 모둠으로 나누고 역할놀이를 위한 정보를 배포한다([부록 5-4]). 각 모둠에게 지시에 따라 토론하고 칭찬에 대해 부적절한 반응을 보여 줄 것을 요청한다. 4. 한 모둠이 시범을 보이면 다른 모둠이 그러한 반응이 왜 부적절한지 설명한다. 5. 학생들에게 다음 사항에 대해 생각해 보도록 안내한다. • 칭찬에 어떻게 반응해야 할까요? • 왜 우리는 때때로 칭찬을 받을 때 불안함을 느끼거나 부적절한 반응을 보일까요? • 다른 사람을 칭찬하고 칭찬을 받았을 때 여러분의 감정과 반응은 어떤가요?(세부 지도 사항 참조)
4. 결론(2분)	1. 칭찬은 상대방에게 기쁨을 선사한다. 마찬가지로 다른 사람을 칭찬하는 것은 스스로에게도 기쁨을 가져다준다. 2. 주변 사람과 상황에 주의를 기울이면 감사할 만한 가치를 발견할 수 있다. 3. 다른 사람들로부터 진심 어린 칭찬을 받았을 때 부끄러움이나 불안을 느낄 필요가 없으며 지나치게 겸손하게 대응하거나 노력의 결실을 운으로 돌릴 필요도 없다. 우리 모두는 칭찬받을 자격이 있기 때문에 칭찬에 대해 기쁨과 자신감을 느끼는 것이 중요하다. 4. "감사합니다."처럼 칭찬에 적절하고 정중하게 대응하는 방법을 배운다.

5. 마무리 활동(5분) ▷ **교수자료** - [부록 5-6] 성장 확인 질문	1. 성장 확인 질문을 배포하고 학생들이 수업 내용과 스스로를 돌아볼 수 있도록 지도한다. 2. 수업 중 학생들의 참여도를 칭찬한다.

4. 세부 지도 사항

1) 준비 활동

- 교수자는 토론하는 동안 음악을 재생하여 밝고 경쾌한 분위기를 조성할 수 있다.
- 토론을 진행하지 않을 경우, 교수자는 학생들의 관심을 불러일으키기 위해 그림이나 사진을 준비할 수 있다. 사진을 무작위로 여러 장 골라 각 모둠에 배포한다. 학생들에게 사진을 칭찬하라고 요청하거나 사진작가의 실력을 칭찬하고 싶은지를 묻는다. 학생들이 그렇다는 대답을 하면 사진작가에게 어떻게 칭찬을 표현할 것인지 묻는다.

2) 칭찬의 기쁨

- 학생들이 급우를 칭찬하는 경우, 자칫 진지하지 않거나 장난치는 것처럼 보일 수 있다. 교수자는 이러한 상황을 활용하여 칭찬은 구체적이고 자세하게 진심을 담아 표현해야 한다고 간략히 설명할 수 있다.
- 해당 부분은 학생들에게 칭찬하는 방법을 가르치는 것에 초점을 두지 않지만, 적절한 방식에 대해 언급할 필요가 있다. 학생들에게 다음 질문에 대해 생각해 보도록 한다.
  - 여러분이 칭찬받을 때, 종종 상대방이 말도 안 되는 이야기를 하거나 빈말을 하고 있다고 느끼는 이유는 무엇인가요?
  - 칭찬할 때의 어조와 태도가 칭찬받는 사람의 감정에 영향을 미치나요?
  - 칭찬을 표현하는 적절한 어조와 태도는 무엇이라고 생각하나요?
- 일부 학생은 칭찬에 어떻게 반응해야 할지 모를 수 있다. 학생들이 당황하거나 불안해하지 않도록 교수자는 학급 전체에 박수를 요청하거나 칭찬받은 학생에게 "감사합니다."라고 말하도록 지도할 수 있다.
- 학생이 활동에 참여하기를 꺼리거나 일부 학생들이 장난치며 다른 학생들을 놀리려고

할 경우, 교수자는 다음의 방법을 사용할 수 있다.
- 모든 카드를 모으고 그중 일부를 뽑아서 낭독한다. 칭찬을 받은 학생이 소감을 공유하도록 지도한다.
- 뽑힌 학생들을 예시로 들어 칭찬을 표현하는 올바른 방법에 대해 학생들에게 질문한다.

• 교수자는 학생들의 응답을 다음 활동을 소개하는 데 활용할 수 있다.

3) 진심 어린 칭찬과 진심 어린 반응

• 모둠의 응답이 비슷할 수 있다. 따라서 교수자는 시간에 맞춰 몇 개의 모둠만 골라 시연을 요청할 수 있다.
• 학생들은 칭찬에 대해 무례하게 반응하는 것만이 부적절한 반응이라고 생각할 수 있다. 교수자는 무례한 응답 외에도 "감사합니다."라고 말하지 않는 것도 부적절한 반응 중 하나라는 점을 강조한다.
• 시간적 여유가 있다면 칭찬에 대한 과도한 겸손, 거만함, 불안함, 수줍음 등 다른 태도에 대해서도 토론한다.
• 학생들의 수행 능력이 부족하거나 교실이 무질서해질 경우 각 모둠이 보여 줘야 하는 반응이 적힌 지시 카드를 배포한다.
• 학생들의 능력이 우수한 경우, 각 모둠에 두 가지 다른 반응을 시연하도록 요청하고 그 반응이 적절한지, 적절하지 않은지 모둠별로 평가하게 한다. 교수자는 "칭찬을 했을 때 상대방의 반응이 거만하거나 무례한 경우, 우리는 칭찬을 하지 말아야 할까요?"와 같은 질문을 학생들과 논의할 수 있다.
• 학생들은 "상대방이 거만하거나 무례한 반응을 보인다면 칭찬을 줄이거나 칭찬을 하지 않을 것입니다."라고 대답할 수 있다. 이 경우 교수자는 다음의 핵심 사항을 설명할 수 있다.
  - 칭찬에 대한 반응은 상대방의 감정에 영향을 미친다. 따라서 칭찬이 마음에 들지 않더라도 정중하게 반응해야 한다.
  - 다른 사람이 한 일을 칭찬하는 것은 그 사람에게 기쁨을 선사한다. 우리는 상대방의 반응과 상관없이 상대방을 기쁘게 할 칭찬하는 방법을 배워야 한다.
• 자존감 및 자아정체성이 낮은 학생은 자신이 칭찬받을 자격이 없으므로 이 주제를 배

울 필요가 없다고 생각할 수 있다. 교수자는 다음을 고려할 필요가 있다.

– 학생들을 칭찬하며 자신감과 용기를 북돋아 준다.
– 상황이 심각한 경우, 교수자는 두 번째 부분(칭찬의 기쁨)의 시간을 늘릴 수 있다. 학생들에게 모든 사람은 칭찬받을 만한 점을 가지고 있다고 설명한 다음 학생들이 받은 칭찬 카드를 사용하여 적절한 반응을 보여 달라고 요청한다.
– 교수자는 Level 1 과정의 대단원 12 '명확하고 긍정적인 정체성'의 소단원 3 '내가 자랑스러워'의 보충 활동을 활용하여 학생들이 가족 구성원을 인터뷰하여 가족이 자신의 어떤 점을 높이 평가하는지 물어볼 수 있다.
– 몇 가지 간단한 활동지를 만들어서 학생들에게 가족이나 다른 반 친구가 학생들을 칭찬하는 점을 쓰도록 요청할 수 있다.

4) 결론

• 칭찬은 대인관계에 영향을 미치며, 조화로운 관계를 형성하는 데 도움이 된다. 칭찬을 표현하는 사람도, 받는 사람도 기쁨을 느낀다. 따라서 우리는 대인관계를 원활하게 하기 위해 주변에 관심을 가지고 관찰하고 감사하는 마음을 가져야 한다. 어떤 사람들은 다른 사람을 칭찬하는 것을 아부나 위선이라고 생각할 수 있다. 칭찬을 단순한 빈말이라고 여기지 않게 하려면 칭찬을 표현하는 방법을 배우는 것이 중요하다.
• 칭찬에 부적절하게 대응하는 것은 오해를 유발할 수 있기 때문에 칭찬에 응답하는 방법은 중요한 주제이다. 칭찬에 자신 있게 반응하는 것과 겸손하게 반응하는 것 중 어떤 것이 더 적절한지 생각해 볼 수 있다. 자신감 넘치는 반응은 칭찬받는 사람이 뽐내거나 거만해 보일 수 있고, 겸손한 반응은 칭찬받는 사람이 자신 없는 것처럼 보일 수 있다.
• 교수자는 학생들에게 칭찬을 표현하고 칭찬에 적절히 응답하는 방식을 선택하는 방법을 가르쳐야 한다. 학생들은 이런 식으로 솔직한 감정을 숨기는 것이 위선적이라고 생각할 수 있다. 하지만 이는 위선적인 것이 아니라 자기 자신을 예의 있게 표현하는 방법이다. 자기중심적인 태도는 오해를 불러일으킬 수 있기 때문에 지양해야 한다.
• 중용의 원칙은 공자의 핵심적인 가르침이다. 중용은 치우침이 없는, 평범하고 일반적인 것을 의미한다. 공자는 이 원칙이 우리의 행동에도 적용된다고 보았으며 사람들이 치우침 없이 공평하고 적절하게 행동해야 한다고 하였다.
• 따라서 우리는, (1) 칭찬을 표현할 때 어조나 태도를 과장하거나, (2) 상대방이 칭찬을

받아들이지 않을까 봐 두려워서 칭찬을 숨길 필요가 없다. 정중하고 구체적으로 칭찬할 점을 언급해야 한다. 또한 칭찬에 반응할 때 부끄러움이나 불안함을 느낄 필요는 없으며, 지나치게 성급히 인정해서 거만해 보일 필요도 없다. 간단히 "감사합니다."라고 말하면서 적절하게 대응하는 방법을 학생들이 이해하도록 돕는다. 적절한 정도를 지키는 것이 칭찬을 주고받는 좋은 태도이다.

5. 보충 활동(선택 사항)

활동	내용	권장 사항
감사한 하루	**목표: 다른 사람에게 감사하는 법을 배운다.** 학생들에게 일정 기간 동안 가족, 학교, 사회에 대해 감사하는 마음을 갖도록 한다. 학생들은 마음 카드([부록 5-5])를 작성하고 교수자에게 모든 카드를 제출한다. 정해진 기간이 지난 후에 교수자는 학생들에게 마음 카드를 돌려준다. 학생들에게 감사한 점을 공유하도록 요청한다.	학생들이 감사한 마음을 표현할 때 느낀 감정, 상대방의 반응, 감사를 표현한 후 상대방과의 관계를 중점적으로 공유하도록 지도한다.

부록 5-1

준비할 자료: 칭찬의 기쁨 표현 카드

마음이 선한	정직한
깔끔한	총명한
스스로 만족하는	호기심이 많은

(가위로 잘라 사용하세요.)

사려 깊은	솔직한
부지런한	현명한
똑똑한	절약하는

공손한	시간을 잘 지키는
남을 잘 돕는	건강을 잘 챙기는
효도하는	낙관적인

적극적인	힘든 일도 선뜻 감수하는
친절한	관대한
배려하는	온화한

신중한	분석적인
수업에 집중하는	자신의 장단점을 잘 알고 있는
다정한	예의 바른

주도적인	창의적인
공부를 열심히 하는	남을 잘 돌보는
글씨를 잘 쓰는	의리 있는

부록 5-3 교수자용 참고 자료: 진심 어린 칭찬과 진심 어린 반응 그림 내용 및 설명

학생들에게 자신을 그림 속 주인공이라고 상상하고, 장면에서 칭찬할 상황이나 사람을 찾도록 합니다.

[장면]

재현은 일요일에 가족과 함께 식당에 갔습니다. 여섯 식구가 식탁에 둘러앉았습니다. 어머니는 음식을 받고 있고, 여동생은 가족의 그릇을 준비하고, 남동생은 할아버지에게 만두를 드리고, 아버지는 새로운 메뉴가 있는지 메뉴판을 보고 있습니다. 종업원들은 친절하게 음식을 가져다주었습니다.

여러분이 재현이라면 누구 또는 무엇을 칭찬하겠습니까? 그 이유는 무엇인가요?

[칭찬을 받아야 할 사람들과 그 이유]

- 어머니: 음식을 받고 있습니다.
- 여동생: 여동생은 가족들의 그릇을 준비하고 있습니다.
- 남동생: 남동생은 할아버지에게 만두를 드리고 있습니다.
- 아버지: 아버지는 가족이 좋아할 음식이 무엇일지 신중하게 고민하고 있습니다.
- 종업원들: 손님들을 위해 음식을 가져다주고 있습니다.

[핵심 사항]

평범한 가족 식사 중에도 우리가 주목하고 칭찬할 수 있는 것들이 많이 있습니다. 우리 주변의 사람과 상황을 관찰하고 칭찬하는 법을 배워 보세요. 모든 것은 우리가 칭찬할 만한 가치가 있습니다.

부록 5-4 역할놀이를 위한 정보: 진심 어린 칭찬과 진심 어린 반응 토론 자료

모둠원들과 함께 재현의 반응에 대해 토론하고 시연해 보세요.

장면: (일요일 식당 장면과 이어집니다.)

이웃인 최씨 아주머니가 갑자기 자리로 와서 큰 소리로 "재현아, 너 진짜 잘 컸다! 부모님과 함께 식당에서 만나니 반갑다. 저번 농구 경기에서 네가 MVP였다며? 운동도 잘하고 아주 훌륭해!"라고 칭찬합니다.

여러분이 재현이라면 최씨 아주머니의 칭찬에 어떤 반응을 할 것 같나요?
모둠원들과 함께 부적절한 반응을 떠올려 보세요.
토론하는 동안 과거 자신이 했던 반응이나 자신이 겪었던 반응에 대해 생각해 보세요.
다양한 표정을 사용해서 대화를 시연하세요.

부록 5-5

보충 활동: 마음 카드

이름: ____________________

마음 카드에 감사한 점을 적어 주세요.

오늘부터 나는 가족, 학교, 사회에 감사하는 법을 배우겠습니다.

부록 5-6 성장 확인 질문

이름: ________________ 반: ________________ 날짜: ________________

1. 수업 과제

1) 다른 사람을 칭찬해 본 적 있나요?

2) 칭찬하는 순간에 어떤 기분이 들었나요? 칭찬을 들은 상대방은 어떤 반응을 보였나요?

3) 일상생활에서 다른 사람을 어떻게 칭찬해야 할까요?

4) 칭찬하는 사람이 어떤 태도를 보일 때 칭찬이 아부처럼 느껴질까요?

2. 숙제

1) 왜 칭찬을 들을 때 가끔씩 불안하거나 불편한 마음이 들까요?

2) 여러분이 칭찬한 상대방이 거만하거나 무례한 반응을 보인다면, 그 사람을 더 이상 칭찬하지 않을 건가요?

3) 그렇게 생각한 이유는 무엇인가요?

복수할 것인가, 용서할 것인가

1. 소단원 목적

불쾌감을 준 사람을 용서하는 법을 배운다.

2. 학습 목표

① 진심 어린 용서의 중요성을 이해한다.

② 불쾌감을 준 사람에게 복수하는 것의 부정적인 영향을 이해한다.

3. 수업 내용

활동	절차
1. 준비 활동(3분)	1. 학생들의 흥미를 불러일으키기 위해 'ㅇㅅ'의 자음을 이용해서 '용서'를 맞추도록 초성 퀴즈를 진행한다. 2. 단어의 자모가 나온 후 학생들에게 '용서'라는 단어의 의미와 무엇이 떠오르는지 물어본다. 이 단어와 연관된 다른 단어(예: 관용)는 어떤 것이 있는지 묻고 학생들이 대답하도록 유도한다. 3. 학생들에게 "용서하는 것이 어렵다고 생각하나요?"라고 질문한다. 학생들은 손을 들어 의사를 표현할 수 있다.
2. 모둠 토론: 민수와 철수**(20분)** ▷ **교수자료** - [부록 5-7] 파워포인트 슬라이드: 민수와 철수 - [부록 5-8] 교수자용 참고 자료: 민수와 철수 - [부록 5-9] 토론 자료: 민수와 철수	**목표: 용서하지 않는 것은 스스로를 힘들게 하고 복수는 잘못된 선택임을 이해한다.** 1. 학생들에게 "반 친구들이 무엇을 할 때 여러분을 화나게 하고, 속상하게 하고, 용서할 수 없게 만드나요?"라고 질문한다. 2. 학급을 작은 모둠으로 나누고 토론 자료([부록 5-9])를 배포한다. 음성 파일이 포함된 파워포인트 슬라이드([부록 5-7])를 재생한다. 3. 이야기는 세 부분으로 나뉘며([부록 5-8]), 각 부분은 몇 가지 질문으로 이어진다([부록 5-9] 및 [부록 5-10]). 교수자는 모둠이 토론하고 활동지를 작성하도록 지도한다. 4. 토론하는 동안 학생들의 성찰을 유도하기 위해 [부록 5-11]을 참고한다.

- [부록 5-10] 모둠 활동지: 철수의 일기 - [부록 5-11] 교수자용 참고 자료: 민수와 철수 토론 절차 및 권장 사항	5. 마지막으로, 학생들에게 다음을 질문한다. • 이야기가 진행되는 동안 철수가 행복했다고 생각하나요? • 여러분을 불쾌하게 만든 사람에게 복수하는 것이 다른 사람에게 피해를 준다고 생각하나요? 복수하는 것이 가치 있다고 생각하나요? • 철수가 민수를 용서한다면 이야기는 어떻게 전개될까요? 6. 토론하는 동안 칠판에 요점을 적고 결론을 내릴 수 있다.
3. 결론(2분)	1. 자신에게 불쾌감을 준 사람을 용서하지 않거나 복수하는 것은 다른 사람과의 관계와 스스로의 감정에 영향을 미쳐 항상 불안하고 괴로울 뿐만 아니라 다른 사람에게도 피해를 줄 수 있다. 반면에 다른 사람을 용서하는 것은 이러한 문제들로부터 자유로워지는 것이다. 2. 상대방이 사과할 때 진심으로 용서하고 진정하는 방법을 배워야 한다. 3. 한 걸음 물러서서 용서함으로써 더욱 편안하고 평화로운 기분을 느낄 수 있다.
4. 마무리 활동(5분) ▷ **교수자료** - [부록 5-12] 성장 확인 질문	1. 성장 확인 질문을 배포하고 학생들이 수업 내용과 스스로를 돌아볼 수 있도록 지도한다. 2. 수업 중 학생들의 참여도를 칭찬한다.

4. 세부 지도 사항

1) 준비 활동

- 교수자는 학생들을 모둠으로 나누어 활동을 진행할 수 있다.
- 시간이 부족할 경우, 초성 퀴즈를 하는 대신 학생들에게 'ㅇ''ㅛ''ㅇ''ㅅ''ㅓ'라는 자모로 어떤 단어를 만들 수 있는지 추측하도록 한다. 그런 다음 '용서'라는 단어를 사용하여 소단원의 주제를 소개한다.

2) 민수와 철수

- 토론은 세 부분으로 나뉜다. 교수자는 모둠이 돌아가면서 발언할 수 있도록 진행하여 모든 모둠에 참여 기회를 준다.
- 교수자는 학생들이 각 부분의 답을 적을 수 있도록 빈 종이와 사인펜을 제공할 수 있다. 각 모둠이 도출한 답을 활용하여 심도 깊은 토론을 유도한다.

- 이 수업에서는 "만약 여러분이 철수라면 민수가 한 일을 알게 되었을 때 민수를 용서하겠습니까?"라는 질문에 대한 토론을 포함하지 않는다. 교수자는 보충 활동 중에 이 토론을 진행할 수 있다.
- 일부 학생은 '민수와 철수' 이야기가 다른 사람에게 화내지 말라는 교훈을 준다고 생각할 수 있다. 교수자는 학생들에게 자신의 비밀을 다른 사람들에게 퍼뜨린 사람을 용서할 수 있는지 물어보고 학생들이 자신의 의견을 표현하도록 장려한다. 이를 통해 학생들이 이야기에 공감하도록 돕는다.
- 교수자는 학생들이 자신의 감정, 특히 친한 친구를 용서할 수 없었던 철수의 감정을 표현하도록 장려해야 한다. 이를 통해 학생들은 자신에게 불쾌감을 줬던 사람이라 하더라도 복수는 스스로를 불안하고 고통스럽게 만드는 선택임을 이해할 수 있다.
- 토론 후 일부 학생은 자신의 비밀을 친구에게 털어놓는 것이 위험하다고 생각할 수 있다. 교수자는 이 이야기는 예시일 뿐이며 모든 사람을 일반화해서는 안 된다고 설명한다. 학생들이 신뢰할 수 있는 친구와 고민을 나누도록 격려한다.
- 동시에 교수자는 학생들에게 친구가 자신의 비밀을 공유하는 것은 상대방을 신뢰한다는 의미임을 알려 줄 수 있다. 따라서 이렇게 우정을 신뢰하는 친구들을 소중히 여기고 그들의 비밀을 지킴으로써 친구를 향한 의리를 보여 주어야 한다.
- 이 이야기 속 반 친구들은 학교에서 흔히 볼 수 있는 것처럼 소문을 좋아하는 것으로 표현된다. 시간적 여유가 있다면 교수자는 학생들과 이러한 상황에 대해 논의하고 험담의 부정적 영향을 지적할 수 있다.
- 교수자는 수업 진행에 차질이 없도록 학생들의 추가적인 응답이 없으면 다음 부분으로 넘어가야 한다.

3) 결론

- Level 1 과정부터 Level 3까지의 과정에서 '사과'라는 주제를 다양한 측면에서 다루었다. Level 3 과정의 핵심은 학생들이 복수심과 용서하지 않는 태도는 문제를 해결하는 방식이 될 수 없으며, 스스로에게도 해롭다는 점을 이해하는 것이다.
- 용서에 대해 이야기할 때 자신에게 불쾌감을 준 사람을 용서하는 것만을 생각할 수 있다. 하지만 반대로 본인이 실수를 저질렀을 때 용서받는 것을 생각할 수도 있다. 교수자는 이러한 방향으로도 토론을 이끌고, 학생들에게 우리가 다른 사람을 용서하기 어려우

면서 다른 사람이 우리를 용서해 주기를 바라는 이유를 생각하도록 유도할 수 있다.

- 『논어』에 등장하는 "자신이 원하지 않는 것을 남에게 강요하지 말라."라는 말처럼 용서는 공자의 관용과 덕에 관한 핵심적인 가르침 중 하나다. 자신이 용서받기를 원한다면 다른 사람이 자신에게 저지른 잘못에 대해서도 배려하고 용서하려고 노력해야 한다.
- 유교 외에 전 세계의 다양한 종교에서 용서의 중요성을 강조한다. 교수자가 이에 관심이 있는 경우, 관련된 정보를 수집하고 학생들과 토론할 수 있다.
- 다음 수업에서 교수자는 반복적으로 불쾌감을 주는 사람들을 대하는 방법에 대해 학생들과 논의할 수 있다. 이를 통해 학생들은 다른 사람을 용서하는 것은 일회성이 아닌 지속적인 과정이라는 점을 이해할 수 있다. 상대방이 실수를 반복해서 저지를 때 더 화가 나지만 그럼에도 불구하고 감정의 균형을 맞추고 문제를 처리할 방법을 논의하는 것이 중요하다.
- 다른 사람을 용서하는 방법은 평생에 걸쳐 배우는 것이다. 특정 사안에 대해서는 다른 사람을 더 쉽게 용서할 수 있지만 또 다른 사안에 대해서는 용서를 유난히 어렵게 느낄 수 있다. 지나치게 까다롭게 구는 것은 자신이나 타인에게 도움이 되지 않으므로 까다롭게 구는 대신, 다른 사람의 잘못을 관대하게 용서하는 것이 필요하다. 용서할 때는 실수가 반복되었는지 여부를 상관하지 않고 그저 용서해야 한다. 이러한 것들을 내려놓을 때 비로소 즐거운 인생을 살 수 있다.

5. 보충 활동(선택 사항)

활동	내용	권장 사항
끝나지 않는 복수	**목표: 복수는 부정적인 결과를 가져오는 잘못된 행동임을 이해한다.** 신문에서 복수와 관련된 기사를 수집한다. 모둠원들과 함께 기사를 분석하고 부적절한 태도를 파악한다. 마지막으로 복수를 하는 것 외에 문제를 해결할 수 있는 몇 가지 대안을 제안한다. 모둠의 분석과 제안을 간단한 보고서로 정리한다.	
사과와 용서	**목표: 인터뷰를 통해 다른 사람을 용서하는 자신의 기준을 되돌아보고, 사과가 용서에 반드시 선행되어야 하는 전제 조건이 아님을 이해한다.** 모둠별로 학교에서 다른 학생들에게 사과와 용서의 관계에 대해 인터뷰한다. 대다수의 학생이 상대방의 사과가 있을 때에만 용서할 수 있는지 확인한다. 모둠은 인터뷰 결과를 정리하고 느낀 점과 의견을 적는다.	

부록 5-8 교수자용 참고 자료: 민수와 철수

〈배경 정보〉

철수와 민수는 좋은 친구 사이이며, 오랫동안 같은 반이었습니다. 두 사람의 성격은 매우 다릅니다. 철수는 조용하고 신중하며, 민수는 활동적인 사람으로 대화하고 친구를 사귀는 것을 좋아하는 스포츠 애호가입니다. 그러나 그러한 차이가 좋은 친구가 되는 데 방해가 되지는 않습니다. 그들은 다양한 주제로 많은 이야기를 나누고 대화가 잘 통합니다.

최근 철수는 같은 반 여학생 미소와 사랑에 빠졌습니다. 철수는 혼란스럽고 어떻게 해야 할지 모르겠습니다. 그는 민수에게 이 비밀을 털어놓으며 민수가 자신의 마음을 이해해 주기를 바랐습니다. 그리고 민수에게도 비밀을 지켜 달라고 부탁했습니다.

1부

일주일 후, 철수와 친한 같은 반 학생이 미소를 좋아하는지 물어 왔습니다. 철수는 부끄러워하며 친구에게 어떻게 알았냐고 물었습니다. 친구는 민수가 말해 줬다고 대답했습니다. 결국 철수의 반 친구들 대부분이 그의 비밀을 알게 되었습니다. 그들은 철수를 놀려 댔고, 철수는 화가 나서 민수와 절교하기로 결심했습니다.

철수의 결정에 동의하시나요? 여러분의 의견은 어떤가요?

2부

친한 친구인 철수가 자신을 무시하기 시작하자 민수는 자신이 뭔가 잘못했다는 것을 알고 걱정이 되었습니다. 민수는 철수에게 사과하고 다른 친구들에게 철수를 놀리지 말라고 설득했습니다. 민수는 상황을 바꾸기 위해 노력했습니다.

여러분이 철수라면 민수가 사과했을 때 민수를 용서하겠습니까?

용서한다면 그 이유와 방법은 무엇인가요? 용서하지 않는다면 어떻게 하겠습니까?

3부

철수는 민수를 용서하지 않았습니다. 그는 절대 용서하지 않겠다고 생각했습니다. 그는 복수를 위한 몇 가지 방법도 계획했습니다. 축구 시합에서 그는 경기가 시작되기 직전에 민수의 축구화를 숨겼습니다. 축구 팀의 리더인 민수는 경기를 아예 뛰지 못했고, 그 결과 팀은 패배했습니다. 축구를 좋아하고 책임감 있는 리더인 민수는 팀원들의 비난에 매우 슬펐습니다. 하지만 철수는 어떤 위로도 해 주지 않았습니다. 몇 주 동안 민수는 우울해 하느라 조용했고, 학교 공부도 제대로 하지 못했습니다.

만약 여러분이 철수라면 이 상황에서 어떻게 하겠습니까?

이 사건을 통해 어떤 감정을 느꼈나요? 일기 형식으로 적어 주세요.

부록 5-9 토론 자료: 민수와 철수

모둠: ____________________

1. 철수가 민수와 절교한 것에 동의하나요? 왜 그렇게 생각하나요?

• 동의한다 / 동의하지 않는다

2. 여러분이 철수라면 친한 친구인 민수를 용서하겠습니까? 그 후에는 어떻게 하시겠습니까?

• 나는 민수를 용서할 것이다 / 용서하지 않을 것이다

부록 5-10 모둠 활동지: 철수의 일기

모둠: ______________________

오늘의 일기

날짜: ____________ 날씨: ____________ 기분: ____________

1. 한 달 전쯤 있었던 일이다. 그때 나의 기분은…….

2. 민수와 지금 민수의 상황을 생각하면 나의 기분은…….

부록 5-11 교수자용 참고 자료: 민수와 철수 토론 절차 및 권장 사항

교수자는 다음 절차에 따라 수업을 진행할 수 있습니다.

1. 파워포인트 슬라이드([부록 5-7])의 1부를 재생하고, 학생들에게 5분 동안 토론하도록 합니다. 그런 다음, 2부를 재생합니다.
2. 2부를 재생한 후, 학생들에게 약 7분 동안 모둠별로 토론하고 자신의 의견을 표현하도록 합니다. 그런 다음, 3부를 재생합니다.
3. 모둠에게 지시에 따라 약 7분간 일기를 작성하도록 요청합니다.

세부 지도 사항

〈1부〉

- 1부의 목적은 학생들이 주인공의 감정을 경험하고 주인공의 상황에 공감할 수 있도록 하는 것입니다.
- 학생이 철수의 결정을 지지하더라도 자신의 감정을 표현할 시간을 주십시오. 답변이 부적절하더라도 성급하게 수정하지 마십시오.
- 학생이 질문을 이해하기 어려워하는 경우, "철수가 한 결정에 동의하나요?"라고 질문합니다.
- 시간적 여유가 있다면 서로 다른 입장을 가진 모둠끼리 질문하게 합니다. 이를 통해 수업 분위기를 조성하고 학생들이 다양한 관점에서 생각할 수 있습니다.
- 학생들에게 빈 종이에 각 모둠의 입장을 적도록 하여 2부에서 자신의 입장이 바뀌었는지 확인할 수 있도록 합니다.

〈2부〉

- 토론을 시작하기 전에 모둠별로 손을 들어 자신의 입장을 표시하도록 요청합니다.

> 이 부분은 수업의 핵심입니다. 교수자는 학생에게 다음 질문에 대해 생각하도록 유도할 수 있습니다.
> - 민수를 용서하시겠습니까? 그 이유는 무엇인가요?
> - 민수가 사과하지 않아도 용서하겠습니까?
> - 여러분의 용서는 진심인가요? 그 마음을 어떻게 보여 줄 수 있을까요?
> - 민수를 용서한 후에도 그 사건을 기억하고 있을까요, 아니면 잊어버릴까요? 왜 그렇게 생각했나요?

- 학생들이 질문을 숙고하고 용서를 실천하는 적절한 태도에 대해 토론하도록 안내합니다. 사과를 받는 것이 용서하는 데 반드시 필요한 조건은 아니라는 원칙을 설명합니다.
- 학생들에게 민수를 계속 무시하면서 말로만 용서할 것인지, 아니면 진심으로 용서할 것인지 추가적으로 물어봅니다. 용서는 피상적으로 하는 것이 아니라 진심으로 해야 한다고 설명하고, 용서하는 방법을 배우도록 격려합니다.
- 교수자는 학생의 반응에 따라 토론을 진행할 수 있습니다. 용서의 수준과 그에 상응하는 행동은 다음과 같습니다.

용서 수준	특징
얕은 용서	진심이 아닌 말로만 다른 사람을 용서합니다.
수단적 용서	보상 획득과 같은 특정한 이유로 다른 사람을 용서하는 것으로, 진정성이 없는 행동입니다.
진심 어린 용서	말뿐만 아니라 행동으로도 다른 사람을 용서합니다. 감정을 공유하고 좋은 관계를 유지합니다.

- 학생들에게 마지막 질문을 숙고하도록 합니다. 절대적인 정답은 없으므로 선택한 이유를 물어봅니다.
  - 학생이 사건을 잊는 것을 선택했다면 누군가를 용서한 후에는 더 이상 그 사건을 언급하지 않는 법을 배워야 한다고 설명하세요. 이는 자신이 상대방를 받아들이고 그의 실수를 용인한다는 것을 보여 주며, 앞으로 그 사건이 싸움의 원인이 되는 것을 방지할 수 있습니다.
  - 학생들이 사건을 기억하는 데에는 보통 두 가지 이유가 있습니다. (1) 원한을 품고 있거나, (2) 반복되는 잘못에 대해 경각심을 갖고 경계하기 위해서입니다. 상대방이 계속해서 같은 잘못을 반복하며 자신을 괴롭게 한다면 상대방과 거리를 두어야 합니다.
- 학생들이 2부 속 철수의 결정(즉, 민수를 피하는 것)에 동의했지만 친한 친구를 용서하기로 선택한 경우, 마음이 바뀐 이유를 말하게 합니다.
- 이 부분의 질문은 용서하지 않는 것을 선택한 학생들이 성찰하는 데 도움이 될 수 있습니다. 민수를 용서하지 않겠다고 고수하는 모둠에게 감정을 표현하도록 하고, 용서를 하지 않을 경우 어떻게 할 것인지 물어봅니다. 그런 다음, 민수를 용서했을 때의 감정과 용서를 실천한 것이 두 사람의 관계에 미칠 영향에 대해 생각해 보도록 장려합니다. 용서를 선택한 모둠의 견해에 대해 교수자의 의견을 표현하세요.
- 학생의 선택이 이 단원의 목표와 다르더라도 학생의 선택을 비난하거나 학생에게 용서하도록 강요해서는 안 됩니다.

〈3부〉

- 학생들이 질문을 이해하기 어려워한다면 "만약 여러분이 철수라면 자신이 한 일에 대해 미안한 마음이 들까요? 아니면 여전히 민수에게 화가 나겠습니까? 친한 친구가 우울해하는 모습을 보고 견딜 수 있을까요?"라고 질문하세요.
- 일부 학생들은 복수가 부정적인 감정을 가져온다는 것을 이해합니다. 학생들이 적어 온 감정을 바탕으

로 복수는 잘못된 것이라고 설명하고, 다른 사람을 비난하는 것이 불안과 부적절한 행동으로 어떻게 이어지는지 생각하도록 유도합니다.

- 일부 학생은 계속해서 민수를 비난하고 자신이 한 행동이 옳다고 일기에 적을 수 있습니다. 이러한 상황에서 교수자는 용서하는 결정에 대한 절대적인 정답은 없으므로 다른 사람을 비난할 수는 있지만 복수를 하거나 다른 사람을 해치는 행위는 잘못이라는 점을 지적해야 합니다.
- 이 부분에서는 학생들과 두 가지 선택(예: 용서할 것인가, 복수할 것인가)에 대해 토론합니다.

부록 5-12 성장 확인 질문

이름: ______________ 반: ______________ 날짜: ______________

1. 수업 과제

1) 여러분이 실수를 저지른 상황이라면 상대방이 여러분을 용서해 주기를 바랄 것 같은가요?

2) 만약 다른 사람이 여러분에게 잘못을 저지른다면 어떻게 행동하겠습니까?

3) 2번 질문의 답변처럼 대처하는 이유는 무엇입니까?

2. 숙제

1) 잘못을 저지른 사람을 복수하는 것이 다른 사람에게 피해를 준다고 생각하나요?

2) 복수를 해야 한다고 생각하나요?

대단원 6

도덕적 역량

들어가며

도덕적 역량이란 이타적 행동을 지향하고 도덕 문제를 고도의 수준으로 논리적이고 일관성 있게 판단할 수 있는 능력을 말한다. 도덕적 역량을 증진하는 것은 청소년의 정의와 이타적 행동의 발달을 촉진한다. 도덕적 역량에는 이타주의와 도덕적 판단력 발달이라는 두 가지 핵심 개념이 있다. 한 연구자에 따르면, 이타적 행동은 보상에 대한 기대 없이 자발적으로 행하는 행동을 말하며, 이타주의의 가장 중요한 목표는 사회적인 개체로서 개인의 다윈적응도(자연선택에 대한 개체의 유불리한 정도를 나타내는 척도) 증진, 인지 · 도덕성 · 자아 등의 발달 촉진, 심리적 역량 보유, 기본적인 심리적 및 자아실현 욕구 충족, 정서적 안정성 회복 및 유지이다.

도덕적 판단은 규칙 및 법 지향, 개인의 자율성, 도덕적 양심, 사회 계약, 기본권 및 보편적 정의와 관련된 설명을 의미한다. 이론에 따르면, 도덕적 판단에는 세 가지 수준이 있으며 각 수준은 두 단계로 구성된다. 총 6단계의 도덕성 발달은 아동이 처벌을 피하기 위해 권위자의 명령에 맹목적으로 복종하는 것에서 시작하여 점차 사회의 법과 질서를 지키기 위해 자신의 의무를 수행하는 단계로 발전하며 보편적인 정의 원칙에 대한 이해를 기반으로 옳고 그름을 구별하는 결실을 맺는다.

도덕성 발달 이론을 기반으로 구성된 Level 1과 2의 도덕적 역량 단원은 가정, 학교와 같은 주요 집단에서의 도덕적 판단을 중심으로 공정성과 정의롭고 이타적인 행동에 대한 토론을 포함한다. Level 3 과정은 내재적인 도덕적 동기와 절제에 중점을 두고 자기 인식과 자기 조절 능력의 발달에 초점을 맞춘다. 이는 개인의 자율성이 도덕적 판단의 가장 상위 단계의 중요한 특성이기 때문이다.

Level 3 도덕적 역량 단원은 4개의 소단원으로 구성된다. 소단원 1의 핵심 주제는 공정성이다. 학생들은 모둠 게임을 통해 불공정한 대우를 받을 때의 느낌을 경험한다. 또한 학교 배정 체계에 대해 토론함으로써 이상적인 공정과 현실 사이의 차이를 인식하는 동시에 정의를 추구할 때 자신의 이익과 사회 전체 이익의 균형을 맞춰야 함을 배운다. 이를 통해 학생들은 공정성을 중시하는 가치 판단 능력을 함양할 수 있다.

소단원 2는 자기 성찰에 중점을 두고 학생들이 다른 사람을 이타적으로 돕는 행동의 방법을 생각하도록 한다. 해당 소단원은 학생들에게 다른 사람을 도울 수 있는 초자연적인 힘이 있다는 설정을 부여하여 학생들이 창의력을 발휘하는 동시에 자신들이 도움이 필요한 사람들보다 훨씬 강하다는 것을 이해하도록 한다. 그런 다음, 교수자의 지도를 통해 다른 사람을 돕는 것에 대한 과거의 태도와 경험을 반성함으로써 태도를 개선할 수 있다. 다른 사람을 직접 돕는 것 외에도 학생들은 정부나 관련 기관에 도움이 필요한 사람들을 위한 제안을 할 수 있다. 이를 통해 학생들이 성장한 후에도 이타적인 행동을 이어 가며 사회에 기여할 수 있을 것으로 기대한다.

도덕적 역량 단원은 이타적인 행동 외에도 책임을 다룬다. 소단원 3은 학생들이 책임감을 갖도록 동기를 부여하는 것이 주요 목표이다. 청소년의 데이트 문제를 논의함으로써 학생들이 사랑에 대해 건전한 태도 및 가치관을 확립하는 데 도움이 될 수 있다. 모둠 창작 활동에서 상황별 사례를 통해 이별할 때의 적절한 태도를 토론함으로써 학생들이 사랑에는 진지함, 충실함, 헌신이 필요하다는 것을 이해하도록 한다. 학생들은 관계에서 인내하는 법과 이별할 때 신중하게 생각하고 상호 이해를 바탕으로 평화롭게 상황을 해결하는 법을 배우고, 타인에게 해가 되는 행동은 부적절하다는 것을 배운다.

소단원 4에서는 책임이라는 주제에 대해 상황별 예시를 활용하여 학생들이 책임과 신뢰 사이의 연관성과 책임감 있는 행동이 대인관계에 미치는 영향을 이해하도록 한다. 학생들은 자신의 행동을 되돌아보며 행동에 책임을 지는 것의 중요성을 깨달을 수 있다. 책임이 '관계'와 '판단'에서 어떤 역할을 하는지 분석하는 기회를 통해 학생들은 가치 판단 상황에서 선호도에 기반한 일관된 원칙을 세우고, 자신의 책임을 감당할 용기를 기르고, 다양한 가치의 논리를 이해하며 건전한 도덕적 판단을 내릴 수 있다.

개관

소단원	소단원 목적	학습 목표
이상과 현실 (30분)	이상과 현실에서 공정성의 다양한 측면을 배운다.	1. 이상과 현실 간 공정성의 차이에 대해 논의한다. 2. '절대적으로 공정한' 체계나 상황은 현실에 존재하지 않는다는 것을 이해한다.
나의 초능력 (30분)	다른 사람을 돕는 방법을 생각해 보고 도움의 중요성과 다양한 도움 방법을 이해한다.	1. 자기 성찰을 실천하고 다른 사람을 돕는 방법을 배운다. 2. 다른 사람을 돕는 사회적 방법에 대해 논의한다.
사랑의 암호 (30분)	연애관계에 대한 올바른 태도와 가치관을 형성한다.	1. 연애관계를 쉽게 그만두는 대신 소중히 여기고 헌신적으로 사랑하는 법을 배운다. 2. 연애관계를 끝낼 때의 적절한 태도를 논의한다.
도난당한 비밀번호 (30분)	정직의 중요성과 영향을 이해한다.	1. 정직과 신뢰 사이의 관계를 이해한다. 2. 대인관계가 정직한 행동을 실천하는 데 미치는 영향을 이해한다. 3. 자신의 행동과 그 결과에 대해 책임지는 법을 배운다.

이 대단원에 포함된 모든 활동지 및 파워포인트 슬라이드와 영상 자료 등은 학지사 홈페이지(www.hakjisa.co.kr)에서 내려받을 수 있습니다.

소단원 1

이상과 현실

1. 소단원 목적

이상과 현실에서 공정성의 다양한 측면을 배운다.

2. 학습 목표

① 이상과 현실 간 공정성의 차이에 대해 논의한다.

② '절대적으로 공정한' 체계나 상황은 현실에 존재하지 않는다는 것을 이해한다.

3. 수업 내용

활동	절차
1. 준비 활동(3분)	1. 학생들에게 옷을 구매할 때 다른 사이즈여도 같은 가격을 지불하는 것이 공정하다고 생각하는지 질문한다. 2. 일상생활에서 불공정하다고 생각하는 예시가 있는지 물어본다. 3. 그런 다음 학생들에게 "공정이란 무엇인가요?" "모든 사람이 동등하게 대우받는 것이 공정하다고 생각하나요?"라고 질문한다.
2. 모둠토론: 농어촌전형은 공정한가**(20분)** ▷ **교수자료** - [부록 6-1] 활동지: 지역 우대만으로는 부족하다 - [부록 6-2] 활동지: 공정성을 위한 대학입시 전형 대본	**목표: 제도의 공정성을 판단하기 위해 고려해야 하는 여러 쟁점을 알아본다.** 1. 학생들을 모둠으로 나누고, [부록 6-3] 모둠 활동지를 나누어 준다. 학급이 함께 두 가지 자료를 살펴본 뒤, 모둠 활동지를 채우는 활동을 할 것이라고 알려 준다. 2. 토론 주제인 대입 농어촌전형의 공정성에 대해 논하는 사설([부록 6-1])을 모둠별로 나누어 준다. 모둠에서 대표자를 한 명씩 정해서 돌아가며 한 문단씩 소리 내어 읽도록 한다. 3. 다음 자료 상황극 대본으로 넘어가기 전에, 사설의 내용을 간략히 정리한다. 이때 각 학교의 특성과 학생들의 상황을 고려하여 학생들의 눈높이에 맞게 설명해 준다. 이어서 농어촌전형이 공정한지에 대해 더 심도 있게 논의하는 상황극을 할 것이라고 한다.

- [부록 6-3] 모둠 활동지: 농어촌전형은 공정한가 - [부록 6-4] 교수자용 참고 자료: 농어촌전형은 공정한가 예시	4. 학급 대표로 역할극을 진행할 네 학생을 선정해 [부록 6-2] 활동지 대본을 나누어 준다. 학생들이 역할을 하나씩 고르고, 학급 앞에서 대본을 소리 내어 읽으며 연기하도록 한다. 5. 학생들이 다시 모둠으로 돌아가, 모둠별로 활동지 [부록 6-3]에 농어촌전형의 공정성 토론을 위한 쟁점을 정리해 보도록 한다. 6. 시간 여유에 따라 학생들이 작성한 찬성과 반대 쟁점을 학급과 공유하도록 한다. 교수자는 칠판에 학생들의 발표 내용을 정리하여 한눈에 이해할 수 있도록 돕는다. 학생들이 답변을 어려워할 경우, [부록 6-4]를 참고하여 답변을 유도한다.
3. 결론(4분)	1. 공정을 추구하는 과정에는 다양한 당사자의 이해관계와 요구가 얽혀 있다. 2. 절대적인 공정을 달성하는 것은 현실적으로 불가능하다. 불공정한 대우를 받았다고 느끼는 사람들은 언제나 존재한다. 3. 공정성이 달성하기 어렵다고 해서 '어쩔 수 없다.'라고 치부해 버리면 안 된다. 사회제도는 우리가 만들어가는 것이기 때문에, 함께 치열하게 고민하면서 최대한 공정한 사회를 만들어 가도록 노력해야 한다.
4. 마무리 활동 ▷ **교수자료** - [부록 6-5] 성장 확인 질문	1. 성장 확인 질문을 배포하고 학생들이 수업 내용과 스스로를 돌아볼 수 있도록 지도한다. 2. 수업 중 학생들의 참여도를 칭찬한다.

4. 세부 지도 사항

1) 준비 활동

- 일상생활의 예시를 사용하여 학생들과 공정성 관련 문제를 토론한다.

2) 농어촌전형은 공정한가

- 학생들이 아직 대학교 입시 전형에 대해 잘 모를 수 있다. 따라서 참고 자료 속 예시를 사용하여 필요에 따라 부연 설명을 하는 것이 도움이 될 수 있다. 특히 각 학교의 특성(위치, 교육 인프라 등)을 고려해서 학생들의 눈높이에 맞는 설명을 해 준다.
- 이 부분의 목적은 이상적인 공정과 현실 체계 간의 차이를 논의하는 것이다. 학생들이 공정을 추구하는 적절한 방법을 질문할 경우, 교수자는 "공정성을 추구할 때는 개인의 이익에 초점을 맞추기보다 전체 상황을 고려해야 합니다."라고 대답할 수 있다.

• 학생들이 대입 제도의 불공정성을 개선할 수 있는 합리적인 방법을 제안한다면 그 제안을 결론의 일부로 포함한다.

3) 결론

• Level 2 과정에서는 공정을 추구할 때 고려해야 할 사항을 다룬다. Level 3 과정에서는 학생들이 이상적인 공정과 현실적인 공정 간의 차이를 토론하고, 현실 사회의 체계가 모든 당사자를 공정하게 대우할 수 없다는 것을 이해하도록 지도한다. 교수자가 학생들의 시야를 넓히고 싶다면 다른 사례를 사용하여 추가 토론을 진행할 수 있다.
• 추가적으로 교수자는 법과 제도가 제정된 후에도 불공정한 상황이 여전히 존재하는 이유를 논의할 수 있다. 그러한 법이 제정 당시에는 사회의 필요에 부합하고 공정했으나 시간이 지남에 따라 변한 사회의 요구와 상황을 법이 충족시키지 못할 수 있음을 학생들이 이해하도록 돕는다. 따라서 법을 개정할 필요는 있지만 이는 많은 시간과 노력이 필요하다. 이때 그저 법이 개정될 때까지 기다리는 것과 목표를 위해 열심히 노력하는 것 중 공정을 추구하는 올바른 방식은 무엇일지 생각해 보도록 한다.
• 이러한 문제를 바탕으로 학생들과 토론한다. 학생들에게 공정을 추구할 때 적절한 방법인지, 다른 사람에게 해를 끼치는지, 불공정한 상황을 어떻게 최소화할지 등을 고려해야 한다고 가르친다. 불공정한 상황이 여전히 존재한다면 문제를 어떻게 해결할지 학생들과 함께 토론할 수 있다. 절대적인 답은 없으며, 토론 목적은 학생들이 이상과 현실 사이의 공정의 괴리에 대해 생각하도록 돕는 것이다.

5. 보충 활동(선택 사항)

활동	내용	권장 사항
공정성 뉴스	**목표: 일상에서 공정성에 주의를 기울임으로써 공정성 문제가 자신과 밀접한 관련이 있음을 이해한다.** 학생들은 모둠별로 한 달 동안 주변에 주의를 기울이고 공정과 관련된 사건을 찾는다. 그 후 각 모둠은 뉴스 기사 방식으로 해당 사건을 보고하고 토론을 진행한다.	교수자는 학생에게 자신의 경험을 뉴스 기사 형식으로 작성하도록 요청하고 모둠의 기사를 취합하여 '공정 일보'를 발행할 수 있다. 토론하는 동안 학생들은 지금까지 공정에 대해 배운 내용을 활용할 수 있다.

부록 6-1 활동지: 지역 우대만으로는 부족하다

[사설] 지역 우대만으로는 부족하다 … '어려운 환경' 학생에 더 많은 기회를

대학 입시는 우리 사회에서 공정성을 가장 치열하게 논의하는 장입니다. 그중에서도 '농어촌전형'은 지방 학생들을 특별히 선발해 교육 기회를 확대하는 대표적인 제도로, 지역 간 교육 격차 완화를 목표로 하고 있습니다. 농어촌 지역에서 중 · 고교 과정을 전부 이수하고, 일정 기간 실제 거주한 학생에게 지원 자격을 주며, 정원 외 혹은 정원 내 특별전형 형태로 선발하는 방식이 일반적입니다. 농어촌 학생이 사교육이 부족한 환경에서 불리하게 경쟁하지 않도록 돕고, 나아가 지역 사회의 인재 유출을 막자는 취지가 큽니다.

문제는 단지 '농어촌 거주' 자체만을 기준으로 삼을 때, 가장 지원이 절실한 학생을 제대로 찾아내지 못할 수 있다는 점입니다. 지방이라고 해서 모두 교육 여건이 열악한 것은 아니고, 반대로 도시라 해도 가정 형편이 어려운 경우가 많습니다. 실제로 일부 농어촌 지역에도 학원 시설이나 우수한 교사진이 상대적으로 풍부한 곳이 있고, 도시에서도 다양한 사교육 혜택을 전혀 누리지 못하는 학생들이 있습니다. 그렇다면 단순히 '농어촌 출신'이라는 이유만으로 혜택을 주는 것이 정말 공정한지 의문이 생깁니다.

이미 미국은 이와 비슷한 문제를 인종차별 해소를 위한 '적극적 우대 조치(affirmative action)'에서 경험해 왔습니다. 흑인 · 히스패닉 등 소수 인종을 위한 대입 우대 정책이 큰 효과를 거뒀지만, "인종만으로 혜택을 주는 것은 역차별이 될 수 있다."라는 비판이 거세지면서 최근 미국 대법원은 이를 위헌이라고 판결했습니다. 대신 이제는 '사회 · 경제적으로 어려운 학생'에게 더 많은 기회를 주는 쪽으로 나아가고 있습니다.

우리나라도 농어촌전형, 기초생활수급자 우대, 다문화 가정 전형 등 여러 가지 적극적 우대 제도를 운용하고 있습니다. 하지만 대체로 규모가 작고, 또 지역 우대 중심의 전형이 많아 '진짜' 어려운 환경의 학생들에게 더 집중된 도움을 주지 못한다는 지적이 큽니다. 설령 농어촌 지역이라 해도, 일정 수준 이상의 사교육이나 정보가 제공되는 부유층 학생이 혜택을 받는 '풍선효과'가 발생할 수 있기 때문입니다.

더 큰 문제는 우리의 입시가 시험 성적(인지 능력) 위주로만 운영된다는 점입니다. 한 인간의 성실성, 창의성, 자존감 같은 비인지 능력은 적절히 평가되지 못합니다. 지역 격차든 경제 격차든, 무언가 불리한 환경에 놓여 있어 잠재력을 발휘하기 어려웠던 학생일수록 이런 다면평가가 절실합니다. 실제로 다면평가를 적극 도입한 일부 대학 사례에서는 시험 점수뿐 아니라 가정 형편, 학교생활 태도, 성장 과정 등을 종합적으로 살펴 진정한 '숨은 인재'를 발굴해 왔습니다.

결국 교육 당국과 대학이 '농어촌 출신'이냐 아니냐만 따질 것이 아니라, 학생의 실제 환경과 잠재력을 두루 살피는 방향으로 정책을 보완해야 합니다. 지역 거주가 불리함의 상징처럼 여겨지던 시대가 있었지만, 이제는 도시와 농어촌 사이에도 다양한 경제 · 교육 격차가 혼재합니다. '어려운 환경'에서 자란 학생에게 실질적으로 기회를 주고, 이들이 사회의 다양한 경험과 관점을 대학에서 나눌 수 있도록 돕는 것이야말로 진정한 공정으로 가는 길입니다.

부록 6-2

활동지: 공정성을 위한 대학입시전형 대본

다음은 4명이 등장하는 짧은 상황극 예시입니다.

- 등장인물: 민서, 재현, 지민, 수아
- 민서(도시 출신)
- 재현(소도시 출신)
- 지민(도시 출신)
- 수아(농촌 근처 출신)

〈장면 설정〉

중학교 3학년인 4명의 친구가 쉬는 시간에 교실에서 대학 입시와 관련된 이야기를 나누고 있다. 교실 뒤편 게시판에 '농어촌전형 소개 포스터'가 붙어 있어, 그것을 계기로 대화가 시작된다.

민서: (게시판을 가리키며) 얘들아, 여기 농어촌전형 포스터 봤어? 농어촌 지역 학생들을 위한 특별 전형이라던데. 저번에 뉴스에서 본 적 있는데, 농어촌 전형으로 지원하면 경쟁률이 좀 낮을 수도 있대.

재현: 응, 나도 얼핏 들었어. 지역 격차가 심하니까 농어촌 학생들은 교육 환경이 부족하잖아. 그래서 대학에선 별도의 전형을 만든 거래.

지민: 근데 말이야……. 도시에서 사는 우리가 항상 유리한 건 아니야. 나는 학원 같은 데 거의 못 다니는데……. 오히려 큰 도시 학교는 경쟁이 훨씬 치열하고, 옆반만 봐도 다들 사교육 많이 받더라. 이런 상황에서 농어촌 학생들한테만 특별 혜택이 주어지는 게 도시 학생 입장에선 불공정하게 느껴질 수도 있지 않아?

수아: 음……. 나도 도시가 더 힘든 부분이 있다는 건 알지만, 시골에서 사는 건 또 다른 어려움이 있어. 우리 할머니 집은 시골이라서 실제로 교육 시설이 너무 적고, 학교도 규모가 작아. 학원 같은 데는 거의 없고, 학교에서 주는 정보나 진로 상담도 턱없이 적어서 사실 대학에 대해 잘 모르는 친구들도 많아. 도시 학생들은 선택지가 많잖아. 이런 지역적 격차가 분명히 있긴 해.

재현: 맞아. 그래도 지역 격차는 실제로 존재하니까, 어느 정도 보완책이 필요한 건 이해해.

민서: 그런데 도시 학생들은 경쟁률이 높고 사교육 부담이 큰 것도 사실이잖아. 그런 차이도 고민해 봐야

하는 거 아닐까? 나는 이걸 '공정성' 문제라고 생각해. 사실 도시에서는 사교육이 워낙 많아서 시험 경쟁률이 높은데, 이런 기회를 얻기 힘들어서 소외되는 학생들도 많잖아? 어느 한쪽만 보고 공정성을 얘기하기엔 복잡한 것 같은데…….

수아: 그렇지만 학원을 안 다닌다고 하더라도 도시에 있는 우리 ○○학교만 해도 나름 괜찮은 환경이잖아? 선생님들도 입시 관련 정보도 많이 알고 있고, 청소년을 위한 교육센터나 주민시설도 좀 있는 편이고. 우리 할머니 동네는 이조차도 없거든. 심지어는 학교 각 학년에 학생이 한 명이 있을까 말까 해서 결국 폐교되고 먼 길을 매일 통학해서 가까운 도시까지 다녀야 하는 애들도 봤어.

민서: 그 정도라면 농어촌전형이 필요하긴 하네. 학습성적이 노력이나 실력 부족이 아니라 그냥 환경 때문일 수가 있으니까, 그걸 고려해서 입학생을 선발해야 공정할 것 같아.

지민: 그렇지만 나는 나처럼 도시에서 살면서 오히려 입시에서 불리해진 학생들도 많을 거라고 생각해. 농어촌전형이나 다른 고른기회전형에 애매하게 해당하지 못해서 억울하게 경쟁에서 배려받지 못하는 경우 말이야. 나한테는 그냥 농어촌이든 도시든, 가정 형편에 따른 교육 기회 차이가 더 크게 느껴져.

재현: 또 어떤 친구들은 부모님이 교육에 관심이 적어서 지원 자체가 어려운 경우도 있어. 꼭 지역만이 문제가 아니라, 가정환경도 큰 차이를 만드는 것 같아.

민서: 결국 공정성이란 게 한 가지 기준으로만 결정될 수 없다는 거네. 농어촌도 지원해 주고, 또 다른 불리한 환경에 있는 사람도 도와줘야 진짜 공정해지지 않을까?

수아: 맞아. 그래서 사실 농어촌전형말고도 몇 가지 다른 기회전형들이 있는 거고.

지민: 농어촌전형이 지역 간 격차를 줄이기 위한 하나의 시도인 건 맞지. 앞으로 제도를 좀 더 세밀하게 다듬어서 여러 상황의 학생들을 골고루 지원해 줬으면 좋겠어.

재현: 그러네. 나중에 우리가 투표권도 갖고, 사회제도를 바꿀 힘이 생길 테니까, 지금부터 더 다양하게 고민해 볼 필요가 있겠다!

부록 6-3

모둠 활동지: 농어촌전형은 공정한가

대학입시에서 농어촌 출신 학생들을 위한 전형을 따로 마련하는 것은 공정한가에 대한 토론을 위한 쟁점을 정리해 봅시다.

	찬성: 농어촌전형은 공정하다	반대: 농어촌전형은 공정하지 않다
쟁점		

부록 6-4 교수자용 참고 자료: 농어촌전형은 공정한가 예시

〈찬성 쟁점〉

1. 교육 기회 균등 보장
- 농어촌 지역은 도시보다 학원 · 도서관 등 교육 인프라가 부족하고, 정보 접근도 어려움.
- 농어촌 출신 학생에게 별도의 전형을 마련해 줌으로써 기회 불균형을 어느 정도 해소할 수 있음.

2. 지역 불균형 완화 및 인재 유출 방지
- 농어촌 학생이 우수 대학에 진학하여, 졸업 후 지역으로 돌아가 지역 발전에 기여할 가능성이 높아짐.
- 지역 인재 양성을 통해 수도권 집중 현상을 완화하는 방안으로도 활용이 가능함.

3. 사회적 약자를 배려하는 적극적 우대조치
- '입시에서의 우대정책'은 이미 장애인 · 기초생활수급자 등에게도 적용되고 있음.
- 농어촌은 상대적으로 소득 수준이 낮거나 교육 정보가 제한된 곳이 많으므로, 이들을 위한 우대정책 역시 정당화될 수 있음.

〈반대 쟁점〉

1. 지리적 기준만으로는 불공정
- 지방(농어촌)에 산다고 해서 모두 동일하게 어려운 상황이 아님.
- 도시에도 경제적으로 어려운 학생이 있고, 농어촌에도 부유층이 있을 수 있어, 단순히 지역만으로 혜택을 주는 것은 공정하지 않다는 주장이 있음.

2. 역차별 문제
- 도시 학생들은 높은 경쟁률 속에서 사교육 부담도 크고, 실제로는 불리할 수 있음.
- 단순히 지역 구분으로 대학에 들어오는 학생에게 더 낮은 문턱을 적용하는 것은 도시 학생에게 역차별을 초래한다는 지적이 있음.

3. 교육 인프라 자체 개선이 우선
- 농어촌전형은 임시방편일 뿐, 근본적으로 지역 학교의 교육 환경 자체를 개선하지 않으면 불균형은 그대로 남음.
- 제도 악용(위장전입) 사례도 존재하여, 결국 전형 자체가 목적을 제대로 이루지 못할 수 있다는 문제가 제기됨.

부록 6-5 성장 확인 질문

이름: ______________________ 반: ______________________ 날짜: ______________________

1. 수업 과제

1) 공정을 추구할 때 어떤 태도를 지녀야 합니까?

2) 공정을 추구하는 것이 어렵다고 생각합니까?

3) 2번 질문에 대해 그렇게 생각한 이유는 무엇인가요?

2. 숙제

1) '공정'에 대해 어떤 새로운 시각을 갖게 되었나요?

2) 1번 질문에 대해 그렇게 응답한 이유는 무엇인가요?

3) 합리적인 사회를 위해 모든 것이 공정해야 한다고 생각하나요?

소단원 2

나의 초능력

1. 소단원 목적

다른 사람을 돕는 방법을 생각해 보고, 도움의 중요성과 다양한 도움 방법을 이해한다.

2. 학습 목표

① 자기 성찰을 실천하고 다른 사람을 돕는 방법을 배운다.
② 다른 사람을 돕는 사회적 방법에 대해 논의한다.

3. 수업 내용

활동	절차
1. 준비 활동(8분) ▷ **교수자료** - [부록 6-6] 파워포인트 슬라이드: 열 아이 이야기 - [부록 6-7] 교수자용 참고 자료: 열 아이 이야기	1. 파워포인트 슬라이드([부록 6-6])를 보여 주며 10명의 형제가 지닌 다양한 초능력을 설명한다([부록 6-7]). 2. 학생들에게 "열 가지 능력 중 하나를 가질 수 있다면 어떤 능력을 선택하겠습니까?"라고 질문한다. 3. "그런 능력이 있다면 어떻게 사용하겠습니까? 그 이유는 무엇인가요?"라고 질문한다(세부 지도 사항 참조). 4. 학생이 자신의 초능력을 사용하여 다른 사람을 돕는다고 대답할 경우, 자유롭게 의견을 표현하도록 장려한다. 5. 이타성을 보이는 대답이 나오지 않으면 학생들에게 "내가 이러한 능력을 가진다는 게 다른 사람에게도 도움이 될 수 있을까요?"라고 질문한다.
2. 모둠 창의 활동: 능력 개발**(10분)** ▷ **교수자료** - [부록 6-8] 토론 자료: 능력 개발	**목표: 도움이 필요한 사람들보다 우리 자신이 더 강하다는 것을 이해한다.** 1. 초능력을 특정 영역에서 다른 사람보다 훨씬 뛰어난 성과를 보이는 강점이라고 설명한다. 2. 학급을 작은 모둠으로 나눈다. 각 모둠의 대표자가 신체 부위가 표시된 카드 한 장([부록 6-8])을 뽑는다. 3. 각 모둠은 해당 신체 부위에 대한 초능력을 개발하고 그 능력을 사용하여 다른 사람을 도울 수 있는 방법을 토론한다.

	4. 각 모둠은 토론 결과를 발표한다(세부 지도 사항 참조). 5. 학생들의 발표를 간단하게 요약하고 학생들이 다음 사항을 생각해 보도록 유도한다. • 실제로 우리가 초능력을 가질 확률은 희박합니다. 그렇다고 해서 다른 사람을 도울 수 없을까요? • 우리는 다른 사람들에 비해서 특정 분야에서 탁월한 능력을 가질 수 있습니다. 여러분이 가진 어떤 능력으로 다른 사람을 도울 수 있을까요?
3. 학급 토론: 더 강해진 나**(7분)** ▷ **교수자료** - [부록 6-9] 활동지: 더 강해진 나	**목표: 사회가 도움이 필요한 사람들을 도울 방법을 제안하고 정신적 회복의 중요성을 이해한다.** 1. 학생들은 5분 동안 활동지를 완성한다. 2. 학생에게 활동지 작성 내용을 발표하도록 요청하고 [부록 6-9]의 두 번째 질문을 집중적으로 물어본다. 그런 다음, 결론을 내린다. • 단기 해결책: 사람들의 일상생활을 개선한다. • 장기 해결책: 사람들이 존엄성과 자신감을 되찾고 계속 열심히 살아갈 수 있도록 격려한다. • 누군가를 돕는 일은 장단기 해결책 모두가 필요하다. 따라서 한 가지 방법에만 집중해서 자신의 능력을 과소평가하지 말고, 여러 가지 방법을 가리지 않고 사용해서 나만의 초능력으로 발전시킬 수 있다.
4. 결론(3분)	1. 도움이 필요한 사람들에 비해 우리는 더 강한 능력을 가지고 있고, 이를 사용하여 그들을 도울 수 있다. 2. 과거에는 다른 사람을 돕지 않았더라도 현재는 다양한 방법을 사용하여 다른 사람을 도울 수 있다. 3. 개인적으로 도움을 주는 것 외에도 효과적인 도움을 위해 정부나 관련 기관에 제안할 수 있다. 4. 가장 효과적인 방법은 임시 해결책과 영구적인 해결책을 모두 제공하는 것이다. 즉, 그들의 일상적 문제를 해결하면서 존엄성과 자신감을 회복시키는 것이다.
5. 마무리 활동(2분) ▷ **교수자료** - [부록 6-10] 성장 확인 질문	1. 성장 확인 질문을 배포하고 학생들이 수업 내용과 스스로를 돌아볼 수 있도록 지도한다. 2. 수업 중 학생들의 참여도를 칭찬한다.

4. 세부 지도 사항

1) 준비 활동

• 10명의 형제 이야기 대신에 학생들이 잘 알고 있는 초능력자 캐릭터를 사용할 수 있다.

예를 들어, 베트맨 · 스파이더맨 · 슈퍼맨 · 엑스맨 등에 관한 정보를 수집하여 사용할 수 있다.

- 일부 학생은 초능력을 자신의 목표 달성, 타인의 과업 돕기 등을 위해 사용한다고 할 수 있다. 학생이 초능력을 악행에 사용하겠다고 하여도 즉시 바로잡지 말고 학생들이 자유롭게 의견을 표현하도록 한다. 그런 다음, 바람직한 대답을 한 학생에게 초능력을 사용하여 다른 사람을 도울 방법, 다른 사람을 돕는 이유와 그 이점을 설명하게 하여 부적절한 의견을 표현한 학생에게 긍정적인 영향을 미칠 수 있도록 한다.

2) 능력 개발

- 모둠 발표 시에 학생들에게 특별한 능력이 없는 상황에서는 어떻게 신체를 사용하여 다른 사람을 도울 수 있을지 물어본다. 그런 다음, 자신이 개발한 능력과 이 능력으로 다른 사람을 도울 수 있는 방법을 설명하게 한다.
- 학생들에게 각 능력에 이름을 붙이도록 권장한다. 시간적 여유가 있는 경우, 교수자는 '가장 인기 있는 능력' '가장 유용한 능력' '가장 창의적인 능력'을 뽑는 투표를 진행할 수 있다.

3) 더 강해진 나

- 교수자는 자신의 개인적인 경험을 공유할 수 있다.
- 이 부분은 앞선 활동에서 흥분한 학생들을 진정시키는 데 도움이 된다. 학생들의 흥분을 가라앉히고 내면을 성찰하도록 지도한다.
- 많은 성찰을 필요로 하는 부분이므로 여러 단체에서 도움이 필요한 사람들을 어떻게 돕고 있는지와 같은 정보를 미리 수집하여 학생들의 학습을 도울 수 있다.
- 교수자는 학생이 가까이 앉아 있는 반 친구와 토론하고 활동지를 함께 작성하도록 권장할 수 있다.

4) 결론

- 고군분투하며 열심히 살아가는 사람들에 대한 몇 가지 예를 제시하고 자신감을 키우는

것의 중요성을 이해하도록 한다.

- 이타적 행동과 관련하여 Level 1 · 2 과정은 도움의 중요성과 도움에 필요한 지혜와 용기를 가르치는 것을 중점으로 한다. 반면, Level 3 과정은 자기 성찰에 초점을 맞추어 학생들이 도움 방법에 대해 성찰하고 사회적으로 도움을 줄 수 있는 적절한 방법에 대해 토론하도록 지도한다.
- 학생들은 노인이나 장애인 등 도움이 필요한 사람들을 당연히 도와야 한다고 말할 수 있지만 실제로는 특히 낯선 사람에게 도움을 주는 것이 쉽지 않을 수 있고, 학생을 위험에 처하게 할 수도 있다.
- 따라서 우선 부모, 형제자매와 같이 가까운 사람들을 돕는 것에 중점을 둔다. 이를 통해 학생들은 다른 사람을 돕는 적절한 방법을 배우고 자신의 가족을 돕는 것이 얼마나 유익한지 경험할 수 있다. 그런 다음, 이러한 도움 행동을 다른 사람들에게 확대할 수 있으며, 궁극적으로 학생들이 낯선 사람을 가족처럼 사랑하는 방법을 이해할 수 있을 것이다.
- 이타적인 행동은 대인관계 외에도 도움 행동에 수반되는 대가에 영향을 받는다. 어떤 사람들은 도움을 줄 때 자신의 희생을 신경 쓰지 않는 반면, 어떤 사람들은 희생을 꺼리고 제한된 도움만 제공할 의향이 있다. 학생들이 몇 가지 예를 떠올릴 경우, 추가적으로 논의한다. 학생들에게 희생을 감수하고 개인적인 이익을 포기하면서 도움을 주는 것을 선택할 수 있을지 생각해 보도록 한다. 이를 통해 학생들은 다른 사람을 돕는 것에 대한 자신의 견해와 기꺼이 도움을 줄 수 있는 정도를 성찰할 수 있다. 토론에는 다양한 도덕 가치가 포함되므로 이를 미리 소개할 수 있다.

5. 보충 활동(선택 사항)

활동	내용	권장 사항
사회의 도움	**목표: 사회적으로 사람들을 도울 수 있는 방법을 논의하고 평가한다.** 학생들은 모둠을 이루어 다양한 사람이 일상생활과 사회에서 겪는 문제를 토론하고, 정부나 관련 기관에서 제공하는 도움을 파악한다. 그런 다음, 현재의 상황을 평가하고 개선점을 제안한다.	

부록 6-7 교수자용 참고 자료: 열 아이 이야기

옛날 옛적 한 마을에 다정한 부부가 살았어요. 다른 사람들과 마찬가지로 부부도 가난과 폭정에 시달렸어요. 어느 날 아내는 마법의 콩 열 개를 먹고 열 명의 자식을 낳았어요. 아이들은 모두 독특하고 뛰어난 능력을 가졌어요.

- 첫째는 몇 킬로미터 떨어진 곳까지 볼 수 있습니다.
- 둘째는 멀리 떨어진 곳의 소리를 들을 수 있습니다.
- 셋째는 아주 강한 힘을 가졌습니다.
- 넷째는 어떤 무기에도 다치지 않는 무적의 피부를 가졌습니다.
- 다섯째는 하늘을 날 수 있습니다.
- 여섯째는 무엇도 뚫을 수 없는 단단한 두개골을 가졌습니다.
- 일곱째는 키가 3미터가 넘고 하루에 천 킬로미터를 걸을 수 있습니다.
- 여덟째는 땅굴을 아주 깊게 팔 수 있습니다.
- 아홉째는 다른 사람들의 귀를 먹먹하게 만드는 소리를 낼 수 있습니다.
- 막내 열째는 계곡 전체를 가득 채울 만큼의 눈물을 흘릴 수 있습니다.

백성들은 관리들의 폭압적인 통치 아래서 고통받고 있었어요. 이에 대항하기 위해 아이들은 힘을 합쳤습니다. 그들은 서로를 도와 관리들을 무너뜨리는 데 성공했습니다. 각자의 장단점이 있었지만, 모두의 협력이 있었기에 뛰어난 능력을 발휘할 수 있었습니다.

〈열 아이 이야기에 대한 추가 정보〉

정보는 위키백과(http://en.wikipedia.org/wiki/Ten_Brothers)에서 확인할 수 있습니다.

• 열 아이

열 아이는 명나라 때 '만리장성'을 건설할 무렵에 쓰인 것으로 알려진 중국의 전설입니다. 이 이야기는 다양하게 각색되어 왔으며, 영웅이 등장하는 가장 오래된 중국 전설 중 하나로 여전히 널리 전해지고 있습니다.

• 이야기

보다 최근에 각색된 이야기는 한 여자가 진주 열 개를 삼켜 열 명의 아이를 낳는다는 내용입니다. 각 아이는 초자연적인 힘을 가지고 있지만, 이야기가 진행됨에 따라 그 힘을 발전시켜 나갑니다. 마지막에 아이들은 적대자와 싸우지만, 모두가 단결해야만 승리할 수 있습니다. 하지만 아이가 돌에 닿으면 힘이 사라지고 무력해집니다.

• 인물

각색에 따라 이야기에 다른 인물이 등장할 수 있습니다. 아이들은 모든 각색 내용에 공통적으로 등장합니다.

첫째 – 몇 킬로미터 떨어진 곳까지 볼 수 있습니다.
둘째 – 멀리 떨어진 곳의 소리를 들을 수 있습니다.
셋째 – 엄청난 힘을 가졌습니다.
넷째 – 무적의 피부를 가졌습니다.
다섯째 – 비행이 가능합니다.
여섯째 – 무엇으로도 뚫을 수 없는 단단한 머리를 가지고 있으며 가장 똑똑합니다.
일곱째 – 키가 계속 클 수 있습니다.
여덟째 – 땅굴을 뚫을 수 있습니다.
아홉째 – 거대한 입으로 바람을 불어 큰 소리를 낼 수 있습니다.
열째 – 울면 모든 병을 치료할 수 있습니다.

부록 6–8

토론 자료: 능력 개발

해당 신체 부위와 관련된 능력을 발명하고 그 능력으로 다른 사람들을 어떻게 도울 수 있을지 논의하세요.

눈	귀
심장	입
손	다리
다리	피

(가위로 잘라 사용하세요.)

부록 6-9

활동지: 더 강해진 나

이름: ______________________

비록 우리는 슈퍼히어로와 같은 초능력은 가지지 못했을지라도, 내 주변 사람들과 가족의 삶 그리고 사회를 더 좋게 변화하도록 도울 수 있는 능력을 가지고 있습니다. 다음의 질문에 대해 생각해 보면서 나만의 숨겨진 초능력을 발견해 보세요. 근처에 있는 다른 학생과 함께 논의해도 됩니다.

1. 내가 평소에 한 행동들이 다음의 대상들에게 도움을 준 경험에 대해서 생각해 보세요.

1) 개인(내가 아닌 다른 사람)
2) 가족
3) 사회(내가 속한 여러 집단)

2. 내가 준 도움은 그 대상의 삶이나 상태를 장기적으로 바꿨을 거라고 생각하나요, 단기적으로 바꿨을 거라고 생각하나요? 왜 그런가요?

3. 도움이 필요한 사람들의 일상생활을 임시적으로 개선하는 것 외에 그들을 어떻게 도울 수 있을까요?

4. 앞으로 사람들을 도울 용기가 생겼나요? 어떤 사람들에게 가장 도움을 주고 싶습니까? 그 이유는 무엇인가요?

부록 6-10 성장 확인 질문

이름: ______________ 반: ______________ 날짜: ______________

1. 수업 과제

1) 다른 사람에게 도움을 준 적이 있나요?

2) 다른 사람을 돕고 난 후에 기분이 어땠나요?

3) 그러한 기분은 여러분이 다른 사람을 계속 돕도록 동기를 부여하나요?

2. 숙제

1) 여러분과 가장 가까운 가족 구성원을 어떻게 도울지 생각해 보세요.

2) 여러분이 살고 있는 동네(읍면동)에서 도움을 필요로 하는 곳이 있나요? 내가 우리 동네에 어떻게 기여할 수 있을지 생각해 보세요.

소단원 3

사랑의 암호

1. 소단원 목적

연애관계에 대한 올바른 태도와 가치관을 형성한다.

2. 학습 목표

① 연애관계를 쉽게 그만두는 대신 소중히 여기고 헌신적으로 사랑하는 법을 배운다.

② 연애관계를 끝낼 때의 적절한 태도를 논의한다.

3. 수업 내용

활동	절차
1. 준비 활동(2분)	1. 학생들에게 장미를 보여 주고 무엇이 떠오르는지 물어본다. 2. 교수자는 학생들에게 장미를 건네고 학생들이 어떤 반응을 보이는지 관찰할 수 있다. 학생들은 장미를 조심스럽게 다루고 가시에 찔리지 않도록 주의할 것이다. 연애는 장미처럼 아름답지만 부주의할 경우 상처를 줄 수 있음을 언급한다. 3. 장미의 아름다움을 누리기 위해서는 가시를 피하고 처리해야 하듯이, 연애관계의 장점을 누리기 위해서는 여러 가지 문제에 잘 대응해야 한다.
2. 모둠 창작 활동: 사랑의 서약**(5분)** ▷ **교수자료** - [부록 6-11] 학생용 참고 자료: 결혼 서약 - 신문, A3 종이, 가위, 풀	**목표: 연인관계에서 사려 깊고 진지한 태도를 가져야 하며 상대방에게 충성을 약속해야 함을 이해한다.** 1. "흔한 사랑의 약속 중 '영원히 사랑해.'와 '영원히 함께해.'는 한 사람을 진실하게 사랑하겠다는 약속을 의미합니다. 이것이 쉬운 일이라고 생각하나요? 연인을 사랑하는 올바른 태도는 무엇일까요?"라고 질문하고 학생들의 대답을 유도한다. 2. "결혼 서약의 내용과 의미를 알고 있나요?"라고 추가로 질문한다. 교수자가 간략한 설명을 덧붙일 수 있다. 3. 학생들을 작은 모둠으로 나누고 각 모둠에 결혼 서약서 예시([부록 6-11]), 신문, A3 용지 한 장, 가위, 풀을 나눠 준다.

	4. 각 모둠에게 한 쌍의 연인을 위한 자신만의 '사랑의 서약'을 작성하도록 요청한다. 서약서에는 상대방을 충실히 사랑하고 소중히 여기고 존중하겠다는 약속과 경솔하게 헤어지지 않겠다는 다짐이 포함되어야 한다. 5. 학생들은 자유롭게 신문의 이미지들을 오려 붙여서 꾸미거나 서약의 의미를 표현할 수 있다. 6. 완성한 후, 각 모둠별로 한 명씩 '사랑의 서약'을 낭독하고 의미를 설명해야 한다. 7. 학생들의 발표를 바탕으로 다음의 핵심 사항을 설명한다(세부 지도 사항 참조). • 연애관계에서 헌신하는 태도를 가져야 합니다. • 누군가와 관계를 발전시키기로 결심했다면 헌신적이고 진실되게 상대방을 사랑해야 합니다. 8. 마지막으로, "무엇이 관계에 대한 충실함에 영향을 미치고 헌신을 흔들리게 할까요?"라고 질문한다.
3. 모둠 토론: 헤어질 건가요(1)**(10분)** ▷ **교수자료** - [부록 6-12] 영상 자료: 헤어질 건가요 - [부록 6-13] 교수자용 참고 자료: 헤어질 건가요 - [부록 6-14] 토론 자료: 헤어질 건가요(1)	**목표: 관계에는 항상 힘든 시기나 갈등이 있음을 이해하고 경솔하게 관계를 끝내면 안 된다는 것을 배운다.** 1. 학생들에게 "서약을 했다고 하더라도 일상생활에서 연인 간 갈등이 발생할 수 있습니다. 그런 갈등은 어떻게 처리해야 할까요? 갈등에 대처하는 올바른 태도는 무엇일까요?"라고 질문한다. 2. 영상 자료([부록 6-12])를 재생하고 모둠별로 [부록 6-14]의 지침에 따라 토론한다. 3. 제비뽑기를 통해 이야기 속 남자 캐릭터와 여자 캐릭터를 각각 다른 모둠에 할당한다. 4. 학생들은 3분 동안 맡은 역할의 관점에서 느낌과 의견을 공유하고 토론한다. 5. 학생들이 어떤 상황에서 연애관계를 끝내야 할지 생각해 보도록 지도한다. 6. 간단한 결론을 내린다(세부 지도 사항 참조). • 연애는 서로 다른 두 사람이 함께하는 관계이므로 갈등과 오해를 피할 수 없습니다. • 스스로와 상대방을 사랑하고 서로를 존중하고 소통하며 문제를 해결하려고 노력해야 합니다.
4. 학급 토론: 헤어질 건가요(2)**(6분)** ▷ **교수자료** - [부록 6-15] 토론 자료: 헤어질 건가요(2)	**목표: 헤어질 때의 적절한 태도를 논의한다.** 1. [부록 6-15]에 대해 학생들과 함께 토론한다. 2. 간단히 결론을 내린다. • 문제가 해결되지 않는다면 두 당사자는 침착하게 문제를 파악하고 많은 숙고 끝에 서로 동의하에 헤어져야 합니다. • 헤어진 후에는 어느 쪽이든 폭력을 사용하거나 소문을 퍼뜨리는 방식으로 상대방을 괴롭혀서는 안 됩니다.

5. 결론(2분)	1. 누군가와 관계를 맺기로 결심했다면 그 사람을 충실히 사랑하겠다는 약속을 해야 한다. 2. 연애과정에는 언제나 기복이 있다. 즐거운 순간은 소중히 간직하되, 어려운 시기에 성급하게 헤어지지 않는다. 3. 헤어져야 한다면 먼저 신중하게 생각한다. 두 사람 모두의 이해와 합의를 바탕으로 평화롭게 헤어질 수 있도록 노력하고 서로에게 해가 되는 행동을 하지 않는다.
6. 마무리 활동(5분) ▷ 교수자료 - [부록 6-16] 성장 확인 질문	1. 성장 확인 질문을 배포하고 학생들이 수업 내용과 스스로를 돌아볼 수 있도록 지도한다. 2. 수업 중 학생들의 참여도를 칭찬한다.

4. 세부 지도 사항

1) 준비 활동

- 교수자는 학생들에게 장미를 건네고 학생들이 어떤 반응을 보이는지 관찰할 수 있다. 학생들은 장미를 조심스럽게 다루고 가시에 찔리지 않도록 주의할 것이다. 이는 장미처럼 아름답지만 부주의할 경우, 상처를 줄 수 있는 연애관계를 비유할 수 있다.

2) 사랑의 서약

- 학생들이 창의력을 최대한 발휘할 수 있도록 자유롭고 편안한 분위기에서 서약서를 창작하도록 한다.
- [부록 6-11]의 참고 자료 외에도 교수자는 연애관계에서의 태도에 관한 정보를 추가적으로 수집할 수 있다. 이러한 정보는 수업에서 사용하거나 학생들에게 참고 자료로 제공할 수 있다.
- 서약서를 작성하는 과정에서 학생들은 상대방이 약속해야 한다고 생각하는 것을 많이 적는다. 교수자는 연애 서약서의 형식이 결혼 서약서와 비슷해야 한다는 점을 상기시킨다.
- 학생들이 상대방에게만 많은 서약을 바랄 때 교수자는 학생들에게 다음 질문을 물어볼 수 있다.

- 여러분이 다른 사람에게 기대하는 일을 여러분 자신이 실천한 적 있나요?
- 여러분이 약속하는 것이 상대방에게 요구하는 것보다 적은 이유는 무엇인가요? 상대방을 별로 사랑하지 않기 때문인가요?

• 교수자는 이렇게 불균형한 서약은 연인이 자신보다 더 많은 사랑을 주고 더 많은 약속을 하기를 기대하는 것을 반영한다고 설명할 수 있다. 특히 사람들은 상대방이 자신의 기대와 요구를 충족시킬 수 있는 일을 해 주기를 원하고 때로는 다른 상대를 찾고 싶어 한다.

• 시간적 여유가 있는 경우, 교수자는 학생들이 연인 간의 차이에 대처하는 방법에 대해 생각하도록 하여 성찰을 심화할 수 있다. 이를 통해 관계의 목적은 상대를 변화시키는 것이 아니라 서로를 이해하고 받아들이는 것임을 강조한다. 교수자는 다음과 같은 질문을 할 수 있다.

- 여러분의 기대와 요구에 상대방의 의지도 반영되었나요?
- 연인이 스스로를 바꾸면서까지 여러분을 기쁘게 하고 요구를 충족시켜 주는 것이 여러분을 사랑한다는 의미일까요?

3) 헤어질 건가요 (1), (2)

• 학생들이 Level 3 과정의 '유대감' 단원을 학습한 경우, 사랑의 필수 요소를 언급하면서 헌신의 중요성을 설명하도록 요청할 수 있다.

• 교수자는 적절한 범위 내에서 자신의 연애 경험을 공유하고(Level 1 과정 대단원 1 '유대감' 소단원 1 세부 지도 사항 참조), 학생들이 연애관계에서 갈등을 처리했던 방법과 이별에 대처하는 법을 공유하도록 장려할 수 있다.

• 이별 또는 연애관계에 관한 사랑 노래 몇 곡을 골라 학생들과 가사에 대해 토론한다.

• 다음 질문은 학생들이 모둠 활동을 통해 연애관계에 대한 올바른 태도를 이해하는 데 도움이 될 수 있다.

- 이별을 결심한 모둠에게 "이런 사소한 문제 때문에 꼭 헤어져야 할까요? 사랑에 대해 깊이 생각해 보았나요? 짜증 나고 외로운 기분 때문에 이별을 선택했다면 이기적인 행동이라고 생각하지 않나요?"라고 질문한다.
- 헤어지지 않기로 결정한 모둠에게는 "두 사람 모두 서로를 이해하지 못하지만 헤어지지 않기로 선택했습니다. 두 사람의 문제를 어떻게 해결할 수 있을까요?"라고 질

문한다.

- 교수자는 Level 3 유대감 단원에 언급된 연애 요소를 사용하여 연애관계를 유지하는 방법을 설명할 수 있다. 또는 다음과 같이 설명할 수 있다. 사랑에 대한 태도에는 다음과 같은 요소가 포함되어야 한다(교수자가 다른 요소로 대체 및 보완할 수 있음).
  – 상대방을 사랑하기: 상대방을 배려하고 자신의 이익만 생각하지 않는다.
  – 스스로를 사랑하기: 독립적인 자신의 의견을 가지고 상대방이 원하는 대로만 행동하지 않는다.
  – 서로를 소중히 여기고 존중하고 이해하며 받아들인다.
  – 사소한 일로 상대방에게 상처를 주지 않는다.
  – 상황에 따라 현명한 선택을 하여 서로 사이좋게 지낸다.
- '헤어질 건가요(1)'의 토론에서 일부 학생들은 헤어지기 적절한 시기에 관해 질문할 수 있다. 관계를 끝낼 때 상대방에게 상처를 주는 것은 부적절하다는 점을 강조한다. 관계 당사자 모두 문제를 해결하기 어렵다는 것을 인지해야 한다. 상대방의 감정을 고려하지 않고 한 사람이 일방적으로 이별을 결정하는 대신 충분한 고민 끝에 헤어져야 하고 이때 주변에 신뢰할 수 있는 어른과 상의할 수 있다. 교수자는 학생들이 제기한 질문을 활용하여 '헤어질 건가요(2)'를 소개할 수 있다.
- 시간이 제한된 경우 '헤어질 건가요(2)'에서 헤어질 때 해야 할 일과 하지 말아야 할 일을 모둠 토론 형식으로 논의할 수 있다.
- 이별에 대처하는 태도를 지도할 때 교수자는 최근 뉴스에서 상대방과 부적절하게 이별한 사건을 찾아 예시로 들 수 있다.
- 학생이 대인관계에 문제를 겪거나 감정적으로 행동하는 경우 수업 중에 너무 많은 시간이나 주의를 기울이지 않는다. 잠시 학생을 위로한 다음 활동에 집중한다. 수업이 끝난 후에 학생의 문제를 해결한다.
- 연애관계에 대한 주제를 논의할 때 학생들은 이를 성적인 행동과 쉽게 연관 지을 수 있으나 이는 자연스러운 현상이다.
- 시범 운영 당시 일부 학생들은 헌신 없는 연애관계에서도 성행위가 일어날 수 있고 이것이 문제가 아니라고 생각했다. 이런 경우, 교수자는 학생들에게 사랑에 대한 올바른 개념을 가르쳐야 한다. 학생들이 장난스럽게 질문하는 경우에는 간단한 답변으로 넘길 수 있다.

4) 결론

- 연애는 가장 복잡한 대인관계 중 하나이다. 이는 기쁨을 주기도 하지만 상처를 주기도 한다. 교수자는 '견우와 직녀' 같은 오래된 사랑 이야기를 소개할 수 있다.
- 견우와 직녀
  천상의 손녀인 직녀는 견우와 혼인하였다. 그러나 직녀와 견우는 신혼의 즐거움에 빠져 길쌈과 목동 일에 게을러졌고 이에 분노한 하느님이 두 사람을 은하수를 사이에 두고 떨어져 살도록 하였다. 그리고 일 년에 한 번, 칠월 칠석에만 만날 수 있게 하였다. 칠월 칠석이 되던 날, 견우와 직녀가 두 사람 사이의 은하수가 너무 넓어 서로 만나지 못하게 되자 까마귀와 까치가 다리, 즉 오작교를 놓아 준다. 견우와 직녀는 오작교에서 상봉하여 재회의 기쁨과 이별의 슬픔 때문에 눈물을 흘리는데, 이것이 지상에 비가 되어 내려온다고 알려져 있다.
- 연애관계에서는 늘 갈등과 문제가 존재한다. 이러한 갈등에 대처하는 올바른 태도에 대해 학생들과 탐구하고 연애관계에서 해야 할 일과 하지 말아야 할 일을 파악할 수 있도록 한다.
- 이 단원을 통해 학생들은 헤어질 때 해야 할 일과 하지 말아야 할 일을 학습하고 평화롭게 연애관계를 끝내기 위해 최선을 다해야 한다는 것을 이해할 수 있다. 관계를 끝내는 것은 복잡한 문제이며, 교수자가 학생들과 논의할 수 있는 여러 측면이 존재하고 이별 과정에서 해결하기 어려운 갈등이 발생할 수 있다. 예를 들어, 한쪽은 관계를 끝내기를 원하지만 다른 쪽에서는 거부하는 경우가 있다. 이러한 상황이 해결되지 않아 때로는 살인을 포함한 많은 심각한 문제로 이어지기도 한다. 두 사람 모두가 서로를 사랑한다면 헤어질 때에도 평화롭게 문제를 해결해야 한다. 평화롭게 헤어지지 못하는 많은 이유 중 일부는 애초에 관계를 맺은 동기와 관련이 있을 수 있다.
- 일부 청년들은 개인적인 이익이나 바람직하지 않은 목적을 위해 연애관계를 맺는다. 그들은 원하는 것을 얻으면 손쉽게 헤어지고 연애관계에 두 당사자가 존재한다는 것을 이해하지 못한다. 둘 중 한 사람은 진심으로 연애에 임하지만, 다른 한 사람은 그렇지 않다면 많은 문제가 발생할 수 있다. 토론을 통해 학생들은 연애관계를 맺을 때 올바른 태도와 동기를 가져야 한다는 것을 이해할 수 있다. 부적절한 의도는 궁극적으로 다른 사람에게 피해를 끼친다.
- 이별 후 전 애인과의 관계에 대해 학생들과 토론할 수 있다. 헤어진 연인은 연락을 끊고

서로 타인처럼 살 수도 있고, 친구로 남을 수 있다. 연애관계의 다양한 측면에 관해 토론으로 미리 생각해 보는 것이 유익하다.

5. 보충 활동(선택 사항)

활동	내용	권장 사항
사랑의 징표	**목표: 사려 깊고 진지한 태도로 연애관계에 임해야 한다는 것과 헌신의 중요성을 이해한다.** 학생들에게 신문과 잡지를 제공하고 사랑의 징표를 만들게 한다. 완성한 학생들은 징표의 의미와 징표가 어떻게 연애관계에 대한 충실함과 상대를 사랑하겠다는 헌신을 표현하는지 설명한다.	

부록 6–11 학생용 참고 자료: 결혼 서약

모둠: ______________________

다음 결혼 서약서 예시를 참고하여 모둠원들과 함께 연인을 위한 사랑의 서약을 작성해 보세요.

• 결혼 서약의 의미: 기쁠 때나 슬플 때나 상대방과 평생을 함께하기로 약속하는 것입니다.

Love Vow

당신을 나의 배우자로 맞이합니다. 오늘부터 기쁨과 슬픔이 있을 때나 없을 때나 당신을 사랑하고 존경할 것을 맹세합니다. 그리고 여기에 나의 충성을 약속합니다.

당신을 나의 배우자로 맞이합니다. 오늘부터 죽음이 우리를 갈라놓을 때까지 좋을 때나 나쁠 때나, 아플 때나 건강할 때나, 가난할 때나 부유할 때나, 당신을 사랑하고 책임질 것을 약속합니다. 나는 당신을 내 인생의 유일한 사랑으로 삼아 좋은 순간과 나쁜 순간을 함께 나누고 우리 아이들을 함께 키우겠습니다. 이에 엄숙히 서약합니다.

부록 6-13 교수자용 참고 자료: 헤어질 건가요

교수자는 학생에게 영상 자료를 보여 준 후 다음과 같은 내용을 부연 설명할 수 있다.

윤도와 민서가 중학교 1학년 때 같은 반에서 처음 만난 지 3년이 지났습니다. 두 사람은 종종 수다를 떨고 식사 시간이나 도서관에서 함께 시간을 보냈습니다. 서로에 대해 잘 알게 되면서 점차 사랑에 빠지게 되었고 서로를 천생연분이라고 생각했습니다. 그렇게 두 사람은 데이트를 시작했고, 여느 연인들처럼 힘든 시기도 겪었습니다.

최근 윤도의 농구팀이 연습에 박차를 가하면서 윤도는 매일 방과 후부터 밤늦게까지 학교에 남아 있어야 했습니다. 이로 인해 민서와 전화 통화를 할 시간이 거의 없었습니다.

어느 날 오후, 민서는 학교에서 일어난 일로 속상해 하며 윤도에게 전화를 걸었습니다. 하지만 윤도는 너무 피곤해서 대화를 나눌 수 없었습니다. 그러자 민서는 전화기 너머로 "넌 더 이상 나한테 관심이 없구나. 우리 헤어지자."라고 화를 냈습니다. 윤도는 '정말 짜증 나. 네가 헤어지자고 해서 다행이야.'라고 생각했습니다.

부록 6-14 토론 자료: 헤어질 건가요(1)

다음 상황에 주의를 기울이고 모둠원들과 토론하세요.

윤도와 민서가 중학교 1학년 때 같은 반에서 처음 만난 지 3년이 지났습니다. 두 사람은 종종 수다를 떨고 식사 시간이나 도서관에서 함께 시간을 보냈습니다. 서로에 대해 잘 알게 되면서 점차 사랑에 빠지게 되었고 서로를 천생연분이라고 생각했습니다. 그렇게 두 사람은 데이트를 시작했고, 여느 연인들처럼 힘든 시기도 겪었습니다.

최근 윤도의 농구팀이 연습에 박차를 가하면서 윤도는 매일 방과 후부터 밤늦게까지 학교에 남아 있어야 했습니다. 이로 인해 민서와 전화 통화를 할 시간이 거의 없었습니다.

어느 날 오후, 민서는 학교에서 일어난 일로 속상해 하며 윤도에게 전화를 걸었습니다. 하지만 윤도는 너무 피곤해서 대화를 나눌 수 없었습니다. 그러자 민서는 전화기 너머로 "넌 더 이상 나한테 관심이 없구나. 우리 헤어지자."라고 화를 냈습니다. 윤도는 '정말 짜증 나. 네가 헤어지자고 해서 다행이야.'라고 생각했습니다.

1. 여러분이 윤도라면 이별을 선택하겠습니까? 왜 그렇게 생각하나요?

2. 여러분이 민서라면 이별을 선택하겠습니까? 왜 그렇게 생각하나요?

부록 6-15

토론 자료: 헤어질 건가요(2)

결국 윤도와 민서는 헤어지기로 결심했습니다.

1. 이별에 어떻게 대처해야 할까요?

2. 이별할 때 해야 할 일과 하지 말아야 할 일은 무엇인가요?

부록 6–16 성장 확인 질문

이름: ______________ 반: ______________ 날짜: ______________

1. 수업 과제

1) 연인 간 사랑에 대해 어떻게 생각하나요?

2) 누군가와 사랑에 빠진다면, 어떤 약속을 하겠습니까?

3) 2번의 약속을 지키는 것이 쉬울 것이라 생각하나요?

2. 숙제

1) 어떤 요인이 사랑에 대한 헌신과 약속을 지키고 어기는 것에 영향을 미친다고 생각하나요?

2) 연애 관계를 쉽게 포기해야 한다고 생각합니까? 항상 이별을 먼저 고하고 싶은가요?

3) 어떤 상황에서 연애관계를 포기하는 것을 고려해야 할까요?

소단원 4

도난당한 비밀번호

1. 소단원 목적

정직의 중요성과 영향을 이해한다.

2. 학습 목표

① 정직과 신뢰 사이의 관계를 이해한다.

② 대인관계가 정직한 행동을 실천하는 데 미치는 영향을 이해한다.

③ 자신의 행동과 그 결과에 대해 책임지는 법을 배운다.

3. 수업 내용

활동	절차
1. 준비 활동(3분)	1. 학생들에게 "물건을 살 때 직원이 거스름돈을 더 많이 주면 직원에게 돌려주겠습니까? 아니면 그냥 가져가겠습니까?"라고 질문한다. 2. 학생이 거스름돈을 가지겠다고 하면 "부정행위라고 생각하나요? 그 순간 기분이 어떨 것 같나요?"라고 물어본다. 3. 대부분의 학생이 거스름돈을 돌려주기로 선택한 경우, "거스름돈을 가져가는 사람들에 대해 어떻게 생각하나요?"라고 물어 성찰을 유도한다.
2. **모둠 토론과 자기 성찰:** 도난당한 비밀번호(18분) ▷ **교수자료** - [부록 6-17] 영상 자료: 도난당한 비밀번호 - [부록 6-18] 교수자용 참고 자료: 도난당한 비밀번호	**목표: 대인관계가 정직한 행동을 실천하는 데 어떤 영향을 미치는지 이해하고 정직이 개인의 신뢰도에 필수적인 요소임을 이해한다.** 1. 학급을 작은 모둠으로 나누고 조별로 상철, 태리, 김 선생님 역을 맡긴다. 2. 영상 자료([부록 6-17])를 재생한다. 학생이 비밀번호를 도용하는 장면을 재생할 때 김 선생님 역을 맡은 모둠은 교실을 나가야 한다. 3. 김 선생님 역을 맡은 모둠이 다시 교실로 들어오게 한다. 4. 영상 자료를 재생한 후 "여러분이 주인공 중 한 명이라면 김 선생님께 진실을 말할 건가요?"라고 학생들에게 질문하고 손을 들어 의사를 표현하도록 한다.

- [부록 6-19] 토론 자료: 도난당한 비밀번호 - [부록 6-20] 모둠 활동지: 김 선생님께 보내는 편지 - [부록 6-21] 교수자용 참고 자료: 도난당한 비밀번호 분석 및 결론 - [부록 6-22] 교수자용 참고 자료: 정직이란 무엇인가 추가 정보	5. 김 선생님을 맡은 모둠에게 "학생들이 진실을 정직하게 말할 것 같나요?"라고 질문한다. 6. 토론 자료와 모둠 활동지([부록 6-19], [부록 6-20])를 각 모둠의 역할에 맞게 배부한다. 주어진 지침에 따라 질문에 대해 5~8분 정도 토론하도록 한다. 7. 토론 후 각 모둠은 '김 선생님께 보내는 편지'를 낭독하고 편지를 쓴 이유를 설명한다. 발표하기 전에 각 모둠은 주인공과 친구 사이의 우정이 어느 정도인지 표현해야 한다. 8. 학생들이 학습 목표를 이해하는 것을 돕기 위해 각 모둠의 결정에 따라 추가 질문을 한다([부록 6-21]). 9. 모둠의 발표가 끝나면 김 선생님 역을 맡은 모둠에게 진실을 알려 주고 기분이 어떤지 물어본다. 10. 김 선생님 역을 맡은 모둠의 반응을 바탕으로 정직하지 않게 행동하는 것은 개인의 신뢰도에 영향을 미친다고 설명한다. 11. 마지막으로 학생들에게 1~2분 동안 질문에 대해 생각할 시간을 준다([부록 6-22] 및 세부 지도 사항).
3. 결론(4분)	1. 잘못을 저질렀다면 자신의 잘못에 대해 책임지고 그 결과를 감수해야 한다. 진심을 숨기는 것은 누구에게도 도움이 되지 않는다. 2. 다른 사람과의 친밀도는 도덕적 행동, 정직한 행동에 영향을 미칠 수 있다. 3. 부정직하고 진실을 숨기는 행위는 자신의 양심과 신뢰도에 악영향을 미친다. 이러한 행위는 다른 사람에게도 불공정한 결과를 야기한다. 4. 다른 사람을 공정하게 대우하려면 정직한 행동이 필수적이다.
4. 마무리 활동(5분) ▷ **교수자료** - [부록 6-23] 성장 확인 질문	1. 성장 확인 질문을 배포하고 학생들이 수업 내용과 스스로를 돌아볼 수 있도록 지도한다. 2. 수업 중 학생들의 참여도를 칭찬한다.

4. 세부 지도 사항

1) 도난당한 비밀번호

- 정보통신기술의 활용 및 보급, 이용이 확대되면서 국내에도 정보통신망과 관련된 법이 지속적으로 개정되고 있다. 개인정보보호의 중요성이 커짐에 따라 개인정보보호 위반을 처벌하고 부당한 피해를 최소화하는 방향으로 변화하고 있다.
- 각 모둠이 '김 선생님께 보내는 편지'를 학급 전체에게 보여 줄 수 있도록 한다.
- 교수자는 혼란을 피하기 위해 토론 절차를 미리 설명한다.

- 학생들은 두 가지 질문에 답해야 한다. (1) 김 선생님께 자신이 한 일을 말하겠습니까? (2) 친구를 신고하겠습니까? 교수자가 (1)번 질문을 먼저 묻지 않을 경우, 토론의 초점이 친구를 신고할지 여부에 맞추게 되어 학습 목표가 온전히 전달되지 않을 수 있다.
- 김 선생님 역을 맡은 모둠은 학생 역을 맡은 모둠의 발표를 들으면서 자신의 의견을 적어 추후 토론을 원활하게 진행할 수 있다.
- 교수자는 학생의 발표를 칠판에 적어 결론 단계에서 학생들의 성찰을 유도할 수 있다.
- 이러한 윤리적 주제에 대해 단호한 입장을 취하고 학생들에게 무엇이 옳고 그른지 알려 주어야 한다.
- 일부 학생은 김 선생님이 진실을 모를 것이라고 믿고 자신의 잘못을 인정하지 않거나 아무도 신고하지 않겠다고 말할 수 있다. 이러한 학생의 의견을 즉시 교정하는 대신 적절한 대답을 하는 학생에게 범인을 신고하는 이유와 이점을 설명하게 하여 다른 학생들에게 영향을 줄 수 있도록 격려한다. 이 과정은 교수자가 학생의 실제 의견을 이해할 수 있는 좋은 기회이다.
- 교수자가 학생들에게 정직의 중요성을 인식시킬 수 있는 성찰 질문을 제공하는 것이 좋다.

2) 결론

- 정직에 대해 이야기할 때 누군가는 "항상 정직해야 하나요?"라고 질문할 수 있다. 예를 들어, 불치병 진단을 받았다면 연로하신 부모님께 진실을 숨기고 거짓말을 하는 것과 정직하게 진실을 말하는 선택지가 있다. 진실을 숨기면 부모님은 노년을 행복하게 보낼 수 있지만 진실을 말하면 부모님은 몹시 걱정하실 것이다. 정직에 대한 사람들의 입장이 다르기 때문에 이러한 딜레마에서 사람마다 다른 선택을 하게 된다.
- 교수자는 정직에 대한 문제로 학생들과 토론하면서 가족 구성원과의 문제에 대처하는 방법을 설명할 수 있다. 앞의 상황과 같은 딜레마 상황에서 부모님께 솔직하게 말씀드리고 사랑으로 문제를 함께 해결해 나갈 수 있다. 부모님은 걱정하시겠지만 정직한 고백 덕분에 더욱 솔직하고 가까운 관계가 될 수 있다. 진실을 숨기는 것은 더 많은 오해를 불러일으킬 수 있다. 교수자는 토론에 앞서 자신의 입장을 먼저 돌아보며 학생들이 각자의 입장을 취할 수 있도록 도와야 한다.
- 이러한 딜레마 상황에 대해 논의할 때 거짓말하는 사람들의 동기를 논의할 수 있다. 많

은 사람은 하얀 거짓말처럼 거짓말에 좋은 동기가 있다면 받아들일 수 있다고 생각한다. 반면에 어떤 사람들은 거짓말은 다른 사람을 속이기 위한 것으로, 동기와 상관없이 잘못되었다고 생각한다.

• 사람들은 거짓말에 대해 다양한 의견을 가지고 있다. 학생들과 거짓말을 하는 동기에 대해 토론하고 나쁜 동기로 거짓말을 하는 것은 절대 용납될 수 없음을 강조한다. 좋은 동기로 거짓말을 할 때는 가능한 한 결과를 미리 예상하고 정직하지 않은 행동을 할 가치가 있는지 고려해야 한다. 학생들에게 자신의 잘못이나 법, 도덕 가치, 다른 사람에게 해를 끼치는 것과 관련된 상황에서는 정직하게 행동해야 한다고 지도한다. 이러한 상황에서 정직하지 않은 것은 개인의 신뢰도에 심각한 영향을 미칠 수 있기 때문이다.

5. 보충 활동(선택 사항)

활동	내용	권장 사항
정직과 거짓말	**목표: 정직과 하얀 거짓말의 차이점을 토론하고 학생들이 두 가지에 대해 생각하도록 장려한다.** 학생들은 다른 학생을 인터뷰하여 정직하게 행동할지 결정하는 이유를 물어본다. 학생에게 몇 가지 사례를 제시할 수 있고 그중 일부는 정직이 필수적으로 요구되는 경우이고, 일부는 부정직하게 행동하여도 지지될 수 있는 딜레마 상황이다. 인터뷰를 통해 학생들은 정직에 대한 자신의 입장을 성찰할 수 있다. 학생들은 인터뷰와 자기 성찰 내용을 보고서에 요약해야 한다.	

부록 6-18

교수자용 참고 자료: 도난당한 비밀번호

정보 수업 중에 상철은 김 선생님의 컴퓨터 계정 비밀번호를 우연히 엿보았습니다. 그는 점심시간에 컴퓨터실에 가서 호기심에 선생님의 컴퓨터 계정에 접속했습니다. 상철은 계정에서 과거 학교 기출 시험지를 발견했고, 바로 다운로드하기로 마음먹었습니다.

그때 마침 같은 반 친구인 태리가 들어왔습니다. 태리는 상철이 무언가를 다운로드하는 것을 보고 그것이 무엇인지 물었습니다. 상철은 태리에게 모든 것을 이야기하고 시험지를 다운로드할 수 있는 USB를 빌려 달라고 부탁했습니다. 태리는 김 선생님이 출제한 시험 문제를 풀기 쉽지 않을 거라 생각했고, 연습 자료가 필요했기 때문에 상철에게 USB를 빌려주었습니다.

다음 날, 김 선생님은 다른 사람이 자신의 컴퓨터 계정에 접속한 것을 발견했습니다. 확인 결과, 전날 점심시간에 학생 컴퓨터실에서 접속한 것으로 확인되었지만 누구의 소행인지 알 수 없었습니다. 결국 김 선생님은 자신이 가르치는 모든 학생을 조사하기로 결정했습니다. 또한 김 선생님은 사건에 가담했거나 사건에 대해 알고 있는 사람들에게 편지로 알려 달라고 말했습니다.

부록 6-19 토론 자료: 도난당한 비밀번호

모둠: ____________________

관련 질문에 대해 맡은 인물에 대입하여 모둠원들과 토론하세요.

- 상철, 태리 모둠: 모둠용 질문에 대한 답변과 '김 선생님께 보내는 편지'([부록 6-20])를 작성합니다.
- 김 선생님 모둠: 모둠용 질문에 대해 토론합니다.

〈여러분이 상철이나 태리라면〉

1. 선생님께 정직하게 진실을 알리겠습니까? 그 이유는 무엇입니까?

2. 사건에 연루된 다른 친구를 신고하겠습니까?

[김 선생님 모둠용 질문]

1. 학생의 편지를 읽기 전에 다음의 질문에 대해 토론하세요.
   1) 학생들이 진실을 말할 것이라고 생각합니까? 그 이유는 무엇입니까?
   2) 학생들이 진실을 말하지 않고 추후에 진실을 알게 된다면 어떤 기분이 들까요? 잘못을 고백하지 않은 학생들을 어떻게 대하겠습니까?

2. 학생의 편지를 읽고 다음의 질문에 대해 답변하세요.
   1) 어떤 모둠을 가장 신뢰할 만하다고 생각합니까? 그 이유는 무엇입니까?
   2) 어떤 모둠을 가장 신뢰할 수 없다고 생각합니까? 그 이유는 무엇입니까?

[태리 모둠용 질문]

1. 태리와 상철이 친한 친구라면?
   1) 선생님께 진실을 말하겠습니까? 예 / 아니요
   2) 사건에 가담한 다른 친구를 신고하겠습니까? 예 / 아니요

2. 태리와 상철이 그다지 친하지 않은 사이라면?
   1) 선생님께 진실을 말하겠습니까? 예 / 아니요
   2) 사건에 가담한 다른 친구를 신고하겠습니까? 예 / 아니요

3. 태리와 상철의 사이가 안 좋다면?

1) 선생님께 진실을 말하겠습니까? 예 / 아니요

2) 사건에 가담한 다른 친구를 신고하겠습니까? 예 / 아니요

[상철 모둠용 질문]

1. 상철과 태리가 친한 친구라면?

1) 선생님께 진실을 말하겠습니까? 예 / 아니요

2) 사건에 가담한 다른 친구를 신고하겠습니까? 예 / 아니요

2. 상철과 태리가 그다지 친하지 않은 사이라면?

1) 선생님께 진실을 말하겠습니까? 예 / 아니요

2) 사건에 가담한 다른 친구를 신고하겠습니까? 예 / 아니요

3. 상철과 태리의 사이가 안 좋다면?

1) 선생님께 진실을 말하겠습니까? 예 / 아니요

2) 사건에 가담한 다른 친구를 신고하겠습니까? 예 / 아니요

부록 6-20

모둠 활동지: 김 선생님께 보내는 편지

모둠: ______________________

[날짜] ______________________

김 선생님께

비밀번호 도용과 관련하여

____

____

____

____

____

____

____

____

____

____

____

____

____

____

______________________ 올림

부록 6-21

교수자용 참고 자료: 도난당한 비밀번호 분석 및 결론

각 모둠의 발표가 끝나면 교수자는 성찰 질문을 던지고 학생의 답변을 요청할 수 있습니다. 학생은 '✓'로 '예', '×'로 '아니요'를 표시할 수 있습니다.

상황	잘못을 인정함	친구를 신고함	성찰 질문
1	✓	✓	왜 이런 결정을 내렸나요?
2	✓	×	왜 이런 결정을 내렸나요? 친구를 감싸면서 자신의 잘못을 인정하는 것이 정직한 행동인가요?
3	×	✓	왜 자신의 잘못을 인정할 용기를 내지 못했나요? 자신의 잘못을 인정하지 않고 친구만 신고했습니다. 왜 이런 결정을 내렸나요?
4	×	×	양심에 거리낌을 느끼나요? 나중에 선생님이 여러분이 범인이라는 사실을 알게 된다면 어떻게 될까요? 여러분의 신뢰도를 유지할 수 있다고 생각하나요?

〈성찰을 위한 질문〉

1. 친구와의 관계가 친구를 신고하기로 한 결정에 영향을 미칠 것이라고 생각하나요? 그렇게 생각한 이유는 무엇인가요?
2. 인생에서 정직이 중요하다고 생각하나요?
3. 선택의 순간에 '정직'을 선택하겠습니까, 아니면 '친구에 대한 의리'를 선택하겠습니까? 그 이유는 무엇인가요?
4. 정직이 사라진다면 세상은 어떻게 될까요?

1. 친한 친구를 신고하기로 결정한 모둠에게 물어보세요.

1) 왜 친한 친구를 신고했나요? 그건 의리를 저버리는 행동 아닌가요?

2. 친한 친구를 신고하지 않기로 결정한 모둠에게 물어보세요.

1) 양심에 거리낌을 느끼지 않나요? 지금 진실을 숨긴다 하더라도 언젠가는 진실이 드러날까 봐 걱정되지 않나요?
2) 이야기 속 다른 인물이 여러분을 신고한다면 어떤 기분이 들까요? 그 사람을 신고하지 않은 것을 후회할까요?

3. 친구와 그다지 친하지 않은 모둠에 물어보세요.

1) 친구를 신고한 이유는 무엇인가요? 정직해서인가요, 아니면 친한 사이가 아니기 때문인가요?
2) 왜 친구를 신고하지 않았나요? 친한 친구가 아닌데도 정직하게 진실을 말하지 않을 건가요? 친구를 위해 진실을 숨길 가치가 있나요?

4. 친구와 사이가 좋지 않은 모둠에 물어보세요.

1) 두 사람은 사이가 좋지 않습니다. 복수심 때문에 신고했나요, 아니면 정직해서 신고했나요, 아니면 친한 사이가 아니기 때문에 신고했나요?
2) 왜 친구를 신고하지 않았나요? 사이가 좋지 않으니 복수할 수 있는 좋은 기회 아닌가요?

[주요 참고 사항]

1. 정직의 중요성

1) 정직은 진실을 말함으로써 다른 사람들이 우리를 더 신뢰할 수 있도록 만듭니다.
2) 우리는 자신의 잘못에 대해 책임을 지고, 용기를 내어 인정하고, 그 결과를 감수해야 합니다.
3) 부정직하게 행동하거나 양심에 반하는 행동을 하면 심각한 결과를 초래할 수 있습니다. 양심에 가책을 느낄 것이고, 다른 사람들이 진실을 알게 되면 우리를 신뢰하지 못할 것입니다.
4) 세상에 정직한 사람이 없다면 누군가를 믿을 수 있을까요?

2. 정직과 우정

1) 친구와의 우정은 도덕적 행동(정직성)에 영향을 미칩니다. 친밀도에 따라 상황은 딜레마가 될 수 있습니다.
2) 우리는 정의롭고 공정하게 옳고 그름을 구분해야 합니다. 앞선 사례를 예로 든다면 아무리 친한 친구라도 공정을 위해서 잘못을 인정하고 친구를 신고해야 합니다.

부록 6-22 교수자용 참고 자료: 정직이란 무엇인가 추가 정보

교수자는 결론을 내릴 때 다음과 같은 추가 정보를 사용할 수 있습니다.

	옛 현인들이 바라본 정직과 자신의 잘못을 인정하는 용기
예시	• 고대 중국 철학자들은 자신의 잘못을 대하는 태도가 의인과 악인의 가장 큰 차이점이라고 믿었습니다. ① "흠이 없는 사람은 없다. 그러나 잘못을 하고 이를 고치려고 하는 것보다 더 훌륭한 것은 없다!" ② 공자는 "잘못을 저질렀을 때 고치지 않는 것은 진정으로 잘못을 저지르는 것이다."라고 말했습니다. ③ 한유(韓愈)는 "나의 잘못을 지적하는 사람은 나의 스승이다."라고 말했습니다. ④ 고대의 인물 신주윤(申居鄖)은 "모든 악인은 자신의 잘못을 희게 칠하고, 오직 의인만이 자신의 잘못을 바로잡는다."라고 말했습니다. ⑤ 루주원(陸九淵)은 "자신의 잘못을 알고 기뻐하고, 부끄러워하지 말고 자신의 잘못을 마주하고 두려움 없이 개선하라."라고 말했습니다. • 고대 중국 철학자들은 자신의 잘못을 바로잡는 것이 정직한 행동이라고 강조했습니다. • 맹자의 『맹문공하(滕文公下)』에 나오는 우화가 있습니다. 어떤 사람이 매일 이웃집의 닭을 훔쳤습니다. 누군가 그에게 "이건 부도덕합니다."라고 말하며 그를 꾸짖었습니다. 그러자 그 남자는 "그렇다면 조금만 훔치겠습니다. 매달 닭 한 마리만 훔치고 내년부터는 닭을 훔치지 않겠습니다."라고 대답했습니다. 이 이야기의 함축적인 메시지는 어떤 행동이 부도덕하다는 것을 알면 망설이지 말고 바로 고쳐야 한다는 것입니다! • 우리는 잘못으로부터 벗어나 스스로를 근본적으로 바꿔야 합니다. 다시는 같은 실수를 저지르지 말아야 합니다.
성찰	1. 옛 현인들은 의인과 악인을 어떻게 구별했을까요? 2. '자신의 잘못을 알고 바로 고치는 것'과 정직은 어떤 관계라고 생각하나요?

예시	미국 초대 대통령인 조지 워싱턴은 오늘날에도 자주 인용되는 좌우명을 가지고 있었습니다. "정직이 최선의 방법이다." 정직은 개인과 사회 모두에게 소중한 덕목입니다. 진실을 말하는 것은 다양한 관계를 유지하는 데 핵심적인 가치입니다.
성찰	1. 조지 워싱턴 대통령의 좌우명에 대해 어떻게 생각하나요? 2. '도난당한 비밀번호'에서 정직이 최선의 방법일까요?

	정직함의 장점
예시	2018년 12월, 중학교 남학생 3명은 한 은행 앞을 지나던 중 길거리에 떨어진 지갑을 주웠습니다. 학생들은 지갑을 주웠다고 112에 신고한 뒤 인근 파출소를 찾아갔습니다. 지갑 안에는 280만 원이 들어 있었는데, 학생들은 "양심을 속이기 싫었고, 단 1원도 손대지 않고 112에 신고를 했다."라고 밝혔습니다. 지갑을 잃어버린 사람은 인근 주민으로, 그 돈은 재개발 이주비로 받은 돈이었습니다. 지갑 주인은 전 재산을 잃어버린 바람에 추운 겨울 노숙 생활을 해야 할 처지에 놓였지만 학생들의 선행 덕분에 돈을 무사히 찾을 수 있었습니다. 지갑 주인은 고마운 마음에 학생들에게 사례하려고 했지만 학생들은 극구 사양한 이후 파출소를 떠났습니다. 관할 경찰서 관계자는 "이웃에게 따뜻한 선물과 감동을 선사한 학생들을 칭찬한다."라며 경찰서장 명의의 감사장을 전달하였습니다.[1]
성찰	1. 학생들의 행동에 대해 어떻게 생각하나요? 2. 학생들이 경찰에 지갑을 전달하지 않았다면 어떻게 되었을까요? 지갑 주인의 운명은 어떻게 되었을까요? 3. 이 예시에서 알 수 있는 정직의 이점은 무엇입니까? 4. 이 예시에서 정직이 최선의 방법일까요?

1 김삼태. (2018. 12. 25.). 잃어버린 현금 280만 원, 중학생이 찾아줘 '훈훈', 신아일보. https://www.shinailbo.co.kr/news/articleView.html?idxno=1128957

부록 6–23 성장 확인 질문

이름: ____________________ 반: ____________________ 날짜: ____________________

1. 수업 과제

1) 자신의 신뢰도를 어떻게 쌓아 나가야 할까요?

2) 정직이 중요하다고 생각합니까?

3) 만약 친구의 잘못을 밝혀야 할지 고민 중이라면 쉽게 결정을 내릴 수 있겠습니까?

2. 숙제

1) 언제나 정직해야 한다고 생각합니까?

2) 만약 여러분이 불치병을 앓고 있다면 부모님께 진실을 숨기고 하얀 거짓말을 하겠습니까? 아니면 나쁜 소식을 솔직하게 전하겠습니까?

3) 2번 질문에 대해 그렇게 답변한 이유는 무엇인가요?

대단원 7

자기효능감

들어가며

자기효능감은 주어진 상황에서 성취를 이루기 위해 필요한 일련의 행동을 조직하고 실행할 수 있는 자신의 능력에 대한 믿음이다. 자기효능감은 일반적인 자기효능감과 영역별로 구체적인 자기효능감을 아우르는 다층적이고 다차원적인 신념 체계이다. 자기효능감은 개인의 심리적 · 생리적 · 사회적 · 도덕적 기능에 큰 영향을 미친다. 자기효능감이 높은 사람은 원하는 대로 실행할 수 있는 자신의 능력을 신뢰한다. 자기효능감은 다음의 요인을 포함한 개인적 또는 대인적 요소들의 영향을 받는다.

1. 자신의 성공 또는 실패 경험
2. 비슷한 상황에서 타인의 성공 또는 실패를 관찰하는 경험
3. 성공 또는 실패하는 상황을 상상하는 경험
4. 다른 사람으로부터의 지지나 독려 또는 부정적 평가를 받는 경험
5. 개인의 신체가 건강하고 긍정 정서를 느끼는 상황 또는 개인이 신체적으로 불안정하고 부정 정서를 느끼는 상황

자기효능감은 인지 요인 · 동기 요인 · 감정 요인 · 선택 요인 등을 포함한 여러 심리적 과정을 통해 실제 성과에 영향을 미친다. 구체적인 내용은 다음과 같다.

1. 인지 요인: 자기효능감은 개인이 자신의 능력을 어떻게 평가하는지에 영향을 미치며, 특정 상황에서 대처하는 방식에 영향을 미친다.
2. 동기 요인: 자기효능감은 개인이 얼마나 진취적인 동기를 가지며, 얼마나 적극적으로 노력하는지에 영향을 미친다.
3. 감정 요인: 자기효능감은 개인이 특정 상황에서 긍정적 또는 부정적 정서를 느끼는 데 영향을 미친다. 긍정적인 감정은 적극적인 행동을 촉진할 수 있는 반면, 부정적 감정은 행동을 억제하거나 상황을 회피하도록 만들 수 있다.
4. 선택 요인: 자기효능감이 높은 개인은 도전적인 과제나 적극적인 대처 방식을 선택할 수 있는 반면, 자기효능감이 낮은 개인은 쉬운 과제나 회피적인 대처 방식을 선택할 수 있다.

사회인지 이론에 따르면 자기효능감은 영유아기부터 발달하기 시작하며, 연령에 따라 다양한 영역에서 어떤 경험을 하고, 어떤 능력을 개발하며, 어떤 상황적 과제를 마주하는지에 따라 전 생애에 걸쳐 변화한다. 특히 다양한 영역에서의 자기효능감은 청소년기의 발달에 상당한 영향을 미친다.

예를 들어, 한국의 청소년들에게 학업적 자기효능감은 매우 중요하다. 이 시기에 대부분의 학생이 특정 과목에 대한 선호나 진로 방향에 대한 고민을 시작하기 때문이다. 또래 학생과의 사회 비교, 교사나 부모님의 피드백은 이 시기의 자기효능감에 큰 영향을 미치며, 이는 직접적으로 학업 성취로 이어진다.

대단원 활동 동안, 학생들의 자기효능감은 자신의 성공 경험, 타인의 성공을 관찰하는 경험, 성공을 상상해 보는 경험 그리고 사회적으로 긍정적인 평가나 격려를 받는 경험을 통해 향상된다. 생리적이나 정서적 상태를 이용하는 방법은 대단원 3 '정서 역량' 활동에서 자세히 다뤄진다. 본 대단원의 활동은 학생들이 전반적인 자기효능감의 개념에 친숙해지도록 도운 다음, 영역별로 자기효능감을 높여 나가는 데 초점을 두고 있다.

Level 1 과정은 학생들이 다양한 영역에서 자신의 자기효능감을 파악하고, 자기효능감을 위협하는 사회적 피드백을 긍정적으로 관리하며, 목표를 효과적으로 설정하고 조정할 수 있도록 돕는 데 중점을 두었다. 학업적 자기효능감은 학년이 올라가면서 더 중요해지고 자기효능감이 실제 그 영역에서의 능력과 부합할 필요성이 있기 때문에 Level 2 과정은 학습 전략을 탐색함으로써 학업적 자기효능감을 향상시키고, 왜곡된 사고를 파악하고 적절한 신념으로 대체함으로써 왜곡된 사고가 자기효능감과 정서에 미치는 부정적 영향을 줄이는 데 목적을 두었다.

성장하면서 학생들은 경제적 여유나 미래에 대한 문제를 점점 더 많이 마주하게 된다. 따라서 Level 3 과정 대단원 '자기효능감'은 학생들의 재정관리 능력과 꿈의 실현에 중점을 두고 있다. 소단원 1을 통해 학생들은 게임을 통해 의사 결정 과정을 경험하고 자기통제와 만족지연을 실천하는 것의 중요성을 이해함으로써 재정관리에서의 자기효능감을 높인다. 소단원 2를 통해 학생들은 꿈의 의미와 중요성을 이해하고, 환경적 제약을 극복하고 꿈을 실현할 수 있는 자신의 잠재력을 발견한다.

개관

소단원	소단원 목적	학습 목표
누가 가장 부자일까 (30분)	재정관리에서 자기효능감을 높인다.	1. 자기통제와 만족지연 능력이 성공적인 재정관리에 미치는 영향을 이해한다. 2. 불필요한 사치를 통제할 필요성을 이해한다.
나의 꿈, 나의 길 (30분)	미래에 대한 적절한 기대를 통해 꿈을 실현하며 살아갈 수 있도록 동기를 부여한다.	1. 꿈의 의미와 중요성을 이해한다. 2. 제약을 극복하고 꿈을 실현할 수 있는 잠재력을 파악한다.

이 대단원에 포함된 모든 활동지 및 파워포인트 슬라이드와 영상 자료 등은 학지사 홈페이지(www.hakjisa.co.kr)에서 내려받을 수 있습니다.

소단원 1

누가 가장 부자일까

1. 소단원 목적

재정관리에서 자기효능감을 높인다.

2. 학습 목표

① 자기통제와 만족지연 능력이 성공적인 재정관리에 미치는 영향을 이해한다.
② 불필요한 사치를 통제할 필요성을 이해한다.

3. 수업 내용

활동	절차
1. 준비 활동(2분)	학생들에게 "만약 여러분에게 천만 원이 있다면, 어떻게 사용하고 싶나요?"라고 질문한다. 학생들에게 자신의 생각을 전체 학급에 공유하도록 요청한다.
2. 모둠 게임과 모둠 토론: 누가 가장 부자일까**(12분)** ▷ **교수자료** - [부록 7-1] 파워포인트 슬라이드: 누가 가장 부자일까 - [부록 7-2] 모둠 활동지: 누가 가장 부자일까 - [부록 7-3] 교수자용 참고 자료: 누가 가장 부자일까 활동 지침	**목표: 자기통제와 만족지연 능력이 성공적인 재정관리에 미치는 영향을 이해한다.** 1. 학생들을 작은 모둠으로 나누고 각 모둠에 모둠 활동지([부록 7-2])를 배부한다. 2. 음원 파일이 첨부된 파워포인트 슬라이드([부록 7-1])를 재생한다. 활동 지침([부록 7-3])을 안내하고 활동을 시작한다. 파워포인트의 자동 넘김이 너무 빠른 경우, 교수자가 직접 각 슬라이드를 안내할 수 있다. 3. 활동을 마친 후, 각 모둠의 총자산을 계산한다. 학생들에게 다음의 질문에 대한 답을 논의하도록 지시한다. • 활동을 진행하는 동안, 돈을 지출하는 방법을 어떻게 결정했나요? • 모둠 구성원들은 지출 전략에 대해 모두 동의했나요? 만약 그렇지 않았다면, 어떻게 합의를 도출했나요? • 돈을 지출하거나 또는 지출하지 않기로 결정할 때 어떤 감정을 느꼈나요? • 활동을 통해 무엇을 배웠나요? • 활동을 마친 후, 부유함의 조건은 무엇이라는 생각이 드나요?

- [부록 7-4] 교수자용 참고 자료: 누가 가장 부자일까 보상 카드와 활용 방법 - [부록 7-5] 교수자용 참고 자료: 만족지연	4. 다음의 결론을 전달하며 활동을 마무리한다. • 부는 자원과 동일합니다. 돈과 물질 외에도 부는 돈으로는 살 수 없는 지식, 가족관계, 친구관계, 가치관 등을 포함합니다. • 한정된 자원을 사용할 때는 적절한 지출 계획이 필요합니다. 마음대로 소비하게 된다면, 자원을 낭비하게 되고 가치 있게 투자할 기회를 놓치게 됩니다. • 부를 축적하기 위해서는 자원을 잘 사용하는 방법을 배워야 합니다. 자기통제와 만족지연 능력을 발휘하는 것은 자원을 적절하게 사용하는 데 도움이 될 수 있습니다.
3. 모둠 토론: 부를 축적하는 비결**(6분)** ▷ **교수자료** - [부록 7-6] 토론 자료: 누가 가장 부자인가 질문지	**목표: 불필요한 사치를 통제할 필요성을 이해한다.** 1. 각 모둠에게 토론 자료([부록 7-6])를 배부하고, '필요한 지출'과 '불필요한 지출'을 구분하도록 지시한다. 2. 일상 속의 사례를 활용해 '원하는 것'과 '필요한 것'의 차이를 논의해 보도록 지시한다. 3. 물질적인 욕망을 모두 만족시킬 수는 없기 때문에 '욕망'과 '필요'를 구분하는 것이 중요하다고 언급한다. 부를 축적하기 위해서는 적절하게 소비하고 불필요한 사치를 통제해야 하는 방법을 배워야만 한다고 강조한다.
4. 결론(5분)	다음의 결론을 학생들에게 전달한다. • '부'란 물질로 한정되는 것이 아닙니다. 부는 다양한 가치를 포괄합니다. 진정한 부는 은행 계좌에서만 확인할 수 있는 것이 아니며 마음속에도 저장될 수 있습니다. • 재정관리는 사치와 인색함 사이 양자택일의 문제가 아닙니다. 재정관리는 현명한 소비의 문제입니다. 만족지연의 가치를 이해하고 불필요한 소비를 적절히 통제하는 사람들은 더 효과적인 재정관리를 할 수 있습니다. 적절하게 소비를 계획하고 진정으로 가치 있는 곳에만 소비할 때 부를 축적할 수 있습니다. • '바다는 메워도 사람 욕심은 못 채운다.'라는 속담이 있습니다. 진정한 만족은 물질이 아닌 마음에서 나오며, 올바른 기준을 두고 소비할 때 현명하게 자원을 사용할 수 있습니다.
5. 마무리 활동(5분) ▷ **교수자료** - [부록 7-7] 성장 확인 질문	1. 성장 확인 질문을 공유하고 학생들이 소단원 활동을 돌아볼 수 있도록 유도한다. 2. 소단원 활동에 대한 학생들의 참여도를 칭찬한다.

4. 세부 지도 사항

1) 준비 활동

교수자는 학생들의 배경에 따라 돈의 액수를 조정할 수 있다.

2) 누가 가장 부자일까

- 게임을 진행하는 동안, 몇몇 학생은 너무 몰입해서 활동의 의미를 놓칠 수 있다. 따라서 해석 절차는 매우 중요하다. 교수자는 학생들이 자기통제의 중요성과 만족지연 능력에 대해 잘 이해하도록 도움으로써 학생들이 재정관리를 위한 태도와 기술을 습득할 수 있도록 유도한다.
- 학생들은 이미 재정관리의 개념을 확립했을 수 있다. "여러분은 어떻게 소비하기로 결정했나요?"와 같은 질문은 교수자가 돈에 대한 학생들의 태도나 소비의 기준에 대해 파악할 수 있도록 도울 수 있다. 또한 이와 같은 질문은 토론을 활성화하는 데 유용할 수 있다. 교수자는 "만약 여러분이 가진 50만 원이 100만 원으로 늘어난다면, 소비 계획을 어떻게 바꿀 수 있을까요?"와 같이 질문하며, 학생들의 사고를 자극할 수 있다.
- "돈을 지출하거나 또는 지출하지 않는 결정을 내렸을 때 어떤 감정을 느꼈나요?"나 "활동을 통해 무엇을 배웠나요?" 같은 질문의 답변을 논의할 때, 학생들은 활동을 진행하는 동안 느꼈던 감정을 회상하고 일상생활에서 느끼는 감정과 비교한다. 관련된 질문으로는 "좋아하는 물건을 사기로 결정했을 때, 기뻤나요 또는 마음이 아팠나요?" "좋아하는 것을 사지 않았을 때 속상하고 괴로웠나요?" "시간이 지나자 그 물건을 갖고 싶은 욕심이 사라졌다는 것을 깨달았을 때, 어떤 감정을 느꼈나요?"가 있다. 만족지연을 이해하는 게 어렵다는 것을 강조하는 동시에, 지속적으로 만족지연을 실천하기 위해 노력하면 자연스럽게 돈과 물질에 휘둘리지 않는 삶을 살 수 있다고 명시한다.
- '만족지연'은 즉각적이고 단기적인 이익을 위해 미래의 큰 이익을 희생하기보다는, 적절한 시기가 될 때까지 원하는 것을 얻기 위해 기다릴 수 있는 능력이다([부록 7-5]). 시간 여유가 있다면 '부를 축적하는 비결' 활동을 마친 후, 만족지연 능력을 끌어올리는 실용적이고 효과적인 방법에 대해 논의한다.
- 활동을 진행하는 동안 학생들이 불필요한 소비를 통제할 수 있다면, 그들은 이미 자기통

제와 재정관리에 대한 성공 경험을 얻게 된 것이다. 이와 같은 재정관리에서의 성공 경험은 관련된 영역에서 자기효능감을 높이는 데 중요하다. 학생들을 칭찬하고 일상생활에서도 배운 기술을 활용하도록 장려함으로써, 학생들이 재정관리 능력을 향상시킨다.

- 학생들의 생활 환경과 문화적 배경에 따라, 교수자는 파워포인트 슬라이드의 내용을 수정할 수 있다.
- 필요하다면 Level 2 과정 대단원 9 회복탄력성의 소단원 3의 활동 자료 또는 Level 2 과정 대단원 13 '미래에 대한 신념'의 소단원 3의 활동 자료를 통해 유혹을 물리쳤을 때의 긍정적 결과들에 대해 살펴볼 수 있다.

3) 부를 축적하는 비결

- 학생들이 '원하는 것'과 '필요한 것'의 차이를 구분하기 어려워한다면, 적절한 맥락을 제시할 수 있다. 예를 들어, 교수자는 학생들에게 "여러분의 책가방이 여전히 새것이지만, 여러분이 오랫동안 갖고 싶어 했던 책가방이 할인 중입니다. 새로운 책가방은 '원하는 것'일까요, '필요한 것'일까요? 만약 여러분의 책가방이 너무 낡아서 새로운 것으로 바꾸고 싶다면, 이때 새 책가방은 '원하는 것'일까요, '필요한 것'일까요?"라고 질문할 수 있다. 이러한 성찰은 학생들이 교실에서 배운 지식이나 기술을 일상에서 마주하는 상황으로 확장해서 적용할 수 있도록 도울 수 있다. 구체적으로, 학생들은 옷, 음식, 집, 교통과 같은 일상생활의 기본적인 필요부터 생각해 볼 수 있다. 예를 들어, 학생들은 음식에 대한 소비를 '필요한 것'으로 분류할 수 있는 한편, 어떤 음식을 먹을지에 대한 선택은 상황에 따라 '원하는 것'의 범주에 속한다고 판단할 수 있다.
- 시간 여유가 있다면, 학생들이 자신이 정의하는 소비의 개념과 일상생활에서 자신의 소비 양상에 대해 생각해 보도록 지도할 수 있다. 학생들에게 무언가를 샀다가 쓸모가 없어 구매를 후회했던 적이 있는지, 또는 원하는 것을 사지 못해 속상했던 경험이 있는지 생각해 보도록 지시한다. 물질적인 욕망을 적절히 통제하고 '원하는 것'과 '필요한 것'을 구분하는 것이 중요하다는 점을 이해할 수 있도록 학생들을 지도한다.

4) 결론

- 만족지연은 재정관리를 잘하는 데 중요할 뿐 아니라, 개인의 성장과 목표 성취에도 중

요하다.

- 학생들이 모든 물질적인 욕망을 버려야 할 필요는 없다. 중요한 것은 과도하게 절제하거나 과도하게 지출하는 것 없이 불필요한 욕망을 줄이고, '원하는 것'과 '필요한 것'을 적절히 구분하는 능력을 기르는 것이다.
- 부나 물질을 과도하게 추구하지 말아야 한다는 것은 개인의 재능을 무시하거나 시간을 낭비하면서까지 있는 그대로 모든 것을 받아들여야 함을 의미하지는 않는다. 오히려 사람들과 그들이 구성하는 사회는 현재보다 더 나은 방향으로 나아가기 위해 자신의 강점과 능력을 사용하고 개발해야 한다. 만족은 게으름에 대한 변명이 될 수 없다.
- 몇몇 학생은 한 소단원 활동만으로 부를 추구하는 적절한 태도를 이해하기 어려워할 수 있다. 활동의 목적은 학생들이 부를 대하는 건강한 관점을 접하고 미래에 스스로 이와 같은 관점을 탐구할 수 있도록 돕는 것이다. 교수자는 학생들이 필요와 능력에 따라 소단원 활동 동안 부를 추구하는 관점을 전달하는 방식을 유연하게 조절한다.
- 소단원 활동은 학생들이 만족지연을 경험하고 그의 중요성을 판단할 수 있도록 돕는다. 소단원 활동은 또한 학생들이 '원하는 것'과 '필요한 것'을 구분하도록 돕는다. 학생들이 소단원 활동에서 배운 지식과 기술을 일상생활에서 실천할 수 있도록 격려한다.
- 사회에 'YOLO(You Only Live Once)'나 과시적 소비가 널리 퍼지면서 부나 재정관리의 적절한 개념을 논의하고 소비의 문제를 적절하게 다루는 기술을 가르치는 것이 보다 중요해졌다. 만약 학생들이 관련된 주제에 대해 더 심층적으로 논의하고자 한다면, 교수자는 학생들이 미래를 위한 재정관리 또는 소비 계획을 어떻게 세울 수 있는지에 초점을 맞춰 지도할 수 있다.
- 재정관리에서의 자기효능감을 높이기 위한 기본적인 기술 중 하나는 만족지연이다. 학생들은 관련해서 주어진 자원을 자신과 타인에게 이익이 되고 자신의 성장을 유도하는 방향으로 활용하도록 '투자'의 개념을 배울 수도 있다.
- 현대 사회에서는 신용카드나 무이자할부 등 신용을 기반으로 카드사가 판매자에게 대금을 지급한 후 추후 고객에게 청구하는 결제 방식이 널리 사용된다. 따라서 교수자는 학생들이 신용카드를 사용할 때 자신의 상환 능력을 명확히 파악하고 자기통제를 발휘할 수 있도록 지도할 수 있다.
- 학생들이 돈이나 물질을 통한 만족을 이해하도록 돕는 것과 별개로, 학생들이 내적 만족이 더 큰 기쁨을 가져온다는 것을 이해하도록 지도한다. '내적 만족'은 사회나 환경에 의해 부여되는 것이 아닌 활동의 본질에서 오는 만족이나 보상을 의미한다. 예를 들어,

봉사활동에 참여하면서 느끼는 긍정적 감정은 내적 만족에 속하지만, 사회로부터의 인정과 금전적 보상은 외적 만족에 속한다. 내적 만족과 외적 만족은 공존할 수 있지만, 사람들은 극단에 치우치지 않도록 균형을 잡기 위해 노력해야 한다.

5. 보충 활동(선택 사항)

활동	내용	권장 사항
소비 기록하기	**목표: 자신의 소비 패턴을 평가하고 소비 태도를 성찰한다.** 학생들은 한 달 동안 매일 자신의 소비 생활을 기록한다. 학생들은 각 소비 항목에 대해 '필요한 것'과 '원하는 것'으로 구분한다. 한 달 후, 학생들은 자신의 소비 패턴을 분석하고, 자신의 소비 태도를 성찰한 보고서를 작성해 제출한다. 개선이 필요한 경우, 개선 방안을 구체화한 활동 계획을 수립한다.	유행하거나 값비싼 사치품(예: 액세서리)을 가진 학생들에게 더 큰 효과가 나타날 수 있다.

부록 7-2

모둠 활동지: 누가 가장 부자일까

이름: ____________________

〈지출 목록〉

여러분의 선택을 기록해 주세요.

	a.	b.	c.	지출	잔액
1	예	아니요	---	---	50만 원
2	아침 A	빵과 우유	먹지 않는다		
	---	---	---	4천 원	
	---	---	---	2만 원	
3	영화를 본다	농구를 한다	---		
4	산다	사지 않는다	---		
	---		---	4천 원	
5	콘서트에 간다	가지 않는다	---		
	---	---	---	3만 원	
6	---	---	---	1만 원	
7	산다	사지 않는다	---		
8	아침 B	요리해 먹는다	먹지 않는다		
9	산다	사지 않는다	---		
10	기다린다	포장한다	먹지 않는다		
11	산다	먹지 않는다	---		
12	산다	사지 않는다	---		
13	---	---	---		
14	---	---	---		
15	잔치 국수	해물 우동	먹지 않는다		
				잔액:	

부록 7-3 교수자용 참고 자료: 누가 가장 부자일까 활동 지침

1. 각 모둠은 50만 원과 네 개의 하트로 시작한다. 칠판을 여덟 개의 공간으로 나누고, 각 공간에 네 개의 하트([부록 7-4])를 부착한다. 각 모둠당 하나의 공간을 배정한다.

2. 각 모둠은 상황이 발표될 때마다 5초 이내에 결정을 내려야 한다. 이후 각 모둠은 결정을 발표하고 활동지에 표시한다. 한 번 결정을 내리면, 바꿀 수 없다.

3. 각 모둠에게 총자산의 변화를 확인할 수 있도록 활동 중에 수시로 잔액을 계산하도록 지시한다.

4. 파워포인트 슬라이드의 지침에 따라 적절하게 보상 카드([부록 7-4])나 하트를 지급하거나 또는 회수한다.

5. 가장 많은 돈 또는 가장 많은 보상 카드를 가진 팀이 우승한다. 활동의 규칙을 사전에 설명할 때, 학생들에게 '가장 많은 부'를 축적한 모둠이 우승한다고 말함으로써 학생들이 활동을 통해 진정한 부의 의미에 대해 파악할 수 있도록 유도한다.

6. 활동을 진행하는 동안에 다음의 내용을 참고한다.
   - 활동은 일을 하거나 빌리는 등의 돈을 버는 행위를 포함하지 않는다. 만약 몇몇 모둠이 활동을 마치기 전에 돈을 다 써 버린다면, 교수자는 그 모둠이 활동에 계속 참여할지 여부를 결정할 수 있다. 이때, 교수자는 이 결정이 활동의 목적(재정관리를 경험하고 만족지연을 위해 현재의 불편을 참는 것)을 달성하는 데 도움이 되어야 한다는 점을 명심한다. 교수자는 지속적으로 학생들이 활동의 교훈에 주의를 기울일 수 있도록 도와야 한다.
   - 게임을 진행하는 동안, 몇몇 학생은 활동의 결과에만 관심을 둘 수 있다. 즉, 학생들이 자신의 결정이 보상이나 처벌을 결정한다는 것을 파악할 때 마음대로 이미 활동지에 적었던 결정을 바꾸려고 할 수 있다. 활동 이후 토론을 진행할 때, 교수자는 부를 축적하는 것도 좋지만, 정직한 것도 매우 중요하다는 점을 강조한다.

부록 7-4 교수자용 참고 자료: 누가 가장 부자일까 보상 카드와 활용 방법

1. 점선을 따라 잘라 보상 카드를 만든다.
2. 파워포인트 슬라이드의 순서에 따라 각 모둠에게 1, 9, 10, 11번의 질문에 답변하도록 지시한다. 파워포인트 슬라이드의 지침에 따라 카드를 분배하고, 칠판에 카드를 부착한다. 각 모둠은 최대 네 개의 ♥와 한 개의 ★을 받을 수 있다.
3. 유사한 방법으로 학생들에게 2, 8, 10, 15번 질문에 답변하도록 지시한다. 만약 'c. 먹지 않는다'를 선택할 경우, 각 식사당 ♥를 하나씩 회수한다.

부록 7-5 교수자용 참고 자료: 만족지연

'만족지연'은 현재의 욕구를 억제하고, 단기적인 이익을 포기하며, 더 나은 미래를 위해 인내심을 가지고 열심히 노력함으로써 장기적인 목표를 달성하는 것을 의미한다. 인내는 목표를 성취하기 위해 없어서는 안 될 필수적인 요소이다. 예를 들어, '시험에서 좋은 결과 얻기'라는 장기적인 목표를 이루기 위해서는 매일 공부를 하는 데 시간과 노력을 들여야 한다. 반면, '게임하기'나 'TV 보기'는 상대적으로 단기적인 이익을 제공한다. 만약 단기적인 이익과 쾌락을 위해 너무 많은 시간을 소요해서 공부나 휴식을 위한 충분한 시간을 확보하지 못한다면, '시험에서 좋은 결과 얻기'라는 목표를 이루기 어렵다. 따라서 장기적인 목표를 이루는 핵심 요소 중 하나는 즉각적인 이익이나 단기적인 쾌락을 포기하는 등 만족지연과 자기통제를 실천하는 것이다.

만족지연 능력을 함양하기 위해 다양한 방법을 적용해 볼 수 있다. 명심해야 할 핵심적인 사항은 다음과 같다.

1. 인내와 끈기 훈련하기

자기통제의 중요한 요소인 인내와 끈기는 점진적으로 발달하며 단 한 번의 훈련으로는 획득할 수 없다. 예를 들어, 시험을 준비하기 위해 게임을 그만두고 학습 계획을 수립하여 예습 및 복습을 할 수 있다. 초기에는 노력에 대한 보상을 주거나 단순 재미를 위해 잠시 동안 게임을 할 수 있다. 예를 들어, 첫째 날 다섯 단원을 공부한 이후 20분 동안 게임을 할 수 있다. 이후 복습 시간을 늘리면서 게임하는 데 들이는 시간을 점차 줄여 나갈 수 있다. 처음에는 인내와 끈기의 부족으로 계획을 유지하는 것이 힘들 수도 있다. 그러나 점진적인 훈련은 인내와 끈기를 점진적으로 늘리는 데 도움이 된다. 자기통제 능력이 강화된 이후에는 더 이상 유혹에 휘둘리지 않게 된다.

2. 유혹의 근원 발견하기

유혹에 저항하는 데 실패한다면, 유혹의 근원을 찾아 유혹을 발생시키는 물건이나 장소를 피해야 한다. 예를 들어, 게임을 좋아하는 학생은 피시방에 가는 데 돈을 낭비하고 있을 수 있다. 이 학생은 더 나은 목적을 위해 게임을 그만두고 돈을 저축할 수 있다. 그러나 피시방을 마주칠 때마다 게임에 대한 유혹을 통제하기 어렵다면, 피시방이 보이지 않는 우회로를 이용하는 등 일시적인 해결책으로 활용할 수 있다. 문제를 영구적으로 해결하기 위해서는 자기통제 능력을 발달시키고, 인내와 끈기를 배워야 한다.

3. 경각심 가지기

흔들림 없이 목표를 달성하는 데 집중할 수 있도록 다양한 방법을 사용한다. 예를 들어, '나무 한 그루를 위해 전체 숲을 희생하지 말자'와 같은 구호를 적어 잘 보이는 곳에 붙여 둔다. 이를 통해 스스로가 더 나은 미래에 집중하고 즉각적인 이익에 휩쓸리지 않도록 지속적으로 다잡는다.

부록 7-6 토론 자료: 누가 가장 부자인가 질문지

모둠: ____________________

	질문	불필요한 지출	필요한 지출
1	비상 상황을 대비해서 저축한다.		
2	아침으로 무엇을 먹을까?		
	학교에 가기 위해 버스비를 낸다.		
	크리스마스 파티를 준비한다.		
3	방과 후 활동으로 무엇을 할까?		
4	오랫동안 갖고 싶던 책가방이 할인 중이다. 사야 할까? 말아야 할까?		
	집에 가기 위해 버스비를 낸다.		
5	콘서트에 갈까?		
	다영이로부터 콘서트 티켓을 살까?		
6	콘서트에 가기로 했다. 이후 콘서트장에 가기 위해 교통비를 낸다.		
7	콘서트에 가기로 했다. 내가 좋아하는 아이돌의 한정판 달력을 사거나 무료 포스터를 받는다.		
8	아침으로 무엇을 먹을까?		
9	자선단체에서 만든 쿠키를 사 먹을까?		
10	점심으로 무엇을 먹을까?		
11	어머니의 생신 선물로 스카프를 살까?		
12	김밥과 떡볶이를 먹을까?		
13	김밥과 떡볶이를 먹기로 했다. 배탈이 나서 병원에 가야 될 것 같다.		
14	김밥과 떡볶이를 먹기로 했다. 배탈이 나서 저녁으로 죽을 사 먹는다.		
15	김밥과 떡볶이를 먹지 않기로 했다. 저녁으로는 무엇을 먹을까?		

부록 7-7 성장 확인 질문

이름: ____________________ 반: ____________________ 날짜: ____________________

1. 수업 과제

1) 과거에 내가 생각했던 '부'의 의미는 무엇이었나요?

2) 현재 내가 생각하는 '부'의 의미는 무엇인가요? 설명해 주세요.

3) 만약 돈만이 부라면, 원하는 만큼의 돈을 모으는 것이 가능할까요?

2. 숙제

1) 재정관리를 위한 나의 목표와 방법에 대해 적어 주세요.

2) 그 목표들을 이루기 위해서 나의 재정관리 방법을 개선해야 할 필요가 있나요? 그렇다면 어떻게 개선할 것인지 설명해 주세요. 그렇지 않다면, 그 이유를 설명해 주세요.

3) 좋은 재정관리를 실천하기 위해 스스로를 독려할 수 있는 구호를 찾아보거나 만들어 보세요.

소단원 2

나의 꿈, 나의 길

1. 소단원 목적

미래에 대한 적절한 기대를 통해 꿈을 실현하며 살아갈 수 있도록 동기를 부여한다.

2. 학습 목표

① 꿈의 의미와 중요성을 이해한다.

② 제약을 극복하고 꿈을 실현할 수 있는 잠재력을 파악한다.

3. 수업 내용

활동	절차
1. 준비 활동: 꿈의 타임머신(**5분**) ▷ **교수자료** - [부록 7-8] 활동지: 꿈의 타임머신 - [부록 7-9] 교수자용 참고 자료: 꿈의 타임머신 활동 지침	1. 학생들에게 활동지([부록 7-8])를 배부한다. 2. 학생들에게 '꿈의 타임머신 활동 지침'([부록 7-9])에 따라 활동 방법을 설명한다. 3. 활동지 작성을 마친 후, 학생들로 하여금 가까운 학생들과 의견을 간단히 공유하도록 지시한다.
2. 개인 활동: 시간 여행(1)(**8분**) ▷ **교수자료** - [부록 7-10] 활동지: 꿈이란 - [부록 7-11] 교수자용 참고 자료: 꿈이란	**목표: 꿈의 의미와 중요성을 이해한다.** 1. 학생들에게 눈을 감고 1분 동안 '꿈의 타임머신'에 적은 꿈이 실현된 순간을 떠올려 보고, 그때의 얼굴 표정과 정서에 대해 상상해 보도록 지시한다. 2. 학생들에게 상상 속의 장면과 감정을 묘사해 보도록 지시한다. 미래에 대한 적절한 기대가 꿈을 실현하도록 사람들을 동기부여할 수 있음을 언급한다. 3. 학생들에게 활동지([부록 7-10])를 배부하고, 다음의 네 가지 기준을 설명한다(세부 지도 사항과 [부록 7-11]). • 길이: 꿈을 이루기 위한 시간은 현실적으로 설정되어야 합니다.

	• 넓이: 꿈을 실현하는 과정과 꿈을 이뤘을 때의 결과는 나와 타인에게 이로워야 합니다. • 높이: 꿈은 지속적으로 발전해야 합니다. • 깊이: 꿈은 한 개인이 더 성장하고 발달하며, 풍요로운 삶을 사는 데 기여해야 합니다. 4. 학생들에게 활동지의 질문에 답해 보고, 꿈이 앞선 네 가지 요소를 포함하는지 평가해 보도록 지시한다.
3. 교수자의 경험 공유: 시간 여행(2)**(2분)**	**목표: 꿈을 향해 나아가고, 자신의 한계를 파악해서 극복할 수 있도록 격려하기** 1. 학생들에게 다음의 내용을 포함해 꿈을 이뤘던 개인적인 경험을 공유한다. • 꿈의 내용 • 꿈을 이루는 과정에서 마주친 제약 • 제약을 극복하고 꿈을 이룬 방법 2. 결론적으로 꿈을 이루기 위해 유용한 개인적 자질을 탐색해야 한다는 점을 강조한다.
4. 모둠 토론: 나의 꿈, 나의 길**(8분)** ▷ **교수자료** - [부록 7-12] 교수자용 참고 자료: 개인적 자질 참고 자료 - A3 용지, 사인펜, 테이프	**목표: 제약을 극복하고 꿈을 실현할 수 있는 잠재력을 파악한다.** 1. 학생들을 작은 모둠으로 나눈다. 각 모둠은 A3 용지 한 장과 사인펜 하나를 받는다. 2. 각 모둠의 구성원들은 각자 종이에 자신의 꿈을 적는다. 종이에 적힌 꿈 중 하나를 선택하고 그를 적은 사람이 꿈을 이루기 위해서 필요한 자질은 무엇일지에 대해 논의한다([부록 7-12]). 논의의 결과를 A3 용지에 적는다. 3. 각 모둠은 논의의 결과를 칠판에 부착하고 전체 학급에 발표한다. 각 모둠은 꿈을 이루기 위해 필요한 각 자질의 기능과 중요성에 대해 설명한다. 4. 논의의 결과를 요약한다. 개인적 자질의 개발이 제약을 극복할 수 있도록 도와주며, 꿈을 이루고 성공으로 나아가는 데 결정적인 역할을 한다고 강조한다.
5. 결론(2분)	1. 꿈의 네 가지 요소(길이, 넓이, 높이, 깊이)를 다시 한번 설명한다. 2. 꿈이 사람들에게 방향성을 제시해 준다는 점을 언급한다. 미래에 대한 적절한 기대는 사람들이 긍정적 삶을 살아가도록 동기를 부여한다. 3. 학생들이 자신을 더 잘 이해하고 긍정적인 자질을 발전시키도록 격려함으로써, 학생들이 어려운 상황 속에서도 제약을 극복하고 꿈을 실현하도록 돕는다.
6. 마무리 활동(5분) ▷ **교수자료** - [부록 7-13] 성장 확인 질문	1. 성장 확인 질문을 공유하고 학생들이 소단원 활동을 돌아볼 수 있도록 유도한다. 2. 소단원 활동에 대한 학생들의 참여도를 칭찬한다.

4. 세부 지도 사항

1) 준비 활동

- 활동을 진행하는 동안, 학생들은 '목표'와 '꿈'의 의미에 대해 잘 이해하지 못하거나 서로를 혼동할 수 있다. '목표'는 '성취의 대상'인 반면, '꿈'은 '실제로 일어났으면 하고 바라는 상황에 대한 생각'을 의미한다. 즉, 꿈은 목표보다 더 넓은 개념이다. 꿈은 단계적으로 성취할 수 있는 여러 개의 목표로 나뉠 수 있다.
- '꿈'은 직업적 의미로 한정되지 않는다. 꿈은 여러 자질과 경험을 포함할 수 있다. 그럼에도 꿈은 구체적이어야 한다. 예를 들어, '좋은 사람이 되고 싶다'는 것은 매우 광범위한 의미를 담고 있다. 이 꿈을 성취하도록 노력하기 전에 '좋은 사람'이라는 단어가 명확하게 정의되어야 한다. 예를 들어, '좋은 사람'은 따뜻한 마음을 가지고, 정의롭고, 용감하며, 다른 사람을 잘 도와주고, 올바른 가치관을 가지고 있어야 한다. 꿈은 구체적인 목표와 방향이 정해졌을 때 성취될 수 있다.
- 교수자는 지침에 따라 직접 질문을 작성해 볼 수 있다([부록 7-9]). 핵심은 학생들의 꿈에 대한 기대를 자극하고, 학생들이 자신의 꿈을 생각해 볼 수 있도록 돕는 것이다. 만약 학생들이 꿈을 떠올리는 데 능숙하다면, 나이에 따라 이루고 싶은 것이 무엇인지 또는 어떤 사람이 되고 싶은지 상상하도록 지도한다.
- 교수자는 학생들과 활동에 함께 참여하며 자신의 개인적인 경험을 공유할 수 있다. 교수자는 토론을 활성화하기 위해 칠판에 정보를 적어 줄 수 있다. 만약 교수자가 자신을 드러내지 않고 학생들이 활동지를 마무리하는 데 집중하도록 돕고자 한다면, 정보를 컴퓨터에 적거나 미리 다른 종이에 적어 토론 중에 학생들에게 보여 줄 수 있다.

2) 시간 여행(1)

- 학생들이 눈을 감았을 때, 학생들이 활동을 잘 따라가고 있는지 표정을 살펴보며 확인한다. 만약 학생들이 단지 공상에 빠진 것으로 보인다면, 낮은 목소리로 그들을 지도한다. 예를 들어, "꿈을 이루면 어떤 감정을 느낄 것 같나요? 만족스러울까요? 신이 날까요?" 또는 "꿈을 이루었을 때 나의 얼굴은 어떨 것 같나요? 나는 만족스러운 표정을 짓고 있나요?" 등의 질문을 던진다.

- 꿈을 정의하는 목적은 학생들이 건설적인 꿈을 추구하도록 지도하는 것이다. 활동을 진행하는 동안, 몇몇 학생은 꿈의 의미를 파악하기 어려워할 수 있다. 이 경우, 더 많은 설명을 제시하고 예시를 활용한다. 자세한 내용은 [부록 7-11]를 참고한다.
- 만약 학생들이 꿈의 네 가지 요소를 이해하지 못한다면, 칠판에 사각형을 그리고 '길이'와 '넓이'에 대해 설명한다. 학생들이 두 요소를 이해하면, [부록 7-10]과 같이 3차원의 그래프를 그리고 '높이'와 '깊이'를 설명한다.

3) 시간 여행(2)

- 교수자의 경험은 학생들에게 모범이 될 수 있다. 더 나아가 그들은 학생들이 꿈을 설정하고 꿈을 이루기 위한 계획을 수립해야 할 필요성을 이해하도록 돕는다. 예를 들어, 학생들은 학습, 공동체 생활, 사회적 활동, 자신의 잠재력 발견, 자신의 강점과 약점, 환경적 제약의 이해 등을 통해 꿈을 이루기 위한 계획을 수립할 수 있다. 따라서 이런 방식으로 학생들은 동기부여될 수 있고, 학습과 참여를 통해 자기효능감이 고양될 수 있다.
- 교수자는 유명인사의 성취를 토론의 주제로 제시할 수 있다.

4) 나의 꿈, 나의 길

- 만약 학생들이 아직 꿈을 찾지 못했다면, 꿈을 이루기 위해 필요한 일반적인 자질에 대해 논의하고, 그 결과를 A3 용지에 적을 수 있다.
- 활동을 진행하는 동안 교수자의 격려는 매우 중요하다. 몇몇 학생은 자신의 꿈으로 인해 급우들에게 놀림을 받을 수 있다. 교수자는 이와 같은 행동을 즉시 교정하고 미래 지향적인 관점으로 자신의 꿈을 공유하는 학생들을 칭찬해야 한다.
- 교수자는 더 깊은 성찰을 유도하기 위해 몇몇 추가적인 활동을 진행할 수 있다. 예를 들어, 학생들에게 활동에서 언급된 자질을 자신이 가지고 있는지 판단해 보도록 지시할 수 있다. 만약 그렇지 않다면 학생들에게 그런 자질들을 발달시키기 위한 방법을 생각해 보도록 지시한다. 만약 학생들이 이미 필요한 자질을 가지고 있다고 생각한다면, 그 자질을 어떻게 잘 활용할 수 있을지 생각해 보도록 지시한다.
- 학생들의 참여를 독려하기 위해 활동은 경연의 형태로 진행될 수 있다. 꿈을 이루기 위해 필요한 자질을 가장 많이 적은 모둠이 우승한다. 교수자는 학생들의 동기를 자극하

기 위해 상을 준비할 수 있다.

5) 결론

- 제약을 극복하고 꿈을 이루는 데 필요한 자질들은 개인의 성장을 북돋고, 결과적으로 자기효능감을 높인다. 학생들이 꿈을 이루는 데 필요한 개인적 자질의 중요성을 이해하도록 지도하고, 일상에서 필요한 자질을 발달시키기 위해 노력하도록 격려한다.
- 청소년은 많은 꿈을 가질 수 있고, 모든 꿈을 추구하고 이행하기 원할 수 있다. 때때로 사람들은 청소년의 꿈이 실용적이지 않고 비현실적이거나, 자신의 능력을 과대평가하는 것처럼 보인다는 이유로 비판하거나 불신할 수 있다. 그러나 다른 사람의 발달과 성취를 제한하거나, 다른 사람의 꿈을 허황된 꿈이라고 말할 수 있는 사람은 아무도 없다. 따라서 청소년들이 꿈을 이루기 위해 진취적으로 노력한다면 꿈을 현실로 만들 수 있음을 이해하도록 도와야 한다. 물론 만약 청소년들이 행동하지 않고 꿈만 꾸거나 게으름이나 어려움을 이유로 쉽게 포기한다면, 그들의 꿈은 허상일 것이다. 예를 들어, 만약 누군가 유명한 댄서가 되기를 원하면서 연습에 정진하고, 관련된 지식과 경험을 쌓기 위해 노력하며, 기회를 탐색하고, 인성과 의사소통 능력, 공동체 의식 등을 배양한다면, 유명한 댄서가 되고 싶다는 생각은 충분히 현실적이다. 반대로, 만약 댄서가 되고 싶은 것에 대해 생각 또는 말만 하고 쉽게 포기한다면, 이 꿈은 허상이다.
- 부모의 기대는 학생들의 꿈과 다를 수 있다. 예를 들어, 부모는 학생보다 더 실용적이다. 교수자는 부모의 의견과 학생의 의견 사이에서 균형을 잘 잡고 한쪽만을 지지하지 않아야 한다.
- 사람들 모두가 살아가며 다른 경험을 하고 다른 문제를 마주하기 때문에 꿈은 바뀔 수 있다. 따라서 사람들은 틈틈이 꿈이 계획했던 방향대로 나아가고 있는지 점검해야 한다.
- 학생들은 '길이, 넓이, 높이, 깊이'의 의미를 활동을 통해 처음으로 배울 것이다. 교수자는 학생들이 꿈의 의미를 미시적인 수준(자신과 가족 등)과 거시적인 수준(사회, 국가, 세계 등) 모두에 적용해 볼 수 있도록 유도한다. 학생들이 수준에 따라 다른 꿈을 설정하고 성공 경험을 쌓아 가며 자기효능감을 높이도록 돕는다.

5. 보충 활동(선택 사항)

활동	내용	권장 사항
좋은 기반 마련하기	**목표: 꿈을 이루기 위한 좋은 기반을 마련한다.** 학생들이 단어나 그림을 활용해 자신의 꿈, 꿈을 이루기 위해 필요한 자질, 이런 자질을 개발하는 방법, 앞으로의 계획 등을 표현하도록 지시한다.	두세 명씩 모둠을 만들어 서로 의견을 공유하도록 지시함으로써 학생들이 또래의 지지와 격려를 얻도록 유도한다. 이는 꿈을 이루고자 하는 학생들의 동기를 끌어올릴 수 있다.
존경합니다	**목표: 인정하고 존경할 만한 롤모델을 찾는다.** 학생들은 존경하는 한 사람을 정하고 그에게 자신의 꿈과 꿈을 이뤘던 경험을 공유하도록 요청한다. 학생들은 기사를 작성하거나 시각적 예술로 표현함으로써 인터뷰 내용을 보고한다. 예를 들어, 학생들은 인터뷰 한 사람에게서 배운 것, 가장 인상 깊었던 것, 인터뷰 동안 자신의 감정 등을 표현할 수 있다.	경험 공유 시간을 가진다. 학생들이 활동을 통해 배운 내용을 공유함으로써 서로의 경험을 통해 깊이 사고할 수 있도록 유도한다.

부록 7-8

활동지: 꿈의 타임머신

이름: ____________________

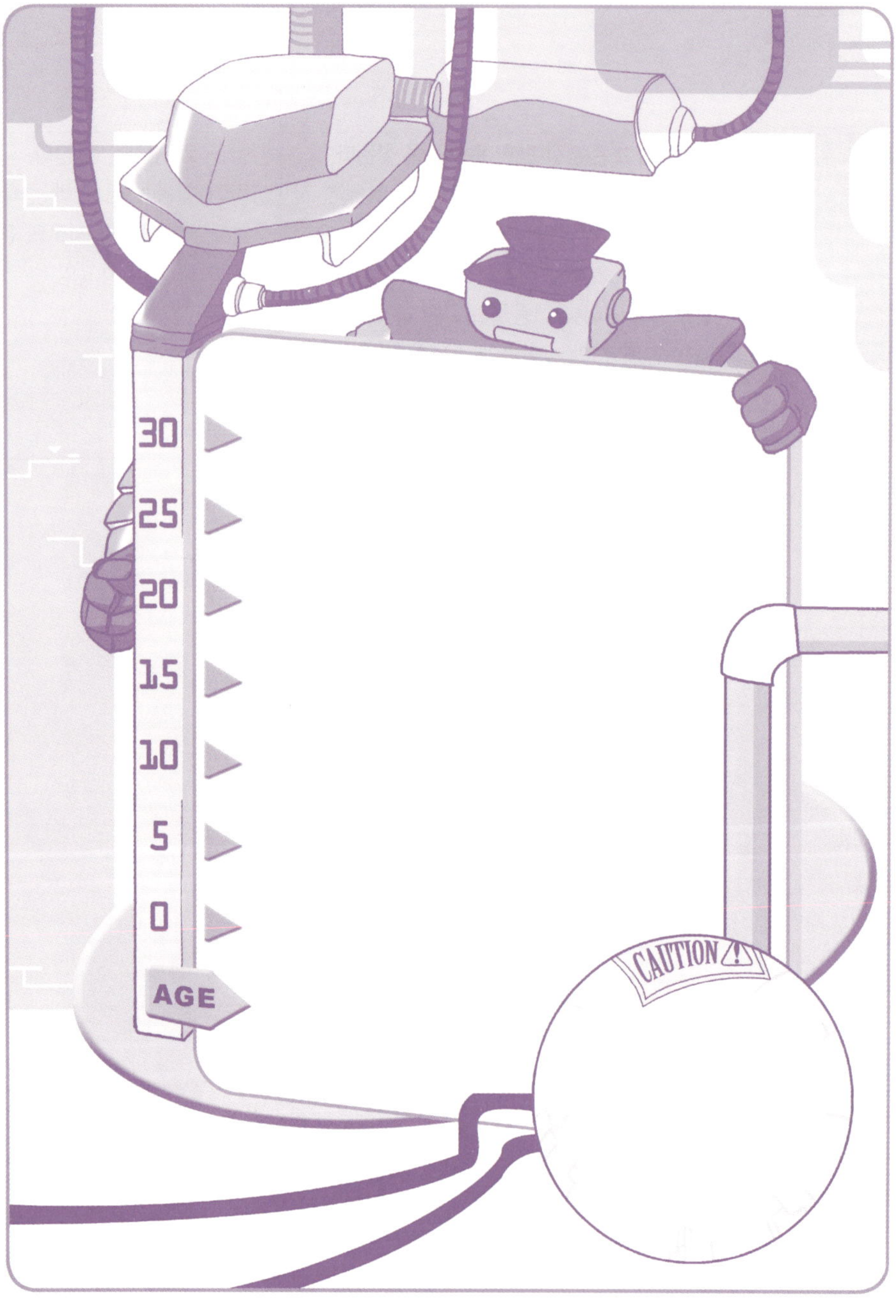

부록 7-9 교수자용 참고 자료: 꿈의 타임머신 활동 지침

1. 교수자는 "모두 타임머신에 탑승하세요. 우리는 이제 과거와 미래를 여행할 것입니다. 우리는 지난 삶을 돌아보고 꿈꿔 왔던 미래를 만들 것입니다."라고 말한다.

2. 활동의 절차를 설명한다. "활동지 왼쪽의 막대는 여러분의 나이를 가리킵니다. 만약 이제부터 제가 읽은 내용이 이미 여러분께 일어난 일이라면, 그 사건이 일어난 시점의 나이 옆에 사건의 내용을 적습니다. 만약 아직 발생하지 않은 사건이라면, 여러분에게 이 일이 일어났으면 하는 나이를 정하고, 그 나이 옆에 사건의 내용을 적습니다. 만약 이 사건이 여러분의 삶에 일어나기를 바라지 않는다면, 오른쪽 모서리의 원 안에 사건의 내용을 적습니다."

3. 다음의 항목을 읽는다.
   1) 첫 자녀 출산
   2) 첫 월급
   3) 첫사랑
   4) 자선단체에 첫 기부
   5) 초등학교 졸업
   6) 첫 번째 비행기 여행
   7) 고등학교 졸업
   8) 꿈의 실현

4. 자신의 꿈이 무엇이고 언제 실현되기를 바라는지 적게 한다.

부록 7-10

활동지: 꿈이란

이름: ____________________

넓이: 꿈을 실현하는 과정과 꿈을 이뤘을 때의 결과는 나와 타인에게 이로워야 한다.
이 꿈을 이루면 어떤 사람들이 혜택을 받을 수 있을까요?

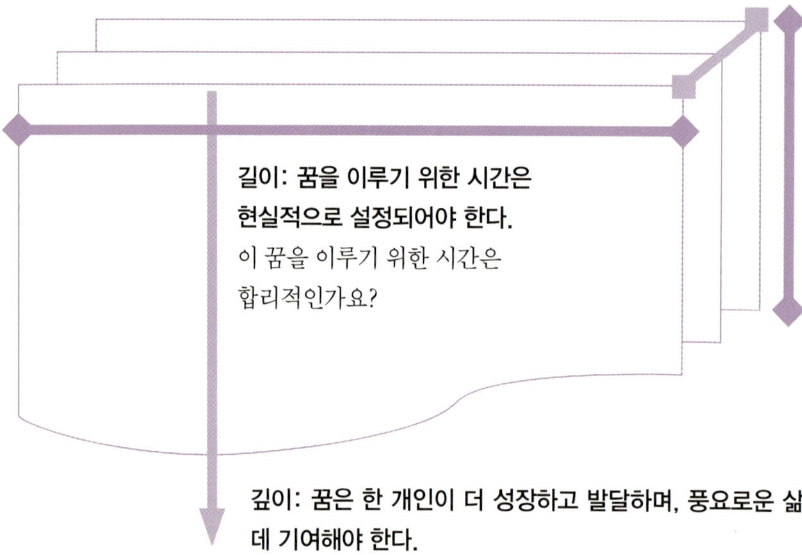

높이: 꿈은 지속적으로 발전해야 한다.
이 꿈이 장기적으로 발전할 여지가 있나요?

길이: 꿈을 이루기 위한 시간은 현실적으로 설정되어야 한다.
이 꿈을 이루기 위한 시간은 합리적인가요?

깊이: 꿈은 한 개인이 더 성장하고 발달하며, 풍요로운 삶을 사는 데 기여해야 한다.
이 꿈을 이루기 위한 과정이 한 사람으로서 성장하는 데 도움이 되고, 스스로를 발전시키며, 삶을 더 풍요롭게 만들어 주나요?

부록 7-11 교수자용 참고 자료: 꿈이란

다음은 '길이, 넓이, 높이, 깊이'에 대한 설명이다. 설명을 위해 "내 꿈은 좋은 요리사가 되는 것입니다."를 사례로 활용했다.

• 길이: 꿈을 이루기 위한 시간은 현실적으로 설정되어야 한다.

꿈을 이루기 위한 시간이 너무 길어서는 안 된다. 삶에서 중요한 문제들을 뒤로 한 채로 꿈을 성취하는 데에만 너무 많은 시간을 소비할 수는 없다. 하지만 목표를 이루기 위한 시간을 너무 짧게 생각하면 실용적이지 않고 심리적 압박감을 경험하게 된다. 예를 들어, 만약 초심자가 3년 내로 최고의 요리사가 되고자 한다면, 이는 현실적이지 않고 큰 심리적 부담감을 야기한다.

• 넓이: 꿈을 실현하는 과정과 꿈을 이뤘을 때의 결과는 나와 타인에게 이로워야 한다.

꿈은 자신이나 가족 구성원 또는 사회에 이로워야 한다. 꿈의 의미를 자신으로부터 타인으로 확장하면서 타인이 꿈으로부터 얻을 수 있는 이익을 생각해야 한다. 예를 들어, 꿈은 '좋은 요리사가 되는 것은 나의 재능을 활용하고 자신감을 높이는 데 도움이 된다.'라는 개인적인 수준으로부터 시작해서 '좋은 요리사가 되는 것은 안정적인 수입을 보장함으로써 가족의 생활 수준을 향상시킬 수 있다.'라는 가족 수준으로 확장되고, 더 나아가 '좋은 음식은 사람들을 행복하고 건강하게 만들어 준다.'라는 사회적 수준까지 확장될 수 있다.

• 높이: 꿈은 지속적으로 발전해야 한다.

꿈은 장기적인 발전의 여지를 가져야 한다. 예를 들어, 한 사람은 작은 식당의 요리사가 될 수도 있고 국제적인 호텔의 세계적인 요리사가 될 수도 있다. 목적은 학생들이 장기적인 목표를 세움으로써 진전을 만들고자 하는 동기를 가지도록 유도하는 것이다.

• 깊이: 꿈은 한 개인이 더 성장하고 발달하며, 풍요로운 삶을 사는 데 기여해야 한다.

꿈을 이루는 과정은 개인적 성장을 이끌고 삶을 풍요롭게 만들어야 한다. 예를 들어, 좋은 요리사가 되는 과정에서, 요리 실력이 늘 뿐 아니라 다양한 사람을 만나고 다양한 사건을 경험하면서 세상을 보는 관점이 넓어질 수 있다.

부록 7-12 교수자용 참고 자료: 개인적 자질 참고 자료

정직	성실	부모에 대한 존경심	긍정적 태도
끈기	주의력	용기	목표에 대한 확신
자기통제	유머	진중함	올곧음
진취성	낙관성	용서	검소
이해심	포용력	보은	감사
독립성	겸손	정의로움	청렴
진정성	애국심	탁월한 안목	인내심
사랑	책임감	꿋꿋함	내적 동기
더 나아지고자 하는 의지	학구열	변화에 대한 개방성	친절함
배려심	도전에 대한 열망	자신과 타인에 대한 존중	

부록 7-13 성장 확인 질문

이름: ______________ 반: ______________ 날짜: ______________

1. 수업 과제

1) 꿈의 네 가지 요소는 무엇이었나요?

2) 네 가지 요소 중 하나가 부족하다면 꿈은 어떻게 될까요?

3) 네 가지 요소 외에 좋은 꿈을 위해 필요한 다른 요소가 있을까요?

2. 숙제

1) 꿈을 이루기 위해 가져야 할 자질로는 무엇이 있나요?

2) 개인적 자질이 꿈을 이루는 데 어떤 도움을 줄 수 있을까요?

3) 나는 이런 자질을 어떻게 개발할 수 있을까요?

대단원 8

친사회적 규범

들어가며

친사회적 규범(prosocial norms)은 공동체의 신념을 강화하고 개인의 행동을 유도하는 명확하고, 긍정적이며, 건전하고, 도덕적인 기준을 말한다. 친사회적 규범 중 하나의 예시로 '이타주의'가 있으며, 그 외에도 협동, 나눔, 배려, 도움 행동, 타인에 대한 책임감이 친사회적 규범에 포함된다. 이타주의와 친사회적 규범은 모두 화목한 가정이나 따뜻한 면학 공동체와 같은 상대적으로 응집력이 높은 집단에서 잘 발달한다. 또한 청소년들은 도덕 규칙과 지역 관습(일상적인 상호작용을 위한 규범, 규칙, 예절)에 대한 논의를 통해 친사회적 규범을 배울 수 있다.

친사회적 규범을 준수하고 그에 따라 행동하려 할 때, 사람들은 결과에 따르는 보상과 비용을 비교하게 된다. 예를 들어, 다른 사람을 위해 바닥에 떨어진 펜을 줍는 것은 기부나 자원봉사에 비해 비용이 적게 들기 때문에, 사람들은 전자와 같은 행동은 더 쉽게 실천하는 반면 후자와 같은 행동은 망설이게 된다.

사춘기 초반에 청소년들은 추론 능력의 빠른 발달을 경험하며, 친사회적 관점에서 쾌락주의적 도덕 추론을 더 고등 수준의 추론 능력으로 대체하기 시작한다. 이 변화는 친사회적 행동과 사회적 책임감의 발달과 관련 있다. 선행 연구에 따르면 도덕 추론과 친사회적 행동 간에는 밀접한 연관성이 있다.

한 종단 연구에 따르면, 친사회적 도덕 사고는 만 11세부터 만 20세 사이 점진적으로 발달한다. 이 과정에서 자신의 이익을 지향하던 사고방식은 점차 타인의 필요를 고려하는 사고방식으로 변하며, 아동기 후반에는 안정된 수준에 도달한다. 고정관념에 기반하거나 인정 지향적인 사고방식(사회적 규범에 대한 준수)은 청소년기 중반에 가장 높은 수준까지 발달하며 그 이후로도 안정적으로 유지된다. 공감을 바탕으로 내면화된 가장 고등 수준의 친사회적 사고방식은 청소년기 후반과 성인기 초기부터 나타나기 시작한다.

청소년기 친사회적 또는 반사회적 행동이 발달하는 과정에서 교사나 부모 등 권위자의 영향은 점차 감소하는 반면, 또래 집단의 역할은 커진다는 점에 주목해야 한다. 따라서 도덕적 추론 능력을 활용해 또래 집단의 압력에 대처하는 방법, 다양한 집단의 규범에 내재된 이득과 손실을 파악하는 방법, 개인의 가치가 집단의 규범에 반할 때 의사결정을 내리는 방법 등 또래 집단의 영향을 고려한 주제를 청소년 발달 계획에 포함시킬 필요가 있다.

Level 1 과정은 '학교에서의 학생'과 '부모님의 자녀'라는 청소년에게 중요한 두 가지 역할에 초점을 맞춰, 학생들이 사회적 규범을 정의하고 평가하는 기술을 배울 수 있도록 고안되었다. Level 2 과정은 친사회적 규범 또는 특정한 사회적 규범을 따르는 이유와 그 결과를 파악하는 능력에 중점을 두었다. Level 2 과정은 학생들로 하여금 각 사회적 규범을 따르는 이유를 파악하고, 상반되는 사회

적 규범이 있는 상황에서 각각을 근거로 행동할 때 나타날 수 있는 결과를 이해할 수 있도록 돕고자 고안되었다. Level 3 과정의 경우 학생들이 상반되는 사회적 규범이 있는 상황에 잘 대처하고 도덕 추론을 기반으로 이와 같은 사회적 규범을 설명할 수 있도록 돕는 것을 목적으로 한다.

Level 3 과정에서 대단원 '친사회적 규범'은 두 개의 소단원으로 구성되어 있다. 소단원 1을 통해 학생들은 도덕적 고려 사항을 의사결정에 통합하고, 친사회적 또는 도덕적 고려와 분석이 의사결정에 필수적이라는 것을 이해한다. 소단원 2를 통해 학생들은 사회적으로 받아들여지지만 서로 상충하는 행동에 비판적으로 접근하는 능력을 기르며, 사회적 역할에 따라 서로 다른 사회적 행동이 요구된다는 점을 이해한다. 다양한 역할을 연기해 봄으로써, 학생들은 역할 간의 갈등을 이해할 수 있다.

개관

소단원	소단원 목적	학습 목표
결정을 내리는 사람은 누구일까 (30분)	도덕적 고려 사항을 의사결정에 통합한다.	친사회적 또는 도덕적 고려와 분석이 의사결정에 필수적이라는 점을 이해한다.
일어나 큰 목소리로 (30분)	사회적으로 받아들여지지만 서로 상충하는 행동에 대해 비판적으로 사고하는 능력을 기른다.	1. 역할에 따라 서로 다른 사회적 기대가 뒤따른다는 점을 이해한다. 2. 친사회적 행동과 사회적으로 받아들여지는 행동 간의 미묘한 차이를 이해하고, 그로 인해 발생하는 잠재적 갈등을 탐색한다.

이 대단원에 포함된 모든 활동지 및 파워포인트 슬라이드와 영상 자료 등은 학지사 홈페이지(www.hakjisa.co.kr)에서 내려받을 수 있습니다.

소단원 1

결정을 내리는 사람은 누구일까

1. 소단원 목적

도덕적 고려 사항을 의사결정에 통합한다.

2. 학습 목표

친사회적 또는 도덕적 고려와 분석이 의사결정에 필수적이라는 점을 이해한다.

3. 수업 내용

활동	절차
1. 준비 활동(5분)	1. 활동의 목적, 핵심, 개요를 소개한다. 2. 학생들에게 다음의 내용을 질문한다. • 의사결정을 내릴 때 딜레마에 빠졌던 적이 있나요? • 의사결정을 내릴 때 고려했던 요소들은 무엇인가요? 3. 학생들의 사고를 자극할 만한 도덕적 딜레마를 간단히 소개한다.
2. 자기성찰과 모둠 토론: 결정을 내리는 사람은 누구일까(**15분**) ▷ **교수자료** - [부록 8-1] 파워포인트 슬라이드: 찬 아저씨의 편지 - [부록 8-2] 교수자용 참고 자료: 찬 아저씨의 편지 내용 - [부록 8-3] 활동 준비물: 선택 카드	**목표: 철저한 도덕적 고려와 분석이 의사결정에 필수적이라는 점을 이해한다.** 1. 파워포인트 슬라이드 '찬 아저씨의 편지'([부록 8-1])를 재생한다. 이는 만성 질환 환자인 중년의 남성 찬이 자신의 주치의에게 보낸 편지이다. 자신의 질병을 치료할 수 있는 방법이 더 이상 없다는 것을 깨달은 찬은 의사에게 자신이 의식을 잃으면 치료를 중단함으로써 가족의 부담을 덜어 달라고 간청하고 있다. 2. 파워포인트 슬라이드를 재생하는 동안, 학생들에게 선택 카드([부록 8-3])를 배부한다. 학생들은 주치의 역할을 맡아 찬에 대한 치료를 중단할지 여부를 결정한다. 학생들에게 결정 과정에서 법적 요소(결정이 법에 위배되는지 여부)는 고려하지 않아도 된다고 언급한다. 학생들이 고려해야 하는 요소는 자신의 감정과 가치관뿐이다. 학생들에게 자신의 결정과 이유를 선택 카드에 적도록 지시한다. 3. 학생들을 작은 모둠으로 나누고, 절반의 모둠에게는 동의 역할을, 나머지 절반의 모둠에게는 반대 역할을 할당한다. 각 모둠은 개인, 가족, 사회의 세 가지 측면에서 논의를 진행한다.

- [부록 8-4] 교수자용 참고 자료: 사전연명의료의향서란 무엇일까 - [부록 8-5] 교수자용 참고 자료: 안락사란 무엇일까 - [부록 8-6] 교수자용 참고 자료: 안락사에 대한 찬성 또는 반대 근거 예시 - [부록 8-7] 교수자용 참고 자료: 안락사와 자살의 차이점	4. 각 모둠이 논의하고 주장을 정리할 수 있도록 5분의 시간을 제공한다. 이후 각 모둠은 대표자를 선정한 후, 모둠별 대표자는 찬성팀 또는 반대팀의 일원이 되어 토론에 참여한다. 토론의 주제는 '찬의 주치의는 찬에 대한 치료를 중단해야 한다.'이다. 5. 토론을 마친 후, 학생들의 논거를 요약하여 다음과 같은 질문을 던진다. • 각 팀에 의해 제안된 개인, 가족, 사회의 측면에서의 도덕적 고려 사항을 들은 후, 여러분의 생각은 바뀌었나요? 이제 여러분의 결정은 무엇인가요? 6. 활동에 대해 다음과 같이 요약한다. • 찬 아저씨의 사례는 한 개인의 삶과 죽음에 관한 복잡한 문제입니다. 사회에서는 합의된 결론 없이 다양한 의견이 존재하고 있습니다. 이와 같은 삶과 죽음의 문제는 다양한 관점에 근거한 깊은 고민을 필요로 합니다.
3. 결론(5분)	다음의 결론을 학생들에게 전달한다. • 살아가며 딜레마를 마주할 때, 사람들은 문제와 관련된 다양한 도덕적 측면을 고민하고 분석함으로써 최적의 결정을 내릴 수 있습니다. • 개인의 이익을 위해 도덕적 가치를 포기해서는 안 됩니다.
4. 마무리 활동(5분) ▷ **교수자료** - [부록 8-8] 성장 확인 질문	1. 성장 확인 질문을 공유하고 학생들이 소단원 활동을 돌아볼 수 있도록 유도한다. 2. 소단원 활동에 대한 학생들의 참여도를 칭찬한다.

4. 세부 지도 사항

1) 준비 활동

- 학생들의 사고를 자극하기 위해 다른 사례를 활용할 수도 있다. 예시는 다음과 같다.
  - 자신이 출산이 임박한 임산부를 태운 택시 운전사라고 생각해 보세요. 병원이 눈앞에 있는 상황에서 여러분은 정지 신호(빨간 불)를 마주하게 됩니다. 이때 여러분은 신호를 무시하고 병원으로 달려갈 수 있나요?
- 이 활동은 다음 활동을 위한 준비 과정에 불과하므로 논의에 지나치게 많은 시간을 할애하지 않는다.

2) 결정을 내리는 사람은 누구일까

- 활동의 목적은 안락사 그 자체에 대해 배우는 것이 아니라 학생들로 하여금 찬성과 반대 입장이 모두 도덕적으로 수용 가능한 의사결정 상황을 접하도록 하는 것이다.
- 만약 학생들이 활동의 내용이 안락사와 관련되었는지 묻는다면, 이야기는 안락사의 한 유형을 반영한다고 설명한다. 학생들이 안락사와 자살의 차이를 더 잘 이해할 수 있도록 더 자세한 설명을 제공하기 위해서는 [부록 8-6]과 [부록 8-7]을 참고한다.
- 상황에 따라 다음과 같은 더 심층적인 토론이 뒤따를 수 있다.
  - 모든 인간은 살 권리를 가집니다. 그러나 모든 사람이 자신의 죽음을 선택할 권리도 가지고 있을까요?
  - 어떤 사람이 불치병에 걸려 스스로 심신이 너무 괴롭고 주변 사람들 또한 심적으로 힘든 시간을 보내고 있다고 가정해 보세요. 이 사람은 스스로 목숨을 끊을 권리가 있나요?
  - 이와 같은 결정을 내릴 수 있는 주체는 무엇일까요? 환자일까요, 가족일까요, 의사일까요 또는 법일까요?
- 학생들의 특성에 따라 실제 사례를 토론해 볼 수 있다. 예를 들어, 다음과 같은 사례를 활용할 수 있다.
  - 영화 슈퍼맨 시리즈의 주인공으로 출연했던 배우 크리스토퍼 리브(Christopher Reeve)는 승마대회에서 발생했던 사고로 전신마비가 되었다. 그는 의식을 되찾았을 때 스스로 목숨을 끊고 싶어 했지만, 점차 재활에 힘쓰며 장애인을 위한 사회운동가로 활동했다.
- Level 3 과정 대단원 11 '영성'에서 학생들은 삶의 의미에 대해 더 심층적인 토론을 진행할 수 있다.
- 소단원에서 소개된 찬 아저씨의 사례가 매우 특수한 사례임을 강조한다. 찬 아저씨는 만성질환으로 인한 오랜 투병으로 고통받은 끝에 치료를 중단하기로 결정했다. 교수자는 학생들이 어려운 상황을 마주하거나 심리적으로 힘든 시기에 스스로 목숨을 끊는 선택지를 생각하지 않도록 찬 아저씨의 상황의 특수성을 강조해야 한다.
- 토론을 진행하는 동안, 교수자는 학생들의 주장에 대한 옳고 그름의 판단을 유보한다. 학생들이 자신의 관점을 온전히 표현할 수 있도록 도움으로써 교수자는 학생들의 관점에 대해 심층적인 이해를 기반으로 반응할 수 있다.

- 학생들이 토론에 익숙하지 않다면, 교수자는 다음의 내용을 간단히 소개할 수 있다.
  - 토론의 규칙: 발언 순서, 참가자의 역할 등
  - 주의 사항: 자신의 입장을 뒷받침하는 논거를 분석하고 그것들을 제시하는 순서를 정한다. 다른 입장에 반박할 때는 다른 사람을 존중하는 태도를 가져야 하며, 인신공격을 해서는 안 된다.

3) 결론

- 죽음에 대한 다양한 관점을 탐색하고, 이런 관점이 개인의 선택과 웰빙에 미치는 영향을 파악하는 것은 중요하다. 예를 들어, 신체 장애를 가진 몇몇 사람이 자신의 삶을 빨리 마치고자 하는 반면, 다른 사람들은 신체 장애에도 불구하고 행복하고 보람찬 삶을 영위하거나 가족 및 친구와 친밀한 관계를 누릴 수 있다. 어떤 중증 장애를 가진 사람들은 학교를 방문해서 자신의 개인사와 삶에 대한 관점을 공유함으로써 비슷한 경험을 가진 사람들에게 삶을 사랑할 수 있도록 독려하기도 한다.
- 일상생활에서 사람들은 종종 자신의 사고, 도덕관, 삶의 의미에 대한 이해 등을 혼란스럽게 하는 문제들을 마주한다. 사람들은 자신의 필요에 따라 의사결정을 내리면서도 자신의 선택이 윤리적이고, 최선의 선택이며, 모든 당사자의 이익을 충족하고 있다고 판단할 수 있다. 그러나 그 사람을 사랑하는 사람들, 친구들, 사회 속의 일반적인 사람들을 포함해서 다른 당사자들은 동일한 문제에 대해 다른 관점을 가지고 있을 수 있다.
- 소단원 활동의 초점은 개인적인 결정 이면의 도덕적 논거이다. 개인적인 관점과 사회적 규범을 논의함과 더불어 학생들이 문화, 정의, 인권, 기회의 평등, 가치의 다양성 등의 요소가 사람들의 가치관과 의사결정에 미치는 영향을 논의하도록 지도할 수 있다.

5. 보충 활동(선택 사항)

활동	내용	권장 사항
균형 깨뜨리기	**목표: 토론을 통해 딜레마를 분석하는 능력을 기른다.** '합법적이지 않은 경로로 저작권이 있는 창작물(예: 음원, 영화 등)을 친구와 공유하는 것은 금지되어야 한다.'와 같은 안건에 대해 학급 토론을 진행한다. 이를 통해 학생들이 딜레마의 양측 입장을 분석해 볼 수 있도록 독려한다.	

부록 8-2

교수자용 참고 자료: 찬 아저씨의 편지 내용

다음은 만성질환 환자인 중년의 남성 찬이 자신의 주치의에게 보낸 편지이다.

주치의 선생님께,

선생님께서 이 편지를 읽으실 때면 저는 이미 의식을 잃은 상태일 거라고 생각합니다. 먼저 선생님을 포함해서 지금까지 저를 성심껏 치료해 주신 의료진분들께 감사드립니다.

저는 항상 저를 치료할 수 있는 방법이 더 이상 없다는 사실을 알고 있었습니다. 할 수 있는 건 죽음을 미루기 위해 약물을 투여하는 방법 밖에 없었죠. 저는 이제 선생님께 제 치료를 멈춰 주시기를 간청 드립니다. 이제 제 삶을 마무리함으로써 가족의 부담을 덜어 주고 싶습니다.

편지를 읽어 주셔서 감사합니다.

선생님의 도움에 더할 나위 없이 감사드립니다.

찬 드림.

부록 8-3 활동 준비물: 선택 카드

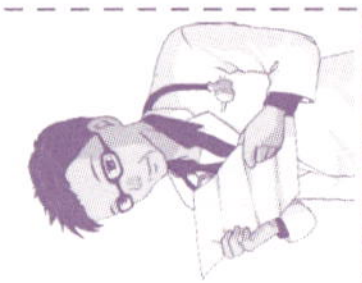

여러분이 찬의 주치의였다면,
여러분은 찬 아저씨의 결정에
동의할까요? □
동의하지 않을까요? □
그 이유는 무엇일까요?

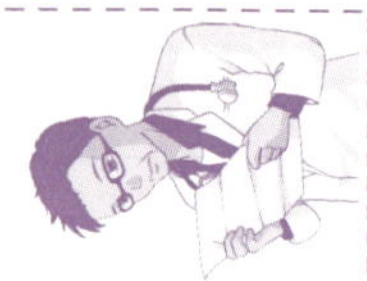

여러분이 찬의 주치의였다면,
여러분은 찬 아저씨의 결정에
동의할까요? □
동의하지 않을까요? □
그 이유는 무엇일까요?

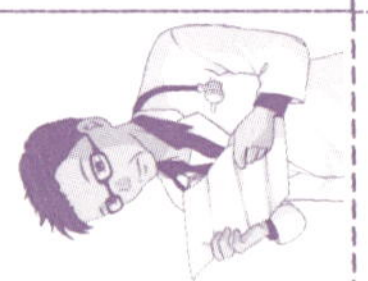

여러분이 찬의 주치의였다면,
여러분은 찬 아저씨의 결정에
동의할까요? □
동의하지 않을까요? □
그 이유는 무엇일까요?

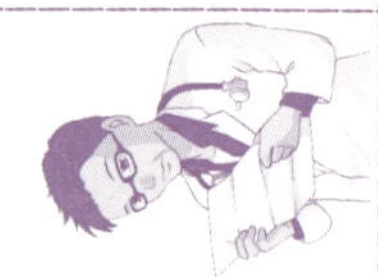

여러분이 찬의 주치의였다면,
여러분은 찬 아저씨의 결정에
동의할까요? □
동의하지 않을까요? □
그 이유는 무엇일까요?

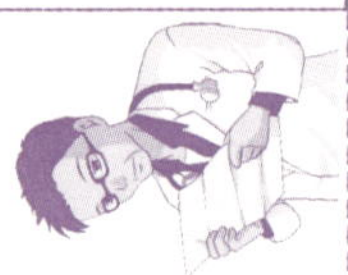

여러분이 찬의 주치의였다면,
여러분은 찬 아저씨의 결정에
동의할까요? □
동의하지 않을까요? □
그 이유는 무엇일까요?

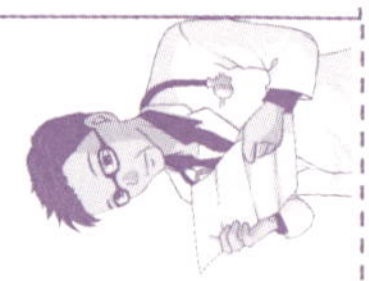

여러분이 찬의 주치의였다면,
여러분은 찬 아저씨의 결정에
동의할까요? □
동의하지 않을까요? □
그 이유는 무엇일까요?

여러분이 찬의 주치의였다면,
여러분은 찬 아저씨의 결정에
동의할까요? □
동의하지 않을까요? □
그 이유는 무엇일까요?

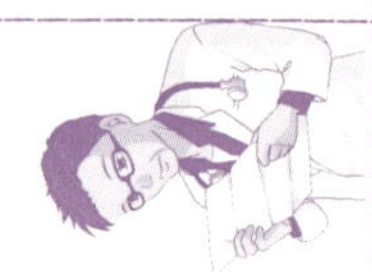

여러분이 찬의 주치의였다면,
여러분은 찬 아저씨의 결정에
동의할까요? □
동의하지 않을까요? □
그 이유는 무엇일까요?

(가위로 잘라 사용하세요.)

부록 8-4 교수자용 참고 자료: 사전연명의료의향서란 무엇일까

'사전연명의료의향서'란 만 19세 이상의 사람이 자신의 연명의료중단 등 결정 및 호스피스에 관한 의사를 직접 문서로 작성한 것을 말한다. 연명의료중단결정은 구체적으로 연명의료의 중단, 유보 또는 시행하지 않을 것을 모두 포함한다. 만 19세 이상의 사람은 자신이 향후 임종과정에 있는 환자가 되었을 때를 대비해서 사전연명의료의향서를 미리 작성해 둘 수 있다.

사전연명의료의향서를 작성하고자 하는 사람은 보건복지부장관이 지정한 사전연명의료의향서 등록기관(예: 병원, 보건소, 그리고 일부 지정된 기관)을 통해 서면으로 작성해야 한다. 등록기관을 통해 작성되고 등록된 사전명의료의향서는 연명의료정보처리시스템의 데이터베이스에 보관될 때 법적 효력을 인정받는다.

사전연명의료의향서를 작성한 사람은 언제든지 그 의사를 변경하거나 철회할 수 있다.

사전연명의료의향서는 본인이 직접 작성하지 않았거나 본인의 자발적 의사에 의해 작성되지 않은 경우, 사전연명의료의향서 등록기관으로부터 작성자 확인을 받지 않은 경우 또는 사전연명의료의향서가 작성되고 등록된 이후에 연명의료계획서가 다시 작성된 경우에는 효력을 잃는다.

사전연명의료의향서에 기록된 연명의료 중단 등의 결정에 대한 작성자의 의사는 향후 작성자를 진료하게 될 담당의사와 해당 분야의 전문의 1명이 모두 작성자가 임종과정에 있으며 생명 연장 의료가 무의미한 환자라고 판단한 경우에만 이행될 수 있다.

- 출처: 국립연명의료관리기관. 사전연명의료의향서란. https://www.lst.go.kr/addt/medicalintent.do

부록 8-5 교수자용 참고 자료: 안락사란 무엇일까

〈안락사란 무엇일까〉

학술적으로 안락사에 대한 합의된 정의는 없다. 일반적으로 안락사는 환자가 치료가 불가능한 질병으로 인해 고통받고 있으며 현존하는 치료 기법으로는 더 이상 그 고통을 완화할 수 없는 경우, 의사가 환자가 고통 없이 죽음에 이를 수 있도록 돕는 처치를 의미한다. 안락사에 대한 요구는 환자 본인에 의해 이뤄져야 하며, 특수한 경우 환자의 가족에 의해서도 요청될 수 있다. 단, 안락사에 대한 요구는 특정한 의학적 또는 법적 절차를 걸쳐야만 가능하다.

〈안락사의 종류〉

적극적 안락사 (환자의 삶을 끝내기 위해 의학 또는 관련 전문가가 직접 조치를 취하는 경우)		소극적 안락사 (환자가 자연스럽게 죽음을 맞이할 수 있도록 연명 치료를 중단하는 경우)	
의사가 시행하는 자발적 안락사	의사가 환자의 삶을 종결하기 위해 정맥주사를 투여하는 경우	**연명치료 중단 요구**	환자가 의사에게 자신의 생명을 연장하기 위한 더 이상의 치료를 진행하지 않도록 요청하는 경우
조력 자살	환자가 스스로 생명을 끊거나 의사가 환자에게 약물을 제공하고 환자가 자신에게 스스로 약물을 투여하는 경우	**사전연명의료의향서**	사전에 작성한 연명의료 의향에 따라 의사가 더 이상 치료를 진행하지 않는 경우

〈여러 국가의 안락사 규제 방법〉

합법적	• 네덜란드(의사는 의학 전문가, 법률 전문가, 윤리 전문가로 구성된 지역심의위원회에 보고해야 함)
불법적	• 영국
직접적인 안락사법 부재(반대 여론)	• 튀르키예(이슬람교), 이탈리아(가톨릭)와 같은 종교적 영향력이 강한 국가
직접적인 안락사법 부재(반대하지 않는 여론)	• 스위스(조력자살이 널리 시행) • 덴마크(환자가 연명치료의 중단을 선택할 수 있음) • 인도(인도 대법원이 사전 지시서에 근거한 수동적 안락사를 조건부로 허용하면서, 허용적인 방향으로 여론이 변화 중)
기타	• 미국(주마다 안락사에 대한 법률이 다름. 예를 들어, 오리건, 워싱턴, 콜로라도, 하와이 등을 포함한 몇몇 주에서는 조력자살이 합법이지만, 앨라배마, 조지아, 켄터키 등의 주에서는 안락사가 불법) • 호주(1995년 노턴 테리토리에서 「안락사법」이 통과되었으나, 1997년 연방 정부에 의해 폐지됨. 그러나 이후 주 단위로 안락사의 합법화가 다시 이뤄지는 중)

부록 8-6 교수자용 참고 자료: 안락사에 대한 찬성 또는 반대 근거 예시

〈안락사 찬성 근거〉

<table>
<tr><th></th><th>근거</th><th>도덕적 측면</th></tr>
<tr><td>1</td><td>죽음은 자연스러운 현상이다. 고통 속에서 죽는 것보다 평화 속에서 죽는 것이 낫다.</td><td rowspan="3">[개인적(삶의 의미)]
- 삶의 질에 대한 존중: 사람들은 행복하게 살 권리가 있다.
- 자신의 삶과 죽음을 선택할 권리: 환자의 선택권을 존중해야 한다.</td></tr>
<tr><td>2</td><td>질병이나 신체적 쇠약으로 인해 타인에게 삶을 의존하는 것은 심리적 부담이 크다.</td></tr>
<tr><td>3</td><td>완치의 희망이 없는 환자에게 죽음은 일종의 신체적 또는 정신적 고통으로부터의 해방이 될 수 있다.</td></tr>
<tr><td>4</td><td>가족에 대한 정서적 부담과 압박감을 덜어 준다.</td><td rowspan="2">[가족에 대한 책임]
- 가족의 부담을 경감할 수 있다.</td></tr>
<tr><td>5</td><td>환자를 돌보는 데 소요되는 비용과 경제적 부담으로 인한 가족 간 갈등을 줄인다.</td></tr>
<tr><td>6</td><td>사회적 부담을 덜고, 의료 자원을 확보한다.</td><td rowspan="2">[사회적 책임]
- 자신의 이익을 넘어 사람들은 공공의 이익을 고려해야 한다.</td></tr>
<tr><td>7</td><td>소중한 사회적 자원을 완치가 불가능한 사람들의 연명을 위해 사용하기보다는 완치가 가능한 사람들에게 사용할 수 있다.</td></tr>
</table>

〈안락사 반대 근거〉

<table>
<tr><th></th><th>근거</th><th>도덕적 측면</th></tr>
<tr><td>1</td><td>인간의 생명은 신성하다. 어떤 상황에서도 의도적으로 생명을 끊어서는 안 된다.</td><td rowspan="4">[개인적(삶의 의미)]
- 삶의 질에 대한 존중: 생명은 자연이 준 선물이다. 사람들은 생명을 의도적으로 끊으려고 해서는 안 된다.
- 자신의 삶과 죽음을 선택할 권리: 환자의 살 권리를 존중해야 한다.</td></tr>
<tr><td>2</td><td>현재 치료가 어렵다는 것은 미래에도 치료가 불가하다는 것을 의미하지는 않는다.</td></tr>
<tr><td>3</td><td>의학적 치료를 받는 것은 인간의 기본권이다.</td></tr>
<tr><td>4</td><td>안락사는 자살을 촉진할 수 있고, 고통을 마주할 때 더 많은 사람이 목숨을 끊는 선택을 하도록 만들 수 있다.</td></tr>
<tr><td>5</td><td>말기 환자의 가족은 삶의 마지막 시간을 함께 보내며 애정과 사랑을 공유하기를 원할 수 있다.</td><td rowspan="2">[가족에 대한 책임]
- 환자들은 자신이 안락사로 죽음을 맞이하는 게 가족의 부담을 덜어 주는 방법이라고 생각할 수 있다. 그러나 가족들은 여전히 희망을 가지고 있을 수 있으며, 사랑하는 사람이 스스로 죽음을 선택하는 것을 받아들이기 어려울 수 있다.</td></tr>
<tr><td>6</td><td>노인이나 질병을 앓는 가족 구성원을 돌보지 않고자 하는 사람들에게 안락사는 책임을 회피하는 수단이 될 수 있다.</td></tr>
<tr><td>7</td><td>생명을 구하는 데 소요되는 자원은 낭비가 아니다(예: 의료진, 각종 치료 재료, 돈).</td><td rowspan="3">[사회적 책임]
- 사람들은 만성질환 환자를 차별해서는 안 되며, 그들의 치료받을 권리를 부인해서는 안 된다.
- 모든 사람은 의학적 치료를 받을 권리가 있다. 이는 인간의 기본권이다.</td></tr>
<tr><td>8</td><td>의학 전문가들은 환자를 치료하는 데 스스로를 헌신해야 한다.</td></tr>
<tr><td>9</td><td>환자의 고통은 적절한 치료를 적용하고 그의 생리적·정신적·정서적·영적 욕구를 고려함으로써 경감될 수 있다. 죽음만이 환자를 편안하게 하는 유일한 수단은 아니다.</td></tr>
</table>

부록 8-7 교수자용 참고 자료: 안락사와 자살의 차이점

	안락사	자살
정의	학술적으로 안락사에 대한 합의된 정의는 없다. 일반적으로 안락사는 환자가 치료가 불가능한 질병으로 인해 고통받고 있으며 현존하는 치료 기법으로는 더 이상 그 고통을 완화할 수 없는 경우, 의사가 환자가 고통 없이 죽음에 이를 수 있도록 돕는 처치를 의미한다. 안락사에 대한 요구는 환자 본인에 의해 이뤄져야 하며, 특수한 경우 환자의 가족에 의해서도 이뤄질 수 있다. 단, 안락사에 대한 요구는 특정한 의학적 또는 법적 절차를 거쳐야만 가능하다.	일반적으로 삶을 끝내려는 목적으로 스스로를 해치는 특정한 방식의 행동을 의미한다.
배경	일반적으로 세부적인 토론과 장기간의 치료 끝에 합리적으로 결정된다. 종종 환자의 고통, 가족이나 사회에 대한 부담을 경감하고자 하는 목적으로 결정된다.	종종 비합리적이고 정서적인 행동으로 이뤄진다. 행동 이면의 근거는 흔히 더 반사회적이며, 자신이나 가족, 사회의 감정을 고려하지 않는다.
종류	**적극적 안락사**: 의학 전문가나 다른 사람으로부터의 특정한 처치를 통해 환자의 삶을 종결하는 것을 말한다. 환자의 동의를 근거로 약물을 주입하는 것이 대표적인 예시이다. **소극적 안락사**: 환자가 자연스럽게 사망할 수 있도록 연명 치료를 중단한다. 관련된 모든 의료진이 치료를 멈춘다.	높은 건물에서 뛰어내리거나, 환기 수단 없이 실내에서 불을 피우거나, 독극물을 먹는 방식 등이 있다.

부록 8-8 성장 확인 질문

이름: ______________________ 반: ______________________ 날짜: ______________________

1. 수업 과제

1) 안락사는 무엇인가요?

2) 안락사에 동의하시나요?

3) 자살에 대해 어떻게 생각하나요?

2. 숙제

1) 안락사가 합법화된다면, 어떤 도덕적 딜레마가 나타날 수 있을까요?

2) 의료진의 책임은 가능한 모든 수단을 동원해서 환자를 치료하는 것입니다. 그러나 세상에는 환자가 삶을 마칠 수 있도록 돕는 의료진들이 있습니다. 그들이 이런 행동을 하는 이유는 무엇일까요?

소단원 2

일어나 큰 목소리로

1. 소단원 목적

사회적으로 받아들여지지만 서로 상충하는 행동에 대해 비판적으로 사고하는 능력을 기른다.

2. 학습 목표

① 역할에 따라 서로 다른 사회적 기대가 뒤따른다는 점을 이해한다.

② 친사회적 행동과 사회적으로 받아들여지는 행동 간의 미묘한 차이를 이해하고, 그로 인해 발생하는 잠재적 갈등을 탐색한다.

3. 수업 내용

활동	절차
1. 준비 활동(5분)	1. 학생들에게 활동의 목적, 핵심, 개요를 소개한다. 2. 학생들에게 "양측이 각자 입장을 고수하며 서로를 설득하지 못하는 토론에 참여해 본 적이 있나요? 그 토론은 어떻게 마무리되었나요?"라고 질문한다. 이후 질문에 대한 학생들의 답변을 듣는다.
2. 모둠 토론과 역할 놀이: 내가 만약…**(15분)** ▷ **교수자료** - [부록 8-9] 토론 자료: 유명 인사의 뒷모습	**목표: 역할놀이를 통해 어떤 행동들이 모두 규범에 부합할지라도 서로 상충할 수 있음을 이해한다.** 1. 학생들을 작은 모둠으로 나눈다. 2. 다음과 같은 배경을 소개한다. [부록 8-9]는 한 신문사를 통해 출간된 김철수(가명) 기자의 기사이며, 유명 국회의원인 김동완(가명) 의원의 이야기를 소재로 삼고 있다. 기사에서 김동완 의원은 국회의원의 의무를 다하지 않고 있으며, 말과 행동이 일치하지 않는다고 비판을 받고 있다. 3. 각 모둠에게 토론 자료([부록 8-9])와 등장인물 카드([부록 8-14])를 배부한다. 등장인물 카드는 다음의 인물들에 대한 정보로 구성되어 있다. • 국회의원 김동완

- [부록 8-11] 교수자용 참고 자료: 일어나 큰 목소리로 - 라디오 방송의 전화 연결 프로그램(시나리오 1) - [부록 8-13] 교수자용 참고 자료: 일어나 큰 목소리로 질문 지침 - [부록 8-14] 활동 준비 자료: 등장인물 카드	• 김철수 기자 • 라디오 청중(김동완 혹은 김철수 지지자) 4. 학생들이 토론하고 준비할 수 있도록 5분의 시간을 준다. 학생들에게 각 등장인물을 판단하기보다는 오히려 등장인물의 역할에 몰입해서 그들의 감정, 입장, 주장을 표현하는 것이 더 중요함을 강조한다. 5. 토론을 마친 후 역할놀이를 시작한다. • 김철수 기자와 김동완 국회의원이 라디오방송의 전화 연결 코너인 '일어나 큰 목소리로'에 초대되어 자신의 입장을 표현하고 있다. • 교수자는 [부록 8-11] 속 진행자의 역할을 맡아, 김동완, 김철수 혹은 청중의 역할을 맡은 학생들이 사건에 대해 생각하고 자신의 의견을 표현할 수 있도록 독려한다([부록 8-13]). • 모든 모둠은 토론 결과를 발표해야 한다. 6. 마지막으로, 결과를 요약하고 다음의 결론을 전달한다. • 역할극 상황에서 김동완 국회의원과 김철수 기자의 행동은 모두 사회 속에서 자신의 역할에 부합합니다. • 그러나 두 역할은 적절한 행동을 하고 있음에도 서로 상충합니다. 이와 같은 갈등은 그들의 행동이 전제하는 사회적 규범이 다른 당사자의 이익과 권리를 대변하기 때문에 발생합니다.
3. 결론(5분)	다음의 결론을 학생들에게 전달한다. • 역할에 따라 그에 맞는 적절한 행동은 달라질 수 있습니다. 동일한 상황에 놓였을 때, 역할에 맞는 서로 다른 행동은 모두 사회적 규범에 부합함에도 불구하고 서로 상충할 수 있습니다. • 일상생활에서, 사람들은 종종 역할에 맞는 행동이 친사회적 규범에 반하는 상황을 마주합니다. 사람들은 이런 상황 속에서 성급한 판단을 내리지 않도록 주의해야 합니다. 사람들은 다른 사람의 입장을 고려하고 보다 더 복합적인 관점에서 문제를 바라봐야 합니다.
4. 마무리 활동(5분) ▷ **교수자료** - [부록 8-15] 성장 확인 질문	1. 성장 확인 질문을 공유하고 학생들이 소단원 활동을 돌아볼 수 있도록 유도한다. 2. 소단원 활동에 대한 학생들의 참여도를 칭찬한다.

4. 세부 지도 사항

1) 준비 활동

• 학생들의 사고를 자극하도록 상황을 설정할 수 있다. 이때 교수자는 학생들이 각 상황

속에서 어떤 사람이 맞고 틀린지에 대한 의견을 표현하도록 질문을 던질 수 있다.

2) 내가 만약…

- 상황에 따라 다음을 고려한다.
  - 학생들의 준비를 돕기 위해 토론 자료([부록 8-9])를 활동 시작 전에 배부할 수 있다.
  - 원활한 토론을 위해 교수자용 참고 자료([부록 8-13])를 복사해서 학생들에게 배부할 수 있다.
- 역할놀이를 진행하는 동안, '프로그램 진행자'의 역할을 충실히 한다. 이를 통해 학생들에게 적극적인 참여와 타인을 존중하는 태도의 모범을 보일 수 있다. 학급관리는 프로그램 진행자의 역할과 병행한다. 예를 들어, 진행자는 게스트(김철수 기자와 김동완 국회의원) 또는 청중의 의견과 답변을 적절히 요청할 수 있다.
- 상황에 따라 다음을 진행할 수 있다.
  - 일정한 시간 간격을 두고 학생들에게 등장인물 카드를 바꾸도록 지시함으로써 학생들이 다른 역할에 동반되는 다른 관점을 체험하고 활동에 적극적으로 참여할 수 있도록 독려한다. 이는 학생들이 다른 역할에 대한 호기심을 갖고, 각 역할에 맞는 적절한 주장을 펼치도록 돕는다.
  - 학생들에게 번갈아 진행자 역할을 맡는 기회를 줌으로써 학생들이 진행자가 상황을 통제하면서 겪는 어려움을 이해하도록 돕는다. 이는 진행자 역할을 통해 학생들이 상황을 통제하는 효과적인 기법(예: 광고, 음악, 뉴스 요약, 청중으로부터의 질문을 게스트에게 전달하기 등)을 익힐 수 있다. 교육과정에서 벗어나지 않는 범위에서, 학생들이 창의적으로 돌발 상황에 대처하는 능력을 발휘할 수 있도록 격려한다. 이는 활동을 더 흥미롭게 만드는 데 기여한다.
- 학생들에게 다른 역할(예: 김동완 국회의원의 아내, 김동완 국회의원 딸의 급우)의 관점을 생각해 보도록 지시한다. 예시로, 다음의 질문에 대한 답을 생각해 보도록 학생들을 독려할 수 있다.
  - 만약 여러분이 김동완 국회의원의 딸과 같은 학교에 다니는 학생이라고 가정해 보세요. 기자들이 매일 학교 입구에 대기하며 다른 학생들의 학교생활에도 영향을 미칠 때, 여러분은 어떻게 대처할 것 같나요?
  - 여러분이 김동완 국회의원의 딸과 가장 친한 친구이고, 그로 인해 스토킹의 대상이

되었다고 가정할 때, 여러분은 어떻게 대처할 것 같나요?

- 토론을 진행하는 데 어려움이 있다면 상황에 따라 주제를 '인기스타의 뒷모습'([부록 8-10])으로 바꿀 수 있다. 또한 학생들이 [부록 8-12]의 내용을 발표하고 관련해서 토론을 진행하는 역할놀이 활동을 추가적으로 진행할 수 있다. 단, 김동완 국회의원의 이야기([부록 8-9])가 정치인에게 청렴성과 평판관리가 요구되는 현실을 잘 반영하기 때문에 이를 최대한 활용하기를 권장한다. 대중은 정치인에 비해 연예인의 말과 행동의 일관성에 대해서는 덜 엄격하다.
- 대중매체와 정치 사이의 관계에서 미디어의 역할과 책임은 다음을 포함한다.
  - 공직자를 가까이에서 감독함으로써 부패와 태만으로부터 시민들을 보호한다.
  - 정부의 활동을 조사하고, 정부가 숨기고자 하는 것을 투명하게 공개한다.
- 학생들과 다음의 주제에 대한 논의를 진행할 수 있다.
  - 다른 상황 속에서 사람들은 어느 정도로 일관성을 유지할 수 있을까?
  - 사적인 상황과 공적인 상황에서 사람들의 성격이 어떻게 달라 보일까?
  - 유명 인사에 대해 사람들은 어떤 기대를 가지고 있을까?

3) 결론

- '친사회적 규범'의 경계는 역할(예: 기자, 공인 등)을 어떻게 규정하는지에 따라 달라질 수 있다. 도덕적 기준과 친사회적 규범이 시간에 따라 변하고, 사회, 문화, 새로운 법 제정 등의 영향을 받을지라도 그들은 모두 공공의 이익과 정의의 원칙을 따라야 한다.
- 서로의 친사회적 규범이 상충할 때(예: 사생활의 보호와 언론의 취재할 권리가 충돌하는 경우) 사람들이 어떻게 선택을 할지에 대해 공리주의는 상세한 답변을 제공한다.
- 친사회적 규범과 행동을 발달시키기 위해, 학생들은 역할을 잘 연기할 수 있도록 지속적으로 연습함으로써 사회적 딜레마와 문제들을 이해해야 한다.
- 개인의 욕구와 경쟁력을 강조하는 현대 사회에서 친사회성이 중요한 이유에 대해 토론을 진행할 수 있다. 학생들은 사람들이 친사회적인 방향으로 선택하는 이유를 이해하기 어려워할 수 있다. 따라서 학생들이 여러 국가와 문화(예: 군 문화)에서의 친사회적 규범과 행동을 비교하고, 이와 같은 규범과 행동들이 한 국가 전체의 문화와 어떻게 관련되어 있는지 생각해 보도록 지도한다.
- 정부가 정책을 수립하는 방향은 다양한 친사회적 규범을 장려한다. 사람들은 정책적

요구 사항에 대해 분석하고, 자신의 역할을 고려한 친사회적 규범과 양립할 수 있는지 결정해야 한다.

5. 보충 활동(선택 사항)

활동	내용	권장 사항
신문 스크랩	**목표: 다른 신문사의 뉴스 기사를 읽으며 하나의 문제에 대한 관점과 의견의 다양성을 이해한다.** 하나의 신문 기사(시사 문제나 연예 기사 등 모두 가능)를 주제로 선정하고, 학생들에게 지난주 동안 다른 신문사에서 이 주제에 대해 작성한 기사를 찾아보도록 지시한다. 학생들에게 신문사별 기사를 비교해 보고 관점의 차이에 대해 정리해 보도록 지시한다.	학생들은 자신이 작성한 리스트를 급우와 비교할 수 있다. 주제에 따라 학생들을 모둠으로 나눠 활동을 진행할 수 있다.

부록 8-9

토론 자료: 유명 인사의 뒷모습

모둠: ____________________

김동완 국회의원 보좌진, 실내 흡연으로 적발

언행 불일치 논란

명망 있는 정치 지도자인 김동완 의원은 올해 국회의원 선거를 통틀어 지역구에서 가장 높은 지지율을 보이며 당선되었다. 그는 '담배 없는 직장' 또는 '삶의 질 향상' 등 많은 시민운동을 지지하는 것으로도 유명하다.

그러나 당사는 최근 익명의 편지를 통해 김동완 의원이 자신의 의무를 제대로 이행하지 않고 자신의 공약과 정반대의 행보를 보이고 있다는 제보를 받았다. 한 달간의 취재 끝에 김동완 의원의 뒷모습에 대한 사건의 전말을 파악했다.

김동완 의원은 40평대 이상의 한강이 보이는 아파트에서 아내와 딸과 함께 거주하고 있다. 김동완 의원은 매일 아침 7시 30분경 딸을 학교로 데려다 주고, 집으로 돌아와 시청에 근무하는 아내를 직장까지 차로 태워다 준다.

김동완 의원은 이후 인천으로 이동해 정오까지 노모와 시간을 보내거나 사무실에 출근해 서류를 검토하고, 오후 5시에는 하교하는 딸을 데리러 학교에 간다.

김동완 의원은 오후 시간의 대부분을 자신의 사무실에서 보낸다. 보좌진은 김동완 의원이 출근하기 전에 서류를 미리 준비해 두고 시민들의 방문 일정을 2시간 이내로 모두 예약해 그 시간 내에 처리할 수 있도록 돕는다.
특파원들이 촬영한 사진에서 보이듯이, 김동완 의원은 보좌진들이 사무실에서 흡연할 수 있도록 허가했다. 보좌진이 자연스럽게 담배를 피우는 모습은 '담배 없는 직장'을 공약으로 내세운 국회의원의 사무실에서 전혀 예상할 수 없는 모습이었다.

취재에 따르면, 김동완 의원은 따뜻한 가장이지만, 그가 말한 대로 책임 있게 행동하는 국회의원인지는 독자의 판단에 맡겨야 할 것이다.

부록 8-10 교수자용 참고 자료: 인기 스타의 뒷모습

자타공인 대세 배우인 배노을의 부적절한 행동과 사생활을 고발하는 익명 제보가 쏟아지고 있으며, 이는 드라마 속의 따뜻하고 도덕적인 이미지와 상반된다는 점에서 충격을 주고 있다. 익명의 제보로 확보한 사진과 영상 속에서 배노을은 매일 밤 클럽에 들어가 몸을 가누기 어려울 정도로 술을 마셨으며, 그 상태로 차를 운전하며 신호를 위반하고 보행자를 고려하지 않는 모습을 보였다.

당사는 제보를 받은 후 한 달 동안 이 사건을 추적했고, 사건의 진상을 파악했다.

배노을은 40평대 이상의 한강이 보이는 아파트에 살고 있다. 그는 오후 3시쯤 일어나 햄버거 체인점에서 간단히 식사를 마치고, 오후 5시가 되면 소속사로 출근했다.

촬영이 없을 때면, 배노을은 연예인 또는 인플루언서 지인들과 낮에는 보트를 타고 밤에는 클럽을 가며 시간을 보냈다. 그가 자주 방문하는 클럽의 직원들은 배노을이 담배와 술에 파묻혀 있는 건 말할 것도 없으며, 위험 행동을 서슴지 않는다고 말했다. 손님으로 변장한 특파원들은 이 주장이 사실임을 확인했다. 특파원들이 클럽을 방문한 하룻밤 동안 배노을은 홀로 한 병 이상의 위스키를 마셨으며, 2갑 이상의 담배를 피웠고, 술에 취한 채로 차에 올라타 위험하게 운전하는 모습까지 보였다.

당사는 배노을 측에 익명의 제보 사진과 더불어 기자들이 찍은 사진 및 영상을 전달했다. 배노을 측은 사진 속 인물은 자신이 아니며 화질이 명확하지 않다고 이의를 제기했다. 또한 현재 가진 자료만으로는 자신의 음주 운전을 증명할 수 없다고 주장했다. 배노을은 그날 밤 진행된 생방송 인터뷰를 통해 자신은 담배를 피거나 술을 마시는 사람도 아니며, 클럽에는 가 본 적도 없다고 말했다.

배노을은 지금까지 사회 및 복지 활동에 적극적으로 참여했으며, SNS에 금연 캠페인에 대한 공개적인 지지를 표현해 왔다. 그러나 이제 상황은 달라졌다. 사진은 말을 할 수 없지만 독자는 사진에서 진실을 볼 수 있다.

부록 8-11 교수자용 참고 자료: 일어나 큰 목소리로-라디오 방송의 전화 연결 프로그램 (시나리오 1)

〈유명 인사의 뒷모습〉

진행자: 여러분, 안녕하세요. 〈일어나 큰 목소리로〉 코너 시간입니다. 오늘은 항간의 소문을 주제로 대화를 나눠 보려고 하는데요, 뉴스의 헤드라인을 장식했던 김동완 국회의원의 이야기입니다.

진행자: 김철수 기자님 그리고 김동완 국회의원님, 전화 연결에 응해 주셔서 감사합니다. 청취자 분들의 이해를 돕기 위해 말씀드리자면 지금 두 분은 서로 직접 대면하지 않은 채로 전화를 통해 스튜디오와 대화하는 중입니다. 여러분의 의견 또한 전화 연결로 현장에서 나눌 수 있습니다.

진행자: 먼저 게스트분들께 오늘 저희 프로그램에 나와 주셔서 감사드린다는 말씀드립니다. 김동완 의원님, 요즘 신문에서 다루고 있는 의원님의 이야기에 대해 어떤 의견을 가지고 계실지 여쭤 봐도 될까요?

김동완 국회의원: ____________________

주최자: 김철수 기자님께서는 어떤 의견을 가지고 계실까요?

김철수 기자: ____________________

진행자: 두 분 의견 잘 들었습니다. 이제 청취자 분들의 의견을 들어 보려고 합니다. ××님, 안녕하세요. 이 문제에 대해 어떻게 생각하시나요?

부록 8-12 교수자용 참고 자료: 일어나 큰 목소리로-라디오 방송의 전화 연결 프로그램 (시나리오 2)

〈인기스타의 뒷모습〉

진행자: 여러분, 안녕하세요. 〈일어나 큰 목소리로〉 코너 시간입니다. 오늘은 항간의 소문을 주제로 대화를 나눠 보려고 하는데요, 온라인 뉴스의 헤드라인을 장식했던 배우 배노을 씨의 이야기입니다.

진행자: 김철수 기자님 그리고 배노을 배우님, 전화 연결에 응해 주셔서 감사합니다. 청취자 분들의 이해를 돕기 위해 말씀드리자면 지금 두 분은 서로 직접 대면하지 않은 채로 전화를 통해 스튜디오와 대화하는 중입니다. 여러분의 의견 또한 전화 연결로 현장에서 나눌 수 있습니다.

진행자: 먼저 게스트분들께 오늘 저희 프로그램에 나와 주셔서 감사드린다는 말씀드립니다. 배노을 배우님, 요즘 신문에서 다루고 있는 사건에 대해 어떤 의견을 가지고 계실지 여쭤 봐도 될까요?

배노을 배우: ____

주최자: 김철수 기자님께서는 어떤 의견을 가지고 계실까요?

김철수 기자: ____

진행자: 두 분 의견 잘 들었습니다. 이제 청취자 분들의 의견을 들어 보려고 합니다. ××님, 안녕하세요. 이 문제에 대해 어떻게 생각하시나요?

부록 8-13

교수자용 참고 자료: 일어나 큰 목소리로 질문 지침

관점	질문
출처	1. 근거 자료의 출처가 신뢰할 만한가요? 2. 근거 자료의 출처를 공개할 수 있나요? 3. 이야기 속에 언급된 사람들에게 사건에 대한 합리적인 설명을 제공할 수 있나요? 4. 해당 인물을 고발하는 구체적인 증거가 있나요?
사회적 책임	1. 공직자는 자신의 직무에 대해서만 대중에게 책임을 져야 할까요? 2. 공직자의 직무를 감독하는 게 언론인의 책임일까요? 3. 모든 정보를 독자에게 공개하는 게 기자의 책임일까요? 4. 대중은 알권리가 있을까요? 대중의 알권리가 공직자의 사생활에 대해 알권리를 포함할까요?
사생활	1. 공직자는 사생활을 대중에게 설명해야 할까요? 2. 공직자의 어머니, 아내, 딸은 공인이 아닙니다. 이들이 신문 기사에 등장하는 이유는 무엇일까요?
기타	1. 공직자의 사생활이 그 사람의 신뢰성과 관련이 있을까요? 2. 공직자의 사생활이 그 사람의 평소 행실을 반영할까요? 3. 공직자의 사생활이 그 사람의 능력과 관련이 있을까요? 4. 만약 기자의 사생활 취재가 다른 사람들(예: 김동완 국회의원의 동료, 김동완 국회의원의 딸이 다니는 학교의 학생, 교사, 다른 학부모)에게도 영향을 미칠까요?

부록 8-14

활동 준비 자료: 등장인물 카드

김동완 국회의원 김철수 기자는 이런 기사를 쓰면 안 됩니다.	**김철수 기자** 기자로서 책임을 다했을 뿐입니다.
일반 청중 김철수 기자를 지지합니다. 그것은 김철수 기자의 권리입니다.	**일반 청중** 김동완 국회의원을 지지합니다. 김철수 기자는 기자로서 가지는 권리를 남용했습니다.
청중: 김동완 국회의원의 이웃 김철수 기자는 그런 기사를 쓰지 말아야 합니다. 같은 건물에 거주하는 다른 사람들이 피해를 입습니다.	**청중: 김동완 국회의원의 동료** 소수가 피해를 입더라도 진실을 공개하는 것이 가장 중요합니다.
일반 청중 김철수 기자를 지지합니다. 그는 책임에 충실했을 뿐입니다.	**일반 청중** 김동완 국회의원을 지지합니다. 김철수 기자는 기자로서의 책임을 변명으로 삼고 있습니다.

(가위로 잘라 사용하세요.)

부록 8-15 성장 확인 질문

이름: ______________________ 반: ______________________ 날짜: ______________________

1. 수업 과제

1) 공직자나 연예인 등의 유명인사는 사회에 영향을 미칠 수 있기 때문에 더 나은 성격과 더 엄격한 도덕적 기준을 가져야 할까요?

2) 유명인사의 사생활은 보호되어야 할까요? 만약 그렇다면, 사회는 그를 어떻게 보호할 수 있을까요? 만약 그렇지 않다면, 이유는 무엇인가요?

3) 대중들은 유명인사의 사생활에 대해 어느 정도까지 알아야 할까요? 이와 같은 정보는 어떤 의미가 있으며 대중의 삶에 어떤 영향을 미칠 수 있을까요?

2. 숙제

1) 사회는 배경과 사회적 지위에 따라 사람들에게 다른 기대를 가지고 있습니다. 이에 동의하시나요?

2) 다른 사람의 관점을 이해하기 위해 그 사람의 입장이 되어 봐야 하는 이유는 무엇일까요?

3) 만약 내가 어느 날 유명인사가 되고 잘못된 행동(예: 외도)을 해서 평판에 손상을 입었다면, 이 사실이 어떤 방식으로 보도되고 어떤 방식으로 비판을 받기를 원하시나요? 이 경우, 비판에 어떻게 반응할 수 있을까요?

대단원 9

회복탄력성

들어가며

회복탄력성은 개인 역량의 관점에서 정의할 수 있다. 회복탄력성은 스트레스를 유발하는 사건에 건강한 방식으로 적응할 수 있는 개인의 능력을 의미한다. 재통합 과정으로서 회복탄력성은 개인이 정상적인 상태로 돌아가거나 심지어 이전보다 더 나은 심리적 상태를 보일 수 있도록 한다. 회복탄력성은 역경을 겪은 후에 더 강화될 수 있다.

맹자가 말한 것처럼, 큰 책임을 맡은 사람들은 빈번하게 실패를 경험하고, 목표를 이루지 못하고, 문제에 대해 올바른 답을 찾지 못하는 등의 어려움과 도전에 필연적으로 직면할 수밖에 없다. 그럼에도 불구하고, 이러한 경험은 인내심을 기르고 강인한 성격을 가지는 데 도움이 될 수 있다. 더불어 긍정적인 정체성과 긍정적인 성격을 형성하고 돈에 대한 올바른 태도를 가지는 데 기여할 수 있다. 인생에서 도전적인 사건들은 실수로부터 배울 점을 얻고, 한층 더 나은 사람이 되고, 개인의 능력을 향상시키는 좋은 기회가 될 수 있다. 또한 긍정적인 변화로 이어질 수 있으며, 개인이 더 큰 책임을 맡을 준비를 하게 할 수 있다. 앞에서 설명한 내용들은 회복탄력성의 보호적인 특징에 해당한다.

청소년들의 회복탄력성을 기르는 방법에는 여러 가지가 존재한다. 낙관적이고 베푸는 마음과 만족하는 마음가짐을 기르는 것, (심리-사회적 측면에서) 건강한 성인에 대한 소속감을 높이는 것, 중요한 타인들과의 갈등 해결 방법을 학습하는 것, 전통적인 문화적 가치를 학습하는 것 등이 모두 회복탄력성을 높이는 데 기여할 수 있다. Level 1 과정에서는 가족에 대한 소속감, 문제 해결 능력, 감정 조절 및 갈등관리 능력을 향상시키는 데 초점을 맞췄다. Level 2 과정에서는 낙관주의 증진, 실패에 대한 이해 재구성, 실패로부터 학습하는 법, 역경을 유머로 대처하는 법, 어려운 상황에서 회피하지 않는 법을 배우는 데 중점을 두었다.

대한민국은 엄청난 경쟁과 압박이 존재하는 사회이다. 많은 어린이와 청소년은 이미 수많은 도전과 실패를 경험했다. 이들 중 상당수는 높은 학업 성취를 보이고 일부는 국제 사회에서도 뛰어난 면모를 보이지만 한국의 전통적인 가치관은 높은 학업 성취뿐만 아니라 부모에 대한 순종적인 태도를 계속해서 강조하고 기대하고 있다. 더불어 가족 구성원 간의 원활하지 않은 소통이 오해와 갈등의 원인이 되는 경우가 종종 발생한다.

급변하는 환경 속에서 청소년들을 보호하기 위한 적극적인 대책이 마련되지 않는다면 사회는 복잡하고 어려운 문제에 직면하게 될 것이다. 따라서 회복탄력성을 함양하기 위해 Level 3 과정에서 낙관적 사고를 더욱 강화하는 것이 요구된다.

Level 3 회복탄력성 교육은 4개의 소단원으로 구성되어 있다. 소단원 1은 만족하는 마음가짐을 길러 낙관주의를 증진하는 것을 목표로 한다. 소단원 2는 위기에 직면하여 대처하는 능력을 기르는 것을 목표로 한다. 소단원 3에서는 학생들의 회복탄력성을 향상시키기 위해 맹자의 가르침이 소개될 예정이다. 마지막으로 소단원 4에서는 미래에 대한 희망감을 고취하는 것에 중점을 둔다.

개관

소단원	소단원 목적	학습 목표
만족하는 마음은 즐거운 마음 (30분)	긍정적인 사고를 통해 낙관주의를 증진한다.	1. 경험과 사람이 우리의 보물이 될 수 있는 방법을 알아본다. 2. 학생들이 삶에 대한 낙관적인 관점을 기를 수 있게 한다.
위기를 기회로 (30분)	위기에 직면하고 대처할 수 있는 능력을 기른다.	1. 위기에 직면하는 법을 알아본다. 2. 위기가 성장의 기회임을 배운다.
슬픔과 재앙에서 피어나는 삶 (30분)	역경과 관련된 동양의 전통적인 가치관을 소개하여 학생들의 회복탄력성을 증진시킨다.	1. 맹자가 역경을 어떻게 바라보았는지 설명한다. 2. 자신을 성찰하고 맹자의 가르침을 일상생활에서 어떻게 적용할 수 있는지 생각해 본다.
꿈에서 현실로 (30분)	미래에 대한 희망감을 고취한다.	1. 미래의 가족에 대한 비전을 구성해 본다. 2. 자신의 포부를 이루기 위해 열심히 일하고 자원을 올바르게 사용해야 한다는 점을 배운다.

이 대단원에 포함된 모든 활동지 및 파워포인트 슬라이드와 영상 자료 등은 학지사 홈페이지(www.hakjisa.co.kr)에서 내려받을 수 있습니다.

소단원 1

만족하는 마음은 즐거운 마음

1. 소단원 목적

긍정적인 사고를 통해 낙관주의를 증진한다.

2. 학습 목표

① 경험과 사람이 우리의 보물이 될 수 있는 방법을 알아본다.
② 학생들이 삶에 대한 낙관적인 관점을 기를 수 있게 한다.

3. 수업 내용

활동	절차
1. 준비 활동(3분)	1. 학생들에게 자신의 존재를 느낄 수 있는 느린 동작을 해 보게 하는 것으로 수업을 시작한다(예: 팔이나 다리를 들기, 걷기, 서 있기, 앉아 있기, 호흡하기 등). 2. 학생들에게 다음과 같이 말한다. • 우리는 일상생활에서 많은 것을 당연하게 여기고 그 존재를 무시했을 수 있습니다. 단지 우리의 팔과 다리를 움직일 수 있다는 사실 외에도, 우리는 다양한 경험을 할 수 있고, 사람들은 우리의 보물이 될 수 있습니다.
2. 자기 성찰: 만족하는 마음은 즐거운 마음 **(12분)** ▷ **교수자료** - [부록 9-1] 음성 자료: 만족하는 마음은 즐거운 마음	**목표: 경험과 사람이 우리의 보물이 될 수 있는 방법을 설명한다.** 1. 학생들에게 눈을 감도록 안내한 다음, 음성 자료 '만족하는 마음은 즐거운 마음'([부록 9-1])을 재생한다. 생동감 넘치는 배경음악과 함께 학생들의 일상생활 속 행복들을 떠올릴 수 있도록 돕는 음성이 나올 예정이다(예: 자신의 신체적 능력에 대한 것, 친구들을 돌보는 법, 가족을 사랑하는 법, 가깝고 먼 여러 인간관계를 다루는 법 등). 2. 활동지([부록 9-3])를 배포하고 학생들에게 자신이 떠올린 행복의 경험을 적게 한다.

- [부록 9-2] 교수자용 참고 자료: 만족하는 마음은 즐거운 마음 자료 - [부록 9-3] 활동지: 만족하는 마음은 즐거운 마음	3. 5분 후, 몇 명의 학생에게 자신이 쓴 내용을 공유하도록 안내한다. 4. 요약하고 결론을 내린다. • 우리의 일상에는 소중히 여길 수 있는 작은 일들이 많이 있습니다. 그러나 우리는 이를 무시하거나 당연하게 여겼을지도 모릅니다.
3. 짧은 교안과 교수자 공유: 행복의 책**(5분)** ▷ **교수자료** - [부록 9-4] 팁: 행복의 책	**목표: 학생들이 삶에 대한 낙관적인 관점을 기를 수 있게 한다.** 1. '행복의 책'([부록 9-4])을 배포하고 학생들이 읽어 볼 수 있게 한다. 2. 학생들에게 책에서 제시된 전략을 활용하여 특정한 (부정적일 수도 있는) 상황 속에서 낙관적으로 대처해 본 경험을 학급과 공유하게 한다.
4. 결론(5분) ▷ **교수자료** - [부록 9-5] 교수자용 참고 자료: 행복의 반지	1. "만족하는 마음은 즐거운 마음이다." 행복의 의미에 대해 고민해 본다. 행복을 주는 데 중요하게 작용하는 것에는 개인의 도덕적인 기준을 지키는 것, 고집스럽지 않고 변화에 유연하게 적응하는 것 등이 있을 수 있다. 물질적인 이익만을 추구하고, 남을 탓하며, 후회하는 마음을 가지는 것은 불안과 공허한 삶을 초래한다. 2. '행복의 반지'([부록 9-5])로 수업을 마무리한다. 학생들에게 삶의 작은 행복한 순간들에 더 많은 주의를 기울이고 자신을 발전시키기 위해 열심히 노력하도록 격려한다. 이런 방법을 통해 개인은 더 낙관적인 관점을 기를 수 있다.
5. 마무리 활동(5분) ▷ **교수자료** - [부록 9-6] 성장 확인 질문	1. 성장 확인 질문을 배포하고 학생들이 수업 내용을 되돌아볼 수 있도록 지도한다. 2. 수업에 열심히 참여한 학생들을 칭찬한다.

4. 세부 지도 사항

1) 준비 활동

• 학생들은 슬로우 모션 활동을 통해 신체 능력의 힘을 경험할 수 있다. 구두로 학생들에게 안내하며 학생들이 신체의 특정 부분에 집중해 볼 수 있도록 돕는다(예: 다음과 같은 문장을 반복한다. "팔을 들고 자신의 손에 집중해 봅니다.").

• 또 다른 슬로우 모션 활동을 통해 학생들이 신체적 능력 외에도 자신이 가진 것을 경험

하고 깨달을 수 있도록 돕는다. 예를 들어, 학생들이 다른 사람에게 손을 흔들며 자신의 주변에 친구가 있다는 것에 감사하는 마음을 가지게 하거나, 느린 동작으로 책을 펼쳐서 자신에게 공부할 기회가 있다는 것에 감사하는 마음을 가지게 한다.

2) 만족하는 마음은 즐거운 마음

- 음성 자료는 비물질적인 가치에 관한 것을 다룬다. 학생들은 심도 있는 생각을 통해 보물처럼 가치 있는 것은 단순하고 흔한 것일 수 있다는 사실을 깨닫게 될 것이다. 학생들이 자신의 주변에 있는 행복한 일들에 주의를 기울일 수 있도록 격려한다.
- 음성 자료를 재생하는 것 대신에 교수자는 학생들에게 대본을 직접 읽어 주며 질문을 던지고 학생들이 그것에 대해 생각해 보게 할 수 있다. 하지만 다음의 사항에 유의해야 한다.
  - 교수자는 학생들의 관심을 끌고, 학생들이 끝까지 집중할 수 있도록 주의를 기울여야 한다.
  - 교수자는 일정 수준 이상의 연설 기술을 갖추고 있어야 한다.
  - 교수자는 학생들의 배경을 잘 알고 있고, 그들의 배경에 적합한 내용을 전달할 수 있어야 한다.
- 활동지는 학생들이 자신을 돌아보게 하는 데 도움이 된다. 학생들이 충분히 성숙하다면 구두로 자신의 내용을 공유하도록 안내한다.
- 학생들이 말로 자신을 표현하는 데 서툴다면, 그림으로 자신을 표현하도록 안내한다.
- 일반적으로 만족감이 높은 학생은 활동지를 빠르게 완료할 수 있다. 활동지를 완성하는 데 시간이 많이 걸리는 학생은 해당 영역에 사건이 없을 수도 있다. 그런 경우, 교수자는 학생들에게 어떤 어려움이 있는지 직접 물어봐야 한다. 동시에 학생들이 해당 영역에서 행복한 경험에 대해 더 많이 생각해 볼 수 있도록 유도한다.
- 학생들에게 활동지에 적는 경험이 반사회적이거나 누군가의 불행이 되어서는 안 된다는 점을 상기시킨다(예: 무단결석, 선생님이 아프셔서 학교에 올 수 없는 사건 등).
- 학생들에게 알림판이나 거울 등 눈에 잘 띄는 곳에 활동지를 붙이고 인생의 행복한 순간을 상기할 수 있게 한다.
- 시간이 충분하다면, 짝을 지어 완성한 활동지를 서로 공유하도록 안내한다. 이는 모두가 자신의 경험을 공유해 보고 자신의 감정을 표현할 수 있는 기회를 제공한다.

- 만일 일부 학생이 바람직하지 않은 기억을 떠올려서 부정적인 감정을 느낀다면, 해당 학생을 위로하고, 수업이 끝난 후 후속 조치를 하며, 필요한 경우 상담사에게 안내한다.

3) 행복의 책

- 비슷한 종류의 책들은 이미 회복탄력성을 다루는 Level 1과 2 과정에서 제공된 바 있다. 교수자는 학생들에게 그것들을 모두 모아 회복탄력성에 대해 배운 내용을 다시 한 번 떠올려 보게 할 수 있다.
- '행복'이라는 단어는 즐거움이라는 감정과는 별개로 '낙관주의'를 암시한다. 개인이 자신이 가진 것에 만족하는 마음을 가진다면 행복과 낙관주의는 따라온다. 또한 낙관적인 사람은 자신의 삶에 만족하는 사람이기도 하다. 이 두 가지 개념은 서로를 강화한다.

4) 결론

- [부록 9-5]는 Piquemal, M.의 『철학 우화(Les Philo-Fables)』(2005)를 바탕으로 작성되었다.
- 이 단원에서는 학생들에게 행복한 경험들과 삶에서 가치 있고 소중한 사람들을 발견할 기회를 제공함으로써 낙관주의를 기를 수 있도록 한다. 낙관주의는 회복탄력성을 강화하는 보호 요인이다. 이 단원에서는 학생들이 보물처럼 가치 있는 것들에 주의를 기울이도록 하는 것 외에도 낙관주의와 관련한 팁을 제공함으로써 학생들이 일상생활에서 이를 실천할 수 있도록 돕는다.
- 교수자는 학생들이 이미 가지고 있는 것을 상기시키는 것 외에도 학생들이 꿈을 이루기 위해 자신이 가지고 있는 것으로 무엇을 할 수 있을지 생각해 보도록 지도해야 한다(본 대단원의 소단원 4 참조). 자신이 가진 것을 알고 소중히 여기며 어려움 속에서도 낙관적인 인생관을 유지할 수 있다면 학생들은 이 개념을 실천에 옮길 수 있는 능력을 발휘할 수 있다. 또한 교수자는 자신이 가진 것에 만족하는 것이 성장을 추구하지 않는 것은 아님을 명확히 설명할 필요가 있다. 이는 자신이 가지지 못한 것(특히 물질적인 것)에만 집중함으로써 불필요한 불안을 유발해 개인의 성장을 저해하지 말아야 할 것을 의미한다. 오히려 학생들은 자신의 목표와 꿈을 위해 열심히 노력하고 의미 있는 삶을 찾도록 격려된다.

5. 보충 활동(선택 사항)

활동	내용	권장 사항
행복한 블로거	**목표: 학생들이 삶에 대한 낙관적인 관점을 기를 수 있게 한다.** 학생들에게 온라인 블로그를 만들어 '행복의 책'([부록 9-4])에 나온 전략을 어떻게 사용할 것인지 작성해 보게 한다. 삶에 대한 낙관적인 관점을 기르기 위해 학생들과 함께 블로그를 정기적으로 방문한다.	다음과 같은 방법으로 학생들을 격려할 수 있다. • '가장 낙관적인' 학생과 '가장 전략을 잘 사용하는' 학생에게 상을 수여한다. • 학생들이 친구들의 블로그에 응원의 메시지를 남기게 한다.

부록 9-2 교수자용 참고 자료: 만족하는 마음은 즐거운 마음

만족하는 사람은 행복한 사람입니다.

당신은 풍요롭고 충만한 삶을 살고 있습니다. 당신은 시간을 내어 새로운 경험을 하고 그것에 감사합니다.

화창한 날입니다. 신선한 공기와 시원하고 부드러운 바람을 맞으며 좋은 추억들이 떠오릅니다.

당신은 수많은 일을 가능하게 하는 건강한 신체를 가지고 있다는 것을 깨닫습니다. 당신의 감각들과 신체적 건강은 당신을 숨 쉬고, 걷고, 보고, 듣고 또 많은 일을 할 수 있게 합니다. 신체적 어려움에도 불구하고 행복하게 사는 사람들을 보며 당신은 스스로가 행운아라는 것을 깨닫고 영감을 얻습니다.

학교에는 당신의 좋은 일과 나쁜 일을 공유할 수 있는 좋은 친구들이 있습니다.

집에는 삶을 살아갈 수 있는 편안한 공간이 있습니다. 가족은 당신을 잘 보살펴 주며 그들과의 소중한 추억을 간직하고 있습니다.

당신은 많은 기회를 이미 가지고 있다는 걸 느낍니다. 공부하고, 컴퓨터로 친구들과 수다를 떨고, 책을 읽고 다양한 일을 할 수 있습니다. 그러나 모든 사람이 이러한 기회를 가지는 것은 아닙니다.

그럼에도 불구하고 때로는 불행하거나 만족하지 못하는 때가 있습니다. 많은 것을 긍정적으로 바라볼 수 있다면 삶이 행복으로 가득할 수 있다는 것을 당신은 깨닫게 됩니다.

부록 9-3

활동지: 만족하는 마음은 즐거운 마음

이름: ________________________

여러분이 보물처럼 소중히 여기는 사람이나 경험을 빈칸에 작성해 보세요.

집에서 	
학교에서 	
친구와의 관계 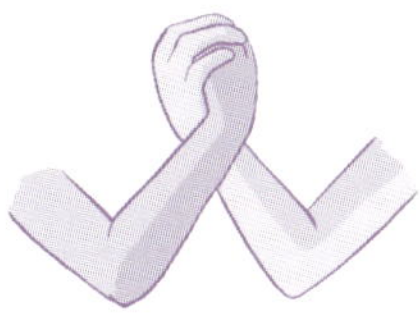	
신체적 능력 	
자연의 축복 	
인생에서 만난 기회들 	
오늘 나에게 일어난 일 	

부록 9-4

팁: 행복의 책

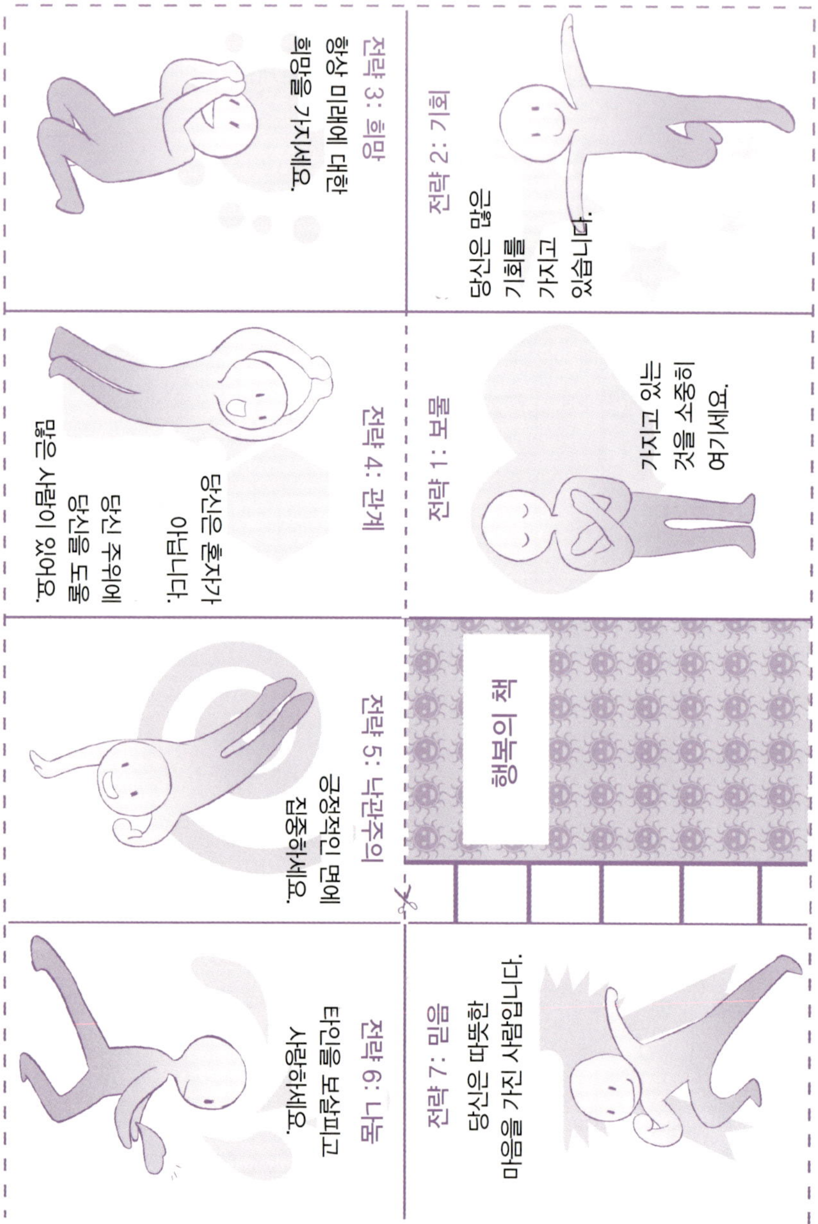
행복의 책
전략 1: 보물
가지고 있는
것을 소중히
여기세요.
전략 2: 기회
당신은 많은
기회를
가지고
있습니다.
전략 3: 희망
항상 미래에 대한
희망을 가지세요.
전략 4: 관계
당신은 혼자가
아닙니다.
당신 주위에
당신을 도울
많은 사람이 있어요.
전략 5: 낙관주의
긍정적인 면에
집중하세요.
전략 6: 나눔
타인을 보살피고
사랑하세요.
전략 7: 믿음
당신은 따뜻한
마음을 가진 사람입니다.

부록 9-5 교수자용 참고 자료: 행복의 반지

옛날 옛적에 아주 막대한 재산을 가진 왕이 있었습니다. **어느 날 왕은 이상한 병에 걸려 모든 일에 흥미를 잃게 되었습니다.** 왕은 무언가 불만족스러웠고, 세상에서 어떠한 즐거움도 얻지 못했습니다.

그런 왕을 보고 왕실 근위병들은 걱정이 끊이질 않았습니다. 그러던 중 **세상에서 가장 행복한 사람을 찾아 그의 결혼 반지를 빼서 왕의 손가락에 끼워 주면 병이 낫는다는 소문을** 듣게 되었습니다. 누구든지 이 반지를 끼기만 한다면 매우 행복해질 수 있다는 말이었습니다.

근위병들은 가장 행복한 사람을 찾기 위해 최선을 다했지만 **그런 사람을 찾지 못했습니다.** 자신의 삶에 만족하는 사람이 없었기 때문입니다. 그러던 어느 날, 근위병들은 우연히 한 집을 지나가다가 그 안에 있는 어느 가족의 대화 소리를 듣게 되었습니다.

"여보, 우리는 운이 정말 좋은 것 같아요. 매일 우리는 먹을 **음식**이 있고, 몸도 **건강**하고, **잠도 잘 자니** 말이에요! 인생은 정말 좋은 거라고 생각해요!"

아이도 말했습니다.

"그리고 저희에겐 **좋은 아빠**도 있어요. 저는 아빠가 너무 자랑스러워요!"

밖에서 그 소리를 들은 근위병들은 관문을 부수고 들어갔습니다. 그러나 근위병들이 집에 들어갔을 때, 이 가족이 **너무도 가난해서 미처 결혼반지를 살 돈도 없었다는 사실**을 알게 되었습니다!

〈결론〉

이 가족은 자신에게 없는 것에 관심을 기울이지 않고
항상 가지고 있는 것들을 소중히 여겼습니다.
그 결과, 그들은 만족하고 행복했습니다.

부록 9-6 성장 확인 질문

이름: ______________________ 반: ______________________ 날짜: ______________________

1. 수업 과제

1) "만족하는 마음은 즐거운 마음이다." 여러분은 이 말을 어떻게 성취할 수 있다고 생각하나요?

2) 1의 질문과 관련하여 이 말을 여러분의 일상생활에서 실천할 수 있다고 생각하나요? 왜 그런가요?

2. 숙제

1) 수업 이후, 여러분이 그리 소중히 여기지는 않지만 종종 여러분에게 만족감과 편안함을 주는 것들에 대해 알게 된 것이 있나요?

2) '행복의 책'의 내용 중 어떤 내용이 여러분에게 가장 의미 있게 다가왔나요? 왜 그런가요?

소단원 2

위기를 기회로

1. 소단원 목적

위기에 직면하고 대처할 수 있는 능력을 기른다.

2. 학습 목표

① 위기에 직면하는 법을 알아본다.

② 위기가 성장의 기회임을 배운다.

3. 수업 내용

활동	절차
1. 준비 활동: 위기**(5분)** ▷ **교수자료** - [부록 9-7] 파워포인트 슬라이드: 위기 - [부록 9-8] 교수자용 참고 자료: 위기 내용	1. 다음 질문으로 수업을 시작합니다. "상황이 얼마나 심각해야 '위기'로 간주할 수 있을까요?" 2. "오늘 우리는 두 가지 위기 시나리오에 대해 경험해 볼 것입니다. 우리가 어떻게 위기를 극복하고 헤쳐 나갈 수 있는지 살펴봅시다." 3. 파워포인트 슬라이드 '위기'([부록 9-7])를 재생하고 등장인물의 이야기를 간략하게 소개한다(참고: 등장인물들의 결과는 활동 3에서 공유될 예정이다).
2. 학급 게임: 만약… **(12분)** ▷ **교수자료** - [부록 9-9] 학생용 참고 자료: 만약 역할극 카드 - [부록 9-10] 학생용 참고 자료: 만약 친구 가이드	**목표: 위기에 직면하는 법을 알아본다.** 1. 역할극 카드([부록 9-9])를 두 명의 학생에게 나눠 주고, 그들에게 활동 1에 나오는 등장인물 중 한 명을 각각 연기하도록 지시한다. 2. 나머지 학생들에게는 '만약 친구 가이드'([부록 9-10])를 배포한다. 3. 위기의 각 단계에 있는 사람들에게 적합한 격려 행동에는 3가지 주요 범주가 있다. 이 범주에 따라 학급을 고르게 나눈 다음, 학생들에게 하나의 역할을 맡도록 안내한다. ① 언어적 지지, ② 긴장을 풀 수 있는 요령 제공, ③ 신체적 행동. 4. 그런 다음, 학생들에게는 2분 동안 역할을 준비할 시간을 준다.

	5. '학급 극장'의 시작을 알린다. 주인공 2명은 교실 안을 자유롭게 돌아다닐 수 있다. '친구' 역할을 맡은 나머지 학생들은 자신의 범주에 따라 주인공에게 다가가 그들을 도와야 한다. 6. 5분 후, 주인공 2명에게 다음 내용을 공유하게 한다. • 활동을 하며 어떤 감정을 느꼈나요? • 여러분에게 가장 도움이 되었던 사람은 누구인가요? 왜 그런가요? 7. 그런 다음, 나머지 학생들에게 다음의 내용에 대해 이야기해 보기를 안내한다. "이 활동에서 여러분은 주인공들에게 어떤 도움을 주었나요? 그것이 효과적이었나요? 왜 그런가요?" 8. 학생들의 의견을 요약하고 학급에 다음 내용을 공유한다. 역할극과 마찬가지로, 우리는 위기에 처했을 때 도움을 구해야 하고, 다른 사람의 도움을 받아들일 수 있어야 한다.
3. 짧은 교안: 기회**(5분)** ▷ **교수자료** - [부록 9-11] 파워포인트 슬라이드: 기회 - [부록 9-12] 교수자용 참고 자료: 기회 내용	**목표: 위기가 성장의 기회임을 배운다.** 1. 파워포인트 슬라이드 '기회'([부록 9-11])를 재생한다. 2. 학생들에게 위기에 처했을 때 포기하지 말고, 언젠가는 어려운 상황이 지나갈 것이라는 내용을 전달하고 격려한다.
4. 결론(3분)	1. 우리가 위기에 처했을 때, 우리는 동시에 성장의 기회도 경험하고 있다. 2. 위기에 처했을 때, 우리는 긍정적인 라이프스타일을 가진 친구나 성인에게 도움을 요청해야 한다.
5. 마무리 활동(5분) ▷ **교수자료** - [부록 9-13] 성장 확인 질문	1. 성장 확인 질문을 배포하고 학생들이 수업 내용을 되돌아볼 수 있도록 지도한다. 2. 수업에 열심히 참여한 학생들을 칭찬한다.

4. 세부 지도 사항

1) 준비 활동

- 일반적으로 위기는 단기간에 갑작스러운 상실(예: 건강, 친밀한 관계, 우정, 가족의 죽음 등)을 겪으면서 발생한다. 이는 부정적인 감정을 유발하고 일시적인 의욕의 상실로 이어질 수 있다.
- 교수자는 위기와 관련한 다른 자료를 찾아서 사용할 수 있다(예: Level 1 유대감 단원에 언

급된 헨리 완요이케의 이야기 등).

2) 만약…….

- 주인공을 연기하는 학생의 수를 늘려서 적극적인 참여를 유도한다(예: 두 학생에게 같은 등장인물을 연기하도록 요청). 이렇게 함으로써 나머지 학생들이 친구 역할을 할 수 있는 기회가 많아지며 대기 시간도 줄일 수 있다. 더불어 교수자는 주인공 역할을 맡은 학생들 중 한 명에게 귀마개를 착용하도록 요청하여 보살핌과 지원을 받지 못하는 느낌을 경험하게 할 수도 있다.
- 학생들이 충분히 성숙하다면, [부록 9-10]을 참고하여 학생들이 '친구' 역할을 좀 더 유연하게 수행할 수 있도록 안내한다.
- 학생들에게 위기를 겪고 있는 사람의 감정 상태와 시기를 고려하여 다양한 격려 행동을 수행하도록 상기시킨다. 예를 들어, '이제부터 너를 걱정해 주는 사람들을 소중히 여겨'와 같은 문장은 위기 직후 정서적으로 불안정한 상태에서는 적절하지 않을 수 있다. 하지만 정서가 안정되고 성찰의 시간을 갖게 됐을 때 이런 문장은 앞으로의 성장에 도움이 될 수 있다.
- 교수자는 학급을 두 그룹으로 나눌 수 있다(혹은 주인공 역할을 맡은 학생 수에 따라 더 작은 그룹으로 나눌 수도 있다). '친구' 역할을 맡은 학생들이 차례대로 주인공에게 도움을 주도록 안내함으로써 학생들이 서로에게 배울 수 있도록 한다.
- 모든 학생이 적극적으로 '친구' 역할을 수행할 수 있도록 격려한다.

3) 기회

- 교수자는 학생들에게 위기를 기회로 바꾸는 법을 보여 주는 것 외에도 위기를 다루는 원칙들에 대해 학생들과 토의할 수 있다. 이때 다음의 내용을 포함할 수 있다. ① 위기 상황에 있는 사람(피해자)은 침착하고 개방적인 태도를 유지하며 어른과 친구들의 도움을 받아들여야 한다. ② 도움을 주는 사람은 피해자가 안전한 장소에 있는지 확인하고, 피해자에게 그들이 충분한 지지와 도움을 받고 있다는 사실을 알려야 한다. 도움과 지원은 처벌적이어서는 안 되며, 피해자를 격려하고 그들의 감정에 초점을 맞춰야 한다. ③ 위기 이후, 피해자들은 위기를 어떻게 넘겼는지, 위기가 자신의 성장에 어떻게 기여

했는지에 대해 친밀한 관계에 있는 사람들과 이야기를 나눌 수 있다.

- 시간이 충분하다면, 학생들에게 '스탠리'와 '베니'에게 편지를 쓰도록 요청한다. 이는 배운 내용을 강화할 뿐 아니라 학생들의 배려하는 마음을 키울 수 있다. 이 활동은 수업이 끝난 후에도 할 수 있다.
- 스탠리에 대한 더 많은 정보를 얻고 싶다면 그의 책(『변화 시기』, 중국어)이나 웹페이지를 참고할 수 있다(http://www.fishsee.com, 중국어).
- 베니에 대한 더 많은 정보를 얻고 싶다면 다음 웹페이지를 참고할 수 있다. (http://www.rehabsociety.org.hk/ptxcms/publish/getContent.aspx?id=31395&menu=5&lang=&css=, 중국어)

4) 결론

- 이 소단원은 학생들이 위기에 대처하는 기본적인 방법과 태도를 갖출 수 있도록 돕는다. 역할극 활동을 통해 학생들은 위기를 기회로 바꾸는 연습을 할 수 있다. 이러한 활동은 학생들의 내적 보호 능력을 함양시킴으로써 역경이나 위기에 직면했을 때 심리 상태를 정상으로 되돌리거나 심지어 이전보다 더 나은 수준으로 끌어올릴 수 있게 한다.
- 교수자는 아무리 잘 대비하더라도 위기가 발생할 수 있다는 사실을 학생들과 더 논의할 수 있다. 여기에는 가족을 잃거나 삶의 균형을 깨뜨리는 갑작스러운 사건들로 인해 발생하는 위기들이 포함된다. 그럼에도 불구하고, 위기에 대처하는 방법은 우리에게 달려 있다. 학생들은 마음을 열고 타인의 도움을 받아들이는 것이 적합하다. 스스로의 과거를 돌아보고 성찰하는 것은 인생에서 위기를 극복해 나가는 과정이며, 또 위기가 새로운 단계로 나아갈 수 있는 기회라는 점을 깨닫게 한다.
- 더불어 학생들은 심리적 불균형을 반영하는 증상들을 면밀하게 살펴보는 것이 좋다(예: 두 달 이상 우울한 기분을 느끼는 것, 감정을 통제하지 못하는 것 등). 이러한 증상들을 이해하는 것은 함정에 빠지는 것을 예방하고 다른 사람을 돕는 데 필요한 지식을 얻을 수 있게 한다.

5. 보충 활동(선택 사항)

활동	내용	권장 사항
삶의 파이터	**목표: 위기를 겪은 사람들로부터 배움을 얻는다.** 학급을 작은 모둠으로 나눈다. 각 모둠에게 특정 '삶의 파이터'와 관련한 이야기를 모을 것을 요청한다(예: 위기를 헤쳐 나간 사람들의 이야기). 이들이 위기를 극복하거나 위기에서 회복할 수 있었던 요인에 초점을 맞춰야 한다.	교수자는 몇몇 모둠에게 다른 국가나 문화 또는 다른 역사적 순간에 등장하는 '파이터'를 탐구하도록 지시할 수 있다.

부록 9-8 교수자용 참고 자료: 위기 내용

〈사례 1〉

화창한 가을날, 한 중학교의 선생님들과 학생들이 시골로 하이킹을 갔습니다. 갑자기 나무에 불이 났고, 불은 언덕 전체로 번졌습니다. 이 학생은 살아남았지만 심각한 중상을 입었습니다. 이 불로 인해 두 명의 훌륭한 선생님들은 목숨을 잃었습니다.

〈사례 2〉

장래가 촉망되는 한 젊은 소방관이 태풍 8호 특보가 내려진 날 근무를 하게 되었습니다. 그는 갑작스러운 산사태로 중상을 입고, 왼쪽 다리를 절단하는 수술을 받아야 했습니다. 그 후, 그는 걷기 위해 의족과 목발에 의지해야 하는 처지가 되었습니다.

부록 9-9

학생용 참고 자료: 만약 역할극 카드

화창한 가을날, 당신은 중학교의 선생님과 친구들과 함께 시골로 하이킹을 갔습니다. 그런데 갑자기 나무에 불이 났습니다! 불은 언덕 전체로 순식간에 번졌습니다. 당신은 살아남았지만 심각한 중상을 입었습니다. 그리고 이 불로 인해 두 명의 훌륭한 선생님들은 목숨을 잃었습니다.	당신은 장래가 촉망되는 젊은 소방관입니다. 당신은 태풍 8호 특보가 내려진 날 근무를 하게 되었습니다. 그런데 갑자기 산사태가 발생했고, 당신은 중상을 입게 되었습니다. 그래서 당신은 왼쪽 다리를 절단하는 수술을 받아야 했습니다. 그 후, 당신은 걷기 위해 의족과 목발에 의지해야 하는 처지가 되었습니다.

부록 9-10 학생용 참고 자료: 만약 친구 가이드

이름: ____________________

다음은 도움이 필요한 사람들을 지원하기 위한 행동에 대한 설명입니다. 세 가지 역할 중 한 가지를 선택하고, 제시된 내용에 따라 도움을 주세요.

1. 언어적 지지	2. 긴장을 풀 수 있는 요령 제공	3. 신체적 행동
[최적의 타이밍] 위기 이후 **[피해자의 감정 상태]** 안정적	**[최적의 타이밍]** 위기 후 시간이 경과된 후 **[피해자의 감정 상태]** 거의 안정적	**[최적의 타이밍]** 위기 중 혹은 위기 직후 **[피해자의 감정 상태]** 불안정
"네 부모님이 널 걱정하는 게 느껴졌어. 그걸 소중히 여기자."	"슬프면 울어도 돼. 참고만 있으면 기분이 더 안 좋아질 거야."	고개를 끄덕이면서 이해하고 공감하고 있음을 표시한다.
"이제부터 너를 걱정하는 사람들을 소중히 여기자."	"기분이 안 좋을 때마다 깊게 심호흡해 봐. 긴장이 풀리고 한결 편안해질 거야."	미소를 짓는다.
"네가 아직 살아 있어서 정말 다행이야."	"부드럽고 차분한 음악을 들으면 기분이 훨씬 좋아질 거야."	안심되게 어깨를 토닥인다.
"이미 일어난 일이야. 후회하는 것은 도움이 안 돼. 앞으로 나아가자."	"너를 행복하고 기쁘게 하는 일에 집중해 봐."	눈물을 닦을 수 있도록 휴지를 준다.
"'전화위복'이라는 말이 있어. 이번 일을 통해 너는 어떤 긍정적인 점을 얻었니?"	"더 많은 친구와 네가 배우고 느낀 점을 공유해 보자."	손을 잡아 준다.
"나쁜 일은 언제나 존재해. 긍정적인 점들에 집중해 보는 건 어떨까?"	"소리 내어 말하기가 쉽지 않다면 글로 적어서 믿을 수 있는 친구에게 전달하는 것도 좋은 방법이야."	안아 준다.
"상황이 흘러가는 걸 통제할 수는 없어. 그렇지만 그것에 대한 우리의 반응은 조절할 수 있어."	"학교에 사회복지사가 있어. 네가 원한다면 같이 만나러 갈래?"	적극적으로 경청한다.
"이번 일은 축복이야. 앞으로 해야 할 일이 많다는 말이고. 우리 함께 뭘 할 수 있을지 생각해 보자."	"이미 벌어진 일이야. 어쨌든 우리는 이 현실을 직시해야 해."	곁에 있어 준다.

부록 9-12 교수자용 참고 자료: 기회 내용

사례 1

중학교 1학년 학생인 스탠리 청(Stanley Cheung)은 1996년 2월 10일 팟신렝에서 선생님들과 반 친구들과 함께 하이킹을 하러 갔습니다. 갑자기 언덕에서 발생한 화재로 선생님 두 명과 반 친구 세 명이 목숨을 잃게 되었습니다. 나머지 학생들도 그 화재로 부상을 입었는데, 그중 스탠리가 가장 심각한 부상을 입게 되었습니다. 그 당시 스탠리는 겨우 12세였습니다.

스탠리는 부모님, 친구들, 선생님 그리고 종교적 신앙의 도움으로 부상의 고통과 선생님과 반 친구들의 죽음에 대한 슬픔을 치유하고 앞으로 한 발자국 더 나아갔습니다. 이후 스탠리는 고등학교에 진학하며 밝은 미래를 꿈꾸게 되었습니다!

스탠리는 이렇게 말한 적이 있습니다. "내 물컵의 절반의 물이 사라진 건 변함없는 사실이에요. 그렇지만 저는 열심히 살아가면서 언젠가는 이 물이 다시 채워지기를 바랄 거예요!"

사례 2

베니 청은 태풍 8호가 발생한 날 인명 구조를 위해 근무하고 있었습니다. 그런데 극심한 날씨로 인해 갑작스러운 산사태가 발생했고, 베니는 부상을 입게 되었습니다. 베니는 이로 인해 왼쪽 다리를 제거하는 수술을 받아야 했고, 그 후 의족을 착용해야 걸을 수 있는 신세가 되었습니다.

그러나 베니는 삶을 포기하지 않고 사무직으로 다시 일하게 되었습니다. 또한 베니는 휠체어 펜싱을 배우고, 실력을 갖추기 위해 매우 노력했습니다. 불굴의 의지로 그는 1996년 패럴림픽에서 플뢰레 개인전과 에페 개인전에서 우승을 차지하며 두 종목에서 금메달을 따게 되었습니다. 이후 그는 전문재활기관 산하의 봉사단의 운영을 지원하는 등의 행보를 보이면서, 봉사활동과 공적인 일에도 적극적으로 참여했습니다.

베니는 이렇게 말한 적이 있습니다. "때로는 이미 벌어진 상황이라 그저 환경에 적응할 수밖에 없는 경우도 있습니다. 그때 저는 다시 정상의 궤도에 오를 수 있다고 믿었습니다."

부록 9-13 성장 확인 질문

이름: ______________________ 반: ______________________ 날짜: ______________________

1. 수업 과제

1) 여러분의 삶의 발전과 관련해서 '위기'라는 단어는 어떤 것을 떠오르게 하나요?

2) 여러분이 위기 상황 속에 있을 때, '건강한 개인이자 좋은 친구'가 선택해야 하는 역할은 무엇이라고 생각하나요? 왜 그런가요?

2. 숙제

1) 이번 수업 이전에 여러분은 위기와 어려움에 어떻게 대처했나요?

2) 그렇다면 이번 수업 이후에 여러분은 미래에 만나게 될 위기에 대처하기 위해 어떤 준비를 할 것인가요?

소단원 3

슬픔과 재앙에서 피어나는 삶

1. 소단원 목적

역경과 관련된 동양의 전통적인 가치관을 소개하여 학생들의 회복탄력성을 증진시킨다.

2. 학습 목표

① 맹자가 역경을 어떻게 바라보았는지 설명한다.

② 자신을 성찰하고 맹자의 가르침을 일상생활에서 어떻게 적용할 수 있는지 생각해 본다.

3. 수업 내용

활동	절차
1. 준비 활동(3분)	1. 학생들에게 다음의 질문을 던지며 시작한다. "여러분에게 어떤 심각한 문제가 발생했다고 생각해 봅시다. 그 문제 상황을 설명하기 위해 어떤 단어나 문구를 사용하겠나요?" 2. 학생들에게 다음과 같이 말한다. "여러분의 마음속에 떠오른 단어나 문구가 바로 문제와 어려움을 대하는 여러분의 태도를 반영합니다. 오늘 우리는 한국과 동양의 전통적인 가치관에서 문제와 어려움이 어떻게 인식되는지에 대해 논의해 볼 것입니다."
2. 학급 게임: 한국의 인물**(10분)** ▷ **교수자료** - [부록 9-14] 파워포인트 슬라이드: 한국의 인물 - [부록 9-15] 교수자용 참고 자료: 한국의 인물 문제와 정답	**목표: 한국과 동양의 전통적인 가치관에서 어려움이 어떻게 인식되는지 소개한다.** 1. 학급을 작은 모둠으로 나눈다. 2. 파워포인트 슬라이드 '한국의 인물'([부록 9-14])을 재생한다. 해당 파워포인트에는 역경을 이겨 낸 한국의 유명한 인물과 맹자의 가르침에 관한 7개 객관식 질문이 있다. 3. 각 모둠은 각각의 질문에 대한 답을 선택하고, 정답을 맞힐 때마다 1점이 부여된다. 가장 높은 점수를 획득한 모둠이 승리한다. 4. 게임 후 학생들에게 다음의 내용을 질문한다. • 앞서 살펴본 인물들의 공통점은 무엇인가요?

	• 어떤 인물에 대한 내용이 가장 인상 깊었나요? 왜 그런가요? • 맹자의 관점에서 어려움은 어떻게 인식되나요? 5. 요약하고 결론을 내린다. • 한국과 동양 문화에서 역경은 성공으로 가는 과정으로 볼 수 있으며, 자기 발전을 이끄는 요인입니다.
3. 자기 성찰: 맹자의 가르침(10분) ▷ **교수자료** - [부록 9-16] 활동지: 맹자의 가르침 - [부록 9-17] 교수자용 참고 자료: 맹자의 가르침 원문	**목표: 자신을 성찰하고 맹자의 가르침을 일상생활에서 어떻게 적용할 수 있는지 생각해 본다.** 1. 활동지([부록 9-16])를 배포한다. 2. 학생들은 8분 동안 내용을 읽고 생각해 보는 시간을 갖는다. 3. 학생들에게 짝을 지어 해당 활동을 통해 배운 점이나 배울 수 있는 점을 서로 공유해 볼 것을 요청한다.
4. 결론(3분)	1. 역경과 불행이 반드시 불행한 것만은 아니다. 역경은 삶을 풍요롭게 하고, 도전하게 하며, 의미를 부여한다. 2. 더불어 맹자가 말했듯이 "편안함과 안락함은 사람을 죽음으로 이끈다." 역사상 악명 높은 황제들을 예로 들면서, 편안함과 안락함이 반드시 인생에서 가장 좋은 속성은 아니라는 점을 설명한다.
5. 마무리 활동(4분) ▷ **교수자료** - [부록 9-18] 성장 확인 질문	1. 성장 확인 질문을 배포하고 학생들이 수업 내용을 되돌아볼 수 있도록 지도한다. 2. 수업에 열심히 참여한 학생들을 칭찬한다.

4. 세부 지도 사항

1) 준비 활동

- 학생들의 관심을 끌 수 있도록 학생들의 삶과 관련한 상황들을 예시로 제공한다(예: 부진한 학업 성적, 중요한 농구 게임에서 패배하는 것 등).
- 언어 유창성과 무관하게 일반적으로 학생들이 가장 먼저 떠올리는 단어는 긍정적이든 부정적이든 관계없이 역경에 대한 해당 학생의 태도를 반영한다. 학생들이 떠올릴 만한 내용은 다음과 같다. '손실이 이득이 될 수 있다.' '인내' '재앙' '새로울 것 없다.' '웃어 넘기자.' '양가적인 감정' 등이다. 이 시점에는 의견을 따로 제시하지 않고 학생들이 스

스로 브레인스토밍을 할 수 있게 한다. 시간이 충분하다면 몇몇 학생에게 자신의 생각을 학급에 공유하고 설명하도록 안내한다.

2) 한국의 인물

- 게임을 원활하게 진행하기 위해 교수자는 게임을 시작하기 전에 'A' 'B' ' C'가 인쇄된 카드를 배포하여 여러 모둠이 동시에 답할 수 있게 한다. 이는 한 그룹이 다른 그룹보다 늦게 답해서 생기는 불공평한 감정을 예방하는 데 도움을 준다.
- 승리한 모둠에게 작은 선물을 제공한다.
- 이 활동의 목적은 한국과 동양의 전통적인 가치를 소개하는 것이며, 파워포인트에 등장하는 대부분의 인물은 한국인이다. 만일 외국인 학생이 있어 이해하는 데 어려움을 겪는다면, 해당 학생의 문화적 배경을 고려한 자료를 추가해 그들의 이해와 참여를 높인다. 예를 들어, 세계적으로 유명한 인물인 스티븐 호킹, 헬렌 켈러, 성룡 등의 인물을 예시로 활용할 수 있다. 또한 시대와 유행에 따라 학생들에게 익숙한 유명인이 달라질 수 있으므로 적절하게 새로운 인물을 제시할 수 있다.
- 게임에서 언급된 5명의 인물 외에도 역경에 용감하게 맞선 다른 유명한 고대 및 현대 인물을 등장시켜 한국인이 역경을 어떻게 바라보는지에 대한 학생들의 이해를 높일 수 있다.
- 게임에 등장하는 인물을 학생들의 삶과 연결시켜 학생들이 활동에 적극적으로 참여해 볼 수 있게 돕는다(예: 여러분이 유관순이라면 어떻게 행동할 것 같나요?).
- 역경과 어려움은 게임에서 언급된 유명한 사람들의 삶에서만 나타나는 것이 아니다. 어려움은 우리의 일상생활에도 존재하며, 가난한 이들에게도 역시 존재한다. 교수자는 인터넷에서 더 다양한 이야기를 검색하여 학생들과 공유할 수 있다.

3) 맹자의 가르침

- 학생들에게 맹자에 대해 소개하며 학생들의 이해를 높인다.
- 학생들이 문장을 이해하는 데 다소 어려움을 겪는 경우, 학급 전체가 함께 읽어 보며 자기 성찰 이전에 해당 내용을 설명한다.
- 이 활동의 주목적은 자기 성찰이다. 따라서 교수자는 중간중간 학생들에게 질문을 던

져야 한다(예: "여러분은 도전 이후 더 강해졌다고 생각하나요?" "여러분은 체력 단련 이후 더 강해졌다고 생각하나요?").

- 교수자는 이 단원에 대한 더 자세한 설명을 위해 [부록 9-17]을 활용할 수 있다. 맹자의 내용에서 언급된 인물들 역시 고단한 삶을 살았고 이를 통해 교훈을 얻었다. 이 이야기는 수업을 마무리하는 용도로도 사용할 수 있다.
- 누구나 성공할 수 있다는 것은 이 단원에서 제공되는 핵심 가치 중 하나이다. 성공은 물질적인 것뿐만 아니라, 도덕성, 타인과 좋은 관계를 유지할 수 있는 능력과 같은 성품도 의미한다.
- 학생들이 충분히 성숙하다면, 활동지를 작성하면서 학생들이 어려움을 통해 배울 수 있는 점을 학급과 공유해 보도록 요청한다.
- 수업에 언급되었던 어려움을 겪지 않았다고 말하는 학생이 있다면, 그 학생이 자기 성찰이 부족해서 그런 것인지 혹은 비교적 평온하고 안정된 삶을 살고 있어서 그런 것인지 판단해야 한다. 학생에게 두 가지 이유 모두 맹자가 말한 "편안하고 안락함 가운데 멸망한다."라는 결과를 초래할 수 있음을 상기시킨다.

4) 결론

- 역사적으로 '편안하고 안락하게' 살았던 많은 왕이 백성의 삶과 국가를 강화하거나 개선하지 않았다는 점을 지적한다. 그렇게 고립되었던 삶을 살았던 왕들은 결국 통치권을 잃게 되었다. 너무도 편안하게 살아가는 사람들은 위기감을 잃고, 궁극적으로 회복탄력성이 저하될 수 있다.
- 이 단원에서는 역경과 관련한 한국과 동양의 가치관을 소개함으로써 학생들의 회복탄력성을 증진시키는 데 기여한다. 특히 맹자의 철학을 예로 들어 설명한다.
- 교양을 잘 쌓는 것은 개인의 회복탄력성과 삶의 깊이에 큰 영향을 미친다. '손실이 오히려 이득이 될 수도 있다.'와 같은 단순한 생각은 개인이 뒤처졌다고 느낄 때 매우 강력하게 작용할 수 있다. 이처럼 개인이 긍정적인 가치관을 조기에 형성할 수 있다면, 이러한 가치관을 보호 요인으로 삼아 회복탄력성을 기를 수 있다. 따라서 교수자는 학생들의 문화적 배경에 맞는 가치관을 소개하고 적용하며 학생들의 회복탄력성을 향상시킬 수 있다.
- 현대인은 쾌락을 추구하는 데 빠져 있는 경향이 있다. 대부분의 사람은 역경에 맞설 준

비가 되어 있지 않으며, 역경에 직면했을 때 이를 실패로 여기고 피하려고 하는 경향이 있다. 따라서 학생들이 역경을 긍정적으로 마주하도록 격려하는 것이 중요하다.

- 학생들은 역경 이외에도 인간과 자연의 관계, 생명에 대한 가치관 등 한국의 문화가 삶의 다른 것들을 어떻게 인식하는지 더 탐구하도록 권장된다. 이러한 연습을 통해서 학생들은 삶과 그 가치에 대한 이해를 높일 수 있다.
- 모순적이게도 전 세계 대부분의 부모가 자녀에게 최고의 삶을 제공하기 위해 가족에게 소위 편안함과 안락함을 주기 위해 열심히 일하고 노력한다. 학생들이 충분히 성숙하다면, 이러한 모순적인 현상에 대해 비판적으로 토론해 볼 것을 안내한다. 예시로 다음의 토론 주제가 가능하다. "편안한 삶이 아이들에게 더 큰 책임감을 가지지 못하게 하는 것은 아닐까?" "좋은 교육을 받는 목적은 무엇일까? 단순히 고소득의 좋은 직업을 얻기 위한 것일까?"

5. 보충 활동 (선택 사항)

활동	내용	권장 사항
한국의 역사적인 인물 탐구	**목표: 국어 또는 역사 수업 시간에 배운 내용을 참고하여 한국의 전통적인 가치관이 역경과 어려움을 어떻게 인식하는지 알아본다.** 학생들을 작은 모둠으로 나눈다. 각 모둠에게 국어 시간이나 역사 시간에 배우는 한국의 역사적인 인물을 찾아보기를 지시한다. • 인물은 어떤 어려움에 직면했나요? • 인물은 어려움을 어떻게 해결했나요? • 최종적인 성과/결과는 무엇이었나요? 일주일 후 교실 내 게시판에 학생들의 결과물을 게시한다.	외국인 학생이 국어 또는 역사 수업을 수강하지 않는 경우, 교수자는 해당 학생에게 인터넷 검색을 대신하도록 요청할 수 있다. 이는 한국에 거주하는 학생으로서 한국인에 대해 더 많이 이해할 수 있는 좋은 기회가 될 것이다.

부록 9-15 교수자용 참고 자료: 한국의 인물 문제와 정답

1	이 인물 이전의 한국은 피겨스케이팅에 대한 정부적 관심도, 국민적 관심도 없었고, 제대로 된 후원이나 투자도 이루어지지 않았다. 말 그대로 불모지였던 피겨스케이팅이라는 스포츠 종목에서 초등학생 때부터 매일의 피나는 연습과 노력으로 이 인물은 종횡무진 세계 신기록을 세워 나갔다. 또한 2010년 밴쿠버 올림픽에서 금메달, 2014년 소치 올림픽에서 값진 은메달을 수상한 바 있다. 이 인물은 누구일까? A. 박지성 B. 박태환 C. 김연아(정답)
2	이 인물은 일제강점기 시절에 3.1운동을 주도한 독립운동가이다. 1902년에 태어난 그녀는 조선 독립을 위한 기도회와 시국토론회 등에 적극적으로 참여하였고, 3.1운동에 참여하여 일제 군에게 붙잡힌 바 있다. 오랜 고문에도 그녀는 독립운동을 쉬지 않았으며, 그녀의 열정적인 독립운동은 우리나라의 독립에 지대한 발자취를 남겼다. 이 인물은 누구인가? A. 유관순(정답) B. 안중근 C. 김구
3	조선시대의 사람들은 양반만 글을 쓰고 읽게 공부할 수 있었으며, 일반 백성들은 글을 읽지 못했다. 백성들을 위해 이 인물은 『농사직설』이라는 책을 펴내었지만, 글을 몰라 이해하지 못하는 농민을 보며 안타까움을 느꼈다. 그래서 이 인물은 누구나 쉽게 배울 수 있는 효율적이고 과학적인 문자 체계인 훈민정음을 창제하였다. 이 인물은 누구일까? A. 장수왕 B. 세종대왕(정답) C. 태종
4	고등학생부터 모델 활동을 하며 꿈을 펼쳐 나가던 이 인물은 성인이 되어 연기활동을 시작하면서 배우가 되었다. 〈학교 2013〉 〈상속자들〉 등 유명한 드라마에 출연하며 많은 사람의 사랑을 받던 그는 27세에 갑작스레 희귀암인 비인두암 판정을 받고 투병생활을 하게 된다. 그럼에도 그는 희망의 끈을 놓지 않았고, 2년의 투병생활 끝에 완치하며 다시 활발한 연기활동을 이어 나가고 있다. 이 인물은 누구일까? A. 김태리 B. 김우빈(정답) C. 소지섭
5	이 인물은 가수로 데뷔했지만 큰 인기를 얻지 못해 편의점과 카페, 식당 등 다양한 아르바이트를 통해 생계를 이어 가야 했다. 그러나 계속해서 도전을 멈추지 않았고, 2020년 〈미스터트롯〉에 출연하여 트로트 가수로서 많은 사람에게 감동을 주고 사랑을 받게 되었다. 현재는 전국투어 콘서트를 돌며 유명한 가수가 된 이 인물은 누구인가? A. 임영웅(정답) B. 성시경 C. 박효신
6	맹자는 "걱정과 어려움이 나를 살게 하고, 안락함이 나를 죽음으로 이끈다."라고 말했다. 이 말은 무슨 뜻일까? A. 걱정과 어려움은 인생에서 당연한 것이며, 개인에게 편안함이 찾아오면 죽음이 찾아온다. B. 걱정과 어려움은 발달과 성장을 촉진하는 반면, 안락함과 편안함은 실패와 심지어 사망을 초래한다. (정답) C. 삶은 그 자체로 고통이다. 죽음만이 편안함과 안락함을 준다.
7	맹자는 "한 나라에 법을 지키는 백성이 없고, 현명한 신하가 없으며, 외부의 침입을 두려워하지 않으면, 그 나라는 반드시 망할 것이다."라고 말했다. 이 말은 무슨 뜻일까? A. 한 국가가 국경에서 적과 만나면 멸망한다. B. 무적의 나라는 곤경에 처해도 멸망하지 않는다. C. 근처에 문제를 일으키는 적이 없으면 국가는 멸망하는 경향이 있다. (정답)

부록 9–16

활동지: 맹자의 가르침

孟子：「天將降大任於是人也，必先苦其心志，勞其筋骨，餓其體膚，空乏其身，行拂亂其所為，所以動心忍性，曾益其所不能」(節錄)

맹자가 말했다. "하늘이 장차 어떤 사람에게 큰 임무를 맡기려 할 때, 반드시 먼저 그의 마음을 괴롭히고, 뼈를 힘들게 하며, 몸을 고달프게 하고, 굶주리게 하고, 빈곤하게 하여, 하는 일이 어지럽게 한다. 이렇게 하여 그 마음을 분발하게 하고, 이전에 하지 못했던 일을 해낼 수 있도록 하는 것이다."

孟子：「入則無法家拂士，出則無敵國外患者，國恒亡。然後知生於憂患而死於安樂也」(節錄)

맹자가 말했다. "한 나라에 법을 지키는 백성이 없고 안으로 현명한 신하가 없으며, 외부의 침입을 두려워하지 않으면, 그 나라는 반드시 망할 것이다. 결국 사람은 근심과 불안 속에서 살아남을 수 있고, 안락함 속에서는 죽을 뿐이다."

고자(告子)가 맹자에게 물었다. "모든 사람이 요 임금과 순 임금처럼 될 수 있습니까?"
맹자가 답했다. "그렇다."

현대 사회에서도 누구나 큰 책임을 질 수 있는 사람이 될 수 있습니다. 그러나 성장을 위해서는 도전과 시련을 겪어야 합니다. 여러분은 다음의 과정을 겪어 본 적 있나요?

맹자는 성공하기 전에 다음과 같은 것들을 겪을 것이라 말했다.	여러분은 이런 일을 겪어 본 적이 있나요?	겪어 봤다면 그것은 무엇이었나요? 그러한 도전에서 무엇을 배웠거나 배울 수 있을까요?
가난	✓ / ✗	
끊임없는 어려움	✓ / ✗	
실패를 반복하며 배움을 얻음	✓ / ✗	
이뤄지지 않는 열망	✓ / ✗	
문제의 올바른 답을 찾지 못함	✓ / ✗	

부록 9-17 교수자용 참고 자료: 맹자의 가르침 원문

맹자는 말했다.

순 임금은 들판에서 나왔고, 부열은 흙벽을 쌓는 일꾼들 중에서 관직에 추천되었으며, 교격은 고기잡이와 소금 제조에서 나왔다. 관중은 감옥에서 일하다가, 손숙오는 바닷가에서, 백리해는 시장에서 발탁되었다. 그러므로 하늘이 어떤 사람에게 큰 책임을 맡기려고 할 때, 먼저 그의 마음과 정신을 단련하고, 뼈와 근육을 고된 노동으로 피곤하게 하며, 굶주리게 하고, 극심한 빈곤으로 내몰며, 그가 하는 모든 일이 실패하도록 하여 그의 의지를 북돋우고, 그의 성품을 강하게 만들며, 그의 능력을 발전시키는 것이다. 사람은 필연적으로 실수를 하지만, 자주 실수를 해야만 그것을 고칠 수 있다. 마찬가지로 사람은 마음이 괴롭고 정신이 혼란스러울 때 비로소 창조적인 활동에 나서게 된다. 그의 감정과 생각이 얼굴에 나타나고 말로 표현될 때에야 비로소 이해될 수 있다. 만약 한 나라에 법을 지키는 백성과 현명한 신하가 없고, 외부의 적의 침략에 대한 두려움이 없다면, 그 나라는 반드시 망할 것이다. 결국 우리는 근심과 고통 속에서 살아남고, 안락함 속에서 멸망한다는 것을 알게 될 것이다.

孟子曰

舜發於畎畝之中，傅說擧於版築之間，膠鬲擧於魚鹽之中，管夷吾擧於士，孫叔敖擧於海，百里奚擧於市。故天將降大任於是人也，必先苦其心志，勞其筋骨，餓其體膚，空乏其身，行拂亂其所為，所以動心忍性，曾益其所不能.人恆過，然後能改；困於心，衡於慮，而後作；徵於色，發於聲，而後喻.入則無法家拂士，出則無敵國外患者，國恆亡。然後知生於憂患而死於安樂也.

부록 9-18 성장 확인 질문

이름: ______________________ 반: ______________________ 날짜: ______________________

1. 수업 과제

1) 여러분이 역경을 마주했을 때 취할 수 있는 세 가지 태도를 나열해 보세요.

2) '한국의 인물' 활동에서 가장 인상 깊었던 인물은 누구인가요? 왜 그런가요?

3) 이번 수업에서 전달된 메시지가 여러분의 삶에 어떤 방식으로 도움이 되나요?

2. 숙제

1) 여러분이 역경을 대하는 방법에 있어서 맹자의 가르침이 어떻게 도움이 되었나요?

2) 현재 여러분이 겪고 있는 어려움은 무엇인가요? 역경에 대처하는 법을 설명하는 관용구를 활용하여 스스로를 격려해 보세요.

3) 역경을 극복하게 하는 회복탄력성을 어떻게 함양할 수 있을까요?

소단원 4

꿈에서 현실로

1. 소단원 목적

미래에 대한 희망감을 고취한다.

2. 학습 목표

① 미래의 가족에 대한 비전을 구성해 본다.

② 자신의 포부를 이루기 위해 열심히 일하고 자원을 올바르게 사용해야 한다는 점을 배운다.

3. 수업 내용

활동	절차
1. 준비 활동: 가족에 대한 10가지**(5분)** ▷ **교수자료** - [부록 9-19] 파워포인트 슬라이드: 가족에 대한 10가지 - [부록 9-20] 교수자용 참고 자료: 가족에 대한 10가지 내용	1. 파워포인트 슬라이드 '가족에 대한 10가지'([부록 9-19])를 재생하며 수업을 시작한다. 학생들은 10가지 질문을 통해 가족과의 추억 중 가장 기억에 남는 순간을 되돌아볼 수 있다. 2. 학생들의 응답을 학급과 공유한다. 학생들에게 다음과 같이 말한다. • 여러분이 가족과 행복한 생활을 보냈든 보내지 않았든 상관없이, 여러분은 앞으로 어떤 가족을 꾸리고 싶은지 생각하고 결정할 수 있습니다.
2. 자기 성찰: 꿈의 가족 **(12분)** ▷ **교수자료** - [부록 9-21] 활동지: 꿈의 가족	1. 학생들에게 활동지([부록 9-21])를 배포한다. 2. 학생들은 5분 동안 자신의 미래의 가족에 대해 자화상을 그려 본다. 3. 몇몇 학생에게 자신의 그림과 생각을 공유해 줄 것을 요청한다. 4. 요약하고 결론을 내린다. • 우리는 모두 저마다의 (가족에 대한) 꿈이 있습니다. 그리고 꿈은 우리의 미래를 설계하도록 영감을 줍니다.

- [부록 9-22] 교수자용 참고 자료: 가족 그림의 해석	
3. **학급 공유:** 꿈에서 현실로**(5분)**	**목표: 자신의 포부를 이루기 위해 열심히 일하고 자원을 올바르게 사용해야 한다는 점을 배운다.** 1. 학생들에게 질문을 던진다. "그림을 현실로 만들기 위해 현재의 삶을 어떻게 살아야 할까요?" 2. 몇몇 학생이 의견을 공유할 수 있도록 안내한다(세부 지도 사항 참조). 3. 다음을 통해 활동을 요약한다. • 우리의 현재 삶은 미래에 큰 영향을 미칩니다.
4. 결론(3분)	1. 이번 소단원의 주제는 '꿈에서 현실로'이다. 그런데 꿈을 이룰 수 있는 사람은 바로 우리 자신이다! 2. 지금까지의 가정환경이 어떠했든 우리는 현재를 살아가는 방식과 미래에 어떤 가족을 만들고 싶은지 선택할 수 있다. 3. '꿈 + 행동 = 결단력.' 꿈을 현실로 만들 수 있도록 학생들이 결단력을 가지고 열심히 노력하도록 격려한다.
5. 마무리 활동(5분) ▷ **교수자료** - [부록 9-23] 성장 확인 질문	1. 성장 확인 질문을 배포하고 학생들이 수업 내용을 되돌아볼 수 있도록 지도한다. 2. 수업에 열심히 참여한 학생들을 칭찬한다.

4. 세부 지도 사항

1) 준비 활동

• 이 소단원의 목표는 과거, 현재, 미래를 연결하여 꿈을 통해 삶을 발전시키고 영감을 얻을 수 있다는 생각을 확립하는 것이다. 준비 활동은 과거를 돌아보는 출발점이다. 과거가 어떠했든 미래를 향해 나아가기 위해서는 과거를 받아들이고 과거로부터 배움을 얻어야 한다. 교수자는 학생들이 원하는 미래의 가족을 구성하도록 돕고(활동 2), 현재에서 시작하여(활동 3) 미래의 가족에 대한 꿈을 현실로 만드는 방법에 대해 논의해야 한다.

2) 꿈의 가족

• 대부분의 그림은 물질적이거나 가정환경의 가시적인 측면을 보여 주는 경향이 있으므

로, 교수자는 학생들이 [부록 9-21]에 언급된 A~J 항목에 대해 더 많이 생각할 수 있도록 독려해야 한다. 모든 항목은 가족의 삶에 필수적인 요소이다.

- 교수자는 학생들의 이해를 돕기 위해 그림에 나타난 각 구성 요소의 상징적인 의미를 간략하게 설명할 수 있다([부록 9-22]). 그러나 이러한 '해석'이 모든 학생에게 반드시 적용되는 것은 아니다. 이는 일부의 학생들에게만 유용할 수 있다.
- 이 활동의 요구 사항은 다음과 같다. (1) 학생들은 그림을 그리는 데 집중해야 한다. (2) 교수자는 의미를 올바르게 해석하기 위해 미술치료에 대한 지식과 학생에 대한 배경지식이 필요하다. 한편, 교수자는 이 활동의 초점이 학생들의 생각을 분석하는 것이 아니라 학생들에게 토론의 기회와 스스로를 성찰할 수 있는 기회를 제공하는 것에 있다는 점을 이해해야 한다.

3) 꿈에서 현실로

- 시간이 충분하다면 학생들의 토론 내용을 요약하고 꿈의 가족을 이루기 위한 조건들에 대해 결론을 내린다.

필요조건	현재의 자원(예: 시간과 학습 기회)을 적절하게 활용하고 많은 노력을 기울이기
충분조건	어려움에 직면할 수 있는 능력, 개인의 성장에 대한 책임감을 가지기, 필요할 때 도움을 구하기 등

- 학생들에게 모둠 토론을 하고 그 결과를 학급에 공유하도록 안내하여 학생들의 참여도를 높인다.

4) 결론

- 유명 인사들을 활용하여 학생들에게 과거에 어떻게 살았든지 모두가 자신의 가정을 이룰 수 있다는 점을 전달하고 격려한다. 예를 들어, 1975년 미스 홍콩 대회 우승자인 메리 청(Mary Cheung)은 어렸을 때 가족에게 버려졌다. 그러나 그녀는 낙관적인 태도와 노력으로 학업과 직업 생활에서 성취를 이뤄 냈다. 더 중요한 것은 적절한 양육을 받지 못한 과거 경험에도 불구하고 가정을 이루는 것을 포기하지 않았다는 점이다. 이후 그녀는 좋은 어머니이자 지혜로운 사람으로서 공익을 위해 기여하고, 자원봉사를 하면서

젊은이들에게 훌륭한 롤모델이 되었다.

- 이 단원은 미래에 대한 희망감을 고취하는 역할을 한다. 희망을 확립하는 것은 젊은이들이 긍정적인 삶을 선택하도록 격려하는 데 도움이 될 뿐만 아니라 낙관주의를 장려하는 단원과 함께 학생들의 회복탄력성을 향상시키는 데 더 효과적일 수 있다. 학생들은 어려움과 역경을 건설적으로 직면하고 이를 성공을 위한 필수 요소로 여길 수 있다.
- 이 단원을 통해 학생들은 미래의 가족에 대한 자신의 비전을 설명할 수 있다. 교수자는 학생들이 공부, 일, 사랑 등의 다른 측면에서도 자신의 미래에 대해 생각해 볼 수 있도록 안내할 수 있다.
- 학생들의 성찰을 유도한다. 자신의 경험과 함께 자신의 결정과 그 결정이 미래에 미치는 영향을 성찰할 수 있다면 학생들은 일상생활에서 더 나은 선택을 할 수 있다.

5. 보충 활동 (선택 사항)

활동	내용	권장 사항
'미래는 내 손 안에' 드라마 공모전	**목표: 미래에 대한 희망감을 고취한다.** 교수자는 학생들이 가족 이외의 영역에서 미래에 더 많은 희망을 가질 수 있도록 도울 수 있다. 학급을 작은 모둠으로 나눈 후 각자의 꿈이 무엇인지, 어떻게 꿈을 이룰 수 있는지에 대해 토론하게 한다. 2주 후, 학생들에게 드라마 형식으로 토론 결과를 발표하도록 안내한다.	좋은 각본이 있다면 학교 라디오 방송을 통해 방송하거나 웹사이트에 게시한다. 이는 더 많은 학생에게 메시지를 전달할 수 있도록 돕는다.

부록 9-20 교수자용 참고 자료: 가족에 대한 10가지 내용

1. 우리 가족에게 가장 따뜻한 순간은…….

2. 우리 가족이 가장 시끄러운 순간은…….

3. 우리 가족에게 가장 부족한 것은…….

4. 우리 가족이 가장 많이 가진 것은…….

5. 우리 가족과 관련하여 내가 가장 좋아하는 것은…….

6. 우리 가족과 관련하여 내가 가장 싫어하는 것은…….

7. 우리 가족에게 가장 행복한 순간은…….

8. 우리 가족과 관련하여 나를 가장 불행하게 만드는 것은…….

9. 우리 가족에게 가장 필요한 것은…….

10. 우리 가족이 가장 원하지 않는 것은…….

부록 9-21

활동지: 꿈의 가족

이름: ____________________

여러분의 미래의 가족은 어떤 모습이었으면 좋겠나요? 여러분이 상상하는 미래의 가족의 모습을 그림으로 표현해 주세요. 또한 다음에 제시된 항목 중 일부를 선택하여 그림에 적고 반영하여 미래의 가족이 갖췄으면 하는 자질이나 요소를 묘사해 주세요.

- A 관심사를 공유하는 것
- B 즐거운 가족과의 삶
- C 충분한 소통
- D 서로를 이해하는 것
- E 서로를 사랑하는 것
- F 서로를 존중하는 것
- G 서로의 마음에 드는 것
- H 종교적인 신념을 공유
- I 삶에 대한 태도와 신념 공유
- J 기타: ____________

부록 9-22 교수자용 참고 자료: 가족 그림의 해석

다음은 학생들의 자기 이해를 증진시키기 위한 미술치료 원칙에 기반한 일반적인 그림의 요소들에 대한 몇 가지 해석입니다.

그림 요소	가능한 해석
큰 집	미래의 집에 많은 공간이 있기를 바라는 마음
작은 집	다소 내성적인
많은 집과 사람	많은 친구와 사람과 어울리는 것을 선호
집 문에 달린 자물쇠	의사소통의 어려움
손을 잡고 있는 가족	친밀한 관계에 대한 바람
커다란 자신의 모습	가족의 중심이 되고 싶은 마음
얼굴의 미소	좋은 관계에 대한 욕구
얼굴에 그린 입	좋은 의사소통에 대한 욕구
새	자유
꽃	생생함
선의 명료함	진지함의 정도

부록 9-23 성장 확인 질문

이름: ____________ 반: ____________ 날짜: ____________

1. 수업 과제

1) 꿈의 가족을 실현시키기 위해 지금 여러분은 무엇을 해야 할까요?

2. 숙제

1) 이번 수업의 내용을 바탕으로 여러분은 누구에게서 지지와 영감을 얻을 수 있을까요?

2) 관심사, 능력, 성격, 포부 및 부모님의 기대를 포함하여 학업에 영향을 미치는 요소들을 명확하게 생각해 보세요.

대단원 10

자기결정성

들어가며

자기결정성은 자신의 강점과 약점에 대한 인식, 목표를 설정하고 협력할 수 있는 능력, 타인과의 관계를 고려해서 주체적인 결정을 내릴 수 있는 능력을 말한다. 이는 자신의 의지로 주어진 과제를 완수하고 선택에 따른 결과를 받아들일 것을 전제하기 때문에 의지와 자발성을 요구한다. 청소년들이 자기결정 능력을 기르기 위해서는 자신의 상태와 스스로의 가치에 대해 잘 이해하는 동시에 목표를 이루기 위해 필요한 기술을 보유해야 한다. 또한 자기결정 능력은 지지적인 사회적 환경에 의해 유지되고 함양될 수 있다.

자기결정성과 청소년의 긍정적 발달은 밀접하게 관련되어 있다. 다수의 연구에서는 자기결정 능력이 뛰어난 학생들이 최적의 목표를 설정하는 데 능숙하고, 좋은 성적을 받으며, 자신감이 있고, 삶의 전반에 강한 통제감을 느끼며, 창의성이 높고, 자신의 가치에 대한 확신이 있었다고 밝혔다. 가정, 학교, 직장, 의사결정에 대한 개인의 재량을 통틀어 자기결정은 청소년의 자존감의 원천인 것으로 나타났다. 청소년들은 자라면서 점차 스스로 중요한 결정을 만드는 데 능숙해야 하므로 청소년 시기는 자기결정 능력의 발달에 매우 중요하다.

자기결정 능력을 함양하기 위한 프로그램과 교육과정을 검토할 때, 그들이 모두 선택, 의사결정, 문제 해결, 목표 설정, 자기주장, 자신에 대한 이해, 자기평가 등을 핵심 요소로 고려하고 있음을 알 수 있다. 본 대단원에서는 '미래에 대한 신념' 대단원에서 다루게 될 자기주장과 자기평가를 제외하고 나머지의 요소들을 중심으로 구성되었다.

Level 1 과정에서 대단원 '자기결정성'은 자기결정의 의미를 이해하고, 선택의 결과를 고려하며, 목표를 세우고 조정하며, 자신의 관심사를 파악하고 관련된 능력을 발달시키기 위한 행동 계획을 세우는 등 학생들이 자기결정 능력을 기르기 위해 필요한 기술과 전략을 배우도록 돕는 데 목적을 두었다. Level 2 과정의 경우 가까운 타인의 조언을 듣고 분석하며, 자신의 선택에 책임을 지고 결과를 수용하는 등 학생들의 의사결정 능력을 함양하는 데 중점을 두었다.

Level 3 과정은 학생들이 진로 방향을 정하고 그에 맞는 고등학교에 지원하는 중요한 의사결정을 만드는 시기이다. 유교 문화권인 한국 사회에서는 자기결정과 명백하게 관련된 요소인 자율성, 비판적 사고, 독립성, 삶의 목적, 자존감뿐만 아니라 부모의 의견에 대한 존중과 효도가 강조된다. 따라서 Level 3 과정의 경우, 학생들이 자신의 진로에 대해 스스로 결정하는 동시에 부모님을 존중하며 의견을 조율할 수 있는 역량을 강화하는 데 중점을 둔다. 소단원 1을 통해 학생들은 여러 고등학교를 선택했을 때의 상황을 떠올려 보며 종합적인 정보를 바탕으로 중요한 의사결정을 내리는 방법을 배운다. 소단원 2를 통해 학생들은 개인적인 의사결정을 내리는 과정에서 부모의 지지를 구하는 적절한 방법을 탐구한다.

개관

소단원	소단원 목적	학습 목표
더 멀리, 더 넓게 보기 (30분)	선택의 결과로 나타날 수 있는 미래의 모습을 상상해 보며 중요한 결정을 내리는 방법을 배운다.	1. 의사결정 이전에 종합적으로 정보를 수집할 필요성을 이해한다. 2. 의사결정에서 가장 중요한 요소를 파악한다.
말해 보자 (30분)	자신의 의사결정에 대해 부모님의 지지를 얻는 방법을 터득한다.	1. 개인적 의사결정에 대해 부모님의 지지를 얻는 적절한 방법을 논의한다. 2. 행동과 어조의 차이가 논의의 결과에 미치는 영향을 이해한다.

이 대단원에 포함된 모든 활동지 및 파워포인트 슬라이드와 영상 자료 등은 학지사 홈페이지(www.hakjisa.co.kr)에서 내려받을 수 있습니다.

소단원 1

더 멀리, 더 넓게 보기

1. 소단원 목적

선택의 결과로 나타날 수 있는 미래의 모습을 상상해 보며 중요한 결정을 내리는 방법을 배운다.

2. 학습 목표

① 의사결정 이전에 종합적으로 정보를 수집할 필요성을 이해한다.

② 의사결정에서 가장 중요한 요소를 파악한다.

3. 수업 내용

활동	절차
1. 준비 활동(4분)	학생들에게 "졸업 이후에 무엇을 하고 싶나요?"라고 질문하고 답변을 듣는다.
2. 모둠 토론: 더 멀리, 더 넓게 보기**(16분)** ▷ **교수자료** - [부록 10-1] 토론 자료: 더 멀리 더 넓게 보기 (1) - [부록 10-2] 토론자료: 더 멀리 더 넓게 보기 (2)	**목표: 의사결정 이전에 종합적으로 정보를 수집할 필요성을 이해하고, 의사결정에서 가장 중요한 요소를 파악한다.** 1. 학생들을 작은 모둠으로 나눈다. 2. 학생들에게 "진학하고 싶은 고등학교를 결정할 때, 어떤 요소들이 고려되어야 할까요?"라고 질문한다. 몇몇 학생으로부터 의견을 듣는다. 3. 이와 같은 결정을 내릴 때 자신에 대한 이해가 필요하고, 최소한 자신의 관심사, 능력, 성격, 목표가 고려되어야 함을 언급한다. 이후 "다음의 요소를 모두 고려한 다음에는 어떻게 선택해야 할까요?"라고 학생들에게 질문한다. • 관심사 • 능력 • 성격 • 목표 4. 각 모둠에 토론 자료([부록 10-1])를 배부한다. [부록 10-1]의 두 사례에 대해 절반씩 할당한다. 모둠별로 자신이 사례 속 주인공이었다면 어떤 결정을 내릴지에 대해 논의해 보도록 지시한다.

	5. 논의를 마친 후, 각 모둠은 함께 내린 의사결정을 발표하고 네 요소 중 가장 중요하게 작용한 요소에 대해 언급한다. 6. 학생들의 의견을 요약한다. 각자의 가치관이 앞서 언급된 네 가지 요소에 영향을 미치기 때문에 사람들은 모두 각자 나름의 관점을 가지고 있음을 언급한다. 따라서 자신을 잘 이해하고 자신의 상황을 심층적으로 고려할 때 효과적인 결정을 내릴 수 있음을 강조한다. 7. 학생들에게 다음과 같이 질문한다. • 현명한 의사결정을 할 만큼 네 가지 요소에 대해 충분히 잘 이해하고 있나요? 의사결정을 한 이후, 주인공들은 다른 중요한 요소들을 발견했습니다. 이때 그들은 처음의 의사결정을 고수해야 할까요, 또는 새로운 요소들을 고려해 다시 의사결정을 내려야 할까요? 8. 각 모둠에게 토론 자료([부록 10-2])를 배부하고, 각 상황에서 주인공에게 잘 맞는 최종 의사결정을 내려 보도록 지시한다. 9. 각 모둠은 최종 결정이 무엇인지 발표하고 원래의 결정을 바꾸거나 유지한 이유에 대해 설명한다. 10. 핵심 내용을 요약하고 다음과 같이 설명한다. • 의사결정을 내릴 때 개인적 요소들과 함께 외적 요소들도 고려해야 합니다. 외적 요소들은 객관적인 정보와 새로운 시각을 제공함으로써 사람들의 관점을 넓히고 선택지를 더 꼼꼼히 검토할 수 있도록 도와줍니다.
3. 결론(5분)	다음의 결론을 학생들에게 전달한다. • 진학할 또는 지원할 고등학교를 결정할 때 고려해야 할 여섯 가지 핵심 요소는 관심사, 능력, 성격, 목표, 타인의 조언, 기타 요소(생활 수준, 관련된 직업군과 산업 현황 등)입니다. 자세하고 객관적인 분석은 현명한 결정을 내릴 수 있도록 돕습니다. • 어떤 진로를 선택하든지 의미 있는 진로를 선택했다면 그것을 통해 많은 것을 배울 수 있습니다.
4. 마무리 활동(5분) ▷ **교수자료** - [부록 10-3] 성장 확인 질문	1. 성장 확인 질문을 공유하고 학생들이 소단원 활동을 돌아볼 수 있도록 유도한다. 2. 소단원 활동에 대한 학생들의 참여도를 칭찬한다.

4. 세부 지도 사항

1) 준비 활동

• 학생들이 활동에 적극적으로 참여하고 활동을 통해 배울 수 있도록 격려함으로써 학생

들이 이 주제를 자신의 진로 문제와 접목해서 생각할 수 있도록 돕는다. 활동을 시작하기 전, 학생들에게 자신의 목표와 목표를 추구하는 과정에서 마주할 수 있는 잠재적인 어려움들을 생각해 보도록 지시한다.

- 학생들의 배경에 잘 맞는 광고 영상을 선택해서 재생함으로써 학생들의 흥미를 끌어올릴 수 있다.

2) 더 멀리, 더 넓게 보기

- 사람들은 서로 다른 신념, 가치관, 성격을 가지고 있다. 각 요소의 중요성에 대한 판단은 주관적이다. 따라서 논의에서 절대적으로 맞고 틀린 답은 존재하지 않는다. 논의의 초점은 학생들이 내린 의사결정의 근거가 되어야 한다. 학생들이 의사결정을 내릴 때 개인적 요소와 외적 요소를 모두 고려해야 하며, 의사결정은 적절한 정보와 분석에 기반해 만들어야 함을 이해할 수 있도록 돕는다.
- 활동의 주제는 진로(특히, 고등학교 진학)에 대한 의사결정을 만드는 것이다. 언급된 요소들은 가장 중요하게 고려되어야 할 요소 중 일부일 뿐이며, 진로에 대한 의사결정에는 그 밖의 수많은 요소가 영향을 미치고 관련된 요소들은 학생들의 배경에 따라 다르다. 만약 시간 여유가 있다면, 진로 결정에 영향을 미치지만 활동에서 언급되지 않은 요소들로는 무엇이 있는지 학생들과 논의한다.
- '기타 요소'는 가족의 기대, 개인이나 가족의 재정적 상황, 관련된 직업적 특성, 직업을 얻거나 산업군에 진출하기 위해 필요한 전문 교육이나 자격증, 관련 산업군의 전망 등이 있다.
- 진로에 대한 의사결정을 내릴 때, 청소년들은 정보의 부족을 포함한 여러 어려움을 마주할 수 있다. 시간 여유가 있다면 다음의 요소들에 대해 학생들과 논의한다.
  - **정보의 부족**: 개인의 관심사, 능력, 성격, 목표를 파악하는 다양한 방법이 있다. 예를 들어, 성적을 분석하거나 학업 태도를 되돌아보고, 교외 활동이나 지역사회 참여에서 자신의 활동을 검토해 보는 방법 등이 있다. 또한 부모님, 교사, 친구들에게 상담을 받거나, 자기 이해를 돕는 프로그램에 참여하거나, 관련된 책을 읽거나, 진로 적성 검사를 받아 볼 수도 있다. 학생들이 자신의 현실을 파악하고 적절한 결정을 내릴 수 있도록 지도한다.

    교수자는 학생들이 교육부에서 제공하는 직업흥미검사, 진로 성숙도 검사 등의 심리

검사를 받아 보도록 지시할 수 있다. 이 경우, 학생들에게 검사 결과는 참고용으로만 활용해야 한다는 점을 강조한다. 학생들이 오직 검사 결과에만 의존해서 의사결정을 내리지 않도록 지도한다.

– **관심사와 능력 간의 괴리**: 학생들이 다양한 관점을 활용해서 의사결정을 내릴 수 있도록 지도한다. 예를 들어, 학생들이 "만약 내가 관심 없는 진로를 선택한다면, 그 일에 전념하며 살 수 있을까?" 또는 "만약 내가 관심사를 진로에 대한 의사결정에서 가장 중요한 요소로 삼았는데 내 능력이 그를 뒷받침해 주지 못한다면, 내 관심과 열정이 시들게 될까?" 등의 문제를 미리 생각해 보도록 돕는다. 사람들은 자신의 잠재력을 꾸준히 발전시키며 살아간다는 점을 학생들이 이해할 수 있도록 돕는다. 따라서 사람들은 의사결정을 과거의 성과에만 의존해서 내려서는 안 된다. 오히려 사람들은 자신의 목표를 정의하고, 열정을 갖고 성실하게 노력해야 하며, 자신을 발전시킬 수 있는 기회를 적극적으로 활용해야 한다. 이때 능력은 점진적으로 발전할 것이며 뛰어난 성과를 이룰 수 있을 것이다.

– **또래 압력**: 친구의 선택과 친구로부터의 평가는 청소년들에게 매우 중요하다. 개인의 선택이 또래 집단에서 인정받지 못하거나 친한 친구의 선택과 다를 때 어려움이 발생할 수 있다. 만약 시간 여유가 있다면, 학생들이 이런 상황들을 생각해 볼 수 있도록 독려한다. 사람들은 다른 목표를 가지고 있고, 성장하면서 각자는 자신의 미래를 위해 나아가야 한다. 진정한 친구는 서로를 존중하고 지지한다. 또한 진정한 우정은 진로에 대한 의사결정의 차이로 인해 흔들리지 않는다.

• 실무 경험의 부족으로 인해 의사결정을 망설이는 학생들의 경우, 활동에서 배운 내용을 현실에 적용하는 데 어려움을 겪을 수 있다. 이 경우 학생들에게 활동의 핵심은 중요한 의사결정을 만들기 전 종합적으로 정보를 수집하고, 이 정보를 여러 요소를 고려해서 분석하고 평가해 보는 것의 중요성이라고 전달한다. 진로에 대한 선택은 살아가는 과정의 일부이다. 활동에서 배운 기술은 삶의 다양한 영역에 적용될 수 있으며 현명한 결정을 만드는 데 도움이 될 수 있다. 만약 논의 주제가 학생들의 삶에 잘 맞지 않는다면, 교수자는 새로운 휴대전화를 사거나, 참여하고자 하는 교외 활동을 선택하는 등 다른 주제를 사용해 논의를 진행할 수 있다.

• 이 활동과 대단원 13 '미래에 대한 신념'의 소단원 2인 '직업 시장'은 모두 진로 선택의 문제를 논의의 주제로 삼지만 초점이 다르다. 전자의 경우, 개인적 관점에 기반한 의사결정 기술을 강조하는 반면, 후자의 경우에는 서로 다른 진로의 특정과 요구 사항에 초

점을 맞춘다.

3) 결론

- 자기결정은 의사결정 기술뿐 아니라 자신의 결정과 행동에 책임을 지는 것을 포함한다. 사람들이 진로에 대한 의사결정이나 기타 삶에서 중요한 다른 의사결정을 내릴 때, 의사결정이나 행동에 책임을 지고 결과를 수용할 수 있는지 고민하는 과정은 필수적이다. 이 과정에서 사람들이 고민해 볼 만한 질문들은 다음과 같다.
  - '책임을 진다'는 것은 무엇을 의미하는가?
  - 스스로 결정과 행동에 온전히 책임을 질 수 있겠다고 생각하게 만드는 요인은 무엇인가?
  - 얼마나 많은 사람이 자신의 결정과 행동에 대해 진정으로 책임을 질 수 있는가?
  - 나는 책임감이 있는 사람인가?
- 각자가 선택의 결과를 수용하고 부정적 결과를 회복하기 위한 행동을 할 수 있을지라도 이미 발생한 손상을 온전히 되돌릴 수는 없다. 따라서 행동하기 이전에 진중한 태도로 의사결정의 결과를 신중하게 고민해야만 한다.

5. 보충 활동(선택 사항)

활동	내용	권장 사항
자기평가	**목표: 진로에 대한 의사결정 상황에서 고려해야 할 개인 내적 요소와 외적 요소를 탐구한다.** 진로 선택의 문제를 논의의 주제로 삼는다. 학생들에게 개인의 관심사, 능력, 성격과 목표를 파악하는 동시에, 타인의 조언과 기타 요소들을 고려해 보도록 지시한다. 각 요소를 파악하고 분석함으로써 적절한 의사결정을 만들 수 있도록 지도한다.	• 이 활동은 학교의 교육과정과 진로 탐색 활동을 보조함으로써 학생들의 관심사와 참여를 끌어올릴 수 있다. • 학생들의 배경과 필요에 기반해서 학생들의 일상생활과 관련된 다른 예시들을 논의의 주제로 활용할 수 있다.

부록 10-1 토론 자료: 더 멀리 더 넓게 보기(1)

모둠:

사례 1 채아(여성, 만 15세, 유명한 사립중학교 3학년)

관심사: 그림 그리기, 무대 구상과 소품 제작, 패션 잡지 읽기, 경관이 예쁜 곳을 방문하기, 예술 작품 감상하기, 학업적 탐구를 즐기지는 않지만, 필요하다면 열심히 할 의사가 있음.

능력: 학교에서 평균 이상의 성적을 받는 편임. 유명한 사립고등학교의 지원 조건을 살펴볼 때, 좋은 고등학교에 지원할 수 있는 충분한 성적을 가지고 있음. 교사와 친구들 모두가 공통적으로 미술 분야에서의 재능을 인정받고 있음.

성격: 내성적이고 자신감이 부족함. 안정 지향(안정적인 직업과 수입을 원함). 책임감이 강함. 완벽주의적임. 즐겁게 일할 수 있는 직업을 얻고자 함.

목표: 패션 디자이너 또는 무대 디자이너

채아는 진로와 관련된 결정을 내려야 합니다. 채아는 예술고등학교에 지원해야 할까요? 또는 자율형 사립고등학교에 진학해서 진로를 고민하며 학업을 지속해야 할까요?

모둠:

사례 2 주안(남성, 만 15세, 중학교 3학년 학생)

관심사: 게임, 인터넷 검색, 만화 보기

능력: 낮은 성적으로 종종 보충학습 대상이 되기도 함. 그러나 요리를 잘하고 기억력이 좋음.

성격: 꼼꼼함. 내성적. 지나치게 힘들거나 지나치게 단조로운 일을 싫어함. 의사소통 능력이 약함.

목표: 불확실함.

주안의 친구는 주안에게 두 가지 선택지를 제안했습니다. 첫 번째는 요리를 잘하는 능력을 개발할 수 있도록 '조리학과'가 있는 고등학교에 진학하는 것입니다. 두 번째는 기술이나 산업 분야의 마이스터 고등학교에 진학해서 현장 실습을 하며 관련 취업을 준비하는 것입니다. 주안은 둘 중 무엇을 선택해야 할까요?

부록 10-2 토론 자료: 더 멀리 더 넓게 보기(2)

사례 1 채아

〈타인의 조언〉

- 아버지: 디자이너를 목표로 삼는 건 성공에 대한 기회나 안정적인 수입을 보장해 주지 않아. 우선 좋은 자율형 사립고등학교에 진학해서 좋은 학생들과 공부하면서 여러 선택지를 고려해 보는 게 좋을 것 같아. 미술을 해서는 먹고 살기 힘들어. 만약 예고에 가겠다고 한다면, 나는 등록금을 지원해 주지 않을 거야.
- 언니: 나도 너와 같은 고민을 했어. 관심이 없는 공부를 하는 건 너무 힘들어. 반대로 좋아하는 건 아무리 힘들어도 행복하고 즐겁게 할 수 있는 것 같아. 고등학교를 지원하는 건 진로 선택의 첫발을 내딛는 거니까, 나는 좋아하는 일을 할 수 있는 방향으로 선택하는 게 좋을 것 같아.
- 친구: 나는 자율형 사립고등학교에 지원하는 게 좋을 것 같아. 일단 공부를 열심히 해서 좋은 대학에 진학하게 되면, 안정적인 직업을 얻을 수 있는 기회는 더 많을 것 같아.
- 자율형 사립고등학교 학생: 학교에 다니면서 공부를 하다 보니, 공부를 잘해 놓으면 원하는 진로를 선택할 수 있는 기회가 많아지는 것 같다고 느낍니다.
- 디자이너: 디자이너라는 직업은 생각했던 것보다 자율성이나 선택권이 크지 않은 것 같아요. 대개는 시장의 수요나 의뢰인의 선호를 맞춰야만 합니다. 생계를 위해 의뢰인이 시키는 대로 내 취향에 안 맞는 디자인을 만들다 보면 기분이 좋지 않을 때도 있어요.
- 예술 고등학교 교사: 예술에 대한 재능과 학교에서 제공하는 전문적이고 체계적인 교육과정이 결합되면, 뛰어난 디자이너가 될 수 있다고 확신합니다.

〈기타 요소〉

- 가족의 상황: 재정적 여유는 충분하다. 그러나 채아에게는 대학에 다니는 언니와 곧 중학생이 될 남동생이 있다. 채아의 부모님은 채아가 좋은 대학에 들어가서 성공의 기회가 어느 정도 보장되고 안정된 수입을 얻을 수 있는 직업을 구하기를 원하고 있다.
- 전망에 대한 비교
  - 능력과 재능이 있고, 좋은 기회를 만나게 된다면 디자이너로서 성공할 수 있다.
  - 평범하게 학업으로 대입을 준비한다면 안정적인 수입을 얻을 수 있는 다양한 선택지를 고려할 수 있다.

채아는 처음의 선택을 변경해야 할까요? 그 이유는 무엇일까요?

사례 2 주안

〈타인의 조언〉

- 아버지(은퇴한 요리사): 요리사가 되는 건 정말 좋은 일이야. 너는 재능이 있어. 네가 배우고자 하는 의지를 갖고 열심히 노력한다면, 너는 좋은 요리사가 될 수 있을 거야! 나도 요리해서 우리 가족을 먹여 살렸는걸!
- 어머니: 네가 무엇을 선택하든지 합법적인 직업이면 다 괜찮아. 나는 네가 올바른 사고를 가진 사람으로 성장해서 스스로 생계를 유지할 수 있다면 뭐든 만족해. 만약 공부를 지속하고 싶다면, 나는 너가 노력하는 한 너를 지지할 거야.
- 형(전기기술자): 전기기술자가 되어 실력을 쌓으면, 아파트 건축 프로젝트 같은 대형 프로젝트에도 참여할 수 있어. 수입도 꽤 괜찮아!
- 친구 A: 주방에서 일하는 건 너무 힘들어. 일하는 시간도 길고, 주말에도 일해야 해. 주방은 또 엄청 더워. 그리고 일반 식당에서 조리사로 일하면서 어떻게 크게 성공할 수 있겠어?
- 친구 B: 전기기술자로 성공하기 위해서는 자격증을 여러 개 따야 해. 일하는 건 재미없고 지루해. 그리고 혹시라도 사고로 감전되면 어떡해?

〈기타 요인〉

- 가족의 상황: 주안이 부담을 느끼지 않아도 될 만큼 재정적 여유는 충분하다.

〈사회적 환경〉

- 관광산업이 발달하면서 자연스럽게 외식산업도 발전하고 있다. 관련 분야의 인재에 대한 수요도 증가하고 있다.
- 지역 재개발 또는 건물 재건축 등으로 인해 건축기사, 배관기사, 전기기사 등에 대한 수요는 꾸준히 높은 편이다.

주안은 처음의 선택을 변경해야 할까요? 그 이유는 무엇일까요?

부록 10-3 성장 확인 질문

이름: ______________ 반: ______________ 날짜: ______________

1. 수업 과제

1) 진로에 관한 의사결정을 할 때 고려해야 할 여섯 가지 요소는 무엇인가요?

2) 여섯 가지 요소 중 무엇이 가장 중요하다고 생각하나요? 그 이유는 무엇인가요?

3) 나의 관심사, 능력, 성격, 목표는 무엇인가요?

2. 숙제

1) 선택에 영향을 미칠 수 있는 여러 요소를 어떻게 다뤄야 할까요?

2) 고려해야 할 요소들이 서로 상충한다면, 어떻게 대처해야 할까요?

3) 의사결정을 내린 이후에는 어떤 태도를 가져야 할까요?

말해 보자

1. 소단원 목적

자신의 의사결정에 대해 부모님의 지지를 얻는 방법을 터득한다.

2. 학습 목표

① 개인적 의사결정에 대해 부모님의 지지를 얻는 적절한 방법을 논의한다.

② 행동과 어조의 차이가 논의의 결과에 미치는 영향을 이해한다.

3. 수업 내용

활동	절차
1. 준비 활동(6분)	학생들에게 "다른 사람의 의견에 반대해 본 적이 있나요? 그 상황에서 서로의 행동과 어조에 대해 기억하고 있나요? 논쟁을 하는 동안, 여러분의 행동이나 어조에서의 변화를 느꼈던 적이 있나요?"라고 질문한다. 학생들이 자신의 경험을 전체 학급에 공유하도록 독려한다.
2. 학급 게임: 말해 보자 (1)**(8분)** ▷ **교수자료** - [부록 10-4] 교수자용 참고 자료: 행동과 어조 참고 자료 - 주황색 카드, 초록색 카드, 사인펜, 테이프	**목표: 개인적 의사결정에 대해 부모님의 지지를 얻는 적절한 방법을 논의한다.** 1. 학생들을 8개 모둠으로 나눈다. 각 모둠에 사인펜과 함께 8장의 주황색 카드와 8장의 초록색 카드를 배부한다. 각 모둠은 대표자를 선정한다. 2. 학생들에게 "만약 여러분이 다른 사람과 다른 의견을 갖고 있을 때, 다른 사람의 지지를 얻기 위해서는 어떤 행동과 어조를 사용해야 할까요?"라고 질문한다. 3. 전체 모둠에 3분의 시간을 주고 '긍정적 행동과 어조'를 주황색 카드에 적고 '부정적 행동과 어조'를 초록색 카드에 적도록 지시한다. 각 카드에는 하나의 항목만 적을 수 있다. 4. 칠판을 몇 개의 구역으로 나누고 각 모둠에 하나의 구역을 할당한다. 각 모둠은 모둠별 구역에 완성된 카드를 게시한다. 5. 학생들에게 모둠이 카드에 적은 내용에 대해 간단히 설명해 보도록 지시한다.

	6. 학생들에게 "만약 부모님이 여러분의 선택에 반대하거나 여러분과 다른 의견을 가지고 있다면, 부모님의 지지를 얻기 위해 어떤 행동과 어조를 사용해 의견을 표현해야 할까요?"라고 질문한다. 학생들에게 주황색 카드에는 '부모님과 논의하는 상황에서 긍정적 행동과 어조'를 적고 초록색 카드에는 '부모님과 논의하는 상황에서 부정적 행동과 어조'를 적고, 결과물을 칠판에 부착하도록 지시한다. 7. 학생들에게 다음과 같이 설명한다. • 다른 사람과 대화하면서 지지를 얻고자 할 때, 어떤 사람과 대화하는지에 따라 다른 방식을 채택해야 합니다. 예를 들어, 노인과 대화하는 것과 친구와 대화하는 것에는 큰 차이가 있습니다. 다음의 역할놀이에서 다른 행동과 어조를 사용하는 것이 논의의 결과와 대화 상대와의 관계에 미치는 영향을 경험하게 될 것입니다.
3. 역할 놀이: 말해 보자 (2)**(9분)** ▷ **교수자료** - 두 개의 주머니 또는 상자	**목표: 행동과 어조의 차이가 논의의 결과에 미치는 영향을 이해한다.** 1. 칠판에 게시된 주황색 카드와 초록색 카드를 모아 두 개의 다른 가방에 넣는다. 2. 이야기의 배경을 다음과 같이 간단히 설명한다. • 아들은 어린 시절부터 그림 그리기와 디자인에 관심이 있었습니다. 그는 예술고등학교에 가고 싶어 합니다. 그러나 그의 어머니는 미술 분야의 직업 전망이 좋지 않다고 믿어 아들의 예술고등학교 진학을 반대합니다. 어머니는 아들에게 일반 고등학교에 진학하는 것이 미래를 위해 더 좋을 것이라고 말했습니다. 3. 각 모둠은 이야기 속 등장인물의 역할을 맡아 대화를 진행한다. 절반의 모둠은 부모님의 역할을 맡고, 다른 절반은 아들의 역할을 맡는다. 부모의 역할을 맡은 한 모둠과 아들의 역할을 맡은 한 모둠을 지정해 각 회기를 진행한다. 역할놀이를 하기 전, 각 모둠은 다음의 조합에 따라 3장의 주황색 카드 또는 초록색 카드를 뽑고 카드에 적힌 내용에 맞춰 행동과 어조를 연기한다. 단, 연기하는 학생을 제외하고 다른 학생들은 카드에 대한 지시를 볼 수 없다. (표 아래 참조) 4. 학생들은 연기를 맡은 학생들의 말과 행동을 관찰한다. 역할놀이를 마친 후, 학생들은 연기자들이 채택한 행동과 어조에 대해 추론한다.

회기	부모님	아들
1	초록색 카드	초록색 카드
2	초록색 카드	주황색 카드
3	주황색 카드	초록색 카드
4	주황색 카드	주황색 카드

	5. 활동을 마친 후, 학생들이 서로 감정을 공유하고 어떤 행동과 어조가 논의를 원활히 이끄는 데 도움이 되었으며 어떤 행동과 어조가 논의를 어렵게 만들었는지 논의하도록 지시한다. 학생들이 부모님의 관점에서 감정을 공유해 보도록 지도한다. 6. 학생들의 의견을 요약하고 논의를 원활하게 만드는 긍정적인 행동과 어조의 중요성을 강조한다. 긍정적인 행동과 어조는 부모님께 자녀가 얼마나 성숙한지 보여 주는 근거가 될 수 있다. 또한 이는 자녀에 대한 부모님의 신뢰를 점진적으로 증가시키며 부모님이 자녀가 스스로 내리는 결정을 지지하도록 도울 수 있다.
4. 결론(2분)	다음의 결론을 학생들에게 전달한다. • 결정에 대한 부모님의 지지를 구할 때, 자신의 의사결정에 대한 충분한 지식과 심층적인 분석에 따른 근거를 가지고 있어야 합니다. 스스로 적절한 결정을 내렸다고 확신한 후에 부모님께 자신의 의견을 표현하고 성숙하고 합리적인 방식으로 부모님의 지지를 구해야 합니다. • 부모님은 자녀에 대한 기대와 동시에 걱정을 가지고 있습니다. 부모님이 자녀의 결정에 어떻게 반응하든지, 자녀는 자신의 선택의 근거와 이점을 긍정적인 방식으로 표현해야 합니다. 부모님의 감정을 이해하고 그들의 관점을 존중하기 위해 상황을 부모님의 관점에서 보려고 시도해야 합니다. • 선택에 대한 부모님의 지지를 구할 때, 존중하는 태도를 보여야 합니다. 이는 부모님의 관점을 진심을 담아 열린 태도로, 참을성을 갖고 경청하는 것을 의미합니다. 만약 부모님이 바로 결정을 받아들이지 못하신다면, 그들이 생각해 볼 수 있는 시간을 갖게 합니다. 부모님이 자신의 결정에 동의하도록 강요하는 것은 효과적이지 않습니다.
5. 마무리 활동(5분) ▷ **교수자료** - [부록 10-5] 성장 확인 질문	1. 성장 확인 질문을 공유하고 학생들이 소단원 활동을 돌아볼 수 있도록 유도한다. 2. 소단원 활동에 대한 학생들의 참여도를 칭찬한다.

4. 세부 지도 사항

1) 준비 활동

• 교수자는 학생들이 경험하는 것과 유사한 자신의 경험을 공유할 수 있다. 교수자의 경험 공유는 학생들이 활동에 더 적극적으로 참여하고 자신의 개인적 의견과 감정을 공유하도록 독려한다.

2) 말해 보자(1)

- 학생들에게 부모님과 대화하는 상황에서 적절한 행동과 어조를 논의하기 이전에 또래 친구들과 대화할 때 적절한 행동과 어조에 대해 논의해 보도록 지시한다. 이를 통해 학생들은 부모님을 포함해서 타인을 존중해야 한다는 점을 상기할 수 있다. 대부분의 학생은 이를 잘 이해하지만, 몇몇 학생은 가정에서 실천하기 어려워할 수 있다.
- 시간 여유가 있거나 학생들이 자신의 의견을 잘 표현하지 않는다면, 적절한 행동과 어조에 초점을 맞추는 대신에 자신의 결정을 표현하는 방법을 주제로 논의한다.

3) 말해 보자(2)

- 각각 두 모둠에 소속된 두 학생이 연기할 때, 한 청중을 선택해서 활동에 참여하도록 지시할 수 있다. 예를 들어, 처음에는 어머니와 아들이 대화하는 상황으로 시작하지만, 중간에 아버지가 논의에 참여하고, 이후에 여동생이 논의에 참여하는 것이다. 서로 다른 역할은 서로 다른 관점을 문제에 적용함으로써 논의를 풍성하게 만든다.
- 만약 학생들이 긍정적인 행동과 어조를 연기하기 어려워한다면, 교수자는 참고할 만한 표본을 제시할 수 있다.
- 교수자는 학생들의 배경과 필요에 따라 역할놀이의 배경을 구상하고 실제 삶 속의 예시들을 활용할 수 있다. 이때 활동의 내용은 학생들이 자신의 결정에 대해 부모님으로부터 지지를 얻는 방법에 관련되어야 하며, 활동의 목적은 학생들이 부모님과 문제를 논의할 때 필요한 적절한 행동과 어조를 체험하는 것이어야 한다.
- 학생들에게 심층적인 학습 경험을 제공하기 위해, 학생들에게 행동과 어조를 추론하도록 하는 것 대신 다른 행동과 어조를 사용하는 것의 장단점을 질문할 수 있다.
- 학생들이 역할놀이 동안 자신의 감정을 공유할 때, 학생들이 부모님과 자녀의 입장을 모두 적용해 감정과 행동을 성찰해 보도록 지도한다. 예를 들어, "만약 내가 부모님이라면, 자녀가 그런 방식으로 말할 때 어떤 감정을 느꼈을까요?" "여러분이 자녀에게 부정적인 방식으로 말했다면 어떤 감정을 느꼈을까요?" "상대방의 의견과 감정에 대해 생각해 보았나요?" 등의 질문을 던지고, 학생들이 답변을 생각해 볼 수 있도록 유도한다.
- 부모님과 자녀 간 의사소통의 문제는 권위의 부적절한 사용, 강압적 지시, 적극적이지 않은 태도, 과도한 간섭 등을 포함한다. 따라서 몇몇 학생은 존중에 기반한 어조와 행

동으로 이뤄진 대화가 상황을 개선시킬 수 있다는 데 동의하지 않을 수 있다. 이는 부모님과 자녀 간의 의사소통이 자녀만의 공손함으로 해결되지 않는 측면을 포함하고 있기 때문에 흔하게 존재하는 관점이다. 학생들이 상황을 개선시키기 원한다면 부모님의 관점에서 상황을 이해하려는 의지를 가져야 함을 이해하도록 돕는다. 만약 학생들이 부모님께 자신의 관점을 긍정적인 행동과 어조로 표현한다면, 최소한 부모님은 그들이 성숙하다고 믿을 것이다. 이 경우, 부모님의 신뢰를 얻고 스스로 의사결정을 할 수 있는 기회를 얻을 가능성이 높아진다.

4) 결론

- 만약 학생들이 부모님이 지나치게 강압적이라고 생각한다면, 교수자는 상황에 대한 이해를 표현하고 학생들에게 "과거의 행동이 부모님을 그렇게 반응하도록 만들었나요?" "만약 부모님이 여러분의 문제에 대해 관심을 가지려고 하지 않는다면 어떻게 느낄까요?" 등을 질문한다. 학생들의 부모님은 자신의 의견을 적절하게 표현하는 방법을 몰라 오해를 양산하는 것일 수 있다. 학생들이 부모님의 관점에서 상황을 바라보고 부모님의 의견과 감정을 이해하려고 시도하도록 지도한다.
- 자기결정은 자신의 가치관과 기준에 따라 의사결정을 내리는 것을 포함한다. 그러나 사람들은 개인적 가치관과 외적 요소 간의 균형을 맞춰야 한다.
- 더 나아가, 교수자는 학생들에게 자신의 개인적 관심사, 능력, 기대를 파악한 후 개인적 성장을 위한 계획을 세우고 인내를 갖고 그 계획을 실천하도록 지도할 수 있다. 이때 교수자는 학생들이 자신의 행동과 계획을 지속적으로 검토하고 수정하도록 도와야 한다.
- 자기결정의 특성은 유교 문화권의 '효도'의 가치와 상충할 수 있다. 따라서 학생들과 자기결정과 부모나 어른에 대한 존중의 균형을 유지하는 전략을 논의하는 과정은 필수적이다. 학생들은 또한 갈등을 다루는 적절한 기술을 배워야 한다. 예를 들어, 진로에 대한 선택을 만드는 과정에서 자율성을 추구할 때, 부모님과 화목한 관계가 유지되어야 한다. 학생들과 함께 진실하고 존중하는 태도로 부모님과 의사소통하는 방법에 대해 논의한다.

5. 보충 활동 (선택 사항)

활동	내용	권장 사항
가장 좋거나, 가장 나쁘거나	**목표: 자녀의 행동과 어조에 대한 부모님의 의견을 조사한다.** 학생들에게 자신의 부모님이나 급우의 부모님께 가장 기분 좋거나 가장 불쾌한 행동이나 어조에 대해 인터뷰하도록 지시한다. 전체 학생들이 인터뷰를 통해 수집한 정보를 모아 파일로 정리한 후 부모님이 생각하는 가장 기분 좋은 또는 불쾌한 행동이나 어조가 무엇인지 파악한다. 결과를 교실 게시판에 부착한다.	교실별 결과물을 모아 모두가 볼 수 있는 곳에 함께 전시해 둘 수 있다.

부록 10-4 교수자용 참고 자료: 행동과 어조 참고 자료

긍정적 행동과 어조	부정적 행동과 어조
평안한/침착한	딱딱한
진심 어린	불합리한
진지한	무례한
공손한	성급한
차분한	폭력적인
이성적인	흥분한
존중하는	거만한
신중한	고집스러운
경청하는	불안정한
자신감 있는	냉혹한
객관적인	우유부단한
중립적인	부주의한
명확한	강압적인

부록 10-5 성장 확인 질문

이름: ______________ 반: ______________ 날짜: ______________

1. 수업 과제

1) 여러분의 의견을 부모님께 표현할 때 주로 어떤 행동과 어조를 사용하나요?

2) 1의 행동과 어조를 사용해서 여러분의 의견을 표현할 때 부모님은 어떻게 느끼실까요?

3) 부모님께 의견을 전달할 때 사용하는 나의 행동과 어조에 개선이 필요하다고 생각하나요? 어떻게 개선할 수 있을까요?

2. 숙제

1) 선택에 대해 부모님의 지지를 구해 본 적이 있나요? 그 결과는 무엇이었나요? 상황에 대해 간단히 묘사해 주세요.

2) 부모님이 나의 선택을 지지하거나 지지하지 않으셨던 이유는 무엇이었나요?

3) 부모님께서 선택을 지지하지 않으셨을 때, 나는 어떻게 행동했나요? 앞으로 나는 어떻게 행동해야 할까요?

대단원 11

영성

들어가며

영성은 삶의 물질적인 측면을 초월하여 우주에 대한 완전한 느낌 혹은 깊이 연결되어 있는 느낌을 주는 존재나 힘에 대한 인식으로 정의된다. 한 연구자는 건강한 사람은 영성, 자기 조절력, 일, 사랑, 우정이라는 5가지 요소를 갖춰야 하며, 그중 영성이 가장 중요한 요소라고 지적했다. 또한 연구자들은 영성이 청소년의 발달에 장기적인 영향을 미치며, 청소년의 적극적인 사회참여에 영향을 주는 중요한 요인이라는 사실을 발견했다.

영성은 이성, 성찰, 종교, 관계, 회복이라는 5가지 주요 영역으로 구성된다. 첫째, 사람들은 삶을 사는 동안 끊임없이 삶의 근원을 탐구하려 한다. 둘째, 사람들은 자기 성찰을 통해 삶과 죽음의 의미를 정의하려 한다. 일부 연구자는 의미를 찾는 것이 인간의 주요한 힘이라고 말한다. 셋째, 종교는 가치와 신념에 대한 총체적인 틀을 제공하여 사람들이 도덕적인 삶을 살도록 돕고, 사람들에게 삶과 죽음의 문제에 대한 해답을 제시한다. 넷째, 다른 무언가와 연결되어 있다는 것은 영성에서 가장 중요한 요소이며, 그 연결관계는 '수평적'(타인 및 환경과의 관계)이거나 '수직적'(더 높은 존재와의 관계)일 수 있다. 마지막으로, 회복은 영성과 신체적 건강 사이의 직접적인 관계를 의미한다.

연구자들은 영성의 성장을 내면의 발달 과정으로 설명한다. 이 과정은 사람이 변화하고 우주와 연결될 수 있도록 돕는다. 이는 마치 '성장 기계'와 같아서 사람이 다른 사람들과 관계를 맺고, 의미와 목표를 찾고, 사회에 기여하도록 동기를 부여한다.

영성의 원천은 다음과 같다.

1. 내면의 소리에 귀를 기울이는 것
2. 내면의 지혜와 잠재력을 발견하고 개발하는 것
3. 높은 수준의 의식을 유지하는 것
4. 초월적 존재와 연결되는 것

영성을 높이는 방법으로는 삶의 의미를 찾고, 삶의 경이로움을 발견하고, 우주를 탐험하고, 창조의 힘을 탐구하고, 삶에 대한 믿음을 키우는 것이 있다.

Level 1과 2 과정에서는 '영성'의 개념을 사람과 사람, 사람과 자연의 관계 그리고 삶의 의미에 대한 토론을 통해 살펴보았다. Level 3 과정에서는 사람과 믿음 혹은 신념의 관계를 알아보고, 삶의 의미에 대한 학생들의 이해에 초점을 맞출 것이다. 소단원 1과 소단원 2는 학생들이 자신의 삶에서 '주

인'이 누구인지 탐구하고, 다양한 관점에서 삶의 가치를 이해하도록 돕는다. 소단원 3은 자원봉사에 헌신하는 사람들의 일과 삶의 가치를 소개함으로써 삶에 대한 학생들의 이해를 심화시킨다. 소단원 4에서는 이전 단원의 내용을 통합하고 강화하여 학생들이 자신만의 삶의 의미를 구성하도록 돕는 데 목표를 두고 있다.

개관

소단원	소단원 목적	학습 목표
가장 좋아하는 것 (30분)	학생들이 다양한 관점에서 인생의 '주인'을 발견할 수 있도록 돕는다.	'운 좋은' 혹은 '운이 나쁜' 이야기들을 통해 '주인'의 의미를 탐색한다.
가치는 어디에 있는가 (30분)	다양한 관점에서 삶의 가치를 이해한다.	1. 고통을 겪은 사람들의 이야기를 통해 삶의 가치를 성찰한다. 2. 삶에서 신념의 중요성을 이해한다.
왜 (30분)	삶에 대한 학생들의 이해를 심화시킨다.	1. 헌신적으로 봉사하는 사람들의 일과 삶의 가치를 소개하고, 그들의 신념이 헌신에 어떤 영향을 미치는지 탐구한다. 2. 신념이 행동에 미치는 영향에 대한 학생들의 이해를 심화시킨다.
인생 소설 (30분)	학생들이 자기 삶의 의미를 찾을 수 있도록 돕는다.	1. 이전 단원에서 학습한 내용을 통합하고 강화한다. 2. 일상생활에서 얻은 지식과 경험을 적용해 본다.

이 대단원에 포함된 모든 활동지 및 파워포인트 슬라이드와 영상 자료 등은 학지사 홈페이지(www.hakjisa.co.kr)에서 내려받을 수 있습니다.

소단원 1

가장 좋아하는 것

1. 소단원 목적

학생들이 다양한 관점에서 인생의 '주인'을 발견할 수 있도록 돕는다.

2. 학습 목표

'운 좋은' 혹은 '운이 나쁜' 이야기들을 통해 '주인'의 의미를 탐색한다.

3. 수업 내용

활동	절차
1. **준비 활동(2분)**	1. 학생들에게 다음의 질문을 던진다. • 최근에 신문이나 뉴스를 읽은 적이 있나요? • 어떤 사람들이 매우 운이 좋다거나, 또 어떤 사람들이 매우 운이 나쁘다고 느끼게 한 기사를 본 적이 있나요? 2. 학생들과 뉴스에 대해 토론한다.
2. **모둠 토론:** 만약 이 일이 실제라면**(10분)** ▷ **교수자료** - [부록 11-1] 토론 자료 (1): 만약 이 일이 실제라면 - [부록 11-2] 토론 자료 (2): 만약 이 일이 실제라면 - [부록 11-3] 교수자용 참고 자료: 만약 이 일이 실제라면 보충 정보	**목표: 인생의 다양한 사건에 대한 경험을 살펴봄으로써 학생들의 사고력을 자극한다.** 1. 학생들을 몇 개의 모둠으로 나눈다. 2. 절반의 모둠에 토론 자료(1)을 배포하고, 또 다른 절반의 모둠에 토론 자료(2)를 배포한다([부록 11-1], [부록 11-2]). 3분 동안 다음의 내용에 대해 토론하게 한다. • 이 일은 '운이 좋은' 일인가요, 혹은 '운이 나쁜' 일인가요? • 이런 일이 여러분에게 일어난다면 어떤 기분이 들 것 같나요? • 이 사건이 인생이 불공평하다고 느끼게 하나요? 3. 각 모둠에서 대표자를 선정하여 상황을 설명하고 토론 결과를 보고하게 한 다음, 나머지 모둠의 학생들이 피드백을 하게 한다.

	4. 학생들의 피드백을 요약하고 교수자용 참고 자료([부록 11-3])에 나와 있는 내용처럼 삶에는 예기치 않은 사건이 많이 발생한다는 점을 지적한다. 사건이 발생하는 것은 우리가 통제할 수 없는 것처럼 보이지만, 우리에게는 여전히 사건의 일부를 바꿀 수 있는 능력이 있다. 학생들에게 혼란스러웠거나 통제하기 어려웠던 사건을 떠올려 보기를 안내한다. 5. 학생들의 의견을 요약하고 다음 활동을 진행한다.
3. 자기 성찰과 모둠 공유: 누가 책임을 지고 있는가**(11분)** ▷ **교수자료** - [부록 11-4] 활동지: 누가 책임을 지고 있는가 - [부록 11-5] 교수자용 참고 자료: 누가 책임을 지고 있는가 추천 질문	**목표: '인생의 주인'이라는 주제에 대해 성찰한다.** 1. 학생들에게 다음 질문에 '예' 또는 '아니요'로 답하게 한다. • 여러분은 스스로를 '운이 좋다'고 생각하나요, 혹은 '운이 나쁘다'고 생각하나요? 2. 학생들이 직접 경험했던 '운 좋은' 혹은 '운이 나쁜' 사건에 대해 생각해 볼 수 있도록 유도한다. 학생들에게 다음의 질문에 대해 생각할 시간을 주고 다음 활동을 진행한다. • 해당 사건을 발생하게 한 자는 누구입니까? 모든 것을 주관하는 '주인'이 존재합니까? 우리 인생을 책임지는 자는 누구입니까? 3. 활동지([부록 11-4])를 배포하고 학생들에게 '인생의 주인'에 대한 각자의 관점과 의견을 작성해 볼 것을 안내한다. 4. 활동지를 모아서 흥미로운 답변을 한 학생을 찾고, 해당 학생에게 자신의 의견을 설명하게 한다. 5. 주제에 대한 교수자의 의견을 공유함으로써 학생들의 이해를 높인다.
4. 결론(2분)	1. 사람들은 '인생의 주인'이 존재하는가에 대한 서로 다른 견해를 가지고 있으며, 종교에 따라 설명도 다르다. 인생은 항해와도 같다. 우리는 파도와 조수를 통제할 수 없지만, 그렇다고 해서 조류에 따라 표류할 수밖에 없는 것은 아니다. 바다를 통제할 수는 없지만, 우리는 '배'의 방향과 속도를 조절할 수 있으며, 이를 통해 목적지를 향해 나아갈 수 있다. 2. 살다 보면 '운 좋게' 또는 '운 나쁘게' 우리가 통제할 수 없는 상황을 많이 경험하게 된다. 가장 중요한 점은 우리가 용감하게 도전에 직면하고 이를 극복하기 위해 최선을 다해야 한다는 것이다.
5. 마무리 활동(5분) ▷ **교수자료** - [부록 11-6] 성장 확인 질문	1. 성장 확인 질문을 배포하고 학생들이 수업 내용을 되돌아볼 수 있도록 지도한다. 2. 수업에 열심히 참여한 학생들을 칭찬한다.

4. 세부 지도 사항

1) 준비 활동

• 학생들이 뉴스에 대해 토론하도록 지도하되, 정치나 경제에 대한 토론은 피한다.
• 학생들이 최근 뉴스나 시사 문제를 잘 모르는 경우, 옛날 기사에 대해 토론할 수 있다.
• 교수자는 '운 좋음'과 관련한 노래를 틀어 학생들의 집중을 유도할 수 있다.

2) 만약 이 일이 실제라면

• 학생들의 참여를 독려하기 위해 학생들에게 손을 들어 토론 주제(1)에 대한 자신의 의견을 표현하도록 지시한다.
• 관련된 뉴스 스크랩이나 실제 사례([부록 11-3])를 준비하여 학생들이 인생에는 다양한 만남과 사건들이 있다는 것을 깨닫도록 돕고, 이를 '인생의 주인' 주제를 준비하는 데 활용한다.
• 시간이 부족한 경우, 토론 자료(1) 및 토론 자료(2)의 상황을 설명하거나 다른 유사한 상황을 활용하여 토론한다.

3) 누가 책임을 지고 있는가

• 활동 2에 이어서, 학생들이 '운 좋음' 혹은 '운 나쁨'에 대한 의견을 나눌 때 새로운 관점으로 자신의 경험을 검토해 볼 수 있도록 격려한다. 예를 들어, 한 학생이 가난한 가정에서 자란 것을 '운 나쁜' 일이라고 생각할 수 있지만, 어려움과 역경 속에서 자란 것은 강인하게 성장할 수 있는 기회이므로 매우 '운이 좋은 것'으로 해석할 수 있다.
• 이 주제는 모범 답안이 없는 추상적인 주제이다. 학생들은 '인생의 주인'에 대해 생각하며 사고의 폭을 넓힐 수 있다.
• 학생들은 준비되지 않은 상태에서 자신의 관점과 의견을 공유하기 어려워할 수 있으므로, 교수자는 적절한 질문을 통해 학생들을 안내한다([부록 11-5]).
• 교수자는 학생들에게 개인적인 견해를 공유하거나, 학교의 종교적 원칙에 따라 예시를 설명하는 것이 권장된다.

4) 결론

- 우리의 인생은 통제할 수 없는 많은 상황에 직면할 수 있다. 그러한 상황이 운이 좋든 나쁘든 상관없이 사람들은 각 상황에서 어떤 역할을 수행하며 이는 매우 다른 결과를 가져올 수 있다. '인생의 주인'이 누구인지는 불확실하지만, 모든 것을 완전히 통제할 수 있거나 혹은 완전히 통제할 수 없다는 극단적인 신념은 적절하지 않다. 우리가 전혀 통제할 수 없는 일이라고 생각하면 노력의 중요성을 쉽게 부정할 수 있고, 그 반대로 생각하면 통제할 수 없는 사건을 고문처럼 느껴서 자책감이나 좌절감에 빠질 수 있기 때문이다.
- 어떤 입장을 취하든 우리는 균형을 이루기 위해 노력하고 인생의 모든 것을 통제할 수 없다는 사실을 받아들여야 한다. 또한 긍정적인 태도를 가지고 살아가면서 우리가 통제할 수 있는 영역에서 최선을 다해야 한다. 우리는 어느 정도는 삶의 '틀' 안에서 살아가고 있으며, 그 틀 안에서 기여하거나 혹은 그 틀을 깨기 위해 노력할 수 있다는 점을 이해해야 한다. 자기 성찰과 여러 경험을 통해 우리는 삶에 대한 새로운 관점을 찾거나 더 깊이 있는 이해를 할 수 있다.
- '인생의 주인'은 철학과 종교 모두에서 복잡한 문제에 해당한다. 따라서 '운이 좋다' 혹은 '운이 나쁘다'라는 관점에서 토론을 시작하는 것이 학생들에게 더 용이할 수 있다. 과학, 철학, 종교 및 무신론의 관점도 논의할 수 있다.
- 학생들에게 '인간의 통제'와 '신의 통제' 사이에서 균형을 유지하는 것은 쉬운 과제가 아니다. 교수자는 자신의 경험과 이야기를 공유함으로써 우리가 언제 포기해야 하는지, 혹은 계속해서 노력해야 하는지에 대해 설명할 수 있다. 교수자는 학생들이 삶을 해석할 때 어떤 태도를 취해야 하는지 생각해 볼 수 있도록 이에 대해 언급해야 한다.

5. 보충 활동(선택 사항)

활동	내용	권장 사항
종교적 투어	**목표: '인생의 주인'에 대한 다양한 종교적 관점에 대해 알아본다.** 학생들은 다양한 종교적 장소를 방문하거나 종교 활동에 참여할 수 있다. 현장 체험학습을 통해 학생들은 종교와 '인생의 주인'에 대한 여러 종교적 관점에 대해 탐색할 수 있다.	교수자는 발표의 형식을 결정할 수 있다(예: 구두 발표, 보고서 발표 등).

부록 11-1 토론 자료(1): 만약 이 일이 실제라면

모둠: ____________________

이런 일이 여러분께 일어난다고 상상해 보세요.

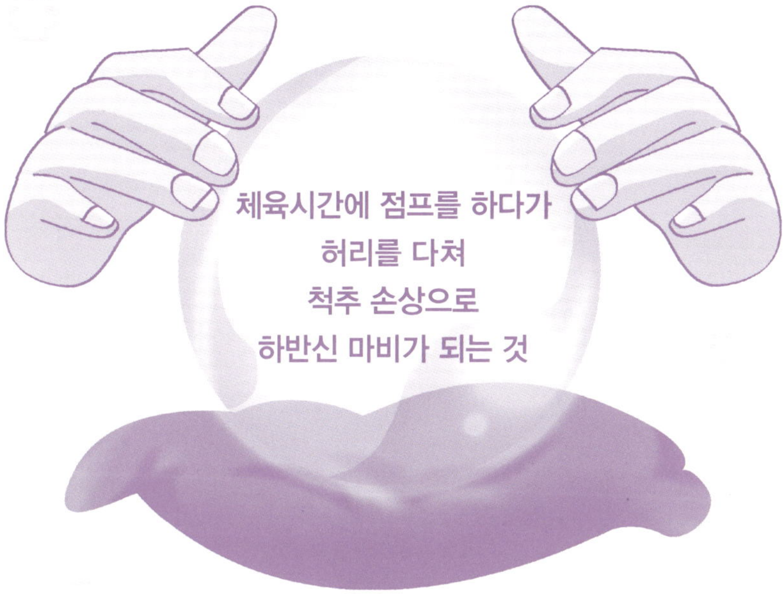

모둠과 함께 다음 내용을 토론해 보세요.

1. 이 일은 '운이 좋은' 일인가요, 혹은 '운이 나쁜' 일인가요?
2. 이런 일이 여러분에게 일어난다면 어떤 기분이 들 것 같나요?
3. 이 사건이 인생이 불공평하다고 느끼게 하나요?

부록 11-2

토론 자료(2): 만약 이 일이 실제라면

모둠: ______________________

이런 일이 여러분께 일어난다고 상상해 보세요.

모둠과 함께 다음 내용을 토론해 보세요.

1. 이 일은 '운이 좋은' 일인가요, 혹은 '운이 나쁜' 일인가요?
2. 이런 일이 여러분에게 일어난다면 어떤 기분이 들 것 같나요?
3. 이 사건이 인생이 불공평하다고 느끼게 하나요?

부록 11-3 교수자용 참고 자료: 만약 이 일이 실제라면 보충 정보

토론 자료(1)	체육 시간에 점프를 하다가 허리를 다쳐 척추 손상으로 하반신 마비가 되는 것
관련 사례	학교 공연을 위한 체조 연습 중 '아분'은 추락 사고로 부상을 당해 전신이 마비되었고, 이후 특별한 기계의 도움 없이는 살 수 없게 되었다. 2004년, 그는 홍콩 행정장관에게 안락사를 요청하는 편지를 썼다. 당시 아분은 아직 젊은 30대였지만, 병원에 입원해 14년간 침대에 누워 지냈다. 그의 이야기는 홍콩 사회에 큰 관심을 불러일으켰고, 많은 사람의 지지를 받았다. 아분은 천천히 새로운 삶으로 나아갔다. 약 1년 후, 의료 전문가들의 도움과 자신의 노력으로 마침내 그는 휠체어를 타고 침대의 삶을 벗어날 수 있었다. 그는 심지어 홍콩 디즈니랜드를 방문하기도 했다! 학생들과의 인터뷰에서 아분은 그들에게 최선을 다해 삶을 살아가라고 격려했다. 그는 목 아래가 마비된 경찰관에게도 지지와 응원의 편지를 썼다. 아분의 이야기는 사회가 장애인에 대한 인식을 높이는 데 기여했다.
생각할 점	• 아분을 마비시킨 사고는 그의 청춘 시절에 갑자기 일어났다. 그는 14년 동안 침대에서 몸을 한 치도 움직일 수 없었다. 아분의 '불운한' 경험은 사실 인간의 통제를 벗어난 일이었다. • 다른 사람들의 관심과 지원 덕분에 아분은 다시 삶에 대한 열정을 되찾았다. 그는 여러 가지 치료를 받았고, 기술의 도움으로 마침내 침대를 벗어날 수 있었다. 다른 장애인들과 비교했을 때, 아분은 많은 돌봄을 받을 수 있었던 '행운'을 누렸다. 이는 순전히 인간의 노력 덕분에 그의 삶이 이렇게 달라질 수 있었음을 보여 준다. • 아분은 장애로 인해 한때 삶의 의지를 잃었지만, 결국 다시 열정을 되찾았다. 그는 다양한 치료를 견뎌 내는 끈기를 보여 줬고, 다른 사람들에게도 용기를 주며 사회에 긍정적인 영향을 미쳤다. 그의 노력과 용기, 인내는 그 어떤 것으로도 값을 매길 수 없는 소중한 자질이다.

토론 자료(2)	복권에 당첨되어 100억 원의 상금을 얻는 것
관련 사례	미국에서 많은 복권 당첨자의 삶은 '불행한' 결말을 맞는다. 이렇게 '행운'을 거머쥔 당첨자들 중 다수는 살해당하거나, 배우자가 돈을 나눠 갖기 위해 이혼하는 경우가 많다. 복권에 당첨되는 일은 과연 '행운'일까, '불운'일까? 사례 1: 파커 부인은 16년간 결혼 생활을 이어오다가 밸런타인데이 카드를 고르던 중 복권을 샀고, 복권에 당첨되어 큰 상금을 받게 되었다. 하지만 남편이 돈의 유혹을 이기지 못해 상금의 일부를 차지하기 위해 파커 부인과 이혼하게 되었다. 사례 2: 댄은 복권으로 1,500만 달러(한화 약 200억 원)에 당첨되었다. 그는 많은 돈을 자선단체에 기부했지만, 결국 친척들에게 납치되어 살해당했다. 사례 3: 버스터는 거액의 복권에 당첨된 후 호화롭고 안락한 삶을 살았다. 그러나 결국 모든 돈을 탕진했고, 죽을 때까지 장애 수당에 의지해 살아야 했다. 그는 "모두가 거액의 복권 당첨을 꿈꾸지만, 그게 사실은 악몽이라는 걸 아무도 모른다."라고 말했다.
생각할 점	• 사람들은 항상 노력 없이 돈을 얻는 꿈을 꾼다. 돈을 얻는 것을 일반적으로 '행운'이라고 여기는데, 돈이 일상생활의 많은 문제를 해결해 주는 것처럼 보이기 때문이다. 하지만 물질적인 부는 동시에 값을 매길 수 없는 많은 것을 잃게 만들 수도 있다. • 사례 1에서 파커 부인은 돈 때문에 이혼했다. • 사례 2에서 복권 당첨은 댄에게 치명적이었다. • 사례 3에서 버스터는 친척이나 배우자에게 배신당하지는 않았지만, 그의 영혼을 잃었다. • 재산과 돈을 함께 나눌 가족이나 친구가 없다면 행복할 수 있을까? 영혼과 마음을 대가로 돈을 얻는 것이 과연 행운일까?

부록 11-4

활동지: 누가 책임을 지고 있는가

다음 항목을 읽고 해당하는 칸 안에 '✓' 표시하세요. 이름: ______________________

나는 믿는다.

□ 주인이 존재한다(인간 위에 인생을 통제하는 누군가 또는 무언가가 존재함. 예를 들면, 신, 초자연적 존재, 천국 등).

□ 주인은 존재하지 않는다(인간은 자신의 운명을 통제하고 운명을 극복할 수 있음).

□ 주인이 존재할 수도 있다(불확실).

부록 11-5 교수자용 참고 자료: 누가 책임을 지고 있는가 추천 질문

주인이 존재한다	• 왜 존재한다고 생각하나요? • 누가 인생의 주인이라고 생각하나요? • 이러한 신념이 여러분의 삶에 어떤 영향을 미치나요?
주인이 존재하지 않는다	• 왜 존재하지 않는다고 생각하나요? • 이러한 신념이 여러분의 삶에 어떤 영향을 미치나요?
주인이 존재할 수도 있다	• 주인이 존재한다고 느낄 때는 언제이고, 그 반대라고 느낄 때는 언제인가요? • 주인이 무엇을 통제할 것 같나요? • 이러한 신념이 여러분의 삶에 어떤 영향을 미치나요?

부록 11-6 성장 확인 질문

이름: ______________ 반: ______________ 날짜: ______________

1. 수업 과제

1) 나는 내가 운이 좋다 / 운이 나쁘다고 생각한다. 왜냐하면…….

2) 나보다 더 운이 좋은 / 운이 나쁜 사람이 있다. 그러나 그 사람은…….

3) 사자성어 새옹지마(塞翁之馬)에는 변방에 사는 한 노인이 말을 잃었을 때, 그 일이 오히려 복이 되었다는 이야기가 담겨 있습니다. 여러분은 이 말에 동의하나요? 왜 그런가요?

2. 숙제

1) 여러분은 종교가 사람들로 하여금 책임을 회피하게 만든다고 생각하나요? 왜 그런가요?

2) 사람들이 자신과 사회를 더 적극적으로 변화시키는 데 종교가 도움이 된다고 생각하나요? 왜 그런가요?

3) 어느 종교이든 상관없이 하나의 좌우명을 선택하고, 그 좌우명에 대한 여러분의 생각과 감정을 공유해 주세요.

- 좌우명:

- 생각/감정:

소단원 2

가치는 어디에 있는가

1. 소단원 목적

다양한 관점에서 삶의 가치를 이해한다.

2. 학습 목표

① 고통을 겪은 사람들의 이야기를 통해 삶의 가치를 성찰한다.

② 삶에서 신념의 중요성을 이해한다.

3. 수업 내용

활동	절차
1. 준비 활동: 우리 몸의 가치는 얼마인가**(5분)** ▷ **교수자료** - [부록 11-7] 파워포인트 슬라이드: 우리 몸의 가치는 얼마인가	1. 학생들에게 이 단원의 주제에 대해 이야기하며 질문을 던진다. • 우리 몸의 가치는 얼마라고 생각하나요? 2. 학생들의 의견을 수렴하고 이에 대한 설명을 덧붙이기 위해 파워포인트 슬라이드([부록 11-7])를 재생한다. 학생들에게 삶의 가치를 결정하는 요인이 무엇인지 물어본다. 3. 간단한 피드백을 제공하고 다음 활동으로 이어 간다.
2. 모둠 토론: '인간'과 '개'의 가치는 무엇인가**(10분)** ▷ **교수자료** - [부록 11-8] 파워포인트 슬라이드: 인간과 개 중 무엇이 우월할까	**목표: 인간의 가치에 대해 생각해 본다.** 1. 인간의 가치에 관해 이야기할 때 우리는 종종 인간과 다른 동물의 차이점에 대해 논의하곤 한다. 학생들에게 "인간과 개 중 어느 쪽이 우월하다고 생각하나요?"라고 질문을 던진다. 2. 학급을 각각 '인간'과 '개'를 대표하는 두 개의 큰 모둠으로 나눈다. 파워포인트 슬라이드([부록 11-8])를 재생한다. 각 모둠이 자신의 주장을 정리하는 데 4분, 질문에 대해 토론하는 데 5분의 시간을 준다. 3. 토론 후 학생들의 주장을 간략하게 요약한다. 인간과 동물의 생명은 모두 소중하다는 사실을 지적한다. 4. 우리가 마음이나 영혼에 관심을 기울이지 않고 껍데기에 불과한 삶을 산다면, 인간의 가치는 다른 동물보다 낮을 수도 있다.

3. **짧은 지도와 자기 성찰:** 살아 있다는 것의 가치(8분) ▷ **교수자료** - [부록 11-9] 교수자용 참고 자료: 스티븐 호킹 이야기 - [부록 11-10] 활동지: 영혼의 자질들	**목표: 삶의 가치와 신념의 중요성에 대해 성찰한다.** 1. 스티븐 호킹의 이야기([부록 11-9])를 들려주고 다음 질문을 던진다. • 호킹의 어떤 점이 그를 긍정적으로 평가하게 만든다고 생각하나요? • 호킹은 어떤 신념을 가지고 있었나요? • 인생의 고난에 직면했을 때 그의 신념이 그를 어떻게 도왔나요? 2. 학생들의 응답을 간단히 요약하고 인생의 가치 있는 측면에 대해 생각해 보도록 안내한다. 호킹 박사의 말처럼, 영혼에 장애가 있는 것은 신체에 장애가 있는 것과 같다. '영혼'은 인간의 삶에서 가장 중요한 요소이다. 3. 학생들에게 사람에게 필요한 영혼의 자질에 대해 생각해 보게 하고, [부록 11-10]에서 중요하다고 생각하는 영혼의 자질 3가지를 선택하게 한다.
4. **결론(2분)**	1. 금전적 가치, 신체의 '껍데기'적 측면은 인간의 외면일 뿐이다. 껍데기는 깨지기 쉽고 인간의 영혼이 가장 소중하다. 2. 인간과 동물의 생명은 모두 소중하지만, 가장 큰 차이는 영혼의 질이다. 3. '인간'의 생명 가치는 '눈에 보이는' 육체적 형태가 아니라 영혼의 온전함과 삶을 온전히 사는 데 있다.
5. **마무리 활동(5분)** ▷ **교수자료** - [부록 11-11] 성장 확인 질문	1. 성장 확인 질문을 배포하고 학생들이 수업 내용을 되돌아볼 수 있도록 지도한다. 2. 수업에 열심히 참여한 학생들을 칭찬한다.

4. 세부 지도 사항

1) 준비 활동

• 시간이 충분하다면 교수자는 학생들에게 종이에 답을 작성하도록 안내할 수 있다. 종이를 모은 후 토론을 위해 몇 가지 답안을 선택하는 것은 학생들의 상호작용과 참여를 높일 수 있다.

2) '인간'과 '개'의 가치는 무엇인가

• 교수자는 학생들의 이름을 추첨하여 '인간' 모둠과 '개' 모둠으로 나눌 수 있다.
• 학생들이 준비 및 토론 과정에 적극적으로 참여할 수 있도록 2개의 큰 모둠을 4개의 소모둠으로 나눈다. 소모둠의 발표 순서는 학생들이 토론하는 동안 동등한 기회를 가질

수 있도록 정해야 한다.

- 교수자는 파워포인트 슬라이드 외에도 '인간'과 '개'와 관련된 다른 정보를 준비할 수 있다(예: 인간과 동물의 차이에 관한 기사, 주인을 구한 용감한 개 이야기 등).

3) 살아 있다는 것의 가치

- 교수자는 여러 인물을 인용해서 삶의 가치에 대해 논의할 수 있다(예: 한국의 이상묵 교수, https://youtu.be/PH1BvAaHYX8?si=xjrIXi0SAGKWr9lc).
- 스티븐 호킹에 대한 더 자세한 내용을 얻고 싶다면, 스티븐 호킹과 관련한 유튜브 영상을 참고할 수 있다.
- 성찰의 문제는 비교적 추상적이다. 성찰의 목적은 삶의 가치에 대한 학생의 신념을 공고히 하는 것에 있다. 시간이 충분하다면 학생에게 자신의 견해를 학급과 공유하게 한다.

4) 결론

- 인간 삶의 가치는 개인이 삶을 어떻게 인식하고 해석하는가에 달려 있다. 인간의 삶에서 소중한 부분은 영혼이 더 높은 차원으로 성장하는 것을 추구하는 영혼의 아름다운 자질에 있다(예: 다른 사람을 사랑하고 감사하는 법, 정의를 추구하고 신념을 따르는 법 등).
- 인생의 고난과 장애물은 영혼의 소중한 자질을 약화시킬 수 있다. 이를 견디는 방법을 안다면 인내를 통해 영혼을 더욱 강화할 수 있다.
- 사람과 문제를 이해하고 경험을 쌓는 것은 영적 성장에 도움이 될 수 있다. 물질적인 욕구만을 채우기 위한 삶을 피하고 깊이 있는 성찰을 함으로써 영적인 삶의 가치 있는 측면을 유지할 수 있다.
- 학생들은 스티븐 호킹 박사가 장애로 인해 겪은 일상과 연구 생활의 어려움을 잘 이해할 수 있다. 그러나 신체가 악화되어 하반신 마비가 되면서 겪은 어려움과 장애가 자존감을 저하시킨다는 사실은 쉽게 이해하지 못할 수도 있다. 교수자는 먼저 비장애인으로서 다른 사람의 보살핌에 전적으로 의존하게 되고, 건강에 대한 희망을 잃고, 결국 자신의 몸을 통제할 수 없게 되는 일련의 과정을 잘 이해해야 한다. 이 과정을 설명하는 것은 학생들이 인생의 가치에 대해 더 깊이 이해할 수 있도록 도울 수 있다.
- 학생들은 '어려움'과 사람들이 어려움에 처했을 때 겪는 고통에 대해 깊이 이해하기 이

전에 '고통받는 사람'의 입장이 되어 볼 필요가 있다. 이를 통해 교수자는 사람들이 어려움에 처했을 때 그들을 지탱해 주는 다양한 삶의 가치를 학생들이 이해할 수 있게 안내할 수 있다.

5. 보충 활동(선택 사항)

활동	내용	권장 사항
그들은 어떻게 생각할까	**목표: 신념에 대한 학생들의 이해를 심화한다.** 학생들에게 다음의 질문을 통해 부모님이나 가족을 인터뷰하도록 지시한다. • 이전에 경험했던 좌절이나 장애물은 무엇이었나요? • 그런 어려운 상황 속에서 무엇에 의지했나요?	교수자와 학생은 차를 마시며 인터뷰 결과를 공유할 수 있다.
새로운 영웅 선거	**목표: 신념의 중요성에 대한 학생들의 이해를 심화한다.** 학생들을 모둠으로 나누고 영웅을 선출하게 한다. 가족, 친구, 유명인 등이 영웅이 될 수 있다. 학생들에게 선거 포스터를 디자인하고 영웅을 소개하도록 지시한다. 단, 내용에는 그 영웅을 본받을 만한 인물로 만드는 영웅의 신념과 정신에 대한 설명이 포함되어야 한다.	• 교수자는 친구나 한국의 유명인 등 후보자의 선택지를 제한할 수 있다. • 가능한 경우, 투표는 학교의 온라인 홈페이지를 활용해 실시할 수 있다.

부록 11-9 교수자용 참고 자료: 스티븐 호킹 이야기

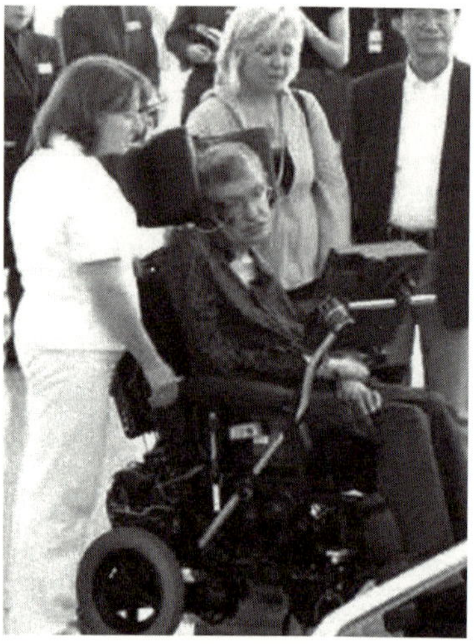

스티븐 호킹(Stephen Hawking)은 어릴 때부터 물리학과 천문학을 공부하기로 결심했다. 그는 17세에 옥스퍼드 대학교에 장학생으로 입학했고, 졸업 후 케임브리지 대학교에서 우주론 박사 학위를 취득했다. 하지만 안타깝게도 스티븐 호킹은 루게릭병(근위축성 측색 경화증 또는 ALS) 진단을 받았고, 이는 결국 근육이 소실된다는 것을 의미했다. 의사는 그에게 2년의 시간이 남았다고 말했다.

처음에 그는 절망감을 느꼈고, 연구에 대한 꿈을 포기할까도 생각했다. 그러나 다행히도 근육의 악화 속도가 느려지고 자신감을 되찾은 스티븐 호킹은 용기를 내어 이러한 충격적인 경험에 맞서기로 결심했다. 주어진 상황에서 최대한의 긍정적인 이점을 만들어 내며, 그는 불치병을 오히려 삶의 원동력으로 삼아 연구에 매진했다. 1974년, 스티븐 호킹은 과학 연구에 크게 기여하는 일종의 방사선을 발견하게 되는데, 이는 훗날 그의 이름을 따 '호킹 방사선'으로 불리게 된다.

그러나 여전히 호킹의 운동 능력은 계속해서 저하되고 있었고, 결국 호킹은 폐렴으로 인해 더 이상 말을 할 수 없게 되었다. 이러한 고통 속에서도 호킹은 과학의 대중화에 대한 열정을 잃지 않았고, 전 세계를 돌며 강연을 진행했다. 강연을 할 때, 스티븐 호킹은 눈동자의 움직임을 통해 초적색 센서를 제어해야 했고, 모스 부호를 사용하여 영어 단어를 입력해야 했다. 또한 말을 전달하기 위해 음성 합성기를 활용해 단어를 음성으로 변환해야 했다. 이러한 어려움에도 불구하고, 스티븐 호킹의 강인한 생명력과 신념은 병마의 어려움을 극복하는 데 큰 도움이 되었다.

호킹 박사는 이 병을 통해 깨달은 점이 있다고 강조했는데, 그것은 바로 인생은 살 가치가 있다는 것이었다. 또한 사람은 희망이 점차 0으로 줄어들면 지금 가진 것을 더욱 소중히 여기게 될 것이라는 메시지를 전달했다. 스티븐 호킹 박사는 "장애가 있어도 여전히 많은 것을 이룰 수 있다."라고 믿으며, "당신이 장애를 가진 몸을 감당하지 못하는 것처럼 장애를 가진 영혼을 감당하지 못한다면 다른 사람들은 당신을 기다려 주지 않을 것이다."라고 언급했다.

호킹 박사의 몸은 불편하지만, 근면한 그의 정신은 삶의 정신적인 가치를 잘 실현했다.

참고문헌

Heron, L., & Yung, G. (2006). Students hail brave role model. *South China Morning Post*, p. City 1.

Lo, A. (2006). A brief history of wonder. *South China Morning Post*, p. Edt 18.

Mitchell, J. (2006). What to ask one of the great minds of our time?. *Standard*, p. M01.

부록 11-10

활동지: 영혼의 자질들

이름: ____________________

부록 11-11 성장 확인 질문

이름: ____________ 반: ____________ 날짜: ____________

1. 수업 과제

1) 나는 삶의 의미가 ____________ 라고 생각한다.

2) 우리 반에서 가장 성숙한 친구는 ____________이다.

3) 그 친구의 성격은 ____________다.

2. 숙제

1) 성숙한 사람은 자신과 타인과 세상을 어떻게 대하나요?

2) 내면의 성숙함을 통해 큰 어려움을 극복해 낸 인물을 알고 있나요? 예시를 들어주세요.

3) 영적 성장을 경험하는 가장 좋은 방법은 ____________라고 생각한다.

소단원 3

왜

1. 소단원 목적

삶에 대한 학생들의 이해를 심화시킨다.

2. 학습 목표

① 헌신적으로 봉사하는 사람들의 일과 삶의 가치를 소개하고, 그들의 신념이 헌신에 어떤 영향을 미치는지 탐구한다.

② 신념이 행동에 미치는 영향에 대한 학생들의 이해를 심화시킨다.

3. 수업 내용

활동	절차
1. 준비 활동(3분) ▷ **교수자료** - 흰 종이	1. 학생들에게 다음의 질문을 던진다. • 한 아이가 여러분에게 살아 있는 이유나 삶의 의미에 대해 묻는다면 어떻게 대답하겠나요? 2. 흰 종이를 나눠 주고, 학생들에게 자신이 살아야 하는 이유에 대해 작성해 보도록 안내한다. 종이에는 이름을 따로 쓰지 않도록 지시하고, 다 작성된 종이는 이후 활동을 위해 모은다.
2. 학급 공유: 왜**(8분)**	**목표: 삶의 의미에 대해 성찰한다.** 1. 이 활동의 목표는 학급 공유를 통해 학생들의 답변을 이해하고, 학생들이 진지하고 존중하는 태도로 서로 의견을 나눌 수 있도록 장려하는 것에 있다. 2. 한 학생에게 앞으로 나와서 모았던 종이 중 하나를 상자에서 뽑아 그 내용을 읽어 보기를 지시한다. 그리고 해당 학생에게 다음과 같이 질문한다. • 친구의 의견에 대해 어떻게 생각하나요? • 살아야 하는 이유는 무엇인가요? • 그렇게 생각하게 된 이유는 무엇인가요? • 지금 소원을 하나만 빌 수 있다면, 무엇을 빌고 싶나요?

	3. 시간이 충분하다면 더 많은 학생에게 의견을 나누도록 지시한다. 한편, 이 주제에 대한 교수자의 의견 또한 표현한다. 이러한 질문에 대한 우리의 대답은 삶의 의미에 대한 우리의 이해이며, 사람마다 삶의 의미에 대해 서로 다른 이해를 하고 있다고 언급한다.
3. 학급 토론: 국경을 넘는다는 것의 의미**(12분)** ▷ **교수자료** - [부록 11-12] 영상 자료: 국경을 넘는다는 것의 의미(1) - [부록 11-13] 영상 자료: 국경을 넘는다는 것의 의미(2) - [부록 11-14] 교수자용 참고 자료: 국경을 넘는다는 것의 의미(1) 대본 - [부록 11-15] 교수자용 참고 자료: 국경을 넘는다는 것의 의미(2) 대본	**목표: 헌신적인 자원봉사자들의 일과 삶의 가치를 이해한다.** 1. 영상 자료([부록 11-12])를 재생하고 국경없는의사회에서 봉사하고 있는 홍콩 출신의 자원봉사자들을 소개한다. 이후 다음 내용에 대해 학생들과 토론한다. • 여러분은 이 두 사람의 일에 대해 어떻게 생각하나요? • 두 사람이 이러한 일을 하는 것이 '바보 같다'고 생각하나요? • 그런 '바보 같은' 일을 여러분은 하겠나요? 2. 토론의 내용을 요약하고, 비록 힘들었을지 몰라도 자원봉사자들이 그 일을 통해 삶의 의미를 발견했다는 점을 언급한다. 3. 영상 자료([부록 11-13])를 재생한다. 4. 학생들에게 잠시 침묵을 지키도록 지시하고, 아직 그들 앞에 놓인 길이 많이 남았다는 점을 언급한다. 학생들이 다음 내용에 대해 깊이 생각해 볼 수 있도록 지도한다. "나의 삶의 의미는 무엇인가?"
4. 결론(2분)	1. 누구나 자신만의 인생의 길이 존재하며, 우리는 각자의 길에서 의미를 찾아야 한다. 2. 학생들에게 "살아야 하는 이유는 무엇인가요?"라는 질문에 대한 처음의 대답과 현재의 대답을 비교해 보고, 어떻게 다른지 알아보도록 지시한다.
5. 마무리 활동(5분) ▷ **교수자료** - [부록 11-16] 성장 확인 질문	1. 성장 확인 질문을 배포하고 학생들이 수업 내용을 되돌아볼 수 있도록 지도한다. 2. 수업에 열심히 참여한 학생들을 칭찬한다.

4. 세부 지도 사항

1) 준비 활동

• 교수자는 학생들이 진지하게 자신의 답을 적도록 격려하고, 모범 답안은 없다는 점을

강조한다.

- 일부 학생들은 답을 작성하는 데 어려움을 겪을 수 있다. 교수자는 "여러분의 삶에서 중요한 것은 무엇인가요?"와 같은 질문을 통해 학생들의 생각을 유도할 수 있다.
- 교수자는 "살아야 하는 이유는 무엇인가요?"라는 질문에 대한 학생들의 대답을 인지하고 있어야 한다. 해당 질문에 대한 학생들의 견해가 극도로 부정적이라면, 교수자는 분위기를 긍정적으로 유지하기 위해 노력하고, 한 방향으로 치우치지 않도록 유의해야 한다. 수업이 끝난 후 도움이 필요한 학생에게는 후속 조치를 취한다.

2) 왜

- 교수자는 이 활동이 다른 사람들의 관점을 통해 삶의 의미를 이해하는 데 목적을 두고 있음을 강조한다. 따라서 학생들은 개방적이고 존중하는 태도로 자신의 의견을 표현해야 한다.
- 삶의 의미에 대한 학생들의 이해는 다양하며, 좋고 나쁨을 판단할 수 없다. 교수자는 일부 학생들이 삶의 의미를 찾는 데 어려움을 느낄 수 있음을 이해하고, 해당 학생들이 계속 답을 찾을 수 있도록 격려해야 한다.
- 학생들의 대답을 비교할 필요가 없으며, 학생들이 의미 있는 삶을 살도록 격려한다.

3) 국경을 넘는다는 것의 의미

- 이 활동은 학생들이 헌신적인 자원봉사자들의 경험을 통해 삶의 의미를 이해하도록 돕는 것에 목표를 두고 있다. 국경없는의사회(MSF)는 하나의 예시일 뿐이며, 학생들이 열등감을 느끼도록 의도한 것이 아니다.
- 영상 자료는 홍콩 출신의 봉사자 두 명을 인터뷰하고 있지만, 한국인들도, 나아가 세계 각국에서도, 국경없는의사회는 활발히 활동하고 있다(https://msf.or.kr/ 참조).
- 교수자는 "물질적인 것 외에 여러분의 삶에 의미를 부여하는 것이 있나요?"와 같은 질문을 통해 학생들의 사고를 자극할 수 있다.

4) 결론

- 학생들은 주변 사람들과 사건들을 통해 그리고 다른 사람들과 이야기를 나누면서 삶의 의미에 대한 자신의 이해를 심화시킬 수 있다. 대부분의 경우, 삶의 의미는 물질적인 것 혹은 좋은 학업 성적을 통해 얻는 것이 아니다. 그 대신, 우리는 친구, 가족, 취미, 타인을 돕는 일, 종교적 신념 등에서 진정한 만족감을 얻을 수 있다.
- 교수자는 신념이 사람들에게 미치는 영향을 학생들이 이해할 수 있도록 돕는다. 학생들은 국경없는의사회의 의사들이 언급한 어려움의 감정을 쉽게 이해하지 못할 수 있다 (예: 의사들은 한밤중에 울며 짐을 싸서 홍콩으로 다시 돌아가고 싶어 했다). 경험해 보지 못했기 때문에 학생들은 국경없는의사회 의사들이 겪은 어려움과 고통이 너무 추상적이라고 느낄 수 있다.
- 교수자는 국경없는의사회 의사들의 신념과 경험을 느끼고 상상하며 학생들에게 잘 설명하기 위해 이들의 업무에 대해 알고 있어야 한다. 이것은 학생들이 결단력과 신념이 삶을 변화시킨다는 것을 이해하는 데 도움이 된다.
- 향후 수업에서 교수자는 자원봉사자가 아닌 다른 사람들의 예를 사용하여 동일한 메시지를 전달할 수 있다.

5. 보충 활동(선택 사항)

활동	내용	권장 사항
의미 있는 삶 살기	**목표: 학생들이 의미 있는 삶을 경험할 수 있도록 격려한다.** 수업이 끝난 후, 일주일 동안 의미 있는 활동을 하고, 그 경험과 느낀 점을 적어 학급과 공유하도록 지시한다.	학생들은 자신의 내용을 구두로 발표할 수 있다.
자원봉사 단체	**목표: 신념이 행동에 미치는 영향을 이해한다.** 학생들에게 자원봉사 단체 하나를 선택하고, 해당 단체를 조사함으로써 단체의 활동과 목표를 더 잘 이해할 수 있게 한다. 마지막으로, 학생들에게 해당 단체를 조사하며 느낀 점을 작성해 보도록 안내한다.	보고서는 개인 또는 모둠 단위로 작성할 수 있다. 교수자는 자원봉사 단체를 방문하도록 권장할 수 있다.

부록 11-14

교수자용 참고 자료: 국경을 넘는다는 것의 의미(1) 대본

내레이션: 사람들은 삶의 의미에 대한 각기 다른 다양한 관점을 가지고 있습니다. 어떤 사람들은 돈을 버는 데 최선을 다합니다. 또 어떤 사람들은 가족과 친구를 위해 삶을 살아가죠. 그러나 어떤 사람들은 이런 모든 것을 제쳐두고, 개발도상국으로 혹은 전쟁을 겪은 국가에 가서 자원봉사 활동을 하기도 합니다. 오늘 의사 선생님과 간호사 선생님이 자원봉사를 할 때의 경험과 삶의 관점을 소개해 주실 겁니다.

〈2003년 12월~2004년 6월, 중국에서 HIV/AIDS와 관련해 일을 한 경험〉

– 의사 아서 팡(Dr. Arthur Pang)

예시를 하나 들자면, 30세 정도된 남성이 안타깝게도 에이즈에 걸렸습니다. 그리고 에이즈는, 사실 많은 사람에게 차별과 무시를 받는 질병 중 하나이지요. 제가 그 남성 분에게 에이즈에 걸렸다고 말하고, 즉시 치료를 받아야 한다고 했을 때, 그분은 바로 돌아서 병원을 나갔어요. 그분은 두 달 후에 다시 오셨고, 상태는 많이 악화되어 있었죠. 그분의 가족은 아무것도 함께 하기를 원치 않았고, 그 남성분은 집으로 돌아갈 수도 없었죠. 저희는 사실 그분이 심각한 병에 걸린 것을 알게 된 이후에 어째서 곧바로 병원을 나섰는지 쉽게 이해할 수 없었죠. 그런데 답은 아주 간단했어요. 그분이 사는 마을에 가는 버스가 한 대밖에 없었던 거예요. 만약 버스를 놓쳤다면, 다음 날까지 기다려야 했던 상황이었던 거죠. 두 달 전 그분이 병원을 떠났던 그날, 저는 마음이 너무 심란했어요. 왜 그분은 바로 떠나셔야 했을까? 왜 우리가 도울 수 있게 조금 기다려 주지 않으셨을까? 이러한 것들이요. 도시에서 대중교통으로 아주 편리하고 쉽게 살다 보니, 우리가 전혀 상상하지 못했던 부분들이 있었어요.

〈2005년 6~12월, 인도네시아에서 이동 의료서비스를 제공하는 일〉

– 체 선생님(Miss Tse)

저희는 산악 지역에 이동 의료서비스를 제공하기 위해 갔어요. 저희는 가서 탐방도 하고, 거기에 필요한 모든 일정을 준비했죠. 두 번째 그곳에 방문했을 때, 본격적으로 일이 진행되었어요. 특별한 점이 하나 있다면, 저희가 서비스를 하나의 마을에 제공한다는 것이었어요. 그래서 주변 마을에 있는 사람들이 의사를 만나기 위해 그곳까지 걸어왔죠. 그날 아침에 두 명의 의사가 점심도 거른 채, 200명이 넘는 환자를 봤어요. 아침 7시에 출발했는데, 오후 5시까지 사무실에 돌아오지도 못했죠. 그때가 정말 인상적이었어요. 저희는 정말 멈추고 싶었는데 그럴 수 없었죠. 계속해서 환자 줄이 이어졌어요. 간호사들이 약을 투여하고, 상처를 소독하는 일을 끊임없이 했어요. 정말 피곤했죠. 그런데도 환자는 계속 왔고, 다른 여러 마을에서부터 찾아왔어요. 저희는 감히 그 사람들에게 다음 주에 약속을 잡고 오라는 말을 할 수 없었어요. 일정 때문에 저희는 한 주에 한 번 방문할 수 있었거든요. 저는 정말 놀랐어요. 사람들이 정말 다양한 곳에서 몰려왔거든요.

〈2005년 8~9월, 수단에서 기초 의료 프로젝트를 시행한 일〉

– 의사 아서 팡(Dr. Arthur Pang)

저는 한 아프리카 후진국의 난민 캠프에 있었어요. 캠프에는 어린 친구들이 정말 많았죠. 그 아이들은 사막에 지은 텐트에서 살았어요. 쓰레기가 사방에 널려 있었고, 화장실 하나 없었죠. 아이들은 그냥 땅에 구멍을 파서 볼일을 해결했어요. 난민 캠프에 있는 아이들은 순수했어요. 활발하게 뛰어 다니곤 했죠. 아이들은 스스로 자기 장난감을 만들기도 했어요. 그저 다른 피부색을 가진 사람이 지나가면 아이들은 "안녕하세요."라고 했어요. 저는 그런 상황에서 어떻게 행복할 수 있는지 도무지 이해할 수 없었죠. 교육도 받지 않고, 굶주리고 있었어요. 그런데도 아이들은 진심으로 웃고 있었어요.

부록 11-15 교수용 참고 자료: 국경을 넘는다는 것의 의미(2) 대본

〈우리는 축복받은 곳에 있다〉

체 선생님: 저는 홍콩에서 자랐고, 다른 모든 사람보다 더 좋은 환경에서 자란 것은 아닙니다. 저는 평범한 사람이에요. 그렇지만 어떤 사람보다 운이 좋죠. 제가 빈곤한 국가나 전쟁 중인 국가가 아니라 홍콩에서 태어났다는 이유 하나로 말이죠. 혹은 심지어 자연재해나 지진에 취약한 국가에서 태어나지 않은 것 때문에요. 이제 저는 제가 가진 것을 소중히 여겨요. 행복은 무언가를 이뤄 내야 하는 게 아님을 알아야 해요. 그저 다른 사람보다 좀 더 운이 좋다는 거지요.

의사 아서 팡: 저는 세상이 정말 크면서, 동시에 불공평하다는 걸 깨닫게 된 것 같아요. 그게 현실이지요. 공평한 건 어디에도 없어요. 유복하게 사는 우리가 빈곤한 사람들을 위해 가진 것을 나눠야만 해요. 음. 조금 더 이야기하자면, 자신이 조금 더 나은 사람이 되고 싶다면 이런 활동들을 이용하는 거죠. 도움이 필요한 사람을 만나고, 도움을 전하고…….

〈그만둘 생각하신 적이 있나요〉

체 선생님: 당연히 있죠. 정말 처음에는 그만두려 했어요. 처음에 도착했을 때, 브리핑을 듣는 시간이 정말 많았어요. 무엇을 하고 있었고, 이제껏 무엇을 완료했고, 제가 무엇을 해야 하는지에 대한 브리핑이요. 저는 이전에 경험한 적이 없던 정말 많은 일을 책임져야 했어요. 심지어 어떻게 해야 할지도 몰랐죠. 그렇게 많은 일을 처리할 수 있을지도 몰랐어요. 감당하지 못할까 봐 걱정도 됐죠. 많은 문제가 있는 것처럼 보였어요. 제가 일을 감당하지 못한다면, 그냥 집으로 돌아가겠다고 생각했어요. 일은 너무 힘들었죠. 내가 이 일을 왜 하고 있지 생각했어요. 첫째로, 저는 가족도 친구도 없이 혼자 이상한 장소에 가 있었어요. 완전히 새로운 문화와 팀 구성원들을 만나야 했죠. 또 완전히 새로운 환자들이요. 이게 정말 힘들었어요. 새로운 장소에 가면, 문화충격을 받는다고 생각하면 돼요. 다른 라이프스타일, 다른 날씨, 다른 음식들. 어떤 밤에는 새벽 1~2시에 일어나서 스스로에게 묻기도 했어요. "나 지금 여기 왜 있지? 원래 집에 있어야 하는데."

의사 아서 팡: 당장 짐을 싸서 집으로 돌아가야겠다고 생각했죠. 혼자서 울던 때도 있었어요. 그렇지만 무엇이 저를 그곳에 머무르게 했냐고요? 환자들에게 제가 들인 시간과 노력들이 긍정적으로 작용하는 것을 보게 되었기 때문이죠.

〈삶이란〉

체 선생님: 삶은 알 수 없어요. 매일 최선을 다해야 할 뿐이죠. 과거는 지나갔어요. 내일을 생각하고 과하게 걱정하지 말아야 하죠.

의사 아서 팡: 어떤 게임기를 가졌다는 사실만으로 행복이 오는 것은 아니에요. 게임기를 가졌고, 그걸 나눌 사람이 있다는 게 행복의 원천이 되죠. 이런 행복은 혼자서 게임을 하는 것보다 확실히 더 나을 거예요.

〈신념〉

의사 아서 팡: 저는 다른 사람들에게 약속한 일을 이룰 거예요. 이러한 신념은 제가 자원봉사 활동을 지속할 수 있게 하죠.

체 선생님: 만약 여러분이 무언가 좋은 일, 남을 돕는 일을 할 의지를 가지고 있지 않다면 매일 아침 일을 하러 가는 것이 정말 힘들 거예요. 따라서 그 일에 전념할 수 없겠죠. 일을 얼마나 지속적으로 하고 싶은가, 얼마나 열망하는가에 달려 있어요.

부록 11–16 성장 확인 질문

이름: ______________________ 반: ______________________ 날짜: ______________________

1. 수업 과제

1) 여러분이 알고 있는 봉사단체를 떠올리며 다음의 질문에 답해 보세요.
   - 해당 단체가 하는 일에 대해 어떻게 생각하나요?
   - 그들의 일이 '바보 같다'고 생각하나요?
   - 그런 '바보 같은' 일을 여러분은 하겠나요?

2) 내가 생각하기에 '신념을 고수하는 것'은 자원봉사를 할 때 중요하다. 왜냐하면,

____

____

____.

2. 숙제

1) 다음의 방법이 삶의 의미에 대한 이해를 심화하는 데 어떤 도움을 주는지 설명해 보세요.
   - 경험에 대한 성찰
   - 주변의 사람과 사건에 대한 관심
   - 타인과의 나눔과 소통

2) 여러분은 삶의 의미에 대한 이해를 심화하기 위해 어떤 방법을 사용할 건가요? 왜 그런가요?

소단원 4

인생 소설

1. 소단원 목적

학생들이 자기 삶의 의미를 찾을 수 있도록 돕는다.

2. 학습 목표

① 이전 단원에서 학습한 내용을 통합하고 강화한다.
② 일상생활에서 얻은 지식과 경험을 적용해 본다.

3. 수업 내용

활동	절차
1. 준비 활동(3분)	1. 학생들에게 다음을 질문한다. • 지금까지 영성 수업에서 무엇을 배웠나요? 가장 기억에 남는 부분이나 주제는 무엇인가요? 2. Level 1부터 Level 3까지의 과정을 통해 우리는 '돈' '자연' '삶과 죽음' '삶의 주인' '인간의 가치' '삶의 의미'와 같은 주제에 대해 논의했다. 이번 소단원은 영성에 관한 마지막 단원으로, 삶의 의미에 대해 공부하고 '영성' 교육과정의 목표를 공유하고자 한다.
2. 개인 활동: 꼭 해야 할 3가지**(8분)** ▷ **교수자료** - [부록 11-17] 활동지: 죽기 전 꼭 해야 할 3가지	**목표: 삶의 의미에 대해 생각해 본다.** 1. 활동지([부록 11-17])를 배부하고 학생들에게 '죽기 전 꼭 해야 할 3가지'에 대해 3분 동안 작성해 볼 것을 지시한다. 2. 학생들이 작성을 완료하면, 먼저 교수자의 '꼭 해야 할 3가지'를 학생들에게 공유하고, 그다음 학생들의 내용을 공유하도록 안내한다. 3. 학생들이 공유한 내용을 요약하고, '죽기 전 꼭 해야 할 3가지'는 우리가 삶에서 무엇을 소중히 여기는지를 반영하는 것임을 언급한다.

3. 교수자 공유와 학급 공유: 너와 나**(12분)**	**목표: 삶의 의미를 구성해 본다.** 1. 학생들에게 교수자의 현재 목표를 공유하고, 해당 목표를 설정한 이유를 설명한다. 학생들에게 자신의 현재 목표를 공유하도록 안내한다. 2. 학생들에게 질문한다. • 지금 이 순간 여러분의 인생 목표는 무엇인가요? • '죽기 전 꼭 해야 할 3가지'에 인생 목표가 포함되어 있나요? 3. '인생의 의미'에 대해 명확하게 설명하기는 쉽지 않다는 점을 언급한다. 우리가 인생의 목표를 선택하는 이면에는 삶의 의미에 대한 개인적인 해석이 존재한다. 이는 우리가 거의 다루거나 논의하지 않는 문제이기도 하다. 인생의 목표를 검토할 때 우리는 삶의 의미에 대해 생각하게 된다. 4. 학생들이 설정한 목표를 기반으로 다음 내용에 대해 토론한다. • 이런 생각을 하게 된 이유는 무엇인가요? • 여러분에게 이러한 목표가 중요한 이유는 무엇인가요?
4. 결론(2분)	1. 삶의 의미에 대해 더 많이 생각할 수 있도록 학생들이 하루하루를 소중히 여기고 의미 있는 삶을 살도록 격려한다. 2. 인생은 완성해야 할 책과 같다는 점을 언급한다. 그 길이는 우리가 통제할 수 없지만, 그래도 그 내용을 의미 있게 채울 수 있다는 점을 강조한다. 3. Level 1부터 3까지 영성에 대한 교육과정을 통해 삶의 의미에 대해 탐구했다. 학생들에게 지난 3년 동안의 삶의 변화를 떠올려 보도록 유도한다.
5. 마무리 활동(5분) ▷ **교수자료** - [부록 11-18] 성장 확인 질문	1. 성장 확인 질문을 배포하고 학생들이 수업 내용을 되돌아볼 수 있도록 지도한다. 2. 수업에 열심히 참여한 학생들을 칭찬한다.

4. 세부 지도 사항

1) 준비 활동

- 이번 수업은 상호작용과 토론을 통해 '영성'에 대한 수업을 요약하고 마무리하는 것을 목표로 하고 있으며, 토론과 공유에 중점을 둔다. 이후 충분한 시간을 가지고 공유와 토론을 하기 위해 준비 활동에서는 바로 주제를 다루는 것이 적절하다.
- 교수자는 퀴즈 대회와 같은 다양한 종류의 활동을 설계하여 학생들이 이전 수업에서 다룬 내용을 복습할 수 있도록 도울 수 있다.

2) 꼭 해야 할 3가지

- 교수자는 학생들의 성찰을 돕고 분위기를 조성하기 위해 삶에 관한 음악을 자유롭게 준비할 수 있다.
- 교수자가 먼저 자신의 경험을 공유함으로써 개방적이고 긍정적인 분위기를 조성할 수 있다. 이는 학생들에게 동기를 부여하고, 다음 활동으로 원활히 이어 갈 수 있도록 돕는다.
- 이 활동은 학생들이 자신의 인생 목표에 대해 생각해 볼 수 있도록 돕는다. 이를 위해 편안하고 자유로운 분위기를 조성하는 것이 적합하다.
- 학생들이 '죽기 전 꼭 해야 할 3가지'에 대한 답을 작성하지 못한다면, 그 이유를 물어보고 신중하게 상황을 다룬다.

3) 너와 나

- 교수자는 자신의 목표를 공유하기 전에, 자신의 인생 목표와 그 이면에 있는 신념에 대해 생각해 볼 수 있다. 가장 중요한 것은 학생이 교수자가 진정성 있는 방식으로 자신의 목표를 공유하고 있다는 점을 알게 하는 것에 있다.

4) 결론

- 앞선 Level의 교육과정을 통해 학생들은 인간과 자연의 관계를 탐구했다. 학생들은 "우리는 성숙해지면서 인간과 자연의 관계를 이해할 수 있을까?"라는 질문에 대답할 수 있다.
- 학생들이 의미 있는 삶을 산다는 개념이 너무 추상적이라고 생각한다면, 구체적인 예시를 들어 학생들에게 삶의 의미를 설명해 준다. 가장 중요한 것은 학생들이 자신의 목표가 긍정적이고, 사회에 해를 끼치지 않으며, 다른 사람에게 사랑을 베풀고, 사회를 구성하는 데 도움이 될 수 있어야 한다는 점을 이해하는 것이다. 다시 말해, "좋은 사람이 되어라." 또는 "책임감 있는 사람이 되어라."라는 맥락에서 학생들이 밝은 삶을 살고, 사회에 공헌할 수 있도록 유도하는 것이다.
- Level 2 과정에서 삶과 죽음의 문제에 대해 이야기했고, 이제 '삶의 주인'에 대한 수업을

마쳤다. 여러분은 삶과 죽음에 대한 다른 견해를 가지고 있는가?

- 우리는 전쟁터에 있는 청년들의 삶을 보았다. 또한 자원봉사자들이 빈곤한 사람들을 돕는 경험을 통해 어떻게 삶의 의미를 찾았는지도 알고 있다. 여러분은 의미 있는 삶을 살고 싶은가? '죽기 전 꼭 해야 할 3가지'에 대해 지금은 다른 생각을 가지고 있는가?
- 우리는 돈의 가치에 대해 탐구했고, 인간의 가치에 대해 공부했다. 우리는 인간의 영성이 돈이나 물질로 측정될 수 없다는 것을 알고 있다. '영성'에 대한 수업을 끝마쳤을 때, 학생들이 보다 명확한 삶의 목표를 가지고 의미 있는 삶을 찾아 살아가면서, 기억에 남는 인생의 모든 순간을 온전히 맛볼 수 있기를 기대한다.

5. 보충 활동(선택 사항)

활동	내용	권장 사항
삶의 기념관	**목표: 학생들의 삶의 의미를 구성한다.** 학생들에게 자신에게 중요한 물건(그림, 장난감, 선물 등)을 가져오도록 권유하고, 학급 친구들과 그 물건을 어디에서 구했는지, 그 물건이 자신에게 어떤 의미가 있는지 등을 이야기하며 공유하도록 지시한다.	교수자는 학생들이 가져온 물건들을 모아 그룹별로 공유하게 할 수 있다.

부록 11-17

활동지: 죽기 전 꼭 해야 할 3가지

이름: ______________________

여러분이 죽기 전에 꼭 해야 하는 일은 무엇인가요?
자신만의 생각을 적어 주세요.

부록 11-18 성장 확인 질문

이름: ______________________ 반: ______________________ 날짜: ______________________

1. 수업 과제

1) 삶이란 ______________________ 한 것이다.

2) '삶의 의미'에 대한 나의 이해는 초기/중간/성숙한 단계에 있다고 생각한다.

3) 청소년, 성인, 노인의 '삶의 의미'에 대한 인식은 어떤 차이가 있다고 생각하나요?

2. 숙제

1) 어떤 사람들은 '사람의 궁극적인 목표는 의미 있는 삶을 추구하는 것'이라고 말합니다. 여러분은 이 말에 동의하나요? 왜 그런가요?

2) 사람들이 인생을 소중하게 즐기면서 살 수 있게 장려하는 좌우명을 선택하고 공유하세요.

좌우명: ____.

느낀 점: ____.

대단원 12

명확하고 긍정적인 정체성

소단원 1 흔들리지 않는 나

소단원 2 남성과 여성, 과거와 현재

들어가며

심리학자 에릭 에릭슨의 이론에 따르면, 청소년기의 성장 과제는 자신을 온전히 받아들이는 것이다. 청소년들이 이 과제를 성공적으로 완수할 수 있는지 여부는 자신에 대해 배울 수 있는 풍부한 기회를 가진 정도에 따라 다르며, 이는 자기정체성의 다양한 측면(신체적 · 심리적 · 사회적 · 학업적 측면 등)에서의 급격한 변화와 모호함을 해결하기 위해 필수적이다. 만약 청소년들이 청소년기 초기에 인지 발달과 더불어 명확하고 긍정적인 정체성을 발전시킬 수 있다면, 높은 자존감을 가질 수 있으며, 이는 미래 성인기 발달 과정에도 긍정적인 영향을 미칠 수 있다. 자신의 가치에 대해 잘 이해하고 높은 자존감을 형성하며, 자기를 정의하는 데 필요한 탐색과 전념을 강화하고, 내면의 갈등을 줄이며, 사회 속에서 자신의 역할을 잘 이해하고 효과적으로 수행하는 것은 명확하고 긍정적인 정체성 발달에 필수적이다.

자존감은 자신을 향한 긍정적인 또는 부정적인 태도를 말한다. 자신을 긍정적으로 평가할수록 자존감은 높아진다. 한 연구자에 따르면 다음의 요소들을 발달시킴으로써 자존감이 향상될 수 있다. 다음의 요소들은 모두 훈련을 통해 강화될 수 있다.

1. 안전감(sense of security): 개인의 성장을 돕는 신뢰에 기반한 지지적인 환경을 구축한다.
2. 자기인식(sense of selfhood): 자신의 정서를 잘 인식하고 자신의 현재 상태에 대해 잘 파악한다.
3. 소속감(sense of affiliation): 친밀한 대인관계를 구축한다.
4. 목적의식(sense of mission): 목표를 설정하고, 실천 계획을 세우며, 문제를 해결하고 의사결정을 내린다.
5. 역량인식(sense of competence): 자신의 능력과 강점에 대해 잘 이해하고 적절하게 활용한다.

이 프로그램은 전반적으로 학생들의 자존감을 높이고 학생들이 명확하고 긍정적인 정체성을 발달시키도록 돕기 위해 다섯 가지 요소를 모두 활용한다. 자존감의 발달은 다른 대단원의 내용과도 관련이 있다. 예를 들어, 목적의식과 역량인식은 대단원 '미래에 대한 신념'이나 '자기효능감'에서, '소속감'은 대단원 '유대감'에서 다뤄진다. 나머지 요소들은 또한 Level 1부터 Level 3의 과정 전반에서 다뤄진다.

Level 1 과정에서 대단원 '명확하고 긍정적인 정체성'은 학생들이 안전감, 가까운 사람과의 관계에서의 소속감 그리고 자기인식을 강화하도록 돕는 데 목적을 두었다. Level 2 과정은 학생들이 자기 내면의 이상적인 특성을 발견하고, 스스로를 격려하며, 같은 가치를 추구하는 동반자와 상호 지지를 주고받음으로써 긍정적인 정체성을 강화하는 데 중점을 두었다.

학생들은 자라면서 사회에 더 깊이 관여하게 되며, 점차 더 많은 문제에 직면하게 된다. 또한 학생들은 미래의 학업이나 진로에 대해 준비해야 한다. 따라서 Level 3 과정은 학생들이 자신의 정체성을 확인하고 자존감을 강화하도록 돕는 데 목적을 두고 고안되었다. 소단원 1을 통해 학생들은 다양한 진로의 기반이 될 수 있는 핵심 역량과 이를 개발하는 방법을 파악하고, 자신의 능력을 발전시키도록 스스로를 격려함으로써 자존감을 높인다. 소단원 2를 통해 학생들은 현대 사회의 성 고정관념을 파악하고, 고정관념이 자신의 성 인식과 행동에 미치는 영향을 탐구함으로써, 자기정체성을 더욱 발전시킨다.

개관

소단원	소단원 목적	학습 목표
흔들리지 않는 나 (30분)	성공을 위해 필요한 핵심 역량과 이를 개발하는 방법을 파악한다.	1. 다양한 진로의 기반이 될 수 있는 핵심 역량을 파악한다. 2. 살아가면서 핵심 역량을 개발할 수 있는 방법을 탐구한다.
남성과 여성, 과거와 현재 (30분)	사회의 성 고정관념과 그 영향을 파악한다.	1. 현대 사회가 기대하는 성 역할을 논의한다. 2. 사회의 성 고정관념이 개인의 성 역할 인식에 미치는 영향을 파악한다.

이 대단원에 포함된 모든 활동지 및 파워포인트 슬라이드와 영상 자료 등은 학지사 홈페이지(www.hakjisa.co.kr)에서 내려받을 수 있습니다.

소단원 1

흔들리지 않는 나

1. 소단원 목적

성공을 위해 필요한 핵심 역량과 이를 개발하는 방법을 파악한다.

2. 학습 목표

① 다양한 진로의 기반이 될 수 있는 핵심 역량을 파악한다.

② 살아가면서 핵심 역량을 개발할 수 있는 방법을 탐구한다.

3. 수업 내용

활동	절차
1. 준비 활동: 가장 유망한 직업 10가지**(5분)** ▷ **교수자료** - [부록 12-1] 파워포인트 슬라이드: 가장 유망한 10가지 직업	1. 학생들을 작은 모둠으로 나눈다. 2. 학생들에게 "지난 2000년, 미국의 『타임』지는 가장 유망한 10가지 직업에 대해 발표했습니다. 여러분이 보기엔 과거의 예측이 맞았나요?" 파워포인트 슬라이드([부록 12-1])의 답변을 참고해 간단한 퀴즈 대회를 진행한다. 3. "여러분은 앞으로 가장 유망한 10가지 직업이 무엇이라고 생각하나요?"라고 질문한다. 4. 학생들에게 다음과 같이 설명하고, 학생들의 제안을 듣는다. • 사람들은 미래를 정확히 알 수 없으며, 미래에 자신이 어떤 방향으로 발전할지에 대해서도 확신할 수 없습니다. 또한 현재 '유망 직업'이라고 언급한 직업들이 미래에 실제로 '유망한' 직업으로 밝혀질지도 알 수 없습니다. 그렇다고 가만히 앉아서 기다리고만 있는 것이 현명할까요? 미래를 대비하기 위해 우리는 어떤 일들을 할 수 있을까요? 5. 활동의 주제를 다음과 같이 소개한다. • 어떤 핵심 역량이 다양한 진로의 기반으로서 우리를 도와줄 수 있을까요?

2. 모둠 게임: 흔들리지 않는 나(1)**(7분)** ▷ **교수자료** - [부록 12-2] 교수자용 참고 자료: 사람 그림 - [부록 12-3] 교수자용 참고 자료: 핵심 역량 참고 자료 - 색종이, 사인펜, 테이프	**목표: 다양한 진로의 기반이 될 수 있는 핵심 역량을 파악한다.** 1. 가까이 앉은 학생들끼리 한 모둠을 구성하도록 지시한다. 2. 각 모둠에 여러 장의 색종이(한 팀에 하나의 색상), 사인펜 1개, 테이프를 배부한다. 이때 각 모둠이 가진 색종이의 색상이 겹치지 않도록 주의한다. 3. [부록 12-2]를 참고해 가로세로 길이가 약 50cm 정도에 해당하는 사람 그림을 칠판에 그린다. 이후 활동 지침에 대해 다음과 같이 설명한다. ① 학생들에게 "이 사람은 아무 능력도 없고 일도 잘하지 못합니다. 이 사람이 다양한 진로의 기반을 마련하고 일을 잘하게 되기 위해서는 어떤 핵심 역량이 필요하다고 생각하나요?"라고 질문한다. ② 각 팀은 적절한 핵심 역량을 생각해 하나씩 색종이에 적는다. 이후 각 팀은 핵심 역량이 적힌 색종이를 사람 그림에 붙인다. 여러 팀이 동일한 핵심 역량을 적었다고 할지라도 그것을 모두 붙인다. ③ 활동을 마친 후, 각 팀이 붙인 색종이의 내용과 수를 확인하고 각 팀에게 답변에 대해 설명해 보도록 지시한다. ④ 가장 많은 수의 핵심 역량을 적고 각각에 대해 가장 합리적인 설명을 제공한 팀이 우승한다. ⑤ 모든 모둠에게 적극적인 참여에 대해 칭찬한다. 4. 학생들의 의견을 간단히 요약하고 다음과 같이 질문한다. • 만약 이 핵심 역량들이 중요하다면, 우리는 이것을 어떻게 개발할 수 있을까요?
3. 학급 게임: 흔들리지 않는 나(2)**(8분)**	**목표: 살아가며 핵심 역량을 개발할 수 있는 방법에 대해 탐구한다.** 1. 각 모둠에게 3분 동안 교내 활동과 교외 활동을 포괄해 이전 활동에서 제안된 핵심 역량을 개발하는 방법을 논의하도록 지시한다. 2. 모둠별 논의 이후, 게임 진행 방식에 대해 다음과 같이 설명한다. • 각 모둠은 한 명의 대표를 선정한다. 교수자는 각 질문마다 하나의 핵심 역량을 고른다. 대표자는 손을 들어 답변의 기회를 얻기 위해 경쟁한다. • 답변 이전에 각 대표자는 자신의 답변이 교내 활동에 해당하는지 교외 활동에 해당하는지를 먼저 언급해야 한다. 3. 게임을 시작하고 각 팀의 점수를 칠판에 기록한다. 4. 활동을 마친 후, 각 팀의 점수를 계산하고 우승 팀을 축하한다. 5. 학생들의 의견을 요약하고, 다음과 같이 질문함으로써 학생들이 활동에 대해 성찰해 보도록 지도한다. • 이 핵심 역량들이 사람들이 효과적으로 일하고 좋은 성과를 내는 데 중요할까요? 사람들은 얼마나 많은 핵심 역량을 갖추고 있어야 할까요? 여러분이 가진 가장 뛰어난 핵심 역량은 무엇일까요? 여러분의 가장 취약한 핵심 역량은 무엇인가요? 사람들은 자신의 강점을 최대한 활용하고 자신의 약점을 개선해야만 합니다.

4. 결론(5분)	다음의 결론을 학생들에게 전달한다. • 진로 핵심 역량은 사람들이 다양한 진로의 기반을 마련하도록 돕습니다. • 현재 얼마나 많은 핵심 역량을 갖추고 있는지 여부와 관계없이, 사람들은 핵심 역량을 더 발전시키며 앞으로 나아갈 수 있습니다. • 어떤 상황에서도 사람들은 다양한 핵심 역량을 발전시킬 수 있습니다. 핵심은 기회를 포착하고, 핵심 역량을 발전시키는 방법을 알고, 꾸준히 실천하며 나아가는 것입니다.
5. 마무리 활동(5분) ▷ **교수자료** - [부록 12-4] 성장 확인 질문	1. 성장 확인 질문을 공유하고 학생들이 소단원 활동을 돌아볼 수 있도록 유도한다. 2. 소단원 활동에 대한 학생들의 참여도를 칭찬한다.

4. 세부 지도 사항

1) 준비 활동

• 파워포인트 슬라이드의 내용은 『타임』 지의 보고를 참고해서 제작되었다.

– Rawe, J. (2000). What will be the 10 hottest jobs? *Times*. Retrieved from https://time.com/archive/6741304/what-will-be-the-10-hottest-jobs/

• 『타임』 지의 보고서에는 가장 유망한 10가지 직업의 선정 기준이나 '미래'의 정의가 명시되어 있지 않으며, 언급된 직업의 특성에 대해서도 자세히 설명하지 않는다. 이 활동의 핵심은 2000년의 보고서에 언급된 직업들의 세부 사항을 탐구하는 것이 아니다. 보고서에 언급된 직업들은 미래에 세상이 어떻게 변할지 확신할 수 없다는 주제를 전달하기 위해 사용될 뿐이다. 어떤 직업이 가장 유망하든지 주어진 상황을 잘 활용하고 어떤 상황에서도 개인의 성취에 도움이 되는 핵심 역량을 개발해야 한다. 각 직업의 특성에 대해 자세히 알고자 한다면 『타임』 지의 웹사이트를 참고한다.

2) 흔들리지 않는 나(1)

• 대단원 13 '미래에 대한 신념' 소단원 2의 목적은 다양한 직업에 대해 배우고, 각 직업마다 고유한 특성과 요구 사항이 있다는 것을 이해하는 것이다. 반면 대단원 7 '자기효능감' 소단원 2의 목적은 개인의 내면에 중점을 두고 학생들이 한계를 극복하고 목표를

이루기 위해 노력할 수 있는 인내심, 수용력, 긍적적인 태도 등 '개인적 자질'을 파악하는 데 도움을 준다. 본 소단원 활동은 주로 학생들이 '핵심 역량'을 발견하고 개발하는 데 중점을 둔다.

- 학생들이 '역량'의 의미를 이해하기 어려워하는 경우, '역량'은 '무언가를 할 수 있는 능력'을 의미하며 학습을 통해 개발할 수 있다고 설명한다. '핵심 역량'은 어떤 진로를 선택하든 반드시 갖춰야 하는 능력을 말한다.
- 색종이는 A4 용지를 여덟 조각으로 잘라 만든다.
- 학생들의 적극적인 참여를 유도하기 위해, 교수자는 어떤 팀이 가장 빨리 답을 작성하고 게시하는지 경쟁하도록 지시함으로써 활동의 재미를 끌어올릴 수 있다. 이 경우, 학생들은 다른 팀에서 동일한 내용을 게시하였을 때, 자신의 종이를 사람 그림에 붙일 수 없다. 다만 교수자는 학생들이 불공정하게 대우받는다고 느끼지 않도록 주의해야 한다.
- 만약 학생들이 적극적으로 참여한다면 경쟁은 생략할 수 있다.

3) 흔들리지 않는 나(2)

- 학생들에게 교내와 교외 모두에서 핵심 역량을 개발하는 방법을 탐구하도록 한 목적은 학생들이 수업과 기타 교외 활동에 참여할 때 얻을 수 있는 이점을 이해하도록 돕고자 함이다. 예를 들어, 진지하고 적극적인 태도로 수업에 참여하는 것은 학생들이 미래의 직업을 위한 핵심 역량을 개발하는 데 도움을 준다. 학생들에게 일상 속에 많은 기회가 있으며, 이를 잘 활용해야 한다는 점을 상기시킨다.
- 교내와 교외에서 핵심 역량을 개발할 수 있는 수단과 방법은 다양하며, 다양한 종류의 건전한 활동은 모두 도움이 될 수 있다. 학생들은 서로 다른 배경과 관점을 갖고 있기 때문에 학생들은 같은 활동에도 다른 의견을 가질 수 있다. 따라서 어떤 활동을 해야 하는지에 대한 절대적인 답은 없으며, 학생들이 합리적인 답변을 하는 것만으로도 충분하다. 예를 들어, 교내에서 언어 수업에 참여하는 것은 문해력을 높이는 데 도움이 되며, 시각 예술 수업은 창의성을 고양하는 데 기여한다. 교외에서 자원봉사활동을 기획하는 것은 사회적 역량과 기획 능력을 높이는 데 도움이 되며, 스포츠 활동이나 집안일은 건강하고 강인한 신체를 발달시키는 데 기여한다.
- 질문에 답할 기회를 얻기 위해 서로 경쟁하는 것은 학생들의 즐거움을 끌어올릴 수 있지만, 질서를 유지하기 어렵게 만들 수 있다. 교수자는 사전에 규칙을 정리해 두어야 한

다. 다음의 예시를 참고할 수 있다.

- 모둠 구성원 중 한 명이 손을 든다. 만약 한 모둠에서 두 명의 구성원이 손을 든다면 그 모둠은 해당하는 회차에서 답할 기회를 얻지 못한다.
- 학생들은 지목을 받았을 때에만 답할 수 있다.

• 학생들이 미래의 발전을 위한 핵심 역량의 중요성을 이해하도록 돕기 위해 교수자는 일상적인 사례를 활용해 추가 논의를 진행할 수 있다. 예시는 다음과 같다.

- 2021년 한국경제연구원 조사에 따르면, 청년들 중 다수는 자신의 역량과 기술이 부족하다고 느껴 구직 활동을 포기하거나 자신감을 잃는 경향이 있다. 실제로 2022년 인터뷰 결과에 따르면, 많은 기업은 계획한 만큼 인재를 채용하지 못했는데, 가장 큰 이유로 적합한 후보자의 부족을 지목했다.

• 교수자는 우승한 모둠에게 보상을 줄 수 있다. 학생들이 결론에 집중할 수 있도록 보상은 활동을 마친 뒤 제공하기를 권장한다.

4) 결론

• 핵심 역량은 성공의 기반이다. 밝은 미래를 위해 지식과 재능 같은 다양한 요소가 필요하다.

• 교수자는 결론으로서 다음과 같은 비유를 활용할 수 있다.

- 침몰하는 배에 타고 있을 때 구명 도구를 하나만 선택할 수 있다면 구명구, 구명조끼, 구명보트 중 무엇을 고르시겠습니까?
- 학생들의 답변을 듣고는 다음과 같이 말하며, 밝은 미래를 위해 다양한 핵심 역량을 개발하는 것 외에도 지식과 개인적 자질을 향상시켜야 한다는 점을 알린다. "여러분은 배가 흔들리거나 뒤집히면 구명구를 놓칠 수도 있습니다. 그러나 구명조끼를 입고 있으면 악천후에도 물에 떠서 육지를 찾거나 다른 선박이 지나가며 구조해 줄 때까지 기다릴 수 있습니다. 핵심 역량은 구명조끼와 비슷합니다. 핵심 역량은 구명조끼처럼 사회에서 발판을 마련하는 걸 도와주지만, 구명조끼에만 의존할 수는 없습니다."

• 정체성을 확립하는 핵심 전략 중 하나는 자존감을 높이는 것이다. 최근의 연구에서는 자존감이 단일하고 정적인 개념이 아니라 학업 능력, 사회적 수용성, 스포츠 능력, 체형, 품행, 성격, 자기 가치를 포함한 다차원적인 개념임을 밝혔다. 학생들이 안전감, 자

기인식, 소속감, 목적의식, 역량인식을 키우도록 돕는 것 외에도 교수자는 학생들이 해당 영역에서 성취해야 할 최소한의 기준을 설정할 수 있도록 지도해야 한다. 이는 학생들의 자존감과 성과가 사회가 요구하는 최소한의 수준을 충족하는 데 기여한다. 다음의 예시를 참고할 수 있다.

– 학업 성적이 좋은 학생들의 경우, 성적 외 다른 측면에 대해 논의하며 학업 성취는 인생의 일부일 뿐이라는 점을 이해하도록 돕는다. 예를 들어, 인성과 품행의 경우 불법적이거나 부도덕한 일을 하지 않는 것이 기준이 되어야 하며, 운동 능력과 체형에 있어서는 적당한 체격과 건강한 신체를 유지하는 것이 기준이 되어야 한다. 신체가 건강할 때 자신의 재능을 더 쉽게 발휘할 수 있다.

– 학업 성적이 낮은 학생들의 경우, 중간고사 성적이나 대학수학능력시험 결과 등 학업 능력에 대한 기준을 설정할 수 있도록 돕는다. 인성과 품행에 있어서는 청렴한 사람을 기준으로 두어야 한다.

5. 보충 활동(선택 사항)

활동	내용	권장 사항
행동하자	**목표: 핵심 역량을 개발하기 위해 구체적으로 노력한다.** 수업에서 언급된 모든 핵심 역량 중 학생들은 세 개의 핵심 역량을 골라 그 역량을 발달시킬 수 있는 실천 계획을 구상한다.	

부록 12-2

교수자용 참고 자료: 사람 그림

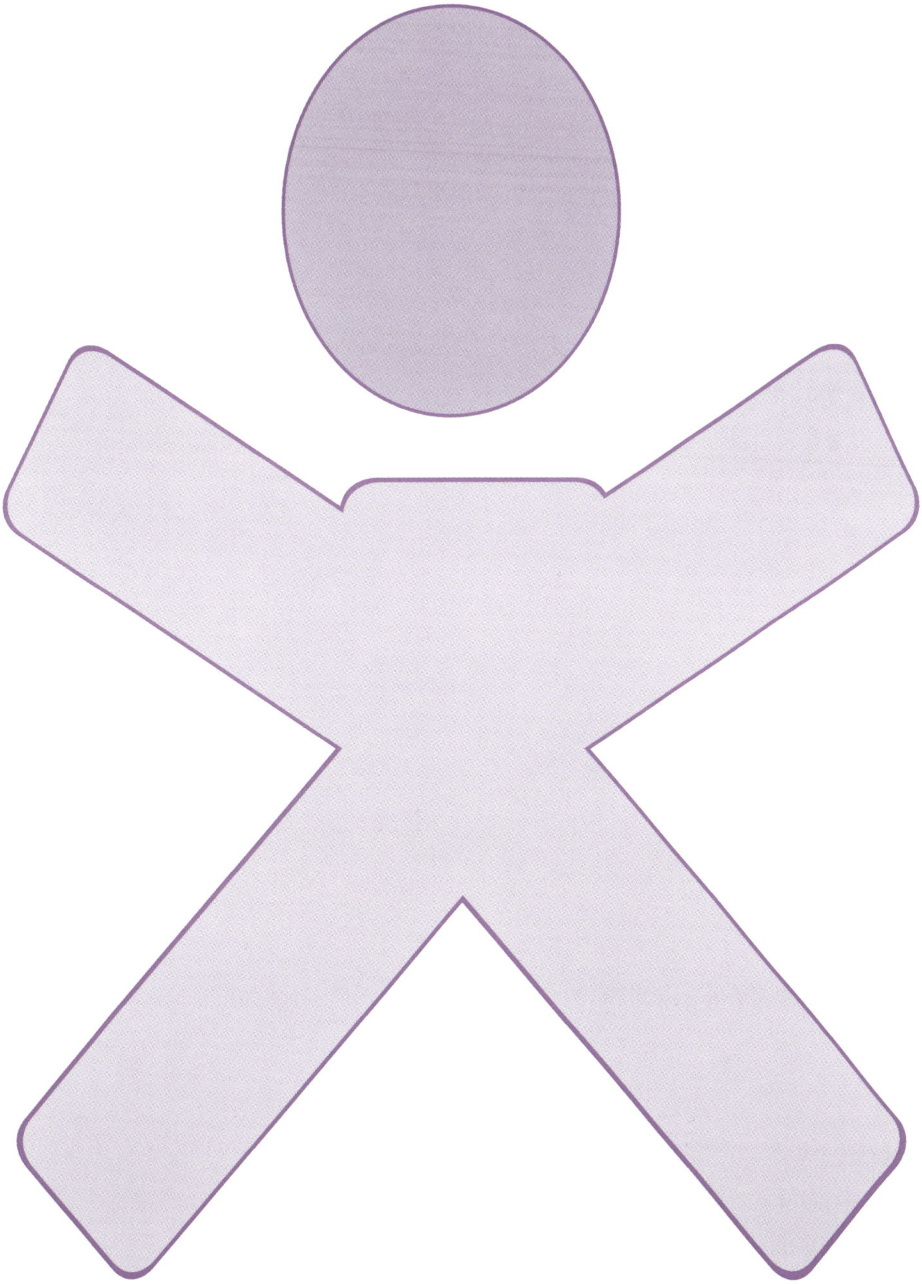

부록 12-3

교수자용 참고 자료: 핵심 역량 참고 자료

다음은 참고할 만한 핵심 역량의 종류와 예시입니다. 교수자는 학생들에게 더 많은 예시를 제안해 보도록 요청할 수 있습니다.

1. 사회 역량

- 적응력
- 대인관계 기술
- 갈등 해결 능력

2. 정서 역량

- 정서 소통 능력
- 자신의 감정을 파악하는 능력
- 타인의 감정을 파악하는 능력
- 정서 조절

3. 인지 역량

- 비판적 사고
- 창의적 사고
- 합리적 사고
- 연역적 추론

4. 행동 역량

- 언어적 의사소통 및 이해 능력
- 효과적으로 질문하는 능력
- 문제 해결 능력
- 적절한 피드백을 제공하는 능력(예: 박수치기, 비판하기, 사과, 거절 등)

5. 도덕 역량

- 자제력
- 타인을 돕는 능력
- 현명한 의사결정과 판단을 내리는 능력
- 규범과 원칙을 따르고 친사회적 행동을 실천하는 능력

부록 12-4 성장 확인 질문

이름: ______________ 반: ______________ 날짜: ______________

1. 수업 과제

1) 진로 핵심 역량이 중요한 이유는 무엇인가요?

2) 가장 중요하다고 생각하는 3가지 진로 핵심 역량은 무엇인가요? 그 3가지 역량을 선택한 이유는 무엇인가요?

3) 앞서 언급한 3가지 진로 핵심 역량을 개발하기 위해 할 수 있는 일은 무엇일까요?

2. 숙제

품행, 학업 성적, 외모, 건강에 대한 구체적인 기준을 갖는 것은 자존감을 높이는 데 도움이 됩니다.

1) 여러분이 충족하고자 하는 품행의 기준은 무엇인가요?

2) 여러분이 충족하고자 하는 학업 성적의 기준은 무엇인가요?

3) 여러분이 충족하고자 하는 외모와 건강의 기준은 무엇인가요?

소단원 2

남성과 여성, 과거와 현재

1. 소단원 목적

사회의 성 고정관념과 그 영향을 파악한다.

2. 학습 목표

① 현대 사회가 기대하는 성 역할을 논의한다.

② 사회의 성 고정관념이 개인의 성 역할 인식에 미치는 영향을 파악한다.

3. 수업 내용

활동	절차
1. **준비 활동**: 남성 또는 여성**(5분)** ▷ **교수자료** - [부록 12-5] 교수자용 참고 자료: 남성 또는 여성 활동 지침 - [부록 12-6] 파워포인트 슬라이드: 남성 또는 여성 - 분홍색 카드, 파란색 카드	1. 각 학생에게 분홍색 카드 한 장과 파란색 카드 한 장을 배부한다. 2. 활동 지침([부록 12-5])을 설명한다. 3. 파워포인트 슬라이드([부록 12-6])를 재생하며 활동을 시작한다. 4. 활동을 마친 후, 학생들에게 파워포인트 슬라이드의 장면이 남성과 여성 모두를 묘사할 수 있다는 점을 설명한다. 사람들은 성에 대한 역할과 기대를 가르치는 사회적 학습을 통해 남성과 여성에 대해 서로 다른 인식을 가지고 있다. 이는 전통 사회부터 현대 사회까지 지속된 현상이다. 하지만 이는 인식일 뿐이다.
2. **짧은 지도**: 남성과 여성, 과거와 현재**(10분)** ▷ **교수자료** - [부록 12-7] 파워포인트 슬라이드: 남성과 여성, 과거와 현재(1)	**목표: 전통 사회의 성 역할을 탐구한다.** 1. 학생들에게 "전통 사회에서 남성이 여성보다 우월하다는 사상이 반영된 예시를 들어볼 수 있나요?"라고 질문하고, 학생들의 답변을 듣는다. 2. 파워포인트 슬라이드([부록 12-7])를 재생한다. 남성이 여성보다 우월하다는 개념의 기원과 영향 그리고 고대부터 현대 사회에 이르기까지 남성과 여성의 성 역할, 지위, 가치, 권리, 의무에 대해 간단히 설명한다. 이후 학생들의 의견을 듣는 시간을 가진다.

- [부록 12-8] 파워포인트 슬라이드: 남성과 여성, 과거와 현재(2)	
3. 학급 게임: 남성과 여성은 …해야 한다**(10분)** ▷ **교수자료** - [부록 12-9] 교수자용 참고 자료: 남성과 여성은 …해야 한다 활동 지침	**목표: 현대 사회의 성 역할과 사회의 정의가 개인의 성 역할 지각에 미치는 영향에 대해 논의한다.** 1. 전체 학생들을 두 모둠(A팀과 B팀)으로 나누고 게임을 진행한다. 2. 칠판에 '남성'과 '여성'을 적는다. 활동 지침([부록 12-9])을 설명하고 게임을 시작한다. 3. 활동을 마친 후, 학생들의 의견을 요약하고 학생들이 다음의 내용을 생각해 볼 수 있도록 지도한다. • 현대 사회는 남성과 여성에 대해 다른 기대와 요구를 가지고 있습니다. 이와 같은 기대와 요구가 합리적일까요? 또한 의미가 있을까요? • 성에 대한 개념과 기대가 사람들에게 미치는 영향은 무엇일까요? 4. 마지막으로 다음의 내용을 강조한다. • 전통 사회와 현대 사회 모두 남성과 여성에 대한 다른 기대와 요구를 가지고 있습니다. 하나의 이유는 남성과 여성이 외모, 신체 능력, 사고방식 등 타고난 특성이 다르기 때문입니다. • 사회는 남성과 여성 모두에게 기대와 요구를 부여하며 사회의 번영과 안정을 추구합니다. 그러나 특정 성별만을 중시하고 다른 성별의 권리를 소홀히 한다면, 이는 불공평을 초래하고 사회에 부정적인 영향을 미칠 것입니다.
4. 결론(2분)	다음의 결론을 학생들에게 전달한다. • 사람들은 성별에 따른 역할과 행동에 맞게 사회화되어 있습니다. • 시간이 흐르고 특히 세계화가 진행됨에 따라, 사람들은 다양한 문화를 접하게 되었습니다. 성 역할 기대에 대한 문화적 차이는 자연스러우며, 불가피하고, 때때로 이롭습니다. • 청년들은 현실을 마주하며 살아가야 합니다. 사람들은 살아가면서 배운 내용을 고려해야 하고, 지역 사회와 세계의 성 인식을 인지하고, 그것을 개인적인 가치, 신념, 선호와 통합하기 위해 노력함으로써 사회와 상호작용하며 살아갑니다. 동시에 사람들은 타인을 성별, 인종, 호불호 등으로 평가하기 이전에 한 명의 인간으로서 사랑하고, 수용하고, 존중해야 합니다.
5. 마무리 활동(3분) ▷ **교수자료** - [부록 12-10] 성장 확인 질문	1. 성장 확인 질문을 공유하고 학생들이 소단원 활동을 돌아볼 수 있도록 유도한다. 2. 소단원 활동에 대한 학생들의 참여도를 칭찬한다.

4. 세부 지도 사항

1) 준비 활동

- 분홍색 카드와 파란색 카드는 A4용지를 여덟 조각으로 잘라서 만들 수 있다.
- 활동을 통해 교수자는 학생들의 성 고정관념을 이해할 수 있다. 모든 사람은 성장하며 사회화를 겪는다. 사회화는 사회에 존재하는 성 개념과 성별에 따른 요구와 기대를 받아들이는 것을 포함한다. 따라서 모든 학생은 나름의 성 개념을 가지고 있다. 학생들의 내면에 뿌리 깊게 존재하는 관점을 이해하기 위해, 학생들에게 생각할 시간을 많이 주지 않고 빠른 속도로 활동을 진행하는 것이 좋다. 즉각적인 반응이 가장 진실한 사고일 가능성이 높기 때문이다.
- 만약 학급에 남학생과 여학생이 모두 있다면, 교수자는 성별에 따라 학생들을 두 팀으로 나눔으로써 남학생과 여학생 각각의 성 개념과 성 고정관념의 정도를 관찰할 수 있다. 활동은 학생들의 성 고정관념을 줄이는 데 도움이 될 수 있다.
- 색상이 성별을 나타내도록 사용될 때, 파란색은 보통 남성을 가리키는 반면 분홍색은 일반적으로 여성을 가리킨다. 활동은 이 현상도 보여 줄 수 있다.
- 몇몇 학생은 활동을 진행하는 동안 '남성스러운' 여학생이나 '여성스러운' 남학생을 괴롭히거나 놀릴 수 있다. 이와 같은 행동은 적절하게 교정한다.

2) 남성과 여성, 과거와 현재

- 파워포인트 슬라이드([부록 12-8])는 서양의 문화적 배경을 반영한다. 교수자는 서양 문화에 익숙한 학급에서 [부록 12-8]의 내용을 추가할 수 있다. 내용은 학생들의 관심사나 그들이 친숙한 사회에 맞춰 바뀔 수 있다.
- 성별에 대한 사회의 기대와 요구는 시간의 흐름에 따라 바뀌어 왔다. 전통 사회에서, '남성이 여성보다 우월하다.'나 '남성은 가장이고, 여성은 주부이다.'라는 관념은 널리 퍼져 있었다. 여성의 사회적 지위에 대한 억압은 현대 사회보다 심했던 반면, 남성의 몇몇 기본권은 무시되었다. 다음의 예시를 참고할 수 있다.
  - 정서를 표현함에 있어, 전통 사회는 '남성은 울지 않는다.'라고 믿었다. 이는 남성은 어떤 상황에서도 울어서는 안 된다는 의미를 담으며 남성들이 정서를 표현하기 어렵

도록 만들었다.

– 남성은 강해야 한다는 관념은 남성은 반드시 대담하고 강인해야 한다는 의미를 담는다. 몇몇 남성은 개인적인 실패나 체면이 상하는 데 극단적으로 예민하거나 지나치게 신경 쓰게 되었다.

– 전업주부인 남성은 사회에서 수용되지 못했다. 몇몇 사람은 남성이 가사일을 하는 것은 나약함의 상징이라고 여겼다.

- 학생들이 전통 사회의 성 개념에 대해 더 알아볼 수 있도록 독려한다. 만약 시간 여유가 있다면, 학생들이 성 개념의 장단점을 논의함으로써 성 개념에 대해 더 깊이 고민해 볼 수 있도록 지도한다.
- 교수자는 주제에 대한 자신의 의견을 표현해야 한다. 전통 사회에 대한 사례들을 알아보고 '전통 사회의 성 개념'에 대해 논의할 수 있다.

3) 남성과 여성은 ……해야 한다

- 준비 활동의 목적은 학생들이 가지고 있는 성 개념을 파악하는 것이다. 이 활동의 목적은 학생들이 사회의 성 고정관념을 논의하는 것이다. 전자는 개인적 개념을 반영하는 반면, 후자는 현대 사회의 사회화를 논의하는 데 중점을 둔다.
- 고정관념은 현실을 과도하게 축소한다. 이는 사람들로 하여금 같은 성별을 가진 사람들의 공통점을 과대평가하고 차이점을 과소평가하도록 만들 뿐 아니라, 사람들의 이해와 기억을 왜곡함으로써 사람들이 고정관념에 부합하는 정보만 기대하고 기억하도록 만든다.
- 남성과 여성의 사회적 행동은 타고난 성별에 의해서만 결정되기보다는 부분적으로 문화의 성 역할에 의해 형성된다. 성 역할은 사회화를 통해 형성되므로 이 과정에서 사회적 환경과 문화는 중요한 역할을 하며, 그 영향은 불가피하다.
- 학생들이 남성과 여성에 대한 사회의 기대와 요구를 정리하기 어려워한다면 행동, 분업, 성격, 정서 표현 방식 등의 다양한 측면을 활용해서 학생들의 생각을 유도한다.
- 만약 교실의 질서를 유지하기 어렵다면, 활동을 모둠으로 나눠 진행할 수 있다. 이 경우, 전체 학급을 작은 모둠으로 나누고 각 모둠에 A3 용지와 사인펜을 배부한다. 각 모둠에게 종이에 답을 적은 후 발표하도록 지시한다. 마지막으로, 학급 토론을 진행한다.
- KOSIS 국가통계포털(https://kosis.kr/index/index.do)의 자료를 참고해서 남녀 간 성비,

남녀 사이 직업 분포, 성별에 따른 가사 분담 등의 유용한 통계 정보를 확인할 수 있다.

- 학생들은 특정 성 개념이 성별 간 불평등을 반영한다고 생각하고 '왜 대부분의 가사도우미는 여성인가?'나 '왜 법은 성범죄와 관련해 여성을 더 보호하는가?'와 같은 법적 문제를 포함한 논쟁의 여지가 있는 의문을 제기할 수 있다. 학생들의 질문은 교수자에 대한 도전이기보다는 논쟁의 여지가 있는 주제에 대한 호기심과 관심을 반영한 것이다. 현실의 상황에 대한 학생들의 주의 깊은 관찰을 칭찬하고 학생들이 더 깊이 생각해 볼 수 있도록 독려하는 한편, 활동을 원활히 마무리할 수 있도록 토론은 짧게 진행해야 한다.
- 시간 여유가 있다면, 교수자는 학생들과 '성평등'의 정의에 대해 토론할 수 있다. 예를 들어, 학생들에게 다음 내용에 대해 생각해 보도록 지시할 수 있다. 이후, 남성과 여성은 외모, 신체, 사고방식에서 다른 특성을 타고났기 때문에 남성과 여성의 특성을 고려해 자원을 배분해야 함을 알린다. '평등'은 사랑, 존중, 수용을 포함해야 하며, 개인의 이익을 추구할 뿐 아니라 자신의 소유를 타인과 나누는 것을 포함한다. 일터에서 공정함과 성 고정관념의 문제는 대단원 6 '도덕 역량' 소단원 1과 대단원 13 '미래에 대한 신념' 소단원 2에서 각각 다룬다.
  - 성평등이 실현된다면 사회는 어떤 모습일까요?
  - 성평등은 케이크를 반으로 잘라 한 조각은 남성에게, 다른 조각은 여성에게 주는 것과 비슷할까요? 서로 식사량이 다른 경우, 한쪽은 먹어도 배가 고픈 반면 다른 쪽은 자신의 몫을 다 먹지 못하는 결과가 나타날 수 있습니다. 이런 '동등한' 분배가 현명한 방법일까요? 하지만 남성이라고 해서 무조건 많이 먹을 것이라고 단정 짓거나 여성이라고 해서 무조건 적게 먹을 것이라고 단정 지을 수 있을까요? 또 어떤 주의가 필요할까요?

4) 결론

- 토론을 진행하는 동안, 학생들은 사회가 성별에 대한 기대와 요구를 가지는 것이 불가피하다는 것을 이해할 수 있다. 이와 같은 기대와 요구, 성평등의 진정한 의미를 이해하는 것은 학생들이 성별에 따른 타고난 차이를 이해하고 불평등한 대우를 피하는 데 기여한다는 점에서 중요하다. 학생들이 성차별을 완화하기 위해 노력할 수 있도록 독려한다.
- 학생들과 성 고정관념과 성평등의 문제를 논의할 때, 지역사회에 존재하는 성별에 따

른 기대와 요구 등을 파악하고, 현재 상황의 기원과 상황의 장단점을 탐구하는 등 현실의 상황을 검토함으로써 시작할 수 있다. 현실을 받아들이는 것은 학생들이 상황을 개선할 여지를 찾고, 객관적으로 좋은 방법을 탐색하고, 타인의 필요와 환경을 이해할 수 있도록 돕는다. 따라서 조화로운 사회를 만들기 위해 바람직하지 않은 상황을 개선할 수 있는 전략과 방법을 찾아야 한다.

- 전통적으로 남성과 여성은 각각 남성성(독립성, 객관성, 결단력, 리더십 등)과 여성성(다정함, 사교성, 협력, 표현력 등)으로 구분되는 특성을 가진 것으로 묘사되었다. 이 특성들은 명확하게 그들의 성격, 가치, 외모, 사교 능력, 일과 활동 선택 등에서 드러나는 것으로 여겼다. 반면 최근의 연구는 남성성과 여성성을 모두 가진 사람들이 남성성 또는 여성성 등 한쪽에 치우친 특성을 가진 사람에 비해 더 뛰어난 성과를 보인다고 밝혔다. 예를 들어, (전통적으로 남성의 특성으로 분류된) 결단력과 강인함에 더해 (전통적으로 여성의 특성으로 분류된) 주의력과 이해심을 가진 상사는 오직 남성적 특성이나 여성적 특성만 가진 상사보다 더 성공할 확률이 높았다. 학생들이 어떤 특성이 남성성이나 여성성으로 분류된 것과 관계없이 긍정적인 특성을 길러야 다양한 직책에서 자신의 재능을 발휘할 수 있음을 이해하도록 돕는다.

5. 보충 활동(선택 사항)

활동	내용	권장 사항
성 역할	**목표: 생활 환경 속 성 역할과 분업에 대해 탐구한다.** 학생들을 작은 모둠으로 나눈다. 학생들은 여러 사람의 의견을 모음으로써 생활 환경 속 '성 역할과 분업'을 탐구한다. 800개의 단어로 연구 보고서를 준비한다.	학생들의 생활 환경은 가정, 학교, 지역 공동체를 포함할 수 있다. 주제는 '가사 분업' '학급 업무 분담' 등으로 세분화할 수 있다.

부록 12-5 교수자용 참고 자료: 남성 또는 여성 활동 지침

1. 학생들은 오른손에는 분홍색 카드를, 왼손에는 파란색 카드를 든다.

2. 파워포인트 슬라이드는 남성과 여성에 관한 장면을 보여 줄 것이다. 만약 그 장면이 여성을 묘사한다고 생각하면 분홍색 카드를 든다. 만약 그 장면이 남성을 묘사한다고 생각한다면 파란색 카드를 든다. 만약 그 장면이 남성과 여성 모두를 묘사한다고 생각한다면 양손을 든다.

3. 답변은 슬라이드를 본 첫인상에 따라 만들어야 한다. 답변은 전적으로 주관적이며, 맞고 틀린 답은 없다. 개인적인 상황을 고민하거나 사회의 일반적인 의견을 따를 필요가 없다.

부록 12-9 교수자용 참고 자료: 남성과 여성은 …해야 한다 활동 지침

1. 두 팀은 돌아가면서 일반 대중이 남성과 여성이 해야 하는 행동에 대해 어떻게 기대하는지 등 성별에 대한 사회적 기대를 제안한다.

2. A팀이 하나의 기대를 말하면, B팀이 다른 기대를 말한다. 이후 A팀이 다시 말하고, B팀이 이어받는 방식으로 반복한다. 팀은 5초 이내로 기대를 말하지 못하면 게임에서 패배한다.

3. 각 팀은 교수자의 지시에 따라 발언한다. 교수자가 칠판에 '남성'을 적으면 각 팀은 남성에 대한 사회적 기대를 제안한다. 마찬가지로 교수자가 칠판에 '여성'을 적으면 각 팀은 여성에 대한 사회적 기대를 제안한다.

부록 12-10 성장 확인 질문

이름: ______________ 반: ______________ 날짜: ______________

1. 수업 과제

1) 남성 또는 여성으로서 여러분은 자신의 성공과 사회적 행동에 대해 무엇을 기대하나요?

2) 남성 또는 여성으로서 다른 사람들은 일상 속에서 여러분에 대해 무엇을 기대할까요?

3) 이와 같은 기대가 좋을까요, 나쁠까요? 그 이유는 무엇일까요?

2. 숙제

1) 성 고정관념의 3가지 예시를 적어 주세요.

2) 한국 사회의 성 고정관념이 합리적이라고 생각하나요? 그 이유는 무엇인가요?

3) 성평등은 무엇이라고 생각하나요?

대단원 13

미래에 대한 신념

들어가며

청소년기의 미래에 대한 신념을 발달시키는 첫 번째 단계는 청소년들이 자신의 미래에 대해 희망적이고 낙관적으로 바라볼 수 있도록 돕는 것이다. 선행 연구에서는 미래에 대한 신념을 가진 학생들이 더 동기가 강하고, 열정적이고, 자신감이 높으며, 목표를 향해 나아가는 과정에서 도전을 마다하지 않는다고 밝혔다. 이 뿐만 아니라 자신의 가치를 신뢰하며, 우울감이 낮고, 학업 성적이 높은 것으로 나타났다. 또한 낙관적인 학생들은 비관적인 학생들에 비해 문제 중심적인 대처 전략을 더 활용하는 것으로 나타났다.

Level 1 과정에서 대단원 '미래에 대한 신념'은 낙관성과 비관성의 기본적 개념에 대해 알리고, 학생들이 미래에 대해 더 낙관적인 태도를 가지도록 독려하는 데 중점을 두었다. Level 2 과정은 학생들이 학업과 관련해 단기 목표와 계획을 세우고, 목표를 실천하는 과정에 필요한 신념, 자신감, 자기통제, 동기를 개발하도록 돕는 것을 목적으로 삼았다. 학생들은 또한 이 소단원 활동을 통해 목표를 성취하는 과정에서 장애물을 마주하고 이에 대처하는 방법을 배웠다.

한국은 초등학교 6년, 중학교 3년, 고등학교 3년의 교육이 무상으로 제공되며, 특히 중학교까지는 의무교육으로 운영된다. 고등학교는 일반 고등학교 외에도 다양한 선택지가 존재하는데, 그중에서도 마이스터 고등학교 제도는 학생들에게 직업 교육을 제공하고 졸업 후 바로 취업할 수 있도록 지원한다. 따라서 Level 1과 Level 2 과정을 기반으로 Level 3 과정에서 대단원 '미래에 대한 신념'은 학생들이 현실적이고 낙관적인 태도로 더 나은 미래를 위해 노력할 수 있도록 돕는다. 또한 Level 3 과정은 학생들의 사고의 범위를 넓혀 그들이 사회에 존재하는 다양한 직업의 요구 사항을 파악하고 장기적인 학업 또는 진로 계획을 세울 수 있도록 돕는다.

Level 3 과정 대단원 '미래에 대한 신념'은 네 개의 소단원으로 구성되어 있다. 소단원 1을 통해 학생들은 진로를 준비함에 있어 현실적이고 긍정적인 태도를 가지도록 배운다. 소단원 1은 또한 학생들이 자신의 강점을 파악하고 객관적으로 상황을 이해함으로써 최적의 전략을 채택하도록 돕는다. 소단원 2와 3을 통해 학생들은 미래의 학업과 진로 계획을 준비한다. 학생들은 사회와 지속적으로 소통하며 다양한 직업의 업무 내용과 지원 자격을 파악한다. 소단원 4를 통해 학생들은 미래의 학업과 진로를 계획하는 능력을 개발하고 목표를 향해 나아가는 자신의 행동을 스스로 감독하고 동기를 부여한다.

개관

소단원	소단원 목적	학습 목표
미래의 나는 어떤 모습일까 (30분)	긍정적이고 낙관적인 태도로 삶을 바라본다.	진로를 탐색하는 과정에서 현실적이고 긍정적인 태도를 취한다.
직업 시장 (30분)	직업 시장을 탐구하고 다양한 직업을 이해한다.	1. 다양한 직업이 서로 다른 요구 사항을 가짐을 이해한다. 2. 성 고정관념의 존재와 그들이 직업 선택에 미치는 영향을 인식한다.
하늘에서 준 선물 (30분)	고등 교육과 추후 진로에 대한 동기를 고양한다.	1. 자신의 관심사와 역량 그리고 성취 가능한 직업 선택지를 파악한다. 2. 고등 교육과 직업 훈련을 받을 수 있는 방법을 파악한다.
앞으로 나아가며 (30분)	미래의 학업과 진로를 계획하는 능력을 기르고, 목표를 향해 나아가는 과정을 감독하고 동기부여 한다.	1. 장단기 진로 계획을 세운다. 2. 목표를 성취하는 과정에서 끈기를 강화하는 평가와 보상의 사고방식을 설정한다.

이 대단원에 포함된 모든 활동지 및 파워포인트 슬라이드와 영상 자료 등은 학지사 홈페이지(www.hakjisa.co.kr)에서 내려받을 수 있습니다.

소단원 1

미래의 나는 어떤 모습일까

1. 소단원 목적

긍정적이고 낙관적인 태도로 삶을 바라본다.

2. 학습 목표

진로를 탐색하는 과정에서 현실적이고 긍정적인 태도를 취한다.

3. 수업 내용

활동	절차
1. 준비 활동(2분)	1. 학생들에게 미래 자신의 직업과 일하는 자신의 모습에 대해 생각해 본 적이 있는지 질문한다. 몇몇 학생의 답변을 듣는 시간을 가진다. 2. 다음 활동을 위한 사전 준비를 진행한다. 학생들에게 학생의 미래 직업을 맞히게 될 것이라고 예고한다.
2. 학급 게임: 미래의 나는 어떤 모습일까 **(15분)** ▷ **교수자료** - [부록 13-1] 학생용 참고 자료: 미래의 나는 어떤 모습일까 - [부록 13-2] 교수자용 참고 자료: 미래의 나는 어떤 모습일까 보충 정보 - 백지, 사인펜	**목표: 미래를 준비하는 과정에서 현실적이고 낙관적인 태도의 중요성을 이해한다.** 1. 세 학생을 정해 각각 학생 A, B, C를 연기하도록 지시한다([부록 13-1]). 세 학생이 참고할 수 있도록 자료를 배부한다. 2. 전체 학급을 작은 모둠으로 나눈다. 각 모둠에게 백지 한 장을 배부하고 게임을 시작한다. 3. 세 학생에게 자신이 연기할 인물의 기본적인 정보를 소개하도록 지시한다. 전체 학급은 세 인물의 미래 직업에 대해 추론해야 한다. 4. 전체 학급은 질문을 할 수 있는 3분의 시간을 가진다. 학생들은 한 번에 한 명의 인물에게만 질문할 수 있다. 질문에 대한 답변은 '예' 또는 '아니요'의 형태로만 제공된다. 5. 질문 시간이 끝나면 각 모둠은 백지에 답을 적고, 답을 적은 종이를 칠판에 게시한다. 6. 연기를 맡은 세 학생에게 자신의 '정체성'을 말해 보도록 지시하고 소감을 나눠 보도록 지시한다. 전체 학급이 다음의 질문에 대한 답을 토론해 보도록 지도한다.

	• 세 인물의 직업 중 어느 직업이 가장 의외였나요? 그 이유는 무엇인가요? • 세 인물 중 여러분이 가장 닮고 싶은 인물은 어떤 인물인가요? 그 이유는 무엇인가요? • 미래의 직업을 선택하고 그것을 추구하는 과정에서 세 인물의 공통적인 특성은 무엇인가요? 7. 마지막으로, 몇몇 학생이 자신의 진로에 대한 동기나 생각을 전체 학급에 공유할 수 있는 시간을 가진다. 8. 다음의 결론을 학생들에게 전달한다. • 유사한 이야기는 일상생활에서도 발견될 수 있습니다. 인물들의 경험은 미래를 계획함에 있어 현재 자신의 위치와 현실의 요구 사항을 파악하고 스스로의 강점과 재능을 극대화하며, 긍정적이고 낙관적인 태도로 어려움에 직면하고 가능한 해결법을 찾아봐야 한다는 점을 시사합니다. 9. 학생들에게 현재의 학업 성적과 관계없이, 미래를 향한 긍정적인 태도를 가져야 한다는 점을 상기시킨다. 학생들이 미래를 향한 다양한 방향성을 탐구해 볼 수 있도록 격려한다.
3. 모둠 토론: 나의 장래희망은 무엇일까**(5분)** ▷ **교수자료** - [부록 13-3] 토론 자료: 나의 장래희망 - [부록 13-4] 교수자용 참고 자료: 나의 장래희망 - [부록 13-5] 교수자용 참고 자료: 정보 수집 준비	**목표: 진로에 대한 관심사와 동기를 탐구한다.** 1. 학생들을 두 명씩 짝으로 나누고 토론 자료([부록 13-3])를 배부한다. 자료는 다양한 직업의 특성들을 나열하고 있다. 학생들은 2분의 시간 동안 이 중 자신에게 적합하거나 중요한 특성들은 무엇인지 탐구한다. 2. 몇몇 학생들이 전체 학급에 의견을 공유할 수 있는 시간을 가진다. 이후 간단히 결론을 정리한다. 3. 학생들이 다음의 질문에 대한 답을 생각해 보도록 지도한다. • 장래에 희망하는 직업이 있나요? 만약 있다면, 그 직업은 무엇인가요? • 그 직업을 갖기 위해 필요한 자격으로는 무엇이 있을까요? • 자신에게 잘 맞는 직업을 갖기 위해 어떤 준비를 해야 할까요? 4. 활동의 목적이 학생들로 하여금 자신의 미래에 대해 생각해 보도록 돕는 것임을 강조한다. 학생들에게 미래에 대한 심층적인 탐구는 다음 소단원 활동에서 다뤄질 것임을 예고한다. 5. 학생들을 작은 모둠으로 나눈다. 각 모둠은 특정 분야의 구인 광고를 5개씩 찾아 다음 소단원 활동에서 사용할 수 있도록 백지에 붙인다([부록 13-5]).
4. 결론(3분)	1. 다음의 결론을 학생들에게 전달한다. • 사람들은 과거와 현재의 상황과 관계없이 진로를 준비함에 있어 현실적이고 낙관적인 태도를 유지해야 합니다. • 사람들은 미래를 만들어 가기 위해 최선을 다해야 합니다. 2. 이 활동은 진로 탐색의 초기 과정이다. 진로에 대한 심층적인 토론은 추후 소단원 활동에서 진행될 것이다.

5. 마무리 활동(5분) ▷ **교수자료** - [부록 13-6] 성장 확인 질문	1. 성장 확인 질문을 공유하고 학생들이 소단원 활동을 돌아볼 수 있도록 유도한다. 2. 소단원 활동에 대한 학생들의 참여도를 칭찬한다.

4. 세부 지도 사항

1) 준비 활동

- 청소년기는 학업과 취업의 방향을 선택하는 첫 번째 교차로이다. 일부 학생은 중학교를 졸업하고 바로 직업을 구하거나 또는 특성화 고등학교에 진학하기도 한다. 학업을 선택한 학생들의 경우에도 일반계 고등학교와 자율 고등학교를 비롯해 예술, 과학, 외국어 등 특수목적 고등학교를 선택하기도 한다. 그러나 일반적으로 학생들은 자신의 미래에 대해 이전까지 깊이 고민해 보지 않은 경우가 많다. 따라서 이 소단원 활동은 청소년들의 미래에 대한 사고를 자극하기 위해 그들의 일반적인 필요에 중점을 둔다.
- 소단원 활동은 미래에 대한 학생들의 동기와 자신감을 고양하기 위해 고안되었다. 단, 활동의 목적은 학생들이 단 하나의 소단원 활동으로 미래 진로 계획을 완성하기보다는 이 활동을 미래에 대해 생각해 보는 기점으로 삼는 것이다. 만약 학생들이 미래에 대한 자신감이 부족하다면 다음 활동들을 통해 학생들을 격려한다.

2) 미래의 나는 어떤 모습일까

- 게임을 시작하기 전, 원활한 진행을 위해 시간제한을 두고 질문의 순서를 정한다.
- 만약 학생들이 질문의 방향과 핵심을 이해하지 못한다면, 교수자는 "직장 환경에 대해 물어보며 시작할 수 있습니다."와 같이 힌트를 줄 수 있다.
- 사후 설명의 방향과 초점은 학생들의 특성에 기반해야 한다. 만약 학생들이 자신감이 부족하다면, 교수자는 학생들이 자신의 잠재력을 발전시킬 수 있도록 독려하기 위해 학생 A와 B를 예시로 들 수 있다. 만약 학생들이 학업적으로 우수하다면, 교수자는 학생들이 미래의 방향성에 대해 명확히 생각해 보도록 독려하기 위해 학생 C에 초점을 맞출 수 있다.

- 만약 [부록 13-1]의 사례들이 학생들에게 적합하지 않다면 [부록 13-2]의 '보충 정보'로 대체할 수 있다.
- 교수자는 자신의 경험을 공유하거나 [부록 13-1]의 학생 B나 C와 비슷한 현실적인 이야기를 준비함으로써 학생들이 실제 사례들을 참고할 수 있도록 도울 수 있다.
- 이 활동은 학생들이 미래에 대한 긍정적인 태도를 갖고 자신의 꿈을 인식하도록 격려하고자 고안되었다. 예를 들어, 만약 학생이 미래에 의사가 되기를 원한다면, 그는 의대에 합격하기 위해 필요한 기본적인 요구 사항들을 파악해야 한다.

3) 나의 장래 희망은 무엇일까

- 이 부분은 직설적이고 단순하게 고안되었다. 학생들이 미래 직업에 대해 스스로 어떤 기대를 가지고 있는지 생각해 보도록 지도한다. 이를 통해 학생들은 다양한 직업에 필요한 요구 사항에 대한 기본적인 이해를 바탕으로 미래의 직업을 보다 현실적으로 바라볼 수 있다.
- 교수자는 학생들에게 구직 사이트나 신문 기사의 링크를 제공할 수 있다.

4) 결론

- 사람들은 모두 자신의 미래를 만들어 갈 능력이 있다. 시작점과 관계없이 긍정적인 태도를 갖는 것은 성공의 첫걸음이다. 부정적인 태도를 가질 경우 많은 기회를 놓칠 수 있다.
- 미래에 도전과 역경이 있을지라도 항상 스스로를 위한 기회를 발견할 수 있다.
- 합법적이고 평범한 직업이라면 모든 직업은 가정과 사회에 기여할 수 있다. 희망하는 직업에 대한 목표를 정하고 목표를 향해 나아가야 한다.
- 이 부분은 부정 정서를 다룬다는 점에서 대단원 '정서 역량'과 '회복탄력성'과 유사하다. 사람들은 환경적 또는 개인적 제약으로 인해 희망하는 직업을 쉽게 얻지 못할 수 있으며 따라서 부정 정서를 적절하게 표현할 줄 아는 것은 매우 중요하다.

5. 보충 활동 (선택 사항)

활동	내용	권장 사항
삶의 나침반 – 일	**목표: 진로에 대해 고민한다.** 학생들을 작은 모둠으로 나눈다. 학생들은 자신이 앞으로 할 수 있는 일, 할 수도 있는 일, 해야 하는 일, 하고 싶은 일에 대해 생각해 본다. 학생들은 돌아가며 자신의 의견을 공유한다.	

부록 13-1 학생용 참고 자료: 미래의 나는 어떤 모습일까

학생 A

나이: 16세

기본정보:
- 학업 수준이 낮은 중학교에 재학 중임
- 학업에 흥미가 없음. 무단 결석과 학우와 다툼이 잦음
- 비행 청소년 무리에 속함

현재 직업: 교사

개인사: 중학교 3학년을 마친 후, A는 미용 고등학교에 진학하여 화장품 매장에서 아르바이트를 시작했다. 성공적으로 취업하기 위해서는 기본적인 자격증들이 필요하다고 느낀 A는 미용사 자격증을 따기로 마음먹었으나, 공부를 하지 않았다. A는 결국 미용사 자격증 시험에서 탈락했고 큰 충격을 받았다. 마음을 다잡은 A는 다시 공부를 시작했고 시험에 합격했다. 이후 지속적으로 학업과 실무에 정진한 A는 고등학교를 수석으로 졸업했고, 대학에 합격하게 되었다. 이후 교직 이수를 마친 A는 고등학교에 미용 교사로 취업하게 되었으며, 관련 분야의 대학원을 다니면서 학업을 지속하고 있다.

학생 B

나이: 16세

기본 정보: • 학업 수준이 낮은 중학교에 재학 중임
• 학업에 흥미가 없음, 학업 성적 부진
• 수영을 좋아함

현재 직업: 구조대원

개인사: B는 학업에 흥미가 없었지만 어린 시절부터 수영을 좋아했고, 초등학교와 중학교 시절을 통틀어 많은 수영 대회에서 상을 받았다. 고등학교를 졸업한 후 본격적으로 수영 강습을 들은 B는 소방 공무원 채용 시험과 훈련을 거친 끝에 구조대원이 되었다. B는 또한 파트타임 수영 강사로도 일하고 있다. 현재 B는 윈드서핑에도 관심이 생겼으며, 윈드서핑 강사가 되기 위해 자격증을 취득할 계획이다.

학생 C

나이: 16세

기본 정보: • 학업 수준이 높은 중학교에 재학 중임
• 학업 성적 우수
• 학업에 대한 강한 집중력과 흥미

현재 직업: 회계사

개인사: C는 항상 모범적인 학생이었다. C는 대학수학능력시험에서 좋은 성적을 거뒀고 회계학 전공으로 대학에 입학했다. 졸업 후 대기업의 회계 부서에서 사무 보조로 일하던 C는 공인회계사 자격증의 필요성을 느꼈다. 퇴근 후에도 지속적으로 공부하던 C는 2년 후 전문 자격증을 갖춘 회계사가 되었다.

부록 13-2 교수자용 참고 자료: 미래의 나는 어떤 모습일까 보충 정보

학생 A

진로에 반영된 특성	학교생활에 성실히 임하지 않았으나, 일을 하면서 자신의 상황을 깨닫게 된다. 현실을 직시한 후, 공부를 열심히 하고 변화의 기회를 잡기 시작한다.
사후설명의 핵심	1. 다음의 교훈을 학생들에게 전달한다. • 스스로를 과소평가하거나 자신의 재능을 간과하지 말아야 한다. • 현실적 제약과 개인적 한계를 이해해야 한다. 낮은 곳부터 높은 곳으로 올라가는 것은 어렵지만, 가능하다. • 자신의 능력을 이해하고 기회를 잡아야 한다. 현재의 상황을 바꿀 수 있는 모든 기회를 얻기 위해 노력해야 한다. 2. 학생들이 성공을 위해 필요한 특성(인내, 의지, 노력 등)을 생각해 볼 수 있도록 지도한다.
대안적 사례	A는 공부에 큰 흥미가 없었습니다. 고등학교 2학년까지도 줄곧 학업 성적이 부진했고, 진급은 했지만 고등학교 3학년 과정에서는 수업을 따라가지 못해 학교를 그만두었습니다. 이후 A는 낮에는 물류 창고에서 일하고, 저녁에는 학원에 다니며 고등학교 졸업 자격 검정 시험을 준비했습니다. 여전히 공부에 흥미가 없던 A는 시험 준비보다 노는 데 시간을 더 많이 사용했고, 첫 시험에서 세 과목에 응시했지만 한 과목도 통과하지 못했습니다. 이후 A는 진지하게 자신의 미래에 대해 고민하기 시작했습니다. 평생 물류 창고에서 일하고 싶지 않다고 생각한 A는 다음 1년 동안 다시 시험을 준비하기로 결심했습니다. 1년 안에 공부를 마치는 것이 쉽지 않다는 것을 알았기 때문에, 친구들과 만나는 시간을 피하고 매일 공부에 매진했습니다. 그 결과, A는 두 번째 시험에서 합격 점수를 받게 되었습니다. 이후 공부에 대한 자신감이 생긴 A는 대학수학능력시험을 준비했고, 2년의 준비 끝에 원하는 대학에 진학하게 되었습니다. A는 대학에서도 열심히 공부하며, 다양한 교내 활동에 적극적으로 참여했습니다. A는 "뜻이 있는 곳에 길이 있다."라는 말을 믿었고, 남은 대학 생활도 최선을 다하기로 결심했습니다.

학생 B

진로에 반영된 특성	학업 성적은 부진할지라도 자신의 흥미와 재능에 따라 경력을 개발한다.
사후설명의 핵심	다음의 교훈을 학생들에게 전달한다. • 학업 성적이 부진할지라도 다른 잠재력을 가질 수 있다. • 미래에 대한 희망을 이해하고 관심사와 특기를 개발해야 한다. • 관심에서 시작해 여러 관심사 중 하나를 진로로 발전시킬 수 있다. • 능력을 발전시키기 위한 노력을 지속하고 전문적인 자격을 획득해야 한다.
대안적 사례	요리를 즐기시던 할아버지와 아버지의 영향을 받은 B는 고등학교를 졸업한 후 본격적으로 요리를 공부하기 시작했습니다. B는 기본적인 요리 기술을 연습하는 것을 넘어 다양한 요리에 대한 풍부한 정보를 수집했습니다. 추후 요리 대회에서 상을 받게 된 B는 호텔 주방에 취업하게 되었습니다. B는 가장 낮은 직급부터 일을 시작해야 한다는 것을 이해하고 있었으며, 차근차근 배우고 요리 실력을 키워 미래에 총주방장이 되기로 결심했습니다.

학생 C

진로에 반영된 특성	학업 성적이 좋고 근면 성실하다.
사후설명의 핵심	다음의 교훈을 학생들에게 전달한다. • 학업 성적이 좋은 사람들에게 더 많은 선택지가 있다고 할지라도, 다른 영역(대인관계, 근무 태도 등)에서 지속적으로 능력을 개발할 필요가 있다. • 다양한 직업의 요구 사항을 이해하고 자신에게 잘 맞는 진로를 선택해야 한다. • 추가적인 학습을 위한 경로를 이해한다.
대안적 사례	명문 사립 고등학교에 다녔던 C는 대학수학능력시험에서 좋은 점수를 받아 의과 대학에 진학했습니다. 이전까지 자신에게 의사라는 직업이 잘 맞는지 구체적으로 고민해 본 적이 없던 C는, 1년 동안 의과대학에서 공부한 후 이 분야가 자신에게 맞지 않다는 것을 깨달았습니다. 학점을 맞추기 위해 공부를 지속했으나, 점점 지쳐 갔습니다. 그는 2학년 때 사회복지학으로 전공을 변경했고, 우수한 성적으로 졸업했습니다. 학업에 대한 재미를 느낀 C는 이후 석사 과정에 진학했습니다.

부록 13-3 토론 자료: 나의 장래희망

자신감 향상	관심사
안정적 수입	관계 지향
물리적 노동	좋은 업무 환경
팀워크	도전
만족감	자유
흥미와 자극	좋은 전망
개인 공간	창의성
단순함	명성과 지위
모험적 경험	새로움과 신선함
예술	높은 보수
도움 행동	반복 업무

부록 13-4

교수자용 참고 자료: 나의 장래희망

직업 특성	
자신감 향상	존경받을 수 있는 직업을 원한다.
안정적 수입	경제적인 걱정을 하고 싶지 않다.
물리적 노동	신체 활동을 동반하는 직업을 원한다.
팀워크	혼자보다 동료와 함께 일하기를 원한다.
만족감	즐기면서 일할 수 있기를 원한다.
흥미와 자극	재미있고 흥미로움으로 가득 찬 일을 원한다.
개인 공간	혼자 일하길 원한다.
단순함	쉽고 부담이 없는 일을 원한다.
모험적 경험	신나는 경험이 많은 일을 원한다.
예술	그림 그리기, 이야기 창작, 디자인 등의 요소를 포함한 일을 원한다.
도움 행동	자신만을 위하기보다는 타인을 고려할 수 있는 일을 원한다.
관심사	자신에게 잘 맞는 일을 원한다.
관계 지향	사람들과 의사소통하는 일을 원한다.
좋은 업무 환경	편안한 환경에서 일하기를 원한다.
도전	어려운 일을 마다하지 않기를 원한다.
자유	통제가 적은 업무 환경을 원한다.
좋은 전망	승진 기회가 많은 일을 원한다.
창의성	창의성을 발휘할 수 있는 일을 원한다.
명성과 지위	명성과 사회적 지위를 얻도록 도와주는 일을 원한다.
새로움과 신선함	새로운 일을 많이 해 볼 수 있는 일을 원한다.
높은 보수	많은 임금을 벌 수 있는 일을 원한다.
반복 업무	동일한 일을 반복 작업하는 일을 원한다.

부록 13-5 교수자용 참고 자료: 정보 수집 준비

모둠	직업의 종류
1	예술과 미디어(댄서, 기자 등)
2	경영(보험 설계사, 회계사 등)
3	교육과 복지(교사, 사회복지사 등)
4	공학과 디자인(엔지니어, 패션 디자이너, 인테리어 디자이너 등)
5	요식업(파티셰, 조리사 등)
6	정보 기술(웹페이지 디자이너, 컴퓨터 수리 기사 등)
7	서비스(의류 판매원, 호텔리어 등)
8	새로운 직업 또는 특수 직업(동물 훈련사, 생태 관광 가이드 등)

부록 13-6 성장 확인 질문

이름: ______________ 반: ______________ 날짜: ______________

1. 수업 과제

1) 여러분은 미래에 대해 낙관적인가요? 그 이유는 무엇인가요?

2) 장래희망을 이루기 위해 필요한 요소는 무엇일까요?

3) 장래희망을 이루기 위해 여러분은 무슨 준비를 해야 할까요?

2. 숙제

1) 어떤 사람들은 현대 사회의 청소년들이 20년 전의 청소년들보다 선택지와 기회가 더 많다고 생각합니다. 동의하시나요?

- 만약 동의한다면, 여러분의 미래를 더 낫게 만든 상황을 적어 주세요.

- 만약 동의하지 않는다면, 여러분과 여러분의 또래들은 상황을 어떻게 바꿀 수 있을까요?

2) 청소년들은 미래에 '사회에 적응'해야 하거나 '사회를 개선'해야 하는 책임을 질 수 있습니다. 이 둘 중 어느 경우에 '낙관적'인 태도가 더 중요할까요? 그 이유는 무엇일까요?

소단원 2

직업 시장

1. 소단원 목적

직업 시장을 탐구하고 다양한 직업을 이해한다.

2. 학습 목표

① 다양한 직업이 서로 다른 요구사항을 가짐을 이해한다.

② 성 고정관념의 존재와 이것이 직업 선택에 미치는 영향을 인식한다.

3. 수업 내용

활동	절차
1. 준비 활동(3분)	1. 학생들에게 다음의 내용을 질문한다. 만약 학생들이 구인 광고를 준비하지 않은 경우, 첫 번째 질문과 두 번째 질문을 생략한다. • 찾은 광고에 대해 간단히 소개해 주세요. • 이 광고를 찾았을 때 어떤 생각이 들었나요? • 학업을 중단하고 당장 직업을 구해야 한다면, 어떤 직업을 갖고 싶나요? 2. 학생들과 의견을 공유한 후, 학생들에게 중학교 3학년에는 어떤 고등학교를 진학할지 정해야 하며 이는 앞으로의 학업과 진로에 중요한 영향을 미칠 것임을 상기시킨다. 학생들에게 고등학교를 고민할 때 자신이 미래에 갖기를 원하는 직업과 학업과 직업 간의 관계를 고려하도록 지도한다. 3. 학생들에게 다양한 직업의 특성과 요구 사항을 잘 이해하는 것은 미래를 계획하는 데 도움이 된다는 결론을 전달한다.
2. 모둠 토론: 진로 박람회**(10분)** ▷ **교수자료** - [부록 13-7] 토론 자료: 구인 광고	**목표: 다양한 직업의 특성과 요구 사항에 대해 이해한다.** 1. 학생들을 작은 모둠으로 나눈다. 구인 광고([부록 13-7])를 배부하거나 학생들에게 자신이 준비한 것을 사용하도록 지시한다. 각 모둠에 3분의 시간 동안 [부록 13-8]의 질문들에 답변해 보도록 지시한다. 모든 답은 [부록 13-9]에 적어야 한다. 2. 각 모둠은 1분의 시간 동안 전체 학급에 광고를 소개하는 시간을 가진다.

<table>
<tr>
<td>- [부록 13-8] 토론 자료: 직업 시장
- [부록 13-9] 모둠 활동지: 진로박람회 답안지</td>
<td>3. 발표를 마친 모둠은 모둠 번호가 적힌 종이에 구인 광고를 붙인 후, 그 종이를 답안지([부록 13-9])와 함께 칠판에 게시한다. 이 종이는 활동 3에서 사용된다.
4. 학생들의 답변을 요약한다. 학생들이 다양한 직업의 특성과 요구 사항에 대한 자신의 관점을 공유할 수 있는 시간을 준다.
5. 다양한 직업이 존재하며 그들은 모두 다른 요구 사항을 가진다는 점을 강조한다. 학생들에게 다음의 내용을 질문한다.
• 관심 있는 직업의 특성과 요구 사항에 대해 잘 알고 있나요?
• 원하는 직업을 위해 어떤 준비를 할 수 있을까요?
6. 이후 다음의 내용을 학생들에게 전달한다.
• 여러 직업은 교육 수준, 경력, 특기 등에서 서로 다른 요구 사항을 갖고 있습니다. 또한 성공적인 진로를 위해 업무 태도 또한 간과되어서는 안 됩니다. 좋은 업무 태도는 교육 수준을 넘어 인성을 갖출 것을 요구합니다. 책임감과 대인관계 기술 또한 필요합니다.</td>
</tr>
<tr>
<td>3. 학급 게임: 직업 시장 (10분)

▷ 교수자료
- [부록 13-10] 활동지: 입사지원서 양식</td>
<td>목표: 직업에 대한 성 고정관념을 탐구한다.
1. 직업 시장 게임은 활동 2에서 연장된다. 학생들에게 입사지원서([부록 13-10])를 배부한다. 모든 학생은 구직을 위한 기본적인 요구 사항을 모두 갖췄다고 가정한다.
2. 학생들은 3분 동안 칠판에서 광고를 살펴본다. 지원할 직업을 정하면, 입사지원서를 작성하고 광고를 게시했던 모둠에 이를 전달한다.
3. 활동 2에서 칠판에 구인 광고를 제시했던 모둠은 입사지원서를 보관해야 한다.
4. 전체 모둠에게 받은 입사지원서를 보관하도록 지시하고, 학생들에게 다음의 내용을 질문한다.
• 지원자의 성비가 가장 크게 차이가 나는 모둠은 어느 모둠인가요?
• 다른 학생들이 해당 직무에 지원한 이유는 무엇인가요?
• 직업 선택에 있어 성 고정관념이 미치는 영향에 대해 어떻게 생각하나요?
5. 사회에는 많은 직업이 있으며, 이 단원에서 논의한 것은 극히 일부 직업에 불과하다. 학생들에게 "직업 시장에 대해 더 많이 알게 된다면 진로 계획을 바꿀 의향이 있나요?"라고 질문한다. 이어서 "직업 선택에 성별이 미치는 영향에 대해 이해했나요?"를 질문한다.</td>
</tr>
<tr>
<td>4. 결론(2분)</td>
<td>다음의 결론을 학생들에게 전달한다.
• 다양한 직업의 특성과 요구 사항을 이해하는 것은 진로 목표를 준비하는 데 도움이 됩니다.
• 학업 능력, 특기, 경력 등을 갖추는 것을 넘어 좋은 업무 태도와 대인관계 기술을 갖는 것은 매우 중요합니다.
• 성 고정관념이 진로 선택에 제약을 가하는 방식을 인지해야 합니다.</td>
</tr>
</table>

5. 마무리 활동(5분) ▷ 교수자료 - [부록 13-11] 성장 확인 질문	1. 성장 확인 질문을 공유하고 학생들이 소단원 활동을 돌아볼 수 있도록 유도한다. 2. 소단원 활동에 대한 학생들의 참여도를 칭찬한다.

4. 세부 지도 사항

1) 준비 활동

- 교수자는 소단원 1에서 사용한 질문을 준비 활동에서 사용할 수 있다.
- 교수자는 다양한 직업의 요구 사항을 이해하는 것의 중요성과 관련된 자신의 경험을 공유할 수 있다.

2) 진로 박람회

- [부록 13-7]의 구인 광고를 교육 수준 요구 사항에 따라 '고교 졸업자 이상 지원 가능' '2년제 및 전문 대학 졸업자 이상 지원 가능' '4년제 대학 졸업자 이상 지원 가능'의 세 범주로 나눈다. 교수자는 학생들의 필요에 따라 가장 적합한 범주를 고를 수 있다.
- [부록 13-7]의 자료 대신, 교수자는 학생들이 준비한 광고를 사용할 수 있다.
- 만약 학생들이 활동에 능숙하다면, 교수자는 활동의 복잡성을 높일 수 있다. 예를 들어, 소단원 1 활동을 마친 직후 학생들에게 토론 자료([부록 13-7])를 배부하고 각 모둠에게 구직 광고에 대한 파워포인트 슬라이드를 준비한 다음 구두 발표를 하도록 지시한다.
- 활동은 사회의 다양한 직업에 대한 학생들의 관점을 넓히는 것을 목적으로 한다. 학생들은 직업 탐색을 통해 취업 시장의 요구 사항에 대해 더 많이 알고 장래를 심층적으로 고려해 고등학교 지원의 방향을 결정할 수 있다.
- 학업에 대한 동기가 낮은 학생의 경우, 활동은 장래 희망인 직업의 요구 사항을 파악함으로써 학업의 중요성을 이해하도록 돕는다. 예를 들어, 소방관이 되고 싶은 학생은 목표 달성을 위해 고등학교 졸업 이상의 학력이 필요하며, 필기시험에 응시해야 한다는 점을 알 수 있다.

3) 직업 시장

- 활동은 성 고정관념과 직업 선택의 관계에 대한 학생들의 이해를 높임으로써 학생들의 진로에 대한 선택지를 넓히고자 하는 목적으로 고안되었다.
- 교수자는 주제와 관련된 신문 기사 스크랩이나 정보를 웹사이트로 수집해서 학생들에게 공유할 수 있다. 다음과 같은 예시를 참고할 수 있다.
  - 『한국경제』의 보도에 따르면, 직장인 여성 10명 중 4명이 성별에 따른 임금 차별을 경험했다고 보고했다. 이는 여성들이 동일한 가치의 노동을 하고 있음에도 남성보다 낮은 임금을 받을 수 있음을 지적한다.
  - 『경향신문』에서는 한국이 OECD 국가 중 성별 임금 격차가 가장 큰 국가로 오랜 기간 꼽히고 있다고 보도했다. 이런 성별 임금 격차는 여성들이 직장에서 승진하거나 중요한 직책을 맡는 데 장애가 되고 있으며, 여성 노동자들이 저임금 업종에 몰려 있는 현실을 반영한다.
- 활동은 단일 성별로 구성된 학급에서 더 원활하게 진행될 수 있다. 가장 적은 지원자가 있는 직업이 논의의 대상이 될 수 있다. 예를 들어, 남학생들은 화장품과 관련된 직종에 거의 지원하지 않았을 수 있다.

4) 결론

- 사회의 다양한 직업에 대해 잘 이해하는 것은 학생들의 진로 선택의 범위를 넓힐 수 있다. 학생들이 명확한 진로 목표를 가지고 있지 않을지라도, 탐색을 시작할 수 있다. 장래희망은 한 사람이 자신의 재능을 더 발전시키고, 사회에 기여하며, 진로 목표를 성취하도록 돕는다.
- 학생들은 장래희망인 직업의 요구 사항을 파악한 이후 진로 목표 성취를 위해 노력할 수 있다. 자신에 대한 이해는 이 과정에서 지속적으로 이뤄져야 한다. 학생들에게 사회와 지속적으로 교류하고 직업을 구한 후에도 지속적으로 자신을 발전시켜야 함을 상기시킨다.
- 특정 직업군이 한 성별에 더 적합할 수 있을지라도, 진로에 대한 선택은 성 고정관념에 의해 제한되어서는 안 된다.

5. 보충 활동 (선택 사항)

활동	내용	권장 사항
흥미로운 직업 탐색	**목표: 다양한 직업에 대해 심층적으로 이해한다.** 학생들은 모둠 단위로 흥미롭지만 잘 알려지지 않은 직업에 대해 찾는다. 각 모둠은 그 직업을 소개하고 그 직업의 요구 사항과 그 직업을 특별하게 만드는 특징들을 내용으로 보고서를 작성한다. 보고서는 이후 칠판에 게시된다.	교수자는 주제를 '의미 있는 직업' '인기 있는 직업' '어려운 직업' 등으로 바꿀 수 있다.
일터에서의 성별	**목표: 성별과 직업의 관계에 대해 심층적으로 이해한다.** 학생들에게 동일 직종에 종사하는 남성과 여성을 각각 인터뷰해 보도록 지시한다. 인터뷰 동안 학생들은 성 역할과 직업의 관계에 대해 더 심층적으로 이해할 수 있다.	

부록 13–7

토론 자료: 구인 광고

직업: 간호조무사	**산업군**: 서비스
근무 시간: 오전 9:15 ~ 오후 6:00, 주 5일 근무	
지원 조건: 고등학교 졸업 이상, 경력 1년 이상, 영어 또는 제2외국어 구사자 우대, 기본적인 컴퓨터 능력, 배우고자 하는 의지와 공손한 태도	
업무 내용: 의사의 보조자로서 사무 지원, 도구 세척 등 담당 종종 외부 활동 있을 수 있음	

직업: 운전사	**산업군**: 운송 또는 물류
근무 시간: 오전 8:30 ~ 오후 7:00, 주 5일 근무	
지원 조건: 중학교 졸업 이상, 경력 2년 이상, 1종 대형 면허 보유, 초과 근무 가능, 근면 성실, 교통 사고 이력 검토	
업무 내용: 트럭 운전 및 물류 창고 보조	

직업: 마사지 숍 직원	**산업군**: 서비스
근무 시간: 오후 12:00 ~ 오후 9:00, 주 5일 근무	
지원 조건: 중학교 졸업 이상, 근면 성실, 친절함	
업무 내용: 손님들과 전화나 대면으로 상담 진행 손님을 맞이하고 예약 및 상담 진행	

직업: 서비스 엔지니어	**산업군**: 기타 제조업
근무 시간: 오전 9:00 ~ 오후 5:30, 주 5일 근무	
지원 조건: 고등학교 졸업 이상, 관련 분야(전기 및 배관 작업) 경력자 선호	
업무 내용: 청소 장비와 관련해 발생한 문제를 점검하고, 유지 및 보수하는 업무를 담당	

직업: 판매원	**산업군**: 소매업
근무 시간: 오전 9:00 ~ 오후 6:30, 주 5일 근무, 간헐적으로 추가 근무 있음	
지원 조건: 중학교 졸업 이상, 1년 이상의 경력, 외국어 구사자 우대, 자신감 있고 책임감 있으며 근면성실하고 적극적이며 친절한 성격	
업무 내용: 스포츠 의류 및 장비 판매	

직업: 식당 종업원	**산업군**: 소매업
근무 시간: 오전 9:00 ~ 오후 6:30, 주 5일 근무, 휴일 당직 근무 있음	
지원 조건: 중학교 졸업 이상, 1년 이상의 경력, 요식업에 대한 기본적 지식, 시간 엄수, 배우고자 하는 의지	
업무 내용: 음식 준비, 매장 관리, 친절하고 전문적인 태도	

직업: 프로그램 보조 교사	**산업군**: 교육
근무 시간: 오전 10:00 ~ 오후 8:00, 주 5일 근무	
지원 조건: 고등학교 졸업 이상, 영어 구사자 우대, 시간 엄수, 책임감, 사무직 경력자 우대	
업무 내용: 일반적인 교육 보조 업무 담당	

직업: 미용사 견습생	**산업군**: 서비스
근무 시간: 오전 10:30 ~ 오후 8:00, 주 5일 근무	
지원 조건: 중학교 졸업 이상, 영어 및 외국어 구사자 우대, 협력적인 태도, 근면 성실, 배우고자 하는 의지, 책임감, 적극적인 태도, 친절한 고객 응대	
업무 내용: 원장 업무 보조 및 매장 정리, 모발 관리에 대한 현장 교육 이수	

멀티미디어 제작 보조 모집

• 업무 내용
- 멀티미디어 콘텐츠 개발 및 편집
- 그래픽 및 동영상 제작

• 지원 자격
- 고등학교 졸업 이상
- 광고 대행사 및 미디어 관련 직종에서 3년 이상의 경력 보유자 우대
- 포토샵, 프리미어, 일러스트레이터 등의 디자인 또는 미디어 프로그램 사용 가능
- 교대 및 당직 근무 있음

주방 보조 모집

• 업무 내용

음식 위생 상태 점검

• 지원 자격
- 고등학교 졸업 이상, 양식 조리사 자격증 보유자 우대
- 식품위생사 또는 위생 관련 자격 보유자
- 영어 구사자 우대
- 바쁜 상황에서도 능숙하게 일할 수 있는 사람
- 교대 근무 가능

---- 회계 담당자 모집 ----

- 고등학교 졸업 이상
- 전산 회계 자격증 보유자
- 1년 이상의 경력
- 꼼꼼하고, 책임감이 있으며, 근면 성실한 성격의 보유자

유치원 교사 모집

- 아동교육과 수료 또는 학사학위 취득자
- 책임감과 배려심
- 아동 및 부모와 원활히 의사소통할 수 있는 능력

비서 채용

- 고등학교 졸업 이상
- 영어 및 중국어 구사 가능
- 한컴 및 MS Office를 능숙하게 다룰 수 있음
- 성숙하고, 동기가 강하며, 꼼꼼하고, 정리를 잘하는 성격
- 해외 출장 있음

패션 그래픽 디자이너

- 그래픽 디자인 또는 관련 학위 소지자
- 패션 브랜드 그래픽 디자이너로 3~5년 근무 경력
- Adobe 프로그램(예: 일러스트, 포토샵, 프리미어 등) 능숙히 다룰 수 있음
- 뛰어난 패션 또는 색 배합 감각

뷰티/네일 케어 전문가

- 2년 이상의 경력
- 관련 자격증/학위 보유자 우대
- 공손하고, 책임감이 있으며, 성실한 성격
- 중국어 또는 영어 구사자 우대

여행 상품 상담사

• 업무 내용

기업 고객을 대상으로 여행 예약을 신속하고 정확하게 처리하는 업무를 담당합니다. 컴퓨터 시스템을 잘 활용하고, 친절하게 전화 상담을 진행할 수 있으며, 뛰어난 고객 관계를 형성함으로써 항공이나 철도 등의 교통과 호텔, 자동차 렌트 등을 저렴한 서비스로 제공하도록 노력해야 합니다.

• 지원 자격

여행 상품 상담사 또는 관련 항공사 근무자로서 2년 이상의 경력을 보유하고 있어야 합니다. 인터넷을 활용한 예약 시스템을 다루는 데 익숙한 사람을 우대합니다. 지속적으로 고객에게 최상의 서비스를 제공하는 데 있어 뛰어난 인맥 관리 기술 또는 의사소통 능력(서면 또는 구두)은 매우 중요하기 때문에, 관련 경험을 평가합니다.

엔지니어

• 업무 내용

- 대규모 산업 자동화 시스템 유지/관리
- 기술 지원 및 시스템 성능 분석
- 기술 문제 해결 및 시스템 개선 권고
- 시스템 업그레이드 프로젝트 수행

• 지원 자격

- 전기전자/기계 공학 학위 소지자 또는 유사 전공 학위 소지자 우대
- 산업 자동화 시스템 분야에서 4년 이상의 경력 보유자
- 뛰어난 문제 해결 능력 및 의사소통 기술 보유
- 영어 및 중국어 구사 가능자 우대 (구어/문어)
- 경력이 부족한 지원자는 보조 엔지니어 지원자로 고려됩니다.

※본 기업은 모든 직원에게 넉넉한 급여와 다양한 혜택을 보장합니다.

재무 상담사

- **지원 자격**
  - 재무 관련 학위 소지자 우대
  - 뛰어난 의사소통 능력 및 분석적 사고
  - 자신감이 높고, 외향적이며, 활기찬 성격
  - 관련 경력 보유자 우대

항공기 엔진 수리 견습 직원 채용

- 고등학교 졸업 이상(자연계열 또는 공업고등학교 졸업자)
- 공인 영어 능력 시험 성적 검토
- 긍정적이고 적극적인 태도
- 항공기 엔진 모듈 교체 및 모듈 또는 부품 수리 담당
- 기계 또는 전기전자공학 학사 이상 학위 소지자 우대

스파 & 뷰티 테라피스트

- 국제미용자격증(CIDESCO, ITEC, CIBTAC, C&G) 또는 관련 자격증 보유자 우대합니다.
- 독립적이고, 고객 상담 능력이 뛰어나며, 트리트먼트(왁싱, 페이셜 및 바디 마사지) 업무를 진행할 수 있고, 제품 판매 및 서비스 관리 능력이 필요합니다.
- 고급 스킨케어 및 네일 케어에 대한 지식 보유자 우대
- 활기차고, 팀원들과 호흡을 잘 맞출 수 있으며, 책임감이 강하고, 열정적인 성격

편집 담당자

- 번역/영어/중국어/언론 관련 학위 보유자
- 영어 구사자
- 영어 회화 능통
- 뛰어난 의사소통 능력
- 언어 문제에 대한 분석 능력 및 문제 해결 능력
- 동기가 강하고, 예의 바르며, 책임감 있는 태도
- 독립성과 팀워크 겸비
- 압박감이 존재하는 상황에서도 원활한 업무 수행 가능
- MS 워드에 대한 지식 보유, 편집 프로그램(예: Adobe InDesign) 작업 가능

학교 급식 운영 및 매점 영업 관리자

급식 운영 및 매점 영업과 관련해 식품 안전 관리, 재고 관리, 매점의 매출 목표 달성 등을 책임지게 됩니다. 업무는 물류 및 공급 관리를 전적으로 담당합니다.

• **지원 자격**

- 대졸 이상
- 급식 운영 또는 식품 관리/납품 관련 분야에서 3~5년 이상의 경력
- 독립적이고, 결과 지향적이며, 분석적으로 사고하고, 동기가 강한 사람
- 보고서/제안서를 영어로 작성 가능
- MS Office에 능숙
- 대인관계 및 의사소통 능력 우수
- 유효한 자동차 운전면허증 소지자 우대

인사 및 행정 담당자

– 경영학 및 인적자원관리 관련 학위 보유자
– 5년 이상의 관련 업무 경력
– 뛰어난 의사소통 능력 및 대인관계 기술 보유
– 영어로 문서 작성 또는 원활한 의사소통 가능
– 독립적이며 체계적인 업무 처리 능력
– 채용 담당 경험 보유 또는 한국 노동법에 대한 지식 보유 시 우대

프로그램 담당자 / 보조 프로그램 담당자

• 업무 내용

– 담당 지역사회에서 프로젝트 개발 및 실행 감독
– 관련 공무원 및 프로젝트 파트너와의 업무 관계 형성 및 유지
– 프로젝트 자금 관리
– 보고서 작성 및 제출을 통해 프로젝트 목표의 추적/관리 시스템 형성
– 프로젝트 담당 팀의 역량 강화

• 지원 자격

– 학사학위 이상 소지자
– 성숙한 인성, 뛰어난 대인관계 기술 및 의사소통 능력
– 소외된 계층에 봉사하는 헌신적인 자세
– 어려운 환경에서도 독립적으로 근무할 수 있는 태도
– 영어 문서 작성 및 구술 능력 보유자
– MS 오피스 활용 능력 보유
– 지역 문화 및 환경에 대한 이해
– 지역사회에서 거주 가능

부록 13-8 토론 자료: 직업 시장

모둠: ____________________

다음 지침에 따라 토론하고 결과를 답안지([부록 13-9])에 적어 주세요.

1. 직업 특성

- 이 직업이 어떤 산업/분야에 포함되나요?
- 이 직업이 사회에서 갖는 의미는 무엇인가요? 사회에서 이 직업에 대한 수요는 무엇인가요?
- 이 직업의 주요 업무와 책임은 무엇인가요?
- 이 직업을 위해서는 어떤 시설과 도구가 필요한가요?

2. 지원 자격

- 학력 또는 교육수준에 대한 지원 조건은 무엇인가요? (학력, 전공, 자격증 등)
- 관련 업무 경력이 필요한가요?
- 어떤 실무 교육을 제공하나요?
- 관련된 학력, 교육 및 실무 경력을 취득하는 데 얼마나 걸리나요?

3. 성격, 특기, 능력

- 이 직업이 성격에 잘 맞나요?
- 직업에 필요한 신체적 특성을 갖추고 있나요?
- 이 직업이 관심사와 잘 맞나요?
- 직업이 요구하는 특기(프로그래밍, 외국어 구사 능력 등)를 가지고 있나요?

부록 13-9

모둠 활동지: 진로박람회 답안지

모둠: ______________________

1. 업무 내용

2. 지원 조건

3. 성격 요건

4. 모둠의 선택

모둠 구성원이 이 직업을 추천하는 세 가지 이유를 적어 주세요.

①

②

③

부록 13-10

활동지: 입사지원서 양식

교수자는 두 가지 다른 색상(각각 남성과 여성을 나타냄)의 종이를 사용해 지원서를 복사한 후 학생들에게 배부할 수 있다.

이름: ______________________ 성별: ____________

지원하는 직업: ______________________________

해당 직업을 선택한 이유:

이름: ______________________ 성별: ____________

지원하는 직업: ______________________________

해당 직업을 선택한 이유:

이름: ______________________ 성별: ____________

지원하는 직업: ______________________________

해당 직업을 선택한 이유:

이름: ______________________ 성별: ____________

지원하는 직업: ______________________________

해당 직업을 선택한 이유:

부록 13-11 성장 확인 질문

이름: ______________________ 반: ______________________ 날짜: ______________________

1. 수업 과제

1) 장래희망이 무엇인가요? 그 직업을 갖고 싶은 이유는 무엇인가요?

2) 장래희망을 이루기 위해 필요하지만 현재 부족한 능력은 무엇인가요?

3) 장래희망을 이루기 위해 가장 필요한 능력이나 자질은 무엇인가요?

2. 숙제

1) 한국 사회에서 첫 직장에 다닐 때 청년들이 마주하게 될 문제들로는 무엇이 있을까요(예: 적응 문제, 직장 동료 및 상사와의 관계 문제)?

2) 1의 질문에 대한 답변으로 언급한 문제들에 대처하기 위해 무엇을 준비할 수 있을까요?

소단원 3

하늘에서 준 선물

1. 소단원 목적

고등 교육과 추후 진로에 대한 동기를 고양한다.

2. 학습 목표

① 자신의 관심사와 역량 그리고 성취 가능한 직업 선택지를 파악한다.

② 고등 교육과 직업 훈련을 받을 수 있는 방법을 파악한다.

3. 수업 내용

활동	절차
1. 준비 활동: 나에게 잘 맞는 직업(**3분**) ▷ **교수자료** - [부록 13-12] 파워포인트 슬라이드: 직업 추천 - [부록 13-13] 교수자용 참고 자료: 직업 추천	1. 파워포인트 슬라이드의 구인 광고를 보여 준다([부록 13-12]). 학생들에게 "미래에 이 직업을 갖게 된다면 어떨 것 같나요? 그 이유는 무엇인가요?"라고 질문한다. 2. 학생들에게 이 광고가 취업의 함정을 나타낸다고 말한다. 3. 직업을 구하는 사람 중 일부는 직업의 본질 또는 자신의 흥미와 관심사를 무시하고 급여에만 주의를 기울인다. 이 경우, 취업의 함정에 빠질 수 있다. 4. 구직 과정에서 이와 같은 취업의 함정에 빠진 청년들이 많으며, 반나절 만에 퇴사를 결심하는 청년들에 대한 소식도 전해진다고 언급한다.
2. 개인 활동과 학급 경험 공유: 하늘에서 준 선물(**10분**) ▷ **교수자료** - [부록 13-14] 활동지: 하늘에서 준 선물	**목표: 자신의 관심사나 강점과 개성에 맞는 직업을 파악한다.** 1. 활동지([부록 13-14])를 배부한다. 학생들에게 활동지에 자신의 강점, 개성, 관심사(각각 3개 항목), 일을 처리하는 방식, 이상적인 직업을 적도록 지시한다. 2. 활동지 작성을 마친 후, 학생들에게 친구와 서로의 활동지를 교환해 보도록 지시한다. 3. 학생들에게 간단히 결론을 공유하도록 지시한다. 모든 사람은 미래의 직업에서 활용될 수 있는 자신만의 개성과 강점을 가지고 있다. 또한 자신만의 '재능'을 가지고 있다. 학생들이 자신의 잠재력을 파악할 수 있도록 독려한다.

3. 초청 강연자 또는 교수자의 경험 공유: 깜짝 손님(10분) ▷ **교수자료** - [부록 13-15] 교수자용 참고 자료: 깜짝 손님 경험 공유 지침	**목표: 선배의 경험을 들으며 향후 진학이나 진로 방향에 대해 파악한다.** 1. 학생들에게 활동에서 '깜짝 손님'이 나타날 것임을 예고하며, 누구일지 예상해 보도록 지시한다. 2. 초청 강연자가 자신의 학업과 진로를 선택했던 경험을 공유한다([부록 13-15]). 3. 학생들은 초청 강연자의 경험 공유에 대해 자유롭게 질문하고 답변을 듣는다. 4. 서울진로진학정보센터(https://www.jinhak.or.kr/index.do)나 진로정보망 커리어넷(https://www.career.go.kr/cnet/front/main/main.do) 등을 활용해 가능한 진로에 대해 소개하며 학생들이 필요한 내용을 찾아볼 수 있도록 독려한다.
4. 결론(2분)	다음의 결론을 학생들에게 전달한다. • 자신의 강점, 관심사, 개성 그리고 진로를 준비하는 과정에서의 태도를 잘 파악하는 것은 중요합니다. • 모든 사람은 자신만의 고유한 강점과 개성을 가지고 있으며, 이를 잘 이해하고 활용하는 데는 시간이 걸립니다. • 진로를 위한 경로들을 탐색한다면, 학생들은 자신의 목표를 이루고 재능과 강점을 발달시키는 방법에 대해 더 많은 정보를 얻게 될 것입니다.
5. 마무리 활동(5분) ▷ **교수자료** - [부록 13-16] 성장 확인 질문	1. 성장 확인 질문을 공유하고 학생들이 소단원 활동을 돌아볼 수 있도록 유도한다. 2. 소단원 활동에 대한 학생들의 참여도를 칭찬한다.

4. 세부 지도 사항

1) 준비 활동

- 교수자는 학생들이 참고할 수 있도록 구인 광고를 수집해 둘 수 있다.
- 이 활동에서 '취업의 함정'은 직업 탐색 과정에서 자신을 잘 아는 것의 중요성을 전달하는 목적을 가진다. 교수자는 직업을 탐색할 때 학생들이 취업의 함정에 대해 잘 이해하도록 지도해야 한다.
- 교수자는 직업 탐색 과정에서 자신에 대한 이해가 부족한 것이 초래할 수 있는 문제점들에 대해 학생들과 논의할 수 있다.

2) 하늘에서 준 선물

- 이 활동은 자신의 강점을 발견함으로써 학생들의 자신감을 높이고 진로에 대한 계획을 세우도록 독려하기 위해 고안되었다. 학생들이 자신의 강점을 탐색할 수 있도록 긍정적인 분위기를 조성한다.
- 학생들이 자신의 강점을 파악하기 어려워한다면, 적절한 강점들을 예시로 제안한다.
- 학생들이 직업과 관련된 특성들을 기억할 수 있도록 소단원 1의 내용을 간단히 복습한다.
- 시간이 부족한 경우, 교수자는 활동의 후반부(예: 급우가 활동지의 아랫부분을 채우는 활동)를 생략할 수 있다.

3) 깜짝 손님

- 교수자는 학생들의 필요에 맞는 초청 강연자를 선택한다. 예를 들어, 학생들이 특성화 고등학교나 특수목적 고등학교에 진학하고자 한다면 관련 고등학교에 진학했던 졸업생을 초청한다. 만약 학생들이 진로 탐색에 좀 더 관심이 있다면, 관련 직종에 종사하고 있는 졸업생을 초청한다.
- 학생들의 필요에 따라 초청 강연자가 공유한 내용을 정리한다.
- 초청 강연자를 부르는 데 어려움이 있다면, 다른 교사들에게 학업과 진로 선택에 대해 공유하도록 부탁할 수 있다.
- 활동은 학업과 진로에 대한 학생들의 열정을 끌어올릴 뿐 아니라 학생들이 학업과 진로에 대한 정보를 얻을 수 있도록 고안되었다. 따라서 교수자는 이 활동을 학업이나 진로를 지도하는 교내 활동들과 연결할 수 있다.

4) 결론

- 모든 사람은 자신만의 특성과 강점을 가지고 있다. 이 활동은 학생들이 자신의 강점을 발전시키고 자신감을 고양하도록 돕는 것을 목적으로 한다. 학생들에게 개인적인 또는 환경적인 자원에 대해 인식하고 학업과 진로를 계획할 때 이를 활용할 수 있다는 점을 상기시킨다.
- 학생들은 학교, 가정, 친구관계를 통해 자신을 이해한다. 학생들은 걱정이 많을 수도

있고 좌절을 경험할 수도 있다. 교수자는 학생들이 진로를 계획함에 있어 부모님과 친구들과 의견을 나누고 경험을 공유할 수 있도록 격려한다.

- 자신에 대한 이해는 끊임없는 과정이다. 자신에 대한 탐구는 교외 활동, 아르바이트 등 다양한 수단을 통해 이뤄질 수 있다.
- 학생들은 학업과 진로의 방향성을 탐색하고 더 나은 미래를 준비하기 위한 방법들을 이해할 수 있다. 다양한 기관에서 많은 교육 프로그램이 지원된다. 학생들이 긍정적이고 낙관적인 태도로 기회를 활용할 수 있도록 독려한다.
- 활동에서 언급된 학업과 진로의 방향성은 일반적인 내용만을 포함한다는 점을 상기시킨다. 학생들이 진로를 탐구할 때, 더 다양한 경로가 존재할 수 있다는 점을 언급한다.

5. 보충 활동(선택 사항)

활동	내용	권장 사항
같은 생각을 가진 사람들	**목표: 직업 시장과 학업에 대한 더 많은 정보를 파악한다.** 학생들은 유사한 진로를 가진 급우와 모둠을 구성한다. 관심 분야에 종사하고 있는 사람을 만나 다음의 내용으로 인터뷰를 진행한다. • 해당 직무의 특성, 환경, 요구 조건 등을 파악한다. • 인터뷰 대상자의 성장 경험과 그들이 현재의 직업을 갖게 된 과정을 이해한다. • 직업 탐색에 대한 실용적인 조언을 구한다.	학생들에게 인터뷰 과정을 사진이나 영상으로 기록하도록 지시한다. 학생들은 자신의 인터뷰 내용을 구두로 발표할 수 있다.

부록 13-13

교수자용 참고 자료: 직업 추천

내가 원하는 시간에 재택 근무

인터넷으로 집에서 편하게 근무하고 싶지 않나요?
국내 또는 국외에 있는 상장 기업들이 제공하는
정규직 및 파트타임 일자리를 소개합니다.

- 경력 무관
- 온라인 근무
- 월 180만 원 이상의 급여
- 근무 시간 자유롭게 선택 가능

5천 명 이상의 사람이
꿈의 직장을 찾았습니다.
기회는 한정되어 있습니다.
서두르세요!

일주일에 15~20시간,
온라인 근무로 충분합니다.

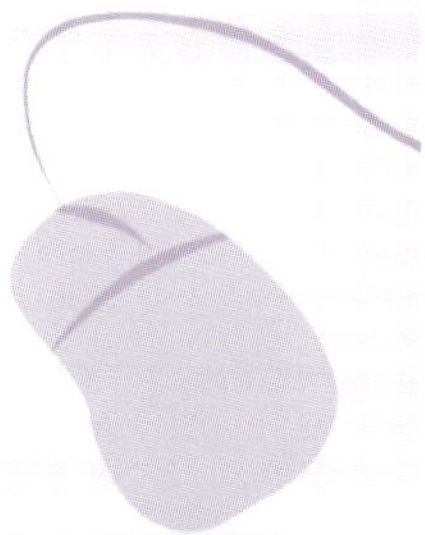

http://www.jobchance.com.kkk

부록 13-14

활동지: 하늘에서 준 선물

나의 강점은

나의 개성은…
(예: 성격 또는 신체적 특징 등)

나의 관심사는…

일을 처리하는 나의 방법과 태도…

나에 대한 급우의 의견

나에 대한 급우의 의견

나에 대한 급우의 의견

나에 대한 급우의 의견

나의 강점, 개성, 관심사, 일을 처리하는 방식 등을 종합해 볼 때,

나에게 적합한 직업은 ______________________ 이다.

나의 급우는 나에게 ______________________ 로 일할 것을 제안했다.

부록 13-15 교수자용 참고 자료: 깜짝 손님 경험 공유 지침

	직장인일 때	학생일 때
다음의 내용을 공유해 주세요.		
1	선택했던 전공과 그것을 선택한 이유	진학했던 고등학교와 그 학교를 선택한 이유
2	해당 전공이나 고등학교를 선택하고 겪었던 어려운 점	
3	전공이 직업 선택에 미친 영향	고교 선택과 장래희망의 연관성
4	현재 직장 생활	현재 학교생활
5	학업을 지속할 계획	추후 학업과 취업 계획
6	주제와 관련해서 학생들에게 해 주고 싶은 조언	

부록 13-16 성장 확인 질문

이름: ____________________ 반: ____________________ 날짜: ____________________

1. 수업 과제

1) 장래희망인 직업을 얻고자 한다면, 학업적으로 어떤 준비를 해야 할까요?

2. 숙제

1) 이 활동을 통해 나의 어떤 특성을 함양해야 한다고 생각했나요?

소단원 4

앞으로 나아가며

1. 소단원 목적

미래의 학업과 진로를 계획하는 능력을 기르고, 목표를 향해 나아가는 과정을 감독하고 동기부여한다.

2. 학습 목표

① 장단기 진로 계획을 세운다.

② 목표를 성취하는 과정에서 끈기를 강화하는 평가와 보상의 사고방식을 설정한다.

3. 수업 내용

활동	절차
1. 준비 활동(2분)	1. 학생들에게 다음의 내용을 질문한다. • 언제까지 학업을 지속하고 언제부터 직업 시장에 진출하게 될까요? • 미래에 어떤 직업을 갖게 될 것이라고 생각하나요? 2. 학생들의 응답에 대해 간단히 반응한다. 학생들이 소단원 활동을 통해 자신의 미래에 대해 생각해 보도록 독려한다.
2. 개인 활동: 앞으로 나아가며**(12분)** ▷ **교수자료** - [부록 13-17] 활동지: 앞으로 나아가며	**목표: 장단기 진로 계획을 세운다.** 1. 학생들에게 5분 동안 앞으로 1~2년 동안과 3~5년 동안의 학업 또는 진로 계획을 각각 적어 보도록 지시한다([부록 13-17]). 2. 1~2명의 학생이 자신의 의견을 발표할 수 있는 시간을 가진다. 3. 학생들의 경험 공유 이후, 사람들은 미래에 대한 기대와 꿈을 가지고 있으며 자신의 강점을 활용하고 사회에 기여해야 한다고 언급한다. 4. 학생들에게 만약 목표를 가지고 있다면 세부적인 계획을 통해 부분적으로 목표를 달성할 수 있음을 설명한다.

3. 학급 경험 공유 또는 교수자의 경험 공유: 멈춰서 생각해 보기 **(12분)** ▷ **교수자료** - [부록 13-18] 영상 자료: 멈춰서 생각해 - [부록 13-19] 교수자용 참고 자료: 멈춰서 생각해 대본	1. 영상 자료([부록 13-18])를 재생한다. 영상은 다양한 학교에서 각자의 목표를 향해 열심히 노력하는 학생들의 인터뷰를 담고 있다. 2. 학생들에게 다음의 내용을 공유하도록 지시한다. • 스스로 세운 목표를 충족했는지 알 수 있는 방법은 무엇인가요? • 스스로에게 보상할 수 있는 방법은 무엇이 있을까요? • 어려움을 마주했을 때 스스로를 동기부여하는 방법으로 무엇이 있을까요? 3. 교수자 자신의 자기평가와 자기보상의 방법을 학생들에게 공유한다. 4. 학생들에게 평가 과정 동안 다음의 항목을 명심해야 함을 알린다. • 끈기를 가집니다. • 발생하는 여러 문제를 인지하고 목표를 달성하는 방법을 조정합니다. • 긍정적인 측면과 성장을 관찰합니다.
4. 결론(2분)	1. 다음의 결론을 학생들에게 전달한다. • 장단기 계획을 세우는 것은 미래를 위한 명확한 목표를 설정하도록 돕습니다. 목표를 이루기 위해서는 나아가는 과정에서 성찰과 반성이 필요합니다. 2. '미래에 대한 신념' 대단원을 통틀어 학생들은 자신의 미래에 대해 생각해 볼 기회를 가졌다. 학생들이 자신의 잠재력을 발전시키고 미래에 대한 긍정적인 시각을 가질 수 있도록 독려한다.
5. 마무리 활동(2분) ▷ **교수자료** - [부록 13-20] 성장 확인 질문	1. 성장 확인 질문을 공유하고 학생들이 소단원 활동을 돌아볼 수 있도록 유도한다. 2. 소단원 활동에 대한 학생들의 참여도를 칭찬한다.

4. 세부 지도 사항

1) 앞으로 나아가며

- 활동은 학생들이 미래에 대한 명확한 목표를 세우도록 고안되었다. 따라서 교수자는 학생들이 구체적으로 사고할 수 있도록 지도해야 한다. 예를 들어, 만약 학생이 대학에 입학해서 학업을 지속하고자 하는 계획을 가지고 있다면, 교수자는 해당 학생에게 선택하고 싶은 전공, 원하는 대학에 지원하기 위해 필요한 준비 그리고 목표를 성취하기 위한 자세한 학업 계획에 대해 질문할 수 있다.
- 학생들이 활동지를 채울 때 세부 사항을 적도록 지도한다.
- 만약 학생들의 동기가 부족하다면, 활동지의 질문에 대해 몇몇 학생에게 자신의 관점

을 공유해 보도록 지시한다. 학생들이 자신의 미래를 계획할 수 있도록 독려한다.

- 필요한 경우 도구를 사용해 학생들의 경험 공유를 장려한다. 예를 들어, 서로 다른 색의 작은 공 5개(각각 1년에서 5년까지의 시간을 나타낸다)를 테이블에 놓은 후, 학생들에게 하나의 공을 고른 후 해당 시점에 맞는 목표와 계획을 공유해 보도록 지시할 수 있다.
- 학생들은 구체적인 직업과 관련된 계획을 세우기에는 시기상조라고 느낄 수 있다. 그러나 학업과 미래의 진로 사이에는 직접적인 연관성이 있다. 학생들에게 가능한 구체적으로 미래 계획을 세워 보도록 독려한다.
- 교수자는 자신의 학업과 진로 계획을 공유함으로써 학생들이 계획을 세우는 것의 중요성을 이해하도록 도울 수 있다.

2) 멈춰서 생각해 보기

- 활동은 Level 2 과정의 대단원 '미래에 대한 신념' 소단원 1과 4에서 다뤘던 목표 설정의 핵심 내용을 복습함과 동시에 학생들이 관련된 개념을 내면화하도록 돕는다는 목적을 가지고 있다.

3) 결론

- 활동은 학생들이 학업과 진로에 대해 계획하도록 돕고자 고안되었다. 계획을 이루기 위해 낙관적이고 현실적인 태도를 가짐과 동시에 장단기 목표를 세우는 것은 매우 중요하다. 따라서 교수자는 학생들이 주의 깊게 생각하고 미래에 대한 계획을 세울 수 있도록 독려한다.
- 학생들이 계획을 실천하는 동시에 그 과정에서 계획을 검토해 볼 수 있도록 독려한다. 학생들은 목표를 작은 과업으로 나누고 그 과업을 성취했을 때 스스로에게 보상을 줄 수 있다. 친구, 가족 구성원, 선배 등으로부터의 지지와 격려는 목표 성취의 동기부여가 될 수 있다.
- 학교에서의 성적이나 품행과 관계없이, 교수자는 모든 학생은 잠재력을 가지고 있음을 명심하고, 객관적이고 함부로 판단하지 않는 자세로 모든 학생을 기꺼이 돕고자 하는 태도를 갖춰야 한다.

5. 보충 활동 (선택 사항)

활동	내용	권장 사항
미래 계획	**목표: 미래의 학업과 진로에 대한 계획을 세운다.** 학생들은 학업과 진로에 대한 계획을 세우고 네 명의 사람들(가족 구성원, 교사, 선배, 친구 등)에게 자신이 세운 계획에 대한 의견을 구한다. 학생들은 각 사람으로부터의 조언과 추천을 기록한다.	교수자는 학생들을 위해 '평가 양식'을 만들 수 있다.

부록 13-17

활동지: 앞으로 나아가며

이름: ____________________

1~2년 이후,
나의 단기 학업/진로 목표

나의 주요 목표:

목표를 이루기 위한 요구 사항:

내가 개선해야 하는 점:

나의 단기 계획:
(학업을 지속하거나 일을 해 보는 등의 기타 계획 포함)

3~5년 이후,
나의 장기 학업/진로 목표

나의 주요 목표:

목표를 이루기 위한 요구 사항:

내가 개선해야 하는 점:

나의 장기 계획:
(학업을 지속하거나 일을 해 보는 등의 기타 계획 포함)

부록 13-19 교수자용 참고 자료: 멈춰서 생각해 대본

1. 그녀의 목표

여학생: 저는 학교에서 더 좋은 성적을 받고자 하는 목표가 있어요. 홍콩에 처음 왔을 때, 제 성적은 안 좋았어요. 그리고 이 목표를 정했을 때, 저는 열심히 공부하기 시작했어요. 수업 시간에도 집중하고, 노트 정리도 하고, 숙제도 했어요. 집에 돌아가면, 복습하거나 수업을 위해 예습을 했어요. 처음에 성적이 별로 오르지 않자 포기하려고 생각도 했어요. 하지만 만약 포기한다면, 지금까지의 노력이 수포로 돌아간다고 생각했죠. 그래서 스스로 계속해 보자고 다독였어요.

• 스스로를 평가하고 보상하기

여학생: 학업 성적이 올랐을 때마다, 제가 정한 목표를 달성했다는 사실을 알게 되었어요. 그래서 쉬는 날 열심히 노는 걸로 보상해 주었죠. 아니면 제가 좋아하는 무언가를 사거나요.

• 장애물을 만났을 때

여학생: 목표를 이루는 도중 누구나 장애물을 만난다고 생각해요. 저는 장애물을 만났을 때, 이렇게 스스로 말할 거예요. "문제는 단지 시험일 뿐이다. 풀지 못하는 문제는 없다. 뜻이 있는 곳에 길이 있다."

---

2. 그의 목표

남자: 어떤 연극 회사의 퍼포먼스에 참여할 때, 어떤 드라마와 관련한 책을 읽게 되었을 때 혹은 전문가들에게 상담을 받았을 때, 당신이 지금 서 있는 이곳, 홍콩 아카데미의 입단 조건을 갖췄는지 알게 될 거예요.

• 보상과 장애물

남자: 장애물을 만났을 때, 스스로를 어떻게 격려할 거냐고요? 저는 연극을 보겠죠. 연극을 보는 것은 좋아요. 영화나 연극을 볼 때, 사고가 자극이 돼요. 좋은 점은 이 활동을 통해 연극에 대한 지식도 높일 수 있다는 거죠.

---

3. 그의 목표

남학생: 안녕하세요, 여러분! 저는 학급이나 학년의 장이 되는 목표가 있어요. 이건 단기 목표는 아니고, 장기적인 과정이에요. 스스로를 발전시키고 계획을 세우는 게 필요하죠. 이 과정 중, 끈기가 필수적이라는 걸 알았어요. 마음만 다잡고, 모든 일이 다음날에 좋게 작용할 거라고 마냥 기대할 수는

없어요. 끈기 있게 행동하는 것이 중요하죠.

• 장애물을 만났을 때

남학생: 첫 번째 목표를 이루면 저는 다음 목표로 넘어가요. 그렇지만 첫 목표를 이루고 나면 정말 게을러지죠. 이런 문제가 생기면 저는 부모님이나 학교 선생님과 논의해요. 아니면 친구들과 이야기를 나누거나요. 그래서 제 주위 사람들로부터 건설적인 조언을 받을 수 있나 확인하죠.

• 목표를 이루는 것

남학생: 다른 사람의 조언을 통해, 그리고 스스로의 탐색 과정을 통해 저는 제 목표를 위해 노력하고 마침내 이루죠. 그건 정말 행복하고 만족스러운 경험이에요.

부록 13-20 성장 확인 질문

이름: ______________________ 반: ______________________ 날짜: ______________________

1. 수업 과제

1) 어떤 사람들은 직업에는 귀천이 없으며, 모두가 목표를 달성하기 위해 노력해야 한다고 말합니다. 이 의견에 동의하시나요? 그 이유는 무엇인가요?

2) 목표의 일부를 달성했을 때(예: 특정 기술을 습득했을 때), 스스로에게 보상을 줄 계획인가요? 그 이유는 무엇인가요?

3) 목표를 달성하는 과정에서 어려움을 마주했을 때, 스스로를 어떻게 격려할 계획인지 설명해 주세요.

2. 숙제

1) 학업을 모두 마친 후 직업을 얻기까지 얼마나 걸릴 것으로 예상하나요?

2) 어떤 사람들은 내일 무슨 일이 일어날지 알 수 없기 때문에 미래를 사전에 계획하는 것은 현실적이지 않다고 말합니다. 이 의견에 동의하시나요? 그 이유는 무엇인가요?

3) 어떤 사람들은 사람의 잠재력은 직업뿐만 아니라 다른 영역에서도 발휘될 수 있다고 말합니다. 이 의견에 동의하시나요? 그 이유는 무엇인가요?

대단원 14

친사회적 참여

들어가며

기부 또는 자원봉사와 같은 공동체 활동에 참여하는 것은 친사회적 행동의 한 형태이다. 반면에 도둑질, 약물남용, 무단결석과 같은 파괴적이고 부적절한 반사회적 행동은 공동체 활동과 상반되는 것으로 간주된다. 공동체 활동에 참여하는 것은 친사회적 규범을 수용하고 친사회적 행동을 촉진할 뿐만 아니라 반사회적 행동에 대한 예방책이 될 수 있다.

연구에 따르면, 성공적인 공동체 활동은 다른 사람을 돕고 사회에 기여하는 동시에 참여자의 능력을 개발할 수 있는 기회도 제공함으로써 사람 간의 긍정적인 관계 형성을 촉진한다. 따라서 청소년에게 친사회적 행동을 장려할 때는, 먼저 사회에 기여하는 행동이라는 개념을 가르친 후에 공동체 활동에 참여하도록 권장할 수 있다.

청소년의 친사회적 행동은 교수자로부터 점차 독립하며 발달한다. 이 과정은, ① 교수자에게 의존하는 단계, ② 교수자에게 의존하지만 스스로 선택하는 단계, ③ 자립하는 단계로 나뉜다. 청소년의 성장과 발달에 따라 공동체 및 친사회적 활동 참여가 교수자 주도에서 학생 주도로 점차 변화한다. 친사회적 참여를 촉진하는 초기 단계에서는 학생들의 참여를 장려하고 주선해야 하며, 이후에는 학생들이 이러한 활동에 더 주도적으로 참여할 수 있도록 해야 한다. 이 책은 레벨이 올라갈수록 친사회적 활동 참여 수준을 높일 수 있도록 설계되었다. Level 1 과정에서는 학생들이 친사회적 활동의 본질과 이점을 이해하도록 지도하고, Level 2 과정에서는 친사회적 활동에 참여하는 이유를 탐구하고 이러한 활동을 계획하는 것을 학습한다. Level 3 과정은 학생 주도적으로 친사회적 활동을 계획하고 참여하고 실행 및 평가하는 데 초점을 맞추며 교수자는 자문 역할을 한다.

Level 1 과정에서 '친사회적 참여'는 공동체 활동에 대한 인식을 높이고 이러한 활동의 가치와 목적, 사회와 개인의 성장에 기여하는 바를 토론하는 데 중점을 둔다. Level 2 과정은 학생들이 공익적 활동에 참여하는 이유, 동기, 동력을 발견하는 능력에 집중하고 다양한 활동의 효과를 평가하는 방법을 가르친다. Level 3 과정은 교수자의 지도하에 배운 내용을 활용하는 것에 초점을 둔다. 총 4개의 소단원으로 구성되며 소단원 1에서는 육하원칙 방법을 사용하여 친사회적 활동을 설계하고 계획하는 방법을 가르친다. 소단원 2에서는 친사회적 활동에 참여하는 사람들의 동기를 분석하여 학생들이 참여를 방해하는 다양한 요인을 이해하고 이를 해결할 능력을 기를 수 있도록 한다. 소단원 3에서는 친사회적 활동을 계획하면서 토론 능력을 향상시키고 토론에 적극적으로 참여하는 방법을 지도한다. 마지막으로 소단원 4는 학생들의 계획 및 평가 기술을 증진하는 것을 목표로 한다. 학생들은 비판적 사고를 사용해 활동을 적절하게 평가하고 참가자의 관점에서 기획 과정을 돌아보는 방법을 배운다.

개관

소단원	소단원 목적	학습 목표
세대 통합 (30분)	친사회적 활동을 설계하고 계획하는 능력을 개발한다.	육하원칙을 사용하여 활동을 계획하는 법을 배운다.
모두의 힘을 합쳐요 (30분)	친사회적 활동에 참여하는 동기를 분석하는 능력을 기른다.	1. 활동 참여를 방해하는 요인을 이해한다. 2. 활동을 홍보하고 참가자를 유치하기 위한 실현 가능한 전략을 수립한다.
비밀 전략 (30분)	친사회적 활동을 계획하고 조직하는 데 필요한 토론 기술을 향상시킨다.	적절하게 질문하고 토론을 주도하는 방법을 배우고 연습한다.
의견 모으기 (30분)	친사회적 활동을 계획하고 평가하는 능력을 향상시킨다.	1. 비판적 사고를 활용하여 참가자의 관점에서 활동의 성공 여부를 평가한다. 2. 참가자의 요구 사항을 고려하여 친사회적 활동을 계획한다.

이 대단원에 포함된 모든 활동지 및 파워포인트 슬라이드와 영상 자료 등은 학지사 홈페이지(www.hakjisa.co.kr)에서 내려받을 수 있습니다.

소단원 1

세대 통합

1. 소단원 목적

친사회적 활동을 설계하고 계획하는 능력을 개발한다.

2. 학습 목표

육하원칙을 사용하여 활동을 계획하는 법을 배운다.

3. 수업 내용

활동	절차
1. **준비 활동(3분)**	공동체 활동이나 친사회적 활동을 성공적으로 조직하거나 참여한 경험을 공유하여 학생들이 활동 조직에 대해 생각하도록 유도한다.
2. **학급 공유:** 가장 좋아하는 활동**(5분)**	**목표: 성공적인 활동에 필수적인 요소를 파악한다.** 1. 학생들에게 작년에 참여했던 성공적인 공동체 활동(예: 자원봉사, 자선단체)을 떠올려 볼 것을 요청한다. 2. 학생에게 해당 활동을 간략하게 설명하도록 요청하고 질문한다. • 그 활동이 마음에 들었던 이유는 무엇인가요? • 그 활동이 성공적이었다고 생각하나요? 그 이유는 무엇인가요? 어떤 요인이 성공에 결정적이었다고 생각하나요? 3. 학생들이 공유한 내용을 요약하고 구체적인 계획이 성공적인 활동에 필수 요소 중 하나임을 강조한다. 활동을 계획할 때는 시간(언제), 장소(어디), 대상(누구), 내용(무엇), 절차(어떻게), 이유(왜)라는 6가지 측면을 고려해야 한다. 그런 다음, 활동을 계획하는 육하원칙 방식을 소개한다. 이 방법은 활동을 계획할 때 주의할 사항과 간과하기 쉬운 사항을 검토하는 데 도움이 될 수 있다고 설명한다.

3. 모둠 창작 활동: 세대를 아우르는 활동**(8분)** ▷ **교수자료** - [부록 14-1] 토론 자료: 세대 통합 정보 - A3 용지, 사인펜	1. 학생들을 8개 모둠으로 나눈다. 2. 학교가 자선단체와 협력하여 지역 내 독거노인을 위한 세대 통합 파티를 주최하고 학생들이 행사의 조직위원회 위원인 상황을 가정한다. 3. 학생들은 5분 동안 육하원칙 방식(시간, 장소, 대상, 내용, 절차, 이유)을 사용하여 활동 계획을 작성하고 A3 용지에 세부 계획을 기록한다. 4. 각 모둠 대표자가 모둠의 계획을 발표한다. 5. 학생들은 최고의 활동 계획에 투표한다.
4. 모둠 토론: 머피의 법칙**(7분)**	**목표: 친사회적 활동을 조직할 때 우발적인 상황에 대처하는 능력을 향상시킨다.** 1. 모둠별로 다양한 가상 시나리오에 맞게 계획을 적절히 재구성하도록 요청한다. • 시나리오 1: 활동 당일 오전에 태풍 경보가 발령되는 상황 • 시나리오 2: 고령 참가자 중 일부가 의식을 잃는 상황 • 시나리오 3: 자원봉사자의 절반이 예고 없이 불참한 상황 • 시나리오 4: 준비한 좌석 수보다 참가자 수가 많아 수십 명의 노인이 입구에서 기다리는 상황 2. 각 모둠은 행사가 원활하게 진행될 수 있도록 고안한 비상 계획을 발표한다. 3. "육하원칙 방식으로 활동을 계획할 때 비상 계획을 염두에 두었나요?"라고 질문한다. 4. 마지막으로, 학생들에게 "비상 계획을 충분히 고려하세요. 이를 통해 모든 일이 의도한 대로 진행될 수 있을 뿐만 아니라 예상치 못한 상황에 대처하는 능력도 향상됩니다."라고 전달한다.
4. 결론(2분)	1. 구체적인 계획은 성공적인 활동에 도움이 된다. 육하원칙을 사용하여 활동을 계획한다. 2. 학생들이 육하원칙을 일상생활에 적용하도록 장려한다. 예를 들어, 학생들은 친구들과 함께 해변에서 수영과 바비큐를 즐기는 여행을 계획할 수 있다.
5. 마무리 활동(5분) ▷ **교수자료** - [부록 14-2] 성장 확인 질문	1. 성장 확인 질문을 배포하고 학생들이 수업 내용과 스스로를 돌아볼 수 있도록 지도한다. 2. 수업 중 학생들의 참여도를 칭찬한다.

4. 세부 지도 사항

1) 가장 좋아하는 활동

• 육하원칙 방식을 사용하여 활동을 계획하는 방법을 설명한다.
  – 시간(언제): 언제 개최되나요?(날짜 및 시간)

– 장소(어디): 어디에서 개최되나요?
– 대상(누구): 활동 대상은 누구인가요? 참가 조건은 무엇인가요? 활동 대상의 연령, 성별, 직업, 교육 수준은 어떻게 되나요?
– 내용(무엇): 어떤 활동인가요? 활동의 내용은 무엇인가요? 활동 내용이 참가자의 요구 사항을 어떻게 충족하나요?
– 절차(어떻게): 활동은 어떻게 진행되나요? 활동 홍보, 참가 신청, 활동 실행, 자원봉사자 모집, 활동 자금 처리 등 세부적인 절차는 어떻게 준비하나요?
– 이유(왜): 이 활동을 조직하는 이유는 무엇인가요? 활동의 목적은 무엇인가요? 어떤 사회적 문제 때문에 조직되었나요? 해당 활동은 조직하는 당사자와 다른 사람들에게 어떤 이점을 주나요?

2) 세대를 아우르는 활동

- 학생들에게 활동 홍보 전단지를 디자인하고 그리도록 요청한다.
- 학생들의 투표로 최고의 계획을 선정할 수 있으며, 이렇게 뽑힌 계획은 다음 소단원에서 사용할 수 있다. 이 경우 추후 활동에서도 학생들의 모둠 구성을 유지해야 한다.
- 학생들이 이미 육하원칙에 대해 알고 있는 경우, 절차(어떻게)에 대해 주의 깊게 생각하도록 안내한다. 공동체 활동을 조직하는 방법, 해당 방법으로 활동을 조직하는 이유, 해당 방식의 이점 등을 토론하도록 한다. 활동 운영 절차를 설계할 때는 활동의 내용과 절차 외에도 잠재적인 참가자가 활동에 관심을 가질지, 활동이 참가자, 자원봉사자, 주최자, 지역사회에 어떤 이점이 될지 고려하는 것이 중요하다.
- 육하원칙을 처음 접하는 학생에게는 [부록 14-1]을 배포하여 토론하도록 한다. 학생들에게 육하원칙을 적용하여 계획한 활동의 단점을 파악하고 이를 변경하거나 개선할 수 있는 방법을 제안하도록 한다.

3) 머피의 법칙

- 긴급 상황 시나리오에 대한 설명은 간단하게 하고, 교수자는 학생들이 충분히 상상력을 발휘하도록 유도한다. 예를 들어, "고령의 참가자가 탈진하여 기절하는 경우, 조직위원회는 어떻게 대응해야 할까요?" "행사장에 구급 대원이 배치되어 있나요?" "응급처

치 센터가 없는 경우, 활동 계획을 어떻게 개선할 수 있을까요?" 등이 있다.

• 학생들이 실생활에서 자주 경험하는 다른 우발적인 상황을 제안할 수 있다.

4) 결론

• 다음은 육하원칙을 사용하여 활동(수영과 바비큐 여행)을 분석하는 예시이다.
  – 시간(언제): 일요일 오전 11시~오후 4시
  – 장소(어디): 해변 및 바비큐장
  – 대상(누구): 학급 친구들
  – 내용(무엇): 해변에서 수영과 바비큐
  – 절차(어떻게): 일요일 오전 10시 기차역에 모인 후 기차를 타고 해변으로 이동한다. → 해변 근처 마트에서 음식을 구매한다. → 개인 수영 장비를 지참한다. → 우천 시 일정이 변경된다.
  – 이유(왜): 친구들과 우정을 쌓기 위해

• 연구에 따르면, 청소년들이 친사회적 활동을 계획하고 홍보하는 것은 삶에서 배우고 느낀 것을 적용할 수 있는 기회이므로 자존감, 자기만족, 자기강화를 향상시킨다. 또한 활동 참여도와 집단에 대한 소속감을 북돋는 데 도움이 된다.

• 학생들이 사회에서 다양한 정보를 접할 때 비판적 사고를 적용할 수 있도록 육하원칙 방식으로 사회 문제(예: 사회 현상, 정책)에 대해 토론하도록 지도한다.

• 학생들이 일상생활에서 육하원칙 방식으로 사고하도록 권장하고, 고등학교 과정에도 이를 적용하여 잘 적응할 수 있도록 한다.

5. 보충 활동(선택 사항)

활동	내용	권장 사항
파티	**목표: 육하원칙 사고방식을 일상생활에 적용한다.** 육하원칙 방식을 사용하여 학급 점심 파티를 계획한다.	

부록 14-1 토론 자료: 세대 통합 정보

자선 활동의 날을 맞아 학교는 지역 내 독거노인을 위한 '세대 통합'이라는 이름의 파티를 개최하기로 결정했습니다. 자세한 활동 내용은 다음과 같습니다.

날짜: 2주 후 토요일 저녁

시간: 오후 6시 30분 ~ 오후 8시 30분
장소: 학교 본관 대강당
참가 어르신 수: 100명
활동 내용: 게임, 학생 공연, 합창, 다과 등

예산: 백만 원, 학교에서 지불

자선 활동의 날을 맞아 학교는 지역 내 독거노인을 위한 '세대 통합'이라는 이름의 파티를 개최하기로 결정했습니다. 자세한 활동 내용은 다음과 같습니다.

날짜: 2주 후 토요일 저녁

시간: 오후 6시 30분 ~ 오후 8시 30분
장소: 학교 본관 대강당
참가 어르신 수: 100명
활동 내용: 게임, 학생 공연, 합창, 다과 등

예산: 백만 원, 학교에서 지불

자선 활동의 날을 맞아 학교는 지역 내 독거노인을 위한 '세대 통합'라는 이름의 파티를 개최하기로 결정했습니다. 자세한 활동 내용은 다음과 같습니다.

날짜: 2주 후 토요일 저녁

시간: 오후 6시 30분 ~ 오후 8시 30분
장소: 학교 본관 대강당
참가 어르신 수: 100명
활동 내용: 게임, 학생 공연, 합창, 다과 등

예산: 백만 원, 학교에서 지불

자선 활동의 날을 맞아 학교는 지역 내 독거노인을 위한 '세대 통합'라는 이름의 파티를 개최하기로 결정했습니다. 자세한 활동 내용은 다음과 같습니다.

날짜: 2주 후 토요일 저녁

시간: 오후 6시 30분 ~ 오후 8시 30분
장소: 학교 본관 대강당
참가 어르신 수: 100명
활동 내용: 게임, 학생 공연, 합창, 다과 등

예산: 백만 원, 학교에서 지불

부록 14-2 성장 확인 질문

이름: ____________________ 반: ____________________ 날짜: ____________________

1. 수업 과제

1) 공동체 활동을 계획해 본 경험이 있나요? 있다면 어떤 활동을 계획했습니까?

2) 공동체 활동의 성공 여부와 상관없이 활동을 계획한 경험을 공유해 주세요. 그 경험이 특히 인상적이거나 중요한 이유가 있습니까?

3) 여러분과 비슷한 나이의 사람들은 어떤 종류의 공동체 활동에 참여하기를 원하고 어떤 종류의 활동에는 관심이 없을까요? 그렇게 생각한 이유는 무엇입니까?

2. 숙제

1) "청소년들이 공동체 활동을 계획함으로써 많은 교훈을 배우고 자존감을 향상시킬 수 있다."라는 문장에 동의하나요? 청소년들이 공동체 활동 계획에 참여하게 만드는 중요한 이유는 무엇이라고 생각합니까? 그렇게 생각한 이유는 무엇인가요?

2) 육하원칙 방식을 사용하여 가족과 함께하는 주말 활동을 계획해 보세요.

3) 계획한 활동이 원활하게 실행될 수 있도록 나쁜 날씨에 대처하는 비상 계획을 세워 보세요.

소단원 2

모두의 힘을 합쳐요

1. 소단원 목적

친사회적 활동에 참여하는 동기를 분석하는 능력을 기른다.

2. 학습 목표

① 활동 참여를 방해하는 요인을 이해한다.

② 활동을 홍보하고 참가자를 유치하기 위한 실현 가능한 전략을 수립한다.

3. 수업 내용

활동	절차
1. 준비 활동(3분)	학생들에게 다음의 질문을 던진다. • 학교나 지역사회에서 주최하는 공동체 활동에 참여한 적 있나요? • 참여 여부를 결정하는 데 어떤 요인이 영향을 미쳤나요?
2. 모둠 게임: 모두의 힘을 합쳐요**(5분)** ▷ **교수자료** - [부록 14-3] 준비할 자료: 친사회적 활동 카드	**목표: 참가 여부를 결정하는 자신의 동기를 되돌아봄으로써 참가자의 동기를 이해한다.** 1. 소단원 1에서와 동일한 구성으로 학생들을 작은 모둠으로 나눈다. 각 모둠은 대표자를 정한다. 2. 각 모둠은 활동 카드([부록 14-3])를 받는다. 3. 게임 규칙을 설명한다. ① 대표자는 모둠 내에서 활동 참가자를 모집해야 한다. ② 모둠의 다른 구성원은 각자의 선호도에 따라 참여 여부를 결정할 수 있고 반드시 이유를 제시해야 한다. ③ 대표자는 모둠 구성원의 이유를 활동 카드에 기록한다. 4. 활동이 끝나면 학생들에게 활동 경험에 대해 토론하도록 안내한다. • 어떻게 친구들이 참가하도록 설득했나요? • 참가 여부를 결정할 때 어떤 요인을 고려했나요?

	• 참가자를 모으지 못한 활동은 무엇인가요? 친구들이 참가하지 않은 이유는 무엇인가요? 5. 학생들이 친사회적 활동에 참여하는 이유를 간략하게 요약하고 분석한다. 참여하기로 결정한 학생을 칭찬하며 참여 의사를 확인한다.
3. 모둠 토론: 하늘 아래 같은 것은 없다**(14분)** ▷ **교수자료** - [부록 14-4] 토론 자료: 하늘 아래 같은 것은 없다 - [부록 14-5] 토론 자료: 공동체 축제 - 소단원 1 활동 계획서 - A3 용지, 사인펜	**목표: 참가자의 활동 참여 동기를 강화할 수 있는 실현 가능한 전략을 고안한다.** 1. 학생들은 모둠 활동을 이어 간다. 각 모둠은 토론 자료 세트([부록 14-4], [부록 14-5]), 소단원 1에서 작성한 활동 계획서, A3 용지, 사인펜을 받는다. 2. 학생들에게 "이제 반 친구들을 대상으로 소단원 1에서 설계한 활동의 자원봉사자를 모집해야 합니다. 누구를 모집할 수 있을 것 같나요? 그 이유는 무엇입니까?"라고 묻는다. 3. 학생에게 5분 동안 반드시 참여할 것 같은 반 친구의 이름을 나열하도록 한다. 그런 다음 다른 친구들을 설득할 방법에 대해 토론하게 한다. 4. 학생이 토론 내용을 공유하도록 진행한다. • 활동을 수정했나요? 아니면 다른 방법을 사용하여 더 많은 친구가 활동 참가를 유도하려고 했나요? • 자원봉사자 모집을 포기했나요? 그 이유는 무엇인가요? 5. 학생들의 의견을 종합하고 "수정된 활동이 원래의 활동 목적을 달성할 수 있습니까?"라고 질문한다. 6. 활동을 설계할 때 참가자 유치도 중요하지만 이를 위해 활동의 목적을 포기해서는 안 된다는 점을 강조한다. 활동의 원래의 목적을 유지하면서 참가자에게 적합한 방식으로 변경할 수 있다.
4. 결론(3분)	1. 이러한 활동에 참여할 때 사람들은 금전적 비용(예: 기부금) 또는 비금전적 비용(예: 시간)을 부담하게 된다. 이러한 비용은 활동 참여 동기에 영향을 미친다. 2. 실현 가능하고 효과적이며 흥미를 유발하는 활동을 설계하기 위해 참가자의 요구 사항과 관심사를 신중하게 고려해야 한다.
5. 마무리 활동(5분) ▷ **교수자료** - [부록 14-8] 성장 확인 질문	1. 성장 확인 질문을 배포하고 학생들이 수업 내용과 스스로를 돌아볼 수 있도록 지도한다. 2. 수업 중 학생들의 참여도를 칭찬한다.

4. 세부 지도 사항

1) 모두의 힘을 합쳐요

• [부록 14-3]의 내용을 학생 상황에 맞게 조정할 수 있다.

- 활동에 참여하도록 반 친구들을 설득할 때 활동의 목적과 잠재적 이점을 제시할 수 있다. 이를 통해 잠재적 참가자가 친사회적 활동의 가치에 대해 생각해 볼 수 있다.
- 상황에 따라 설득 활동을 반복할 수 있다. 학생들이 번갈아 모둠 대표자를 맡아 새로운 활동 카드로 다른 학생들에게 활동을 홍보한다. 이를 통해 더 많은 학생이 활동 홍보에 참여하고 더 효과적인 홍보 전략을 모색할 수 있다.
- 설득 활동이 반복되면 학생들이 참여 의사가 있는 친구들의 이름을 활동 카드에 기록하도록 한다. 이후에 학생들에게 여러 활동에 기꺼이 참여하는 친구들과 대부분의 활동에 참여하기를 꺼리는 친구들이 누구인지 관찰하도록 지시한다. 이는 실제 현실과 비슷하며 모든 사람이 친사회적 활동에 참여하기를 선호하는 것은 아니라고 설명한다. 교수자는 여러 활동에 선뜻 참여하려는 학생을 인터뷰하여 참여 이유를 공유하도록 유도하고 감사를 표할 수 있다.

2) 하늘 아래 같은 것은 없다

- 토론 자료([부록 14-4])는 현대 청소년들의 의사 결정 기준을 반영한다.
- 상황에 따라 소단원 1의 활동 계획서를 토론 자료([부록 14-5])로 대체할 수 있다. 단, 가능하면 최대한 소단원 1에서 학생들이 창작한 자료를 사용한다.
- 학생에게 참가자별로 다른 과제를 할당하는 등의 다양한 방식을 고려하도록 안내한다.
- 활동을 계획하는 데에는 영향을 미치지 않지만 참여 여부에는 영향을 미치는 동기(예: 개인의 가치관, 삶의 목적과 사회적 책임에 대한 견해)에 대해 토론할 수 있다.

3) 결론

- 결론에서 실제 사례([부록 14-6])를 예시로 들어 설명할 수 있다. 이 사례는 평생 과일 장사를 하며 돈을 모은 노부부가 학생들의 학업을 위해 200억 원 상당을 기부한 이야기로, 노부부는 리어카를 끌고 다니며 과일을 팔고 대중교통을 탈 돈도 아껴 돈을 모았다. "노부부가 지난 시간 동안 왜 이토록 억척스러운 삶을 살아 왔을까요?"에 대해 학생들과 이야기한다.
- 친사회적 활동에 참여하는 것을 장려한다.
  - 활동을 물질적인 가치(예: 돈)로만 평가해서는 안 된다.

- 공동체의 일원들이 높이 평가하는 행동이다.
- 청소년들이 삶에 대해 배울 수 있는 기회이다(개인적 성장, 사회적 성장, 자기 확신).
- 자신과 타인을 도우며 성숙해지고 성취하고 싶은 욕구를 충족하는 데 도움이 된다.
- 향후 학업 및 진로에 도움이 되는 칭찬과 격려(예: 표창)를 받을 수 있다.
- 청소년들이 자신과 타인, 사회에 기여하고 사회를 더욱 조화롭게 만드는 데 일조함으로써 청소년과 사회 간 긍정적 관계 구축에 도움이 된다.
- 다른 사람을 도울 수 있는 귀중한 기회를 제공한다.

• 본 단원의 목적은 친사회적 활동을 계획함으로써 친사회적 활동의 이점과 목적을 생각하고 이를 개인의 가치관으로 내면화하여 참여 동기를 강화하는 것이다.

• 학습을 마친 학생들은 친사회적 활동에 참여하는 동기와 활동 경험을 내면화하는 방법을 이해할 것이다. 이를 통해 향후에 친사회적 활동을 설계하고 평가할 때 활동 목표를 더 잘 파악할 수 있을 것이다.

• 이러한 토대를 바탕으로 학생들은 친사회적인 노력을 고등학교 때 확장할 수 있다. 교수자는 학생의 성장, 학교 교육 이념, 실제 필요를 고려하고 학생과 협력하여 더 큰 규모의 교내 혹은 공동체 활동을 조직할 수 있으며 이는 학생들의 더 많은 헌신을 필요로 한다. 예를 들면, 선후배 멘토링 프로그램, 학교 사랑 프로그램, 학교의 상담사와 연계한 대규모 지역사회 봉사 프로그램 등이 있을 수 있다.

5. 보충 활동(선택 사항)

활동	내용	권장 사항
마음에 드나요	**목표: 홍보 전단지의 단점을 파악하여 참가 동기를 높일 수 있는 해결책을 고민한다.** 학생들에게 홍보 전단지([부록 14-7])를 검토하여 참가를 망설이게 하는 이유를 생각하고 개선 방안을 제안하도록 한다. 학생들의 의견과 해결책을 학급 전체와 공유한다.	학생들이 다음 사항을 고려하도록 유도한다. • 이 활동에 참여하겠습니까? • 그런 결정을 내린 이유는 무엇입니까? • 참여를 독려하려면 전단지를 어떻게 수정해야 할까요?

부록 14-3 준비할 자료: 친사회적 활동 카드

근거: 전학생들이 학교 환경에 적응하도록 돕습니다.
활동 내용: 전학생을 위한 학교생활 안내
시간: 일주일에 2시간, 참가자와 지정 학생 간 협의
위치: 학교 본관

근거: 독거노인 분들의 집 청소를 돕습니다.
활동 내용: 독거노인 집안 청소
시간: 일요일 오후 2시 ~ 오후 4시
위치: 지정된 어르신 자택

근거: 노인 분들을 즐겁게 해드립니다.
활동 내용: 동아리 노래 공연
시간: 월요일 오후 6시 ~ 오후 8시
위치: 노인 센터

근거: 학교 환경을 정화합니다.
활동 내용: 식물 심기
시간: 토요일 정오 ~ 오후 6시
위치: 학교 운동장

근거: 독거노인 가정을 방문합니다.
활동 내용: 학생 2~3명이 한 조가 되어 독거노인 가정 방문
시간: 수요일 오후 5시 ~ 오후 7시
위치: 지정된 어르신 자택

근거: 암 환우를 위한 기금을 모금합니다.
활동 내용: 배지 판매
시간: 토요일 오전 8시 ~ 정오
위치: 지하철역 1번 출구

근거: 지역 사회를 위해 봉사합니다.
활동 내용: 새로운 이웃에게 공공시설을 소개하는 자원봉사
시간: 일요일 오후 1시 ~ 오후 6시
위치: 학교 본관

근거: 도움이 필요한 학급 친구에게 관심을 가지고 정서적인 도움을 제공합니다.
활동 내용: 일상 속 이야기 공유
시간: 참가자와 지정 학생 간 협의
위치: 학교 또는 집

근거: 대한민국 국민의 의무를 실행합니다.
활동 내용: 길거리 쓰레기를 줍습니다.
시간: 토요일 오전 9시 ~ 오전 11시
위치: 길거리

근거: 이웃에 대한 배려를 실천하고 조화로운 공동체를 만듭니다.
활동 내용: 물품 전달
시간: 일요일 오후 1시 ~ 오후 6시
위치: 지역 내 축구장

* 인쇄하여 학생들에게 카드를 배부합니다.

부록 14-4

토론 자료: 하늘 아래 같은 것은 없다

다음은 8명 학생의 호불호 목록입니다. 이는 특정 공동체 활동 참여 여부에 영향을 미칠 수 있습니다.

〈성민〉
좋아요: 사람들과 교류하고 대화할 기회
싫어요: 땀을 흘리거나 햇빛을 쬐는 야외 활동

〈기철〉
좋아요: 탁 트인 야외에서 역동적인 활동
싫어요: 복잡한 신청 및 등록 절차

〈태민〉
좋아요: 자유 시간에 하는 정기적인 자원봉사 활동
싫어요: 무리한 신체 활동

〈경미〉
좋아요: 햇빛이 있는 야외 공간에서의 활동
싫어요: 머리를 쓰거나 번거로운 일

〈해진〉
좋아요: 독립적으로 문제를 해결할 수 있는 기회
싫어요: 다른 사람과의 상호작용

〈예진〉
좋아요: 활동 시간을 선택할 수 있는 유연한 일정
싫어요: 참가 비용

〈민성〉
좋아요: 모든 것을 챙겨 주는 누군가와 함께하는 활동
싫어요: 혼자 하는 활동

〈민지〉
좋아요: 없음
싫어요: 독립적으로 문제를 해결하는 것

부록 14-5 토론 자료: 공동체 축제

모둠: ______________________

〈공동체 축제(자원봉사자 모집)〉

목표: 공동체의 화합 증진

시간: 9월 6일~7일, 오전 10:30~오후 6시

위치: 한국 초등학교 맞은편 운동장

자원봉사자 연령: 15~21세

[참고]

(1) 참가자는 9월 1일 한국 초등학교 본관에서 열리는 설명회에 반드시 참석해야 합니다.

(2) 참가자는 양일간 모든 활동에 참여해야 합니다.

(3) 참가자는 오전 9시부터 오후 7시까지 참여해야 합니다.

(4) 점심시간은 1시간이며, 3시간마다 15분씩 휴식시간이 주어집니다(참가자들은 교대로 점심시간과 휴식시간을 갖습니다).

공동체 축제(자원봉사자 모집)

목표	9월 6일 토요일부터 공동체의 화합을 위해
시간	9월 6일 토요일부터 9월 7일 일요일까지 오전 10:30~오후 6:00
장소	한국 초등학교 맞은편 운동장
자원봉사자 연령	15~21세

부록 14-6

교수자용 참고 자료: 노부부 이야기

2018년 10월, 여든을 훌쩍 넘긴 김영석, 양영애 씨 부부는 고려대를 운영하는 학교법인 고려중앙학원에 200억 원 상당의 토지와 건물을 기증했다. 이는 역대 고려중앙학원에 기부된 금액 중 가장 많은 금액이다. 노부부는 감사패를 받고 함박미소와 감격의 눈빛을 보였다.

노부부는 6 · 25 전쟁이 끝난 후 결혼하여 무허가 판자촌에서 15년을 살았다. 1960년대 초부터 부부는 아기를 등에 업고 리어카로 과일을 내다 팔았다. 부부는 대한민국에서 가장 맛있는 과일을 팔겠다는 신념으로 매일 새벽부터 1시간씩 걸으며 과일을 납품받아 팔았다. 새벽에 과일을 받은 뒤 근처 해장국집에서 아침까지 일했고, 장사를 끝내고 집으로 돌아올 때에도 돈을 아끼기 위해 1시간씩 걸어 다녔다.

주변 상인들은 "죽으면 가져가지도 못할 돈인데 뭐 그리 억척스레 사느냐."라며 핀잔을 주기도 하였으나 부부는 장학금 기부라는 계획을 이루기 위해 긴 시간 애써 왔다. 초등학교도 졸업하지 못한 양영애 씨에게 공부는 평생의 한이었으며 과일 가게 앞을 지나는 대학생들을 볼 때마다 부러움을 느꼈다. 그래서 첫째 아들의 모교인 고려대학교에 기부를 하기로 결정하고 "기부한 재산은 어려운 학생들이 훌륭한 인재로 자랄 수 있도록 마음껏 공부할 수 있는 환경을 만드는 데 써 달라."라고 당부했다.

참조:

김자현. (2018). 평생 과일 장사하며 모은 200억대 재산, 고려대에 기부한 '노부부'. 동아일보. https://www.donga.com/news/article/all/20181025/92589859/1.

부록 14-7

보충 활동: 마음에 드나요

자연 체험

목표: 어린이들의 환경에 대한 이해 증진

시간: 4월 16일 수요일 오전 10:30~오후 6:00

장소: 평화아파트 인근 숲속

참가자 연령: 8~12세

참고: (1) 참가자는 반드시 보호자와 동행해야 합니다.
(2) 참가자는 오전 10시 20분까지 평화아파트 정문으로 집결해야 합니다.

부록 14-8 성장 확인 질문

이름: ____________________ 반: ____________________ 날짜: ____________________

1. 수업 과제

1) 공동체 활동에 참여해 본 적이 있습니까? 있다면 예시를 들어 주세요.

2) 청소년들의 공동체 활동 참여에 가장 방해가 되는 요인은 무엇일까요?

3) 어떻게 청소년들이 공동체 활동에 참여하도록 동기를 부여할 수 있을까요?

2. 숙제

1) 어떤 친사회적 활동에 참여하고 싶습니까? 매력을 느끼지 못하는 활동은 어떤 것인가요?

2) 친사회적 활동에 참여할 결정을 내릴 때 어떤 요인들을 고려합니까?

3) 친사회적 활동에 참여한 뒤에 기분이 어땠나요? 이러한 기분이 향후 친사회적 활동에 다시 참여할 결정을 내릴 때 영향을 미칠까요?

소단원 3

비밀 전략

1. 소단원 목적

친사회적 활동을 계획하고 조직하는 데 필요한 토론 기술을 향상시킨다.

2. 학습 목표

적절하게 질문하고 토론을 주도하는 방법을 배우고 연습한다.

3. 수업 내용

활동	절차
1. 준비 활동(3분)	학생들에게 다음의 질문을 한다. • 회의에 참석해 본 적이 있습니까? 과제에 대해 이야기하기 위해서였나요? • 회의 중에 불만족스러운 경험을 한 적이 있습니까? • 다른 참가자의 어떤 행동이 그러한 느낌을 받게 했나요? • 여러분은 어떻게 반응했습니까?
2. 모둠 토론: 비밀 전략 (1)**(10분)** ▷ **교수자료** - [부록 14-9] 준비할 자료: 인물 카드 - [부록 14-10] 교수자용 참고 자료: 토론을 주도하는 기술 - [부록 14-11] 교수자용 참고 자료: 비밀 전략 기법	**목표: 질문을 통해 토론을 주도하는 방법을 배운다.** 1. 학생들을 8개 모둠으로 나누고, 각 모둠에 인물 카드([부록 14-9])를 제공한다. 모둠 1, 2는 현수, 모둠 3, 4는 재민, 모둠 5, 6은 의주, 모둠 7, 8은 유진의 사례에 대해 논의한다. 학생들은 등장인물이 자유롭고 분명하게 자신을 표현할 수 있도록 격려하는 글을 쓴다. 2. 모둠별로 발표하고, 칠판에 내용을 적으라고 요청한다. 3. 학생 발표 내용 중 질문의 형태로 격려하는 것이 있다면 이러한 방식은 정중하고 상대방의 기분을 좋게 만드는 이점이 있음을 강조한다. 4. 추가적으로 [부록 14-10]과 [부록 14-11]을 참조하여 질문을 통해 토론을 이끄는 방법을 설명한다. 질문을 통해 의견이 분명해지고 합의점을 찾고 토론을 심화할 수 있다.

3. 역할 놀이: 비밀 전략 (2)**(10분)**	**목표: 질문을 통해 토론을 주도하는 연습을 한다.** 1. "만약 여러분이 카드 속 네 명의 인물과 회의 중이라면 어떻게 질문을 이용해서 토론을 건설적인 방향으로 이끌 수 있을까요?" "회의에 참석한 모든 사람이 서로 다른 의견을 제시하며 자신의 의견이 최고라고 주장한다면 어떻게 하겠습니까?" 등의 질문을 던진다. 2. 학교 화장실 위생 개선 방법이라는 주제로 가상 회의를 진행한다. 모둠 1, 3, 5, 7에서 각각 한 명씩 인물 역할을 맡아 질문을 통해 토론을 촉진하는 방법을 3분 동안 역할극으로 시연한다. 3. 자선 걷기 대회 참여 독려 방법이라는 주제로 가상 회의를 진행한다. 모둠 2, 4, 6, 8에서 각각 한 명씩 인물 역할을 맡고 학급 중 한 명을 제비뽑기로 뽑아 질문을 사용해서 토론을 촉진하게 한다. 시간은 3분으로 제한한다. 4. 수업 시간에 맞추어 여러 번 시연할 수 있다.
4. 결론(2분)	1. 질문은 의견을 명확히 하고 참여를 독려하고 자신을 표현하는 기술이다. 이를 통해 합의점을 찾고 토론을 심화할 수 있다. 2. 과제를 하거나 친사회적 활동을 조직할 때 관련 세부 사항을 논의하기 위한 회의가 필요하다. 좋은 질문 기술은 토론의 효율성을 높이고 회의 내용을 발전시키는 데 필수적이다. 학생들이 이 기술을 숙지하고 연습할 수 있도록 격려한다. 3. 학생들에게 인물 카드에서 마음에 들지 않는 행동이 있다면 회의 중에 그러한 행동을 하지 않도록 노력해야 한다고 강조한다.
5. 마무리 활동(5분) ▷ **교수자료** - [부록 14-12] 성장 확인 질문	1. 성장 확인 질문을 배포하고 학생들이 수업 내용과 스스로를 돌아볼 수 있도록 지도한다. 2. 수업 중 학생들의 참여도를 칭찬한다.

4. 세부 지도 사항

1) 준비 활동

- "회의 중에 불만족스러운 경험을 한 적이 있습니까?"라고 질문할 때 학생들에게 일 년 이상 과거의 경험을 공유하도록 요청한다.
- 추가적으로 학생들에게 불만족스러운 경험을 적어 보라고 할 수 있다. '비밀 전략' 활동이 끝나면 학생들에게 해결책을 제안하게 한다.
- 학생들이 공유하는 내용을 칠판에 적을 수 있다. 그런 다음, '비밀 전략' 활동 후에 학생들에게 최악의 경험을 고르게 하고 함께 해결책을 제안하도록 요청할 수 있다.

2) 비밀 전략(1)

- 이 활동은 학생들이 참고하고 본받을 만한 질문 기법을 활용하여 지도할 수 있다. 예를 들어, 학생이 토론 결과를 발표할 때 교수자가 '설명 요청하기' 및 '예시 요청하기'와 같은 질문 기법을 사용하여 학생에게 세부 사항을 요청하고 학생의 의견을 보다 명확히 할 수 있다. 또 다른 예로는 '요약 요청하기' 기법을 사용하여 학생에게 요약하도록 요청할 수 있다.

3) 비밀 전략(2)

- 학생들에게 [부록 14-10]을 참고용으로 제공할 수 있다. 가상 회의를 시연하는 동안 학생이 사용한 기술을 강조한다. 학생이 시연 중에 무엇을 해야 할지 모르는 경우 모둠원은 힌트를 줄 수 있다. 이러한 방식으로 학습 분위기를 개선할 수 있다.
- 학생의 사전 동의가 있을 경우, 회의 시연을 녹화하여 학생들이 상황을 검토하고 회의를 더욱 현실감 있게 만들 수 있다.
- 학생들은 이미 Level 1과 2 '행동 역량' 수업에서 비판에 대처하는 방법을 학습하였다. 상황에 따라 행동 역량 단원의 요소를 역할극에 추가함으로써 학생들이 개념을 복습하고 의견을 표현하는 능력을 향상시킬 수 있다.

4) 결론

- 이 수업에서 배운 토론 기법은 일상 속 대인 상호작용에도 적용이 가능하다.
- 관련 토론 기법(예: 수집된 의견 분석 방법, 서로 다른 의견을 조율하는 방법, 의견을 통합 및 요약하는 방법)도 가르칠 수 있다.
- 경청하고 토론하는 기술은 학교 시험뿐만 아니라 향후 직장 내 회의에서도 활용될 수 있다. 학생들이 이를 연습하여 미래를 준비할 수 있도록 장려한다.

5. 보충 활동 (선택 사항)

활동	내용	권장 사항
개선할 수 있어요	**목표: 개인적인 회의 경험을 성찰하고 토론에서의 적절한 태도를 평가한다.** • 토론하는 동안 자신의 의견에 대한 부정적인 평가를 카드에 적도록 하고 카드를 수집한다. • 학생들을 토론 모둠으로 나눈다. 모둠에 카드를 무작위로 나눠 주고 카드에 적힌 문장을 바꿔 토론이 긍정적인 방향으로 흘러가도록 요청한다.	카드는 익명이어야 한다. 학생은 토론 결과를 간략하게 발표할 수 있다. 학생들에게 다른 사람이 자신에게 하지 않기를 바라는 것을 다른 사람에게 하지 않도록 상기시킨다.

부록 14-9

준비할 자료: 인물 카드

〈현수〉

수줍음이 많고 말수가 적습니다. 고개를 끄덕이거나 흔드는 것으로 의사를 표현합니다.

현수가 자신의 의견을 표현하도록 장려하려면 어떤 조언이 필요할까요?

〈재민〉

말을 많이 하지만 대부분 관련 없는 이야기입니다.

재민이 자신의 의견을 명확하게 표현하고 다른 사람들도 토론에 참여하려면 어떤 조언이 필요할까요?

〈의주〉

까다로운 반면에 의견이 없습니다.

의주가 자신의 입장을 가지고 긍정적인 의견을 제시하도록 격려하려면 어떤 조언이 필요할까요?

〈유진〉

대부분의 일에 아이디어가 있으며 의견을 표현하는 것을 두려워하지 않지만 종종 표현에 소극적입니다.

유진이 자신의 의사를 명확하게 표현하고 다른 사람의 말을 경청하도록 장려하려면 어떤 조언이 필요할까요?

※ 점선을 따라 지릅니다.

부록 14-10 교수자용 참고 자료: 토론을 주도하는 기술

다음과 같은 질문 기법을 사용하면 토론 중 의견을 명확히 하고, 참여를 독려하고, 의견을 표현하도록 유도하고, 합의점을 찾고, 토론을 심화시킬 수 있습니다.

1. 의견 명확히 하기

	기법	예제
1	다르게 표현하기	……라는 의미인 건가요? (상대방의 요점을 요약하고 반복하세요.) 제가 잘못 이해했나요?
2	요약 요청하기	내용이 너무 많아요. 요약해 주실 분이 있나요? 약간 혼란스럽습니다. 지금까지의 요점이 무엇인가요?
3	설명 요청하기	완전히 이해가 안 되는 것 같아요. 만약 ……라면, 어떻게 되는 건가요? 내용을 놓쳤어요. 만약 ……라면, 어떻게 해야 하나요?
4	예시 요청하기	이를 설명할 수 있는 예를 들어 주시겠어요? 예를 들어 주시겠어요? 아직 잘 모르겠습니다.
5	가상 질문 제기	그러니까 만약 ……라면, ……인 것인가요? 맞죠? (가설) 때문인가요?

2. 참여 독려하기

	기법	예제
6	참여 독려하기	어떻게 생각하세요? (이름 1)님, (이름 2)님의 질문에 어떻게 대답하시겠습니까? 아직 (이름)의 의견을 듣지 못했습니다. (이름), 어떻게 생각하세요?
7	발언 교대	모든 사람이 발언권을 가질 수 있도록 돌아가면서 발언해야 한다고 생각합니다. (이름)에게 자신의 의견을 표현할 기회를 주어야 합니다. (이름 1)님이 의견을 말씀하셨으니 이제 (이름 2)님의 차례입니다.

3. 의견 표현하기

	기법	예제
8	감정 공유	(이름)에게 자신의 관점을 표현할 기회를 주지 않은 것 같습니다. 반대합니다. ……해야 한다고 생각해요. 다른 분들은 어떻게 생각하나요?
9	누군가에 대한 생각 표현하기	(이름)님, 제 의견에 동의하지 않으시는 것 같습니다. 다른 의견이 있으신가요? (이름)의 말을 들어보니 다른 생각이 있는 것 같은데, 맞나요?

4. 합의점 찾기

	기법	예제
10	공감대 형성 확인	이 문제에 대한 공감대가 형성된 것 같습니다. 이를 확인하기 위해 의견에 동의하는 분은 손을 들어주세요. (이름), 이에 동의하시나요?
11	설문조사 실시	이 제안에 찬성하시는 분은 손을 들어 주세요. (이름), 이 제안에 대해 모든 사람의 의견을 물어봐야 할 것 같습니다.

5. 토론 심화

	기법	예제
12	토론 활성화	왜 우리가 ……해야 한다고 생각하나요? (이름), 만약 우리가 ……해야 한다면, 어떤 제안을 하시겠습니까? 누군가 실현 방법에 대해 제안해 주셨으면 합니다. (이름), 어떤 것부터 해야 할까요?
13	쟁점의 세부 정보 살펴보기	문제를 해결할 수 있는 다른 방법이 있나요? 그 밖에 고려해야 할 사항이 있나요? 우리의 논의에 추가할 내용이 있나요?
14	다른 사람 입장에서 생각하기	이제 ……의 입장이 되어 보세요. 이 제안에 대해 어떻게 생각하시나요? 만약 당신이 ……라면, 기분이 어떨 것 같나요?
15	예상 결과	이렇게 하면 어떤 결과가 나올 수 있나요? 이런 식으로 하면 결과가 어떻게 될까요?

부록 14-11 교수자용 참고 자료: 비밀 전략 기법

인물	추천 질문 기법
현수 수줍음이 많고 말수가 적습니다. 고개를 끄덕이거나 흔드는 것으로 의사를 표현합니다.	2. 요약 요청하기 6. 참여 독려하기 7. 발언 교대 12. 토론 활성화 13. 쟁점의 세부 정보 살펴보기 14. 다른 사람 입장에서 생각하기
재민 말을 많이 하지만 대부분 관련 없는 이야기입니다.	1. 다르게 표현하기 2. 요약 요청하기 3. 설명 요청하기 4. 예시 요청하기 7. 발언 교대 13. 쟁점의 세부 정보 살펴보기 14. 다른 사람 입장에서 생각하기
의주 까다로운 반면에 의견이 없습니다.	1. 다르게 표현하기 3. 설명 요청하기 4. 예시 요청하기 5. 가상 질문 제기 14. 다른 사람 입장에서 생각하기
유진 대부분의 일에 아이디어가 있으며 의견을 표현하는 것을 두려워하지 않지만 종종 표현에 소극적입니다.	1. 다르게 표현하기 2. 요약 요청하기 3. 설명 요청하기 4. 예시 요청하기 7. 발언 교대 13. 쟁점의 세부 정보 살펴보기
회의에 참석한 모든 사람이 서로 다른 의견을 제시하고 자신의 의견이 최고라고 주장한다면?	2. 요약 요청하기 8. 감정 공유 9. 누군가에 대한 생각 표현하기 10. 공감대 형성 확인 11. 설문조사 실시 15. 예상 결과

부록 14-12 성장 확인 질문

이름: ____________________ 반: ____________________ 날짜: ____________________

1. 수업 과제

1) 단체 회의에 참여해 본 적이 있나요? 당시 회의의 주제는 무엇이었습니까?

2) 수업 중 회의 활동을 하면서 어려운 점이 있었나요? 있었다면 어떤 문제였습니까?

3) 회의 참여 동기를 높이려면 어떻게 해야 할까요?

2. 숙제

1) 회의의 효율성을 높이기 위해 참가자들이 사용할 수 있는 의사소통 기술에는 어떤 것들이 있나요?

2) 회의 참가자들이 적절한 회의 기술을 사용하면 어떤 긍정적인 효과를 기대할 수 있나요?

3) 여러분의 경험에 비추어 볼 때, 높이 평가할 만한 리더를 만난 적이 있나요? 그 사람을 높이 평가하는 이유는 무엇입니까?

소단원 4

의견 모으기

1. 소단원 목적

친사회적 활동을 계획하고 평가하는 능력을 향상시킨다.

2. 학습 목표

① 비판적 사고를 활용하여 참가자의 관점에서 활동의 성공 여부를 평가한다.

② 참가자의 요구 사항을 고려하여 친사회적 활동을 계획한다.

3. 수업 내용

활동	절차
1. 준비 활동(2분)	Level 2 '친사회적 참여' 소단원 4의 요점을 복습하는 차원에서 "우리는 활동의 결과를 주최자의 관점에서 평가하는 방법(예: ① 목적과 목표가 달성되었는지 여부, ② 효과가 오래 지속되는지 여부, ③ 개선의 여지가 있는지 여부)을 배웠습니다."라고 소개한다. 이러한 평가는 주관적일 수 있기 때문에 종합 평가는 참가자의 의견도 고려해야 한다.
2. 학급 공유: 각자의 의견**(8분)**	**목표: 비판적 사고를 활용하여 참가자 관점에서 활동의 성공 여부를 평가한다.** 1. "여러분이 참여하면서 만족감이나 행복을 느낀 공동체 활동이 있나요? 그 활동의 어떤 점이 성공적이었다고 생각합니까?"라고 질문한다. 학생들은 자신의 경험을 옆자리 급우와 2분 동안 공유한다. 몇 명의 학생에게 자신이 공유한 내용을 발표하게 하고 칠판에 요점을 정리하여 기록한다. 2. "실망스러운 활동에 참여한 적이 있나요? 그 활동의 어떤 점이 성공적이지 못했다고 생각하나요?"라고 질문한다. 학생들은 자신의 경험을 옆자리 급우와 2분 동안 공유한다. 몇 명의 학생에게 자신이 공유한 내용을 발표하게 하고 칠판에 요점을 정리하여 기록한다. 3. 학생들이 참여했던 활동과 관련해 의견을 제시한 것을 칭찬한다. 그런 다음 "주최자가 활동을 기획하기 전에 여러분의 의견을 들었다면 활동이 개선되었을까요?"라고 질문한다.

	4. "현실적으로 행사가 열리기 전에 참가자들의 의견을 파악하는 것은 불가능합니다. 다만, 기획 과정에서 참가자들의 관점을 고려하고 요구 사항을 파악할 수 있습니다. 준비 과정이 적절한지, 목표를 달성할 수 있는지 등을 검토하여 활동 내용과 준비 과정을 개선할 수 있습니다."라고 전달한다.
3. 모둠 토론: 의견 모으기**(10분)** ▷ **교수자료** - [부록 14-13] 교수자용 참고 자료: 참가자 의견 모으기 - [부록 14-14] 교수자용 참고 자료: 설문조사 예시 - 도화지, 사인펜	**목표: 설문조사를 바탕으로 활동 계획과 실행을 평가한다.** 1. 학생들을 작은 모둠으로 나누고 각 모둠에 '친사회적 참여' 소단원 1에서 만든 활동 계획서와 사인펜을 배부한다. 칠판에 주제를 적고 학생들에게 각 주제에 대한 자신의 의견을 요약하도록 한다. • 봉사자의 활동 • 활동 구성 • 기타 측면 2. "공동체 활동이 성공하려면 목적과 목표가 달성되어야 할 뿐만 아니라 참가자의 요구 사항도 충족되어야 합니다. 그렇다면 활동이 참가자의 요구를 충족시키는지 어떻게 평가할 수 있을까요?"라고 질문한다. 3. 참가자의 요구 사항과 의견을 파악할 수 있는 정보를 다양한 방식으로 수집해야 한다고 설명한다. 4. 학생들은 소단원 1에서 설계한 활동을 바탕으로 참가자들의 요구 사항과 의견을 파악하기 위해 어떤 정보를 수집해야 하는지 토론하고 도화지에 나열한다. 칠판에 적은 것처럼 세 가지 주제로 작성하도록 한다. ① 봉사자의 활동, ② 활동 구성, ③ 기타 측면. 5. [부록 14-13]에 따라 학생들에게 조언을 줄 수 있다. 또 [부록 14-14]를 예시로 제공할 수 있다. 6. 학생들에게 토론 결과를 발표하게 하고 "소단원 1에서 고려하지 않은 내용이 있나요?"라고 질문한다. 7. 활동을 계획할 때는 참가자의 요구 사항과 이러한 요구 사항을 어떻게 해결할 수 있는지에 주의를 기울여야 한다고 요약한다.
4. 결론(5분)	1. 기획할 때 중요한 구성 내용과 대상에 집중하려면 활동 실행 전에 의견 수집을 계획해야 한다. 2. 활동이 끝난 후에는 주관적인 부분과 객관적인 부분을 모두 포함한 종합적인 평가가 필요하다. 이 평가를 통해 경험을 되돌아보고 활동을 개선할 방법을 배울 수 있다.
5. 마무리 활동(5분) ▷ **교수자료** - [부록 14-15] 성장 확인 질문	1. 성장 확인 질문을 배포하고 학생들이 수업 내용과 스스로를 돌아볼 수 있도록 지도한다. 2. 수업 중 학생들의 참여도를 칭찬한다.

4. 세부 지도 사항

1) 준비 활동

- Level 2 '친사회적 참여' 소단원 4를 참조하여 해당 단원과의 차이점을 분명히 하는 것이 좋다.
- 학생들이 Level 2 '친사회적 참여' 소단원 4의 내용을 잊어버린 경우 주요 요점을 간단히 복습할 수 있다.
- Level 2 과정에서는 객관적 평가를 가르치는 반면, 이 단원에서는 참가자의 주관적 관점에서 활동을 평가하는 방법을 가르친다. 이를 통해 활동을 계획하고 구성하는 능력을 향상시키는 데 중점을 둔다. 종합적인 평가에는 객관적 관점과 주관적 관점이 모두 포함되어야 한다.

2) 각자의 의견

- 토론의 범위를 학교 활동으로 제한하여 토론의 틀을 제공할 수 있다.
- 합리적이고, 비판적이며, 건설적인 의견을 공유해야 한다. 이는 학생들이 평가 과정을 통해 개선점을 발견하고, 활동을 계획할 때 참가자의 관점을 고려하는 것의 중요성을 배우는 데 필요하다.
- 활동 평가를 토론하는 틀(예: 활동 절차, 봉사자 태도)을 제공하여 학생들의 사고와 공유를 활성화할 수 있다.

3) 의견 모으기

- 필요한 경우 학생들에게 [부록 14-13]을 참고용으로 제공할 수 있다.
- 토론 진행이 원활하지 않거나 소단원 1에서 다룬 활동지가 적절하지 않은 경우, Level 2 '친사회적 참여' 소단원 4의 영상 자료를 재생하고 이 내용을 토론 주제로 사용할 수 있다([부록 14-14]).
- 학생들에게 다른 모둠의 발표 중에 영감을 받거나 중요한 요점을 찾도록 요청하여 학생들의 학습을 심화할 수 있다.

• 학생들에게 서로 의견을 공유하고 토론한 경험을 요약하도록 장려하여 활동을 조직할 때 주의를 기울이고 개선해야 할 부분을 상기시킨다.

• 학생들에게 활동을 객관적으로 평가하도록 지도한다. 예를 들어, 행사가 끝난 후 참가자들의 의견을 수집하기 위한 설문지를 만들도록 한다. 설문 내용은, (1) 봉사자의 활동, (2) 활동 구성으로 나눌 수 있다. 질문은 명확해야 하고 특정 응답을 유도해서는 안 되며 객관식과 주관식과 같은 질문 방식도 고려해야 한다. 자세한 내용은 관련 출판물을 참조할 수 있다.

4) 결론

• 다음의 내용을 강조한다.
  – 활동 설계(예: 근거, 내용, 목표, 시간, 위치, 절차, 비상 계획)는 목표 달성 여부에 영향을 미칠 수 있고 참가자의 만족도에 직접적인 영향을 미친다. 활동의 성공 가능성을 높이기 위해서는 참가자 관점에서 준비가 적절한지, 개선할 사항은 없는지 고려하는 것이 중요하다. 학생들이 친사회적 활동을 기획하는 데 참여함으로써 배운 내용을 적용하고 경험을 쌓을 수 있도록 장려한다. 이를 통해 학생들은 자신의 능력에 대한 자신감과 성취감을 높일 수 있다.
  – 자신감과 성취감은 학생들이 향후 많은 친사회적 활동 계획에 참여할 동기를 부여한다. 이 과정에서 학생들은 참가자들에게 도움이 되는 세부적인 계획을 세울 수 있고, 공동체 활동에 참여함으로써 다른 사람들에게 도움을 제공할 수 있다.

• 이 단원에서 학생들은 활동 계획을 평가하는 기술뿐만 아니라 참가자의 관점에서 활동의 성공 여부를 고려하는 것이 중요하다는 것을 배운다. 청소년 발달 이론에 따르면 청소년들은 문제를 분석할 때 자신에게 중요한 타인의 관점을 고려하는 것에서 일반적인 타인의 관점을 고려하는 방향으로 발달한다. 이러한 사고과정은 10대 후반에 더욱 성숙해지고 성인기까지 이어진다. 청소년기 충분한 연습이 미래의 성장에 긍정적인 영향을 미치므로 이 단원은 청소년 발달에 중요한 역할을 할 수 있다.

5. 보충 활동(선택 사항)

활동	내용	권장 사항
직접 해 봅시다	**목표: 설문지를 분석하고 종합적으로 응답을 수집해야 한다는 것을 이해한다.** 학생들에게 식당이나 백화점에서 고객 의견을 묻는 설문지를 가져오게 한다. 학생들을 모둠으로 나누어 설문지를 비교하고 설문지가 고객의 의견이 충분히 반영되도록 설계되었는지 토론하게 한다.	설문지 수정 사항을 제안하여 고객의 의견이 잘 반영되도록 개선할 수 있다.

부록 14-13 교수자용 참고 자료: 참가자 의견 모으기

인터뷰 또는 설문조사를 통해 활동에 대한 참가자의 의견을 수집합니다.
(1) 봉사자의 활동, (2) 활동 구성

봉사자의 활동

다음 사항에 대해 참가자의 의견을 수렴할 수 있습니다.

1. 봉사자의 태도
(예시: 봉사자가 참가자에게 성실하고 친절하게 대하고, 활동 참여에 대한 자신감을 심어 줍니다.)

2. 참가자를 독려하는 봉사자
(예시: 봉사자가 참가자에게 긍정적인 피드백을 주고, 도전을 격려하며, 다양한 방식을 사용하여 열린 태도로 접근합니다.)

3. 기타 적절한 행동
(예시: 봉사자가 참가자에게 구체적인 아이디어를 제공하고 참가자의 문제 해결을 돕습니다.)

활동 구성

다음 사항에 대해 참가자의 의견을 수렴할 수 있습니다.

1. 봉사자 인력
(예시: 봉사자 수가 충분한지, 업무가 적절하게 할당되었는지 등을 확인합니다.)

2. 정보 전달
(예시: 활동에 대한 정보에 쉽게 접근할 수 있는지 여부를 확인합니다.)

3. 시설
(예시: 활동에 필요한 도구가 충분한지, 응급처치가 빠르게 이루어질 수 있는지 등을 확인합니다.)

4. 기타 중요 사항
(예시: 교통편, 시간 등)

부록 14-14

교수자용 참고 자료: 설문조사 예시

이 예시는 Level 2 '친사회적 참여' 소단원 4 동영상을 기반으로 합니다.

봉사자의 활동

1. 봉사자의 태도

- 봉사자들이 성실하게 임했습니까?
- 봉사자가 친절하게 응대했습니까?
- 봉사자로부터 활동 참여에 대해 자신감을 얻었습니까?

2. 참가자를 독려하는 봉사자

- 봉사자에게 적절한 격려를 받았습니까?

3. 기타 적절한 행동

- 활동 중에 어려움이 있을 때 봉사자가 구체적인 조언을 제공했습니까?
- 문제에 직면했을 때 봉사자가 적절한 지침을 제공했습니까?

활동 구성

1. 봉사자 인력

- 봉사자 수가 충분했습니까?
- 문제가 발생했을 때 봉사자가 신속하게 도움을 주었습니까?
- 봉사자가 담당 분야에 대해 충분한 지식을 가졌습니까?

2. 정보 전달

- 활동 관련 정보에 쉽게 접근할 수 있었습니까?

3. 시설

- 활동에 필요한 도구와 공간이 적절하고 충분했습니까?
- 활동에 필요한 재료가 충분했습니까?

4. 기타 중요 사항

- 활동이 예정된 시간대로 진행되었습니까?
- 추후 비슷한 활동에 참여한다면 오전, 정오, 오후 중 어느 시간에 진행되기를 희망하십니까?

부록 14-15 성장 확인 질문

이름: ____________________ 반: ____________________ 날짜: ____________________

1. 수업 과제

1) 의견을 모으는 것은 활동 시작 전에 계획되어야 합니다.
이를 통해 활동을 기획할 때 중요한 구성 내용과 대상에 집중할 수 있습니다.

2) 활동 성공 여부를 평가할 때 필요한 근거 자료를 어떤 방식으로 수집할 수 있나요?

3) 활동을 제안하고 계획할 때 어떤 내용을 포함해야 할까요?

2. 숙제

1) 활동을 평가하는 것이 중요한 이유는 무엇입니까?

2) 참가자의 관점에서 활동을 평가하는 목적은 무엇입니까?

3) 활동이 참가자들의 요구 사항을 충족했는지 어떻게 알 수 있나요?

Validated PYD programs are scarce in Asian societies. As such, the Project P.A.T.H.S. is a responsive and innovative program aiming at enhancing the well-being and purpose of junior high school students through positive education programs.

The P.A.T.H.S. Project is innovative in several ways. First, this is a pioneer large-scale positive youth development program in Hong Kong addressing the mental health needs of high school students (Grade 7 to Grade 12). In view of the growing youth mental health problems in Hong Kong, this is a needy and timely response. Second, it highlights the potential and strengths of young people based on the positive youth development (PYD) approach. The P.A.T.H.S. programs are the products of a paradigm shift-looking at the strengths of adolescents and believing that every young person will shine and thrive.

Third, it highlights the importance of positive education utilizing experiential learning pedagogies. Its adoption of an experiential education approach is also novel in Asian contexts where didactic teaching and teacher-centred teaching are strongly emphasized. The P.A.T.H.S. programs also show new and creative approaches to education: focus on reflective and collaborative learning, student-centred teaching and learning, systematic teacher training, and development of e-learning materials.

Fourth, the vision of the P.A.T.H.S. project is to enhance student well-being as well as holistic development. The focus on non-cognitive skills and 21st Century skills obviously disrupts the prevailing belief that academic excellence is the sole criterion for youth thriving which is the hallmark of education in Asia. The programs help young people develop psychosocial skills, knowledge, and reflections to shape society for the better. Besides, instead of focusing narrowly on youth problem behavior, our project upholds a holistic perspective to promote holistic youth development through 15 positive youth development constructs, such as bonding, resilience, and social competence. Hence, the P.A.T.H.S. programs are future-oriented focusing on the promotion of 21stCenturyskillstopreparestuden tsforthe"VUCA"(volatile,uncertain,complexandambiguous)world.Besides, the programs also enhance the knowledge and skills of the teachers and promote their reflective practice, hence contributing to the advancement of education.

Fifth, we focus on evidence-based PYD programs based on multi-method evaluation and promote scholarship of teaching and learning through publications. Unlike other prevention programs without evaluations, we employed systematic evaluation strategies (e.g., quantitative and qualitative evaluation, focus group interviews) to assess effectiveness and improve subsequent implementation. We have also adopted a scholarship of teaching and learning (SoTL) approach. We have 1,164 publications for the project). The publications can be divided into different categories, including 445 peer-reviewed journal articles, 182 books and special issues, 384 book chapters, and 153 conference papers. Work and impacts of our projects have also been published in newspaper and magazine articles, governmental official documents, and other scholars' review work. The P.A.T.H.S. program in Hong Kong has been identified by a paper as an evidence-based program published in Lancet.

Sixth, the P.A.T.H.S. programs are sustainable over time (including the COVID-19 pandemic period) and across contexts. We have transplanted and adapted the Hong Kong program, including the development of Tin Ka Ping P.A.T.H.S. program and a rural version of the P.A.T.H.S. program. Besides, to promote the well-being of university students, we have also developed a credit-bearing subject on leadership education using positive youth development constructs. We are currently developing the primary school version of the P.A.T.H.S. program with the hope that primary school students can benefit from the developed curriculum.

Finally, the reach of the P.A.T.H.S. programs is extensive, serving 674,637 and 1,035,042 student-times in Hong Kong and elsewhere, respectively. Over 11,000 teachers, social workers and allied professionals have been trained, which addresses the weaknesses of other training programs and promotes its high impact and sustainability. In Hong Kong (2005-present), more than 320 schools and 284,400 students (with 601,198 man-times) participated in the project from 2005 to 2018. From September 2019 till now, despite the Social Event in Hong Kong and the pandemic, the program has benefitted many students (216,671 students online and 89,732 students offline) and 3,921teachers. The research team has also collected evaluation data from more than 14,600 students and 85 teachers since 2019/20 academic year. Obviously, the reach of the program since the pandemic is enormous (306,403 students and 3,921teachers). The project has attracted huge earmarked grants (Hong Kong P.A.T.H.S. Project around US$97 million; Tin Ka Ping P.A.T.H.S. around US$1.8M) that signifies its perceived social impact by the donors.

There are several social impacts of the project. First, it enriches the toolbox on youth well-being promotion programs in Hong Kong. Outside Hong Kong, UNICEF has developed the Sri Lanka version and tested it in Sri Lanka. We are now developing the Spanish version of the program in Argentina as well as the Malaysian version in Malaysia. Besides, the rural, university and primary school versions are tools that can be used by teachers and allied professionals to enhance the mental health of children, adolescents and emerging adulthood.

Second, the P.A.T.H.S. programs enhance psychosocial competence and well-being in more than 1 million students. There are several lines of evidence supporting the effectiveness of the P.A.T.H.S. programs. First, objective outcome evaluation showed that students displayed better psychosocial competences such as resilience, emotional competence, self-efficacy and positive identity after joining the program. Second, subjective outcome evaluation showed that a majority of teachers and students perceived that the programs were able to enhance the psychosocial competencies of the students. Third, qualitative evaluation via interviews and focus groups showed that students agreed that they acquired more soft skills and improved their psychosocial competencies after joining the program. Fourth, students shared in their diaries that they gained much in psychosocial competence, self-understanding and interpersonal skills. Obviously, enhancement of psychosocial competencies would help to improve employability because employers are recruiting employees who are good in soft skills. The university version of the program (i.e., Tomorrow's Leaders) also leads to improved learning outcomes and employability.

Third, the P.A.T.H.S. programs enhanced professional and psychosocial competencies of more than 11,000 teachers through training and program implementation. It is noteworthy that the program is highly beneficial to teachers because teaching in differentAsiansocieties is commonly didactic in nature and teacher lack the positive attitudes and skills to teach positive youth development programs. Experiential learning is also not a common pedagogy in Asia. Through teacher training, the programs enhance the competence and wellbeing of teachers.

Finally, we are transforming high school mental health education by adoption and promotion of programs with positive education and experiential learning pedagogies. The program introduces and provides alternative modes of mental health programs that are more student-centred and interactive in nature. We believe the Project P.A.T.H.S. can save lives of many young people.

We are very pleased to conduct this collaborative research project involving the Hong Kong Polytechnic University and Korea University. Under the leadership of Professor Sun W. Park, we have completed the first step of translating and adapting the related curriculum materials. We earnest hope that the Korean version of the P.A.T.H.S. program can serve as a timely and constructive response to the growing adolescent mental health needs in Korea.

The Project PATHS: Past, Present and Future

Daniel T.L. Shek and Diya Dou

The Hong Kong Polytechnic University

저자 소개

〈대표 저자〉

• Daniel T. L. Shek (Principal Investigator)

(BSocSc, PhD, FHKPsS, BBS, JP)

Department of Applied Social Sciences The Hong Kong Polytechnic University

• Hing Keung Ma (Senior Co-principal Investigator)

(BSc, DipEd, MA, PhD, FHKPsS)

Department of Education Studies Hong Kong Baptist University

Tak Yan Lee (Co-principal Investigator)

(BSSc, MSW, PhD, RSW)

Department of Applied Social Studies City University of Hong Kong

Ching Man Lam (Co-principal Investigator)

(BSSc, MSW, PhD, RSW)

Department of Social Work The Chinese University of Hong Kong

Sandra K. M. Tsang (Co-principal Investigator)

(BSocSc, MSocSc, PhD, FHKPsS, C.Psychol. BPS, RSW, AFHKPCA, JP)

Department of Social Work and Social Administration The University of Hong Kong

Eadaoin K. P. Hui (Co-principal Investigator)

(BSocSc, C.Ed, MSc, PhD, FHKPS, C.Psychol. BPS, AFHKPCA, Cert.CounsellorHKPCA)

Faculty of Education The University of Hong Kong

Andrew M. H. Siu (Co-principal Investigator)

(PDOT, MSc, MSc, MCounselling, PhD)

Department of Rehabilitation Sciences The Hong Kong Polytechnic University

Patrick S. Y. Lau (Co-principal Investigator)

(BSc, DipEd, MA(Ed), PhD)

Department of Educational Psychology The Chinese University of Hong Kong

Ben M. F. Law (Co-principal Investigator)

(BSW, MPhil, PhD, RSW)

Department of Social Work and Social Administration The University of Hong Kong

Rachel C. F. Sun (Co-principal Investigator)

(BSocSc, PhD)

Faculty of Education The University of Hong Kong

역자 소개

박예린(Yerin Park)
시카고 대학교 인간발달학과 박사 후 연구원이다. 청소년 및 청년기의 건강한 사회심리적 발달에 대해 연구하고 있다. 특히 교육환경이 정체성 발달에 미치는 영향에 관심을 두고 있다.

김소의(Soeui Kim)
고려대학교 심리학부 석사과정생이다. 한국인의 정체성 형성과 이것이 웰빙에 미치는 영향에 관심을 두고 있다.

김혜민(Hyemin Kim)
고려대학교 심리학부 석사과정생이다. 성격심리학을 연구하며 개인의 정체성 형성과 조직 내 리더 정체성에 관한 연구를 진행하고 있다.

장상원(Sangwon Jang)
고려대학교 심리학부 박사과정생이다. 육군 장교로서 장병들의 건강한 군 생활에 영향을 미치는 회복탄력성과 정체성에 관심이 있다.

문 현(Hyun Moon)
텍사스 오스틴 대학교 박사과정에 재학 중이다. 주관적 노화와 다양한 맥락적 요인의 상호작용이 중·노년기 건강과 웰빙에 미치는 영향을 연구하고 있다.

박선웅(Sunwoong Park)
고려대학교 심리학부 교수이다. 성격심리학자로서 사람들 사이에 존재하는 심리적인 개인차가 개인의 삶과 조직에 미치는 영향을 연구하고 있다. 특히 정체성 형성이라는 개인차에 관심이 많다. 저서로는 『정체성의 심리학』(21세기북스, 2020)이 있다.

청소년 사회 정서발달 핸드북 Level 3

P.A.T.H.S. to Adulthood:
A Jockey Club Youth Enhancement Scheme Activity Handbook 3

2025년 7월 10일 1판 1쇄 인쇄
2025년 7월 20일 1판 1쇄 발행

지은이 • Daniel T. L. Shek 등 공저
옮긴이 • 박예린 · 김소의 · 김혜민 · 장상원 · 문현 · 박선웅
펴낸이 • 김진환
펴낸곳 • ㈜학지사
04031 서울특별시 마포구 양화로 15길 20 마인드월드빌딩
대표전화 • 02-330-5114 팩스 • 02-324-2345
등록번호 • 제313-2006-000265호

홈페이지 • http://www.hakjisa.co.kr
인스타그램 • https://www.instagram.com/hakjisabook

ISBN 978-89-997-3438-0 93370

정가 28,000원